本书为国家社科基金一般项目"新时期中国美学的存在论转向与理论形态建构研究"（18BZX142）最终结项成果，鉴定结果"良好"。

感谢安庆师范大学学术著作出版基金赞助。

新时期中国美学的存在论转向与理论形态建构

江 飞 — 著

THE ONTOLOGICAL TURN AND

THEORETICAL CONSTRUCTION OF

CHINESE AESTHETICS IN THE NEW ERA

復旦大學 出版社

当代中国存在论美学研究的发轫之作（序）

朱立元

2017年9月，江飞从安庆来复旦跟随我做访问学者，自此往来不断。2019年9月，我们一起到捷克开会，同游布拉格，在查理大桥上流连忘返；2021年6月，他在安庆师范大学成立了"美学与文艺评论研究中心"，我受邀参加成立仪式，并做了"美学名家讲坛"第一讲，留下了许多美好的回忆。在我的印象里，江飞热情真诚，谦逊能干，勤奋好学，写文章出手很快，成果很多。也正是在访学期间，他成功申报了国家社科基金一般项目"新时期中国美学的存在论转向与理论形态建构研究"，现在摆在我面前的正是这个项目的最终结项成果《新时期中国美学的存在论转向与理论形态建构》。付梓之前，江飞请我作序，那我就借此机会说几句阅读感受，以表祝贺吧。

新时期以来的中国美学出现了"存在论"的重要转向，这是学术界的共识。这种转向对于新时期中国美学的影响何在？它的特点、理论内涵、生成机制和利弊何在？学术界鲜有系统的梳理与论证。江飞在充分占有材料和把握研究现状的基础上，对"存在论"转向的进程和意义予以系统论证，提出了重要的理论观点，推动了中国当代美学对于"存在论"转向问题的研究。其突出特色和建树我认为主要表现在三个方面：

第一，较为系统地梳理了新时期中国美学"存在论"转向的历史进程，阐发了论者对于这一转向过程中一些具有重大意义的美学问题的思考，探讨了新时期中国美学由"实践论美学"转向"存在论美学"的思想轨迹和内生动力。

第二，对超越美学、生命美学、存在论美学、实践存在论美学、生态存在论美学等理论形态进行了具体的分析，揭示了它们作为"存在论"美学的理论形态的基本特点,以及在新时期"存在论"美学转向中的意义和局限。

第三,对于"存在论转向"的当代意义进行了思考,强调中国存在论美学的理论建构不能执着于西方形而上的理念,必须从中国哲学智慧中寻求启示,回归于人的生活存在,在形而下的感性存在中体验形而上的"道",以完成"存在论"的转向与理论建构。

因此,我认为这本专著具有较高的学术价值和理论贡献:一方面,它是中国学术界少见的系统地梳理和研究新时期中国美学存在论美学的论著,对于了解"存在论"转向的过程和中国存在论美学的多元理论形态,从中吸取理论资源,进行理论创新,具有重要意义;另一方面,它对于"存在论转向"中的一些关键术语,如"本体论""存在论"、马克思的"实践本体论"、海德格尔的"基础存在论"等,有较为深入细致的辨析,这种辨析对于理解这些术语的理论含义,思考"存在论"转向如何在新时期中国美学的语境中发生,有一定价值。此外,它还对"存在论转向"中的萨特的中国形象和海德格尔的中国形象进行了较为细致的辨析,这种辨析亦有助于理解当代中国美学的"存在论转向"的接受特点。总之,江飞力求做到点线面相结合,论述循序渐进,分析鞭辟入里,富有一定的启发性,可谓当代中国存在论美学研究的发轫之作。

在书中,江飞把我提出的"实践存在论美学"也作为中国存在论美学的多元理论形态之一,对此我表示感谢,顺便也说几句。众所周知,实践美学是中国当代美学史上最重要、最有影响的学派,特别是1980年代以来上升为占据中国美学主导地位的学派,它是具有中国当代特色和原创精神的美学理论;这一美学理论致力于突破机械的反映论原则和非社会性的主客统一观念,而到人类的社会实践中,到人向人生成、自然向人诞生的历史进程中去审察美与美感的发生、建构和流变,从而在人类学本体论层面对美与美感作了相当深刻的阐释和概括。当然,需要注意的是,以李泽厚为代表的实践美学也只是实践美学理论大范围中的一部分,实际上还有其他很多人提出自己的理论,我在上海人民出版社出版的《当代中国马克思主义美学研究》(江飞也参与了该书的编写)中谈到了其他六七个人,包括王朝闻、蒋孔阳、周来祥、刘纲纪等先生,也属于实践美学范围,但是不同于李泽厚的思想。在研究过程中,我逐渐认识到,实践美学(包括李泽厚的实践美学),在某些重要方面确实存在着薄弱环节和严重缺陷。如何在坚持现有实践美学的实践哲学基础的同时,重新思考如何突破其局限,进行理论创新,在新的历史条件下进一步推进和发展实践美学,就成为包括我在内的中国美学界长期以来思考的重大问题,由此我开始走向实践存在论美学。

江飞在论述马克思和海德格尔在西方哲学"存在论转向"中的地位和意义时,特别指出,"马克思的实践存在论哲学意义深远,不仅一扫形而上学传统自上而下的积弊,而且以生成性的实践化解了现成性的主客二元对立,实现了主客的统一以及由认识论向实践存在论的现代转型。马克思的实践存在论思想的揭示,改变了长期以来我们对马克思实践哲学的刻板印象,从现代存在论的角度明确了马克思比海德格尔更早更深刻的现代意义"。对此我深表赞同。尽管最早给我启示的是海德格尔的现象学基础存在论,但我很快发现,"人在世界中存在"的思想其实并不是海德格尔的发明,实际上马克思比海德格尔更早就作过明确表述:"人不是抽象的蛰居于世界之外的存在物。人就是人的世界。"只不过马克思当时没有直接用这一存在论思想来批判近代主客二分的认识论罢了。我在《试论马克思现代存在论思想的提出及其理论意义(上)——重读〈巴黎手稿〉札记之四》(《复旦学报》2020年第4期)一文中,曾仔细阅读了"货币"片段最开始讨论存在论(ontology)的一段话,这段话可称之为"马克思现代存在论的纲要",我认为这个纲要比海德格尔《存在与时间》早了八十多年,并且是与实践论紧密结合在一起的。这也正是我的实践存在论的直接理论来源和根基所在。当然,实践存在论美学的提出,在许多方面也直接受到我的导师蒋孔阳先生美学思想的启发和影响。从这个意义上来说,江飞把我提出的"实践存在论美学"纳入中国存在论美学的多元理论形态之中,并认为它"创造性地把马克思主义的实践存在论、蒋孔阳的实践生成论与海德格尔的基础存在论等思想熔为一炉，以实践论融合存在论，以生成论取代现成论，为超越思维与存在、主体与客体等二元对立的认识论美学思维模式，为继承和发展实践美学，开拓了新的道路"，可以说是比较恰当准确的。当然，我还是要重申一下：实践存在论美学可以看作是对以李泽厚为代表的老一辈的思考的延伸，并不是要把他们整体推倒，他们为实践美学的进一步发展提供了很多思路。其实我的实践存在论美学也只是一种思路，还有像张玉能、邓晓芒他们也是在实践美学基础上开拓了新思路。可以看到，这些和原来的实践美学有比较明显的不同。我们整个中国当代美学学科建设基本上是在马克思主义思想指导下，是马克思主义美学的各种样态的发展，而并不是在美学学科建设以外再有一个马克思主义美学，这是当代中国美学原理建设方面的一致性。

此外，这部论著没有简单地对立中西、割裂古今，而是有意识地在中西文明互鉴的视野下，来考察新时期中国美学"存在论转向"的发生机制和存在论美学多元理论形态的建构路径。正如江飞所指出的，新时期中国美学的存在论转向与理论形态建构，是在新时期特定历史文化语境下中西文明互鉴的一种特殊形式，既与西方哲学美学进程（从现代美学到后现代美学到全球化美学）相互动，又立足于当代中国美学发展的现实语境与时代要求，是对中国传统美学、现代美学和西方现代美学的融合与创新。事实上，百年中国美学的历史已经告诉我们，中国学者在近百年来积累的知识背景下所形成的是一种独特的"中国眼光"、一种有中国特色的理论视野，有很强的"拿来主义"的色彩。我们对于西方每个思想家，在对他们思想材料的充分和客观理解与把握的基础上，对其思想精神内质与方向进行理解，有我们独特的方式，因为我们坚持用马克思主义的观点、唯物史观来梳理它，这和西方自身的研究有很大的不同。当代中国存在论美学的理论建构也同样如此，不仅实现了西方存在论美学的中国化，更实现了对实践论美学的超越与发展，促进了新时期中国美学的繁荣，为中西文明互鉴和世界美学发展提供了一份独特的"中国方案"，显示了新时代中西美学平等对话和相互融合的良好结果。这一研究无疑对于我们当下建设中国美学的"三大体系"、进一步推进中国当代美学走向世界具有重要的参考价值和启示意义。

当然也毋庸讳言,书中也还有一些值得商榷的问题。比如,作者列举了"超越美学"等八种理论形态予以探讨,其中"超越美学""存在论美学""实践存在论美学""生态存在论美学"等,可以说与存在论美学有着更为紧密的关系,作为新时期中国美学"存在论转向"的理论形态中的一元是可以成立的。但对于像"生命美学""语言论美学""生活美学""身体美学"这样的理论形态,它们虽然汲取了存在论美学的理论资源,但就其主要的精神和倾向能否归为以海德格尔思想为标识的"存在论转向"中,成为存在论美学的一种理论形态,尚值得斟酌与推敲。

好在江飞还很年轻,且对学问有着持续的热情和不怕吃苦的精神。记得我的导师蒋孔阳先生对我说,任何个人的学术研究都必然会逐步深入,比如你年轻时写黑格尔美学,到老年时也许会有新的体会,还可以重新写一本。此言不虚。所以,我也希望江飞能够在美学研究的道路上继续踏踏实实地走下去,逐步深入下去,写出更多更好的理论著作来。

2024 年 12 月 1 日

目 录

绪 论

　　每一次哲学转向，都会带来美学的问题域、方法与理论的重要变革。对于新时期以来的中国美学来说，其基本理论主要经历了两次重要转向——"实践论转向"和"存在论转向"。概而言之，"实践论转向"使中国美学在马克思主义实践论哲学影响下实现了从认识论美学到实践论美学的转变，形成了以李泽厚、朱光潜、杨恩寰、洪毅然、刘纲纪、蒋孔阳、周来祥等为代表的"中国实践论美学"；"存在论转向"则使中国美学在马克思实践存在论哲学、海德格尔现象学存在论哲学影响下，实现了从实践论美学向存在论美学的转变，形成了以"超越美学""生命美学""存在论美学""语言论美学""实践存在论美学""生态存在论美学""生活美学""身体美学"等多元理论形态为代表的"中国存在论美学"。

　　"存在论转向"何以在西方哲学进程中发生，有何重要意义？西方哲学的"存在论转向"和存在论美学对新时期中国美学的发展有何深刻影响？中国新时期美学为何会发生"存在论转向"，从实践论美学转向存在论美学？中国存在论美学的多元理论形态分别是如何建构的，其深层机理和利弊得失何在？这些问题事关如何正确理解和评价当代中国美学的话语建构与理论创新，如何书写中国美学"从新时期到新时代"的历史进程，因此是中国当代美学的前沿问题，值得深究。

一 研究现状

　　"存在论"与"本体论"是对德语"ontologie"一词的两种不同译法，自1987年海德格尔《存在与时间》的中译者们将"ontologie"从"本体论"改译为"存在论"之后，"存在论"便作为一个与"本体论"有严格区分的"新词"在汉语学界广泛传播。随着海德格尔研究、存在主义哲学研究等日渐升温和深入，西方哲学的"存在论转向"和存在论美学思想被国内一些新兴美学家所认同和接受，并以此作为超越或发展"实践论美学"的契机和资源，建构起具有中国特色的多元理论形态，由此促成了新时期中国美学的"存在论转向"。目前，国内学界对"实践论转向"及其理论形态已有相当充分的理解和研究，但对"存在论转向"及其理论形态的理解和研究还比较缺乏。具体说来，有两种情况：

一是哲学界不断从哲学理论角度批评或阐释西方哲学的"存在论转向"，但缺少向中国美学问题的转换。国内哲学界从1980年代初就曾对马克思主义哲学究竟是"物质本体论"还是"实践本体论"等本体论问题进行过激烈讨论，1990年代后期取而代之的是"生存本体论或存在论"的问题。比如，孙伯鍨、刘怀玉在《"存在论转向"与方法论革命——关于马克思主义哲学本体论研究中的几个问题》(2002)认为"存在论转向"不可能构成马克思主义哲学当代性解释的关键起点；何中华在《"美"的诠释：从知识论到存在论》(2008)中则提出，海德格尔实现了美学的"存在论转向"，颠覆了"美"的知识论诠释传统，揭示了美与人的存在本身的本然联系。朱耀平在专著《海德格尔与现象学的存在论转向》(2015)中进一步解析了海德格尔对胡塞尔现象学的存在论改造。这些研究都直接或间接地阐明了当代美学研究范式从知识论转向存在论的哲学基础，为美学的"存在论转向"提供了理据。但是，哲学界只是将"存在论转向"作为纯粹西方哲学问题进行研究，而未能转换为中国美学问题；而美学界又只是将西方哲学的"存在论转向"作为中国"美学研究理论范式的转换"的背景之一，并未探究新时期以来各种美学理论形态的建构与哲学"存在论转向"之间的内在关系。

二是美学界从美学理论角度提出各种"转向"说，但对"转向"缺少严格界定，运用比较随意。比如，李修建、刘悦笛在《当代中国美学学术史》(2013)中提出，"后实践美学"和"新实践美学"都试图利用西方的"生存论"思想来改造实践美学，是当代中国美学"生存论转向"的两种产物。这种观点是值得肯定的，但他们迫切地想建构起一种中国化的"生活美学"来超出"实践—后实践美学"的思维方式,于是紧接着又提出"生活论转向"问题。事实上,"生活美学"作为"一种关乎'审美生活'的存在之学"也是"存在论转向"的一种理论产物。此外,他们也没有把以马克思唯物实践观及其存在论内涵为哲学基础的"生态美学"纳入"存在论转向"的框架中进行分析,对"身体美学"更是不置一词。其他许多冠名"转向"的论文,如《走向修辞论美学——90年代中国美学的修辞论转向》《美学的文化学转向》《身体转向与美学的改造》《论当代中国美学的生命转向》《美学的实践转向与语言学转向》《作为美学转向的生态美学》等,表现出建构中国当代美学话语的迫切愿望,揭示出新时期中国美学的多样性与丰富性,这和哲学界不断提出"语言转向""生存论转向""存在论转向""本体论转向""价值论转向""认识论转向""伦理转向""解释学转向"等各种"转向"两相呼应。但问题是,如果仅仅依据某种研究论域、研究思路或研究方法就判定某种"转向",必然导致"转向"层出不穷,让人莫衷一是。事实上,评判哲学(美学)转向最重要最根本的标准,是要看哲学(美学)家们在本体论—知识论问题上的态度、思路和观点及其论证。

随着中国美学与世界美学的互动交流越来越频繁,国外美学界对中国当代美学也越来越关注。1995年,朱立元与 Gene Blocker 主编出版了 *Contemporary Chinese Aesthetics*, 翻译了朱光潜、宗白华、蔡仪、王朝闻、蒋孔阳、李泽厚、刘纲纪、周来祥、叶朗、胡经之、林同华、朱立元、陈望衡、陈伟等14位中国当代美学家的21篇美学论文,部分展现了当代中国美学的研究实绩,但因为是论文选编,故无法充分揭示中国当代美学尤其是新时期以来中国美学多元发展的复杂性。相较于中国对国外当代美学理论的大量译介和专门研究,目前国外对中国新时期美学及其存在论转向还缺少全面深入的研究。

上述研究成果各具特点,但又各有不足,是我们从事本研究的重要前提。为了更好地总结新时期以来中国美学发展的成果、经验和问题,更好地在中国与西方之间、哲学与美学之间进行对话和整合,有必要进行"新时期中国美学的存在论转向与理论形态建构研究"。

二 研究意义和主要内容

本书以"新时期中国美学的存在论转向与理论形态建构"为研究对象,在中西文明互鉴的视野下,俯瞰新时期中国美学40余年的发展历史,追问"存在论转向"在西方哲学进程中的表现和历史意义,解析西方存在论哲学美学进入新时期中国并影响中国美学的基本路径,由此揭示新时期中国美学从"实践论"转向"存在论"的深层机理,详细考察中国当代美学家是如何借鉴西方现代存在论哲学思想和激活本土存在论哲学美学思想,建构起多元理论形态的"中国存在论美学"的,最后总结和反思中国存在论美学的当代意义与存在的若干问题。

本书力求全面、深入、准确地理解和阐明新时期中国美学尤其是多元理论形态的中国存在论美学,以此回顾、总结和反思中西文明互鉴视域下中国当代美学的发展历程、中国经验和存在问题,以及对西方存在论哲学美学的接受与创新,为弘扬中华美学精神、向世界展示"美学理论中的当代中国"创造条件,为进一步建构现代形态的中国美学话语体系和推动中国美学与世界美学的对话提供镜鉴参照与中国智慧。

本书按照从西方到中国、从哲学到美学、从整体到局部的逻辑框架,力图追根溯源,全面、深入、辩证地解析问题,主要包括绪论、正文和结语三部分。正文分为五章:

第一章还原西方哲学从传统本体论到现代存在论的历史踪迹和理论演变,揭示"存在论转向"的意义。尽管"本体论"概念和定义直到17、18世纪才被提出,但"本体论思想"从"前苏格拉底"时期就已萌生,巴门尼德开启了本质主义地理解"存在"的先河,柏拉图以"理念"确立了西方哲学史上最早的本体论学说,而亚里士多德创立了本体论学科。随后,本体论哲学在中世纪基督教神学中得以承认并获得成熟。随着近代认识论转向,以大陆理性派和英国经验派为代表的认识论哲学初步动摇了本体论哲学的根基。尽管康德率先对本体论进行了批判，但黑格尔却让本体论"回光返照"。真正颠覆传统形而上学本体论的是马克思和海德格尔，他们分别以唯物主义实践存在论和基础存在论实现了从传统本体论到现代存在论的革命，建构起现代形态的存在论哲学：这是西方哲学进程中至关重要的"存在论转向"。其意义在于：破除"本体论"（本质论），破除现象与本体之二分，将哲学之思还原为"存在"，同时破除主客二分的认识论思维模式，以"人就是人的世界""此在在世界之中"破除人与世界之间的对立，以实践—存在或此在—存在弥合主与客、人与世界之间的割裂，从而为人类认清自己的现代处境和未来可能提供了哲学思路，也提供了相应的美学方案。

第二章重返新时期中国的历史文化语境，重温存在主义在中国的历史踪迹，重建新时期中国美学的"存在论转向"。趁着"人道主义"思潮的东风，以萨特、海德格尔为代表的西方存在主义哲学在新时期中国得以广泛传播与接受，不仅在一定程度上实现了思想启蒙和人性解放，推动了社会文化的人文复兴，更促进了新时期中国美学的"存在论转向"。"存在论转向"离不开内生动力和外引资源：一方面占主导地位的"实践论美学"自身存在的问题日益凸显，亟待新的突破和改变；另一方面以《存在主义哲学》《存在主义美学》等西方存在主义哲学美学的译介在中国逐渐兴起；也离不开张世英、叶秀山、叶朗、张祥龙、邓晓芒等哲学家美学家的贡献，他们纷纷转向西方近现代哲学尤其是海德格尔存在论哲学研究，探求中西哲学的比较互证与融合会通，从而使"存在论"越来越影响广大、深入人心，为中国本土研究从存在主义哲学向存在主义美学拓展和存在论美学的生成提供了镜鉴与启示；尤其是随着1990年代时代语境的转换，海德格尔的存在论哲学逐渐摆脱"存在主义"的特定时代标签而日益凸显出来，成为可供借鉴的"超越实践美学"的思想资源，并由此激活了马克思主义实践哲学的存在论内涵，形成了从实践论美学向存在论美学的转向。"存在论转向"意味着中国当代美学逐渐摆脱马克思主义哲学美学思想的单一影响，逐渐打破实践论美学一尊独大的局面，转向借鉴吸收现象学美学等更加丰富的西方现代哲学美学思想,建设多元共存、美美与共的新局面。

第三、四章分别阐释新时期中国存在论美学多元理论形态的理论内涵与建构路径,揭示其对西方存在论思想的吸收与创新。新时期中国美学的"存在论转向",使"超越美学""生命美学""存在论美学""语言论美学""生态存在论美学""实践存在论美学""生活美学""身体美学"等多元理论形态的存在论美学不断生成,不仅实现了对实践论美学的突破和发展,更实现了对中国现代美学话语体系的自主建构。与"多声部合唱"的实践论美学相似,存在论美学的理论形态建构也是百家争鸣、百花齐放,既存在着共通性,也存在着差异性:就共通性来说,它们都自觉接受了马克思实践存在论或海德格尔基础存在论等哲学思想的某些影响,都将存在论思想有机地融入各自的思想资源结构和理论话语框架中,都在现代存在论基础上确立本源性的美学"本体",都试图突破根深蒂固的主客二元对立思维,都直接或间接地以"实践美学"为反思和超越的对象,都意在建设与传统美学不同的、与世界美学同步的"中国现代美学";等等。就差异性来说,立论基础的不同、"本体"的差异和理论完善程度不一等方面是显而易见的,每种理论形态都有意识地借用合乎自身理论建构的存在论观点,又都按照各自立场进行理解和阐发;同时,各种理论形态之间既有争论、对立,又形成了一定的对话、互补关系。存在论美学的各种理论形态既是独立的,又是开放的,是对"存在之真理"的不同角度的探索和接近。正如"实践论美学"是对"认识论美学"神话的打破,"存在论美学"无疑是对"实践论美学"神话的打破,新时期中国美学正是在这样的不断突破创新与交叉融合中走向繁荣、走向世界的。

第五章总结存在论转向和存在论美学的当代意义,指出其中存在的若干问题。"存在论转向"激发了中国当代美学家求新求变、与世界接轨的使命感和创造力,既推动了实践论美学进一步完善和发展,丰富了马克思主义美学的存在论内涵,又超越了实践论模式而重构起一系列中国化的美学理论,避免陷入"本质主义""人类中心主义"的窠臼,使新时期中国美学理论从一元走向多元，从传统走向现代，从"低谷"走向"高峰"，因而具有重要的当代意义：就美学学科的发展来说，存在论转向使哲学和美学一定程度上走出了理性的牢笼，走向了感性的日常生活，走出了认识论的主客二元对立，走向了存在论的"天人合一"，从而为重建人与世界的新型"关系美学"提供了新的思路、新的愿景；就当代中国美学的发展而言，实践论转向打破了认识论美学的主导，开启了中国现代美学的创新之路；而存在论转向则从内外两个维度打破了实践论美学的独尊地位，实现了对实践论美学的超越和发展，形成了多元理论形态的存在论美学。实践论美学和存在论美学接力接续、共存共荣，极大地丰富和推进了新时期中国美学和马克思主义美学的繁荣，促进了美学话语的多元化发展；就世界美学的发展而言，存在论转向不仅促进了马克思、海德格尔等存在论思想在中国的传播与接受，更激活了中国传统的哲学美学思想，并使二者在新时期中国的现实语境中相互碰撞、彼此交融，生成了中国存在论美学的多元理论形态。作为古今熔铸、中西融合的"中国现代美学"，存在论美学成为中西文明互鉴的又一典型案例，为世界美学提供了一份富有启示意义的"中国方案"。当然，中国存在论美学也存在着若干问题：就"存在论"哲学自身而言，存在论转向以及存在论美学依然没有完全摆脱对"本体"的形而上学执念；就所建构的存在论美学理论来看，各种理论形态尽管完成度各异，但都难免有真理在握的自信，因而与实践论美学之间以及彼此之间缺少互相补充与彼此完善；就存在论美学理论形态的建构路径来看，存在论美学始终在哲学框架中、在认识论与本体论之间思考和解决美学问题，偏重于抽象的哲学美学的理论建构与逻辑演绎，而相对缺乏对具体的当代艺术创作、社会生活和审美教育的有效介入和阐释，从而导致哲学对美学的遮蔽，理论与实践的分离，以及美学与艺术、社会及美育的脱节。

总之，现代中国美学的参天大树，一直扎根在中西对话与融合、接受与创造的肥沃土壤中，存在论美学正是这棵大树上结出的又一硕果，既是现代的又是中国的。"现代的"一是指存在论美学的哲学基础是有别于传统"本体论"的现代"存在论",二是指存在论美学追求"去主体性"的美、审美和艺术的现代性;"中国的"一是指存在论美学是在新时期中国的特定历史文化语境中形成的,实现了西方存在主义哲学美学的中国化,二是指存在论美学立足中国问题,力求中西融合,形成了中国式的多元理论形态。新时期中国美学的存在论转向与理论形态建构,已经并将继续为世界美学提供新的方向,创造新的成果。

三　研究方法、价值与创新

在研究方法上,本书一是采用文献—发生学方法,即一方面从文献学层面"寻根""溯源",呈现"存在论转向"在西方哲学进程中和中国当代美学史知识谱系中所呈现出的本来面目,另一方面从发生学层面探究新时期以来中国美学家为何接受和如何接受西方存在论哲学美学影响,通过对各家各派接受方法和接受路径等方面的深入揭示,阐明和彰显中国当代美学家在特定历史文化语境中的创新与创造。二是采用谱系学方法。借用福柯的谱系学研究方法,从不同角度、不同领域考察当代中国美学史,追问"存在论转向如何可能",力求把握"存在论转向"背景下多元理论形态建构的过程性、复杂性与独特性。

本书属于基础理论研究,坚持以史带论、论从史出、史论结合的原则,在中西文明互鉴的视域下,对新时期中国美学的存在论转向与理论形态建构进行历史性、综合性、整体性的研究,力求在吸收国内外相关研究成果的基础上,实现深度理论阐释与历史来源描述相结合,相互发明,从而拓展对中国当代美学理论研究的视野和深度,深化对当代中国美学历史、特点和方向的认识。其价值在于:一是将"存在论转向"看作意义丰富且关联西方近现代哲学和中国当代美学、中国实践论美学和中国存在论美学的关键词,由此从整体上审视和把握新时期中国美学的历史转型和话语建构,以此作为新的理论生长点,这是学术价值所在;二是改变当下孤立、分散、平面地研究新时期中国美学及其理论形态的做法,综合使用文献—发生学、谱系学方法,把新时期中国美学的存在论转向与理论形态建构置入中西文明互鉴的宏观背景中进行发生学分析和知识谱系考察,揭示其西学渊源、影响及接受动因、路径和问题等,总结中国存在论美学在观念、理论、话语、论争、方法等方面形成的中国经验及其对世界美学的贡献和意义,有助于我们摆脱中西二元对立的思维方式,增强"美学自信",进一步构建合乎新时代精神的既是现代的又是中国的美学话语体系,也有助于我们寻求未来的生存之道和存在真理,这是现实价值所在。

本书的创新之处在于:一是另辟蹊径,重新审视新时期中国美学,着重探察中国存在论美学的西学影响和本土建构。当下中国学界对新时期以来实践论美学的研究成果丰富,但对存在论美学的研究付之阙如,因此本研究以"存在论转向"为中心,以历史性、整体性、关联性的眼光重新审视西方形而上学哲学史和新时期中国美学发展史,一方面厘清从传统本体论转向现代存在论的历史过程,阐明"存在论转向"在西方哲学进程中的历史意义,另一方面,解析新时期中国美学如何接受西方存在论哲学美学思想影响,从"实践论"转向"存在论",如何建构起多元理论形态的中国存在论美学。二是立足于"回到中国问题,回到中国学术",在中西文明互鉴的视野下,考察新时期中国美学"存在论转向"的发生机制和存在论美学多元理论形态的建构路径。我们认为,新时期中国美学的存在论转向与理论形态建构,是在新时期特定历史文化语境下中西文明互鉴的一种特殊形式,既与西方哲学美学进程(从现代美学到后现代美学到全球化美学)相互动,又立足于当代中国美学发展的现实语境与时代要求,是对中国传统美学、现代美学和西方现代美学的融合与创新。中国存在论美学的理论与实践,不仅实现了对实践论美学的超越与发展,促进了新时期中国美学的繁荣,更为中西文明互鉴和世界美学发展提供了一份独特的"中国方案",显示了新时代中西美学平等对话和相互融合的良好结果。

第一章　西方哲学进程中的"存在论转向"

在谈论新时期中国美学的"存在论转向"之前，我们不得不从西方哲学进程中的"存在论转向"谈起，正如在谈论"存在论"这个当下世界已经普遍使用的现代概念之前，我们不得不从国内长期使用的"本体论"这个传统概念谈起，这似乎已经表明了谈论这一问题的难度，那就是不得不考虑到时间性和空间性的存在与差异。任何哲学或美学都是特定时间、特定空间下的智力生产，正如任何"转向"都是特定时间、特定空间下的动态变化。历史已经不止一次地告诉我们，任何形式的以西释中或以中释西、厚古薄今或厚今薄古，都可能会让我们误入歧途，让真实坠入迷雾。因此，我们试图尽可能地遵照历时的线索，还原和素描西方哲学从传统本体论到现代存在论的演变进程和历史踪迹。

第一节　本体论踪迹：从古代到近代

众所周知，"形而上学"(metaphysics)贯穿了西方哲学2 000多年的历史，而其中最为重要的也是西方哲学所特有的一种哲学形态就是"本体论"(ontology)。尽管古今中外对"究竟何谓本体论"人言人殊，但"人们一般都把它当作是从柏拉图到黑格尔的西方传统哲学的主干，或'第一哲学'。这意味着它是各个哲学分支的理论基础，是理论中的理论、哲学中的哲学；其他哲学问题都是围绕着建设、运用或怀疑、反对本体论而展开的。现代西方哲学的主要流派大多也是通过对本体论的不同程度的批判而发展起来的"[①]。毫无疑问，在西方哲学进程中，本体论有着无可比拟的特殊地位

---

① 俞宣孟：《本体论研究》，上海人民出版社，2005年，第3页。

和重大影响,因此也有着独特的历史踪迹。

一 本体论:沃尔夫的定义

尽管我们现在难以考证何时何人第一个将"ontology"译为"本体论"[①],但可以考证的是,1613年,德意志经院哲学家郭克兰纽(Rudol Goclenius)在其编的一本词典中,第一次将希腊词"on"的复数"onta"(ovta,即beings,意谓"存在者""在者"或"是者")与"logos"(意谓"学问""道理""理性""论证"等)结合在一起,创造出"ontologie"这个新词,可译为"存在学"或"存在论"。而在西方哲学史上,开德语哲学之先河的德国哲学家沃尔夫(C. Wolff, 1679—1754),上承莱布尼兹,下启康德和整个德国古典哲学,在其《理性心理学》中第一次为"本体论"下了定义,黑格尔在《哲学史讲演录》对此作了转述:

> 本体论,论述各种抽象的、完全普遍的哲学范畴,如"是"以及"是"之成为一和善,在这个抽象的形而上学中进一步产生出偶性、实体、因果、现象等范畴。[②]

在沃尔夫看来,本体论是关于"是"以及"所是"的抽象普遍范畴间的相互关系的形而上学学说。因此,在其构想的哲学分类中,本体论居于"理论哲学"中"形而上学"的首位。黑格尔高度称赞沃尔夫"给哲学作了有系统的、适当的分门别类,这种分类直到现代还被大家认为是一种权威",但事实上,随着实证科学方法的普遍应用,被沃尔夫归于"形而上学"的宇宙论、理

[①] 据考证,最初把"ontology"译为"本体论"的是日本学者。从19世纪末到20世纪上半叶,日本哲学界普遍采用"本体论"这个译名,传到中国并延续到今天。但1930年代以后,日本学者已逐渐放弃"本体论"而采用"存在论"一词,大约从50年代至今便几乎完全用"存在论"代之,"本体论"这一术语已经消失。参看刘立群:《"本体论"译名辨正》,《哲学研究》,1992年第12期。

[②] [德]黑格尔:《哲学史讲演录》第四卷,贺麟、王太庆译,商务印书馆,1978年,第189页。参照俞宣孟的译文有所改动。

性灵魂学、自然神学都相继"告别"形而上学，而被天体物理学、心理学和基督教所取代或含纳，只剩下本体论成为唯一的形而上学。《不列颠百科全书》（第15版）也充分肯定了沃尔夫使"本体论"成为近代哲学之显学的功劳：

> 本体论关于"是"本身，即关于一切实在的基本性质的理论或研究。这个术语直到17世纪才首次拼造出来，然而本体论同公元前4世纪亚里士多德所界定的"第一哲学"或形而上学是同义的。由于后来形而上学也包括其他的研究（例如，哲学的宇宙论和心理学），本体论就毋宁指对"是"的研究了。本体论在近代哲学中成为显学，是由于德国理性主义者克里斯蒂安·沃尔夫，依他的看法，本体论是走向关于诸是者之本质的必然真理的演绎的学说。然而，他的伟大的后继者康德却对作为演绎体系的本体论，以及作为对上帝的必然存在（当作最高最完善的"是"）所作的本体论证明，作了有重大影响的拒斥。由于20世纪对形而上学的革新，本体论或本体论的思想又变得重要起来，这主要表现在现象学以及存在主义者中，其中包括马丁·海德格尔。[1]

尽管沃尔夫并非一流哲学家，但其重大贡献在于"借用ontologie一词对西方哲学史上关于存在的研究作了一个系统的理论总结和逻辑概括，使原来被淹没在其他许多哲学问题探讨中的存在论研究被鲜明地突现出来。自此以后，西方哲学关于本体论研究的对象、内容、范围就十分明确，很少被人误解。直到今天，沃尔夫的本体论定义仍具有相当的权威性和有效性"[2]。当然，我们在肯定沃尔夫贡献的同时也必须意识到，沃尔夫是在18世纪极端理性主义氛围中提出和定义"本体论"的，他的定义也只是西方哲学历史上关于本体论的诸多定义中的一种，它显然不同于此前古希腊哲人的"本体论思想"，也不同于此后康德、黑格尔或马克思、海德格尔等各自所规定的

---

① 转引自俞宣孟：《本体论研究》，上海人民出版社，2005年，第23页。
① 转引自俞宣孟：《本体论研究》，上海人民出版社，2005年，第23页。
② 朱立元：《当代文学、美学研究中对"本体论"的误释》，《文学评论》，1996年第6期。

本体论,因此我们不能将此当作唯一的、正确的界定。

此外,由此条目不难看出,近代以来本体论的三点普遍共性。其一,本质性。本体论研究的不是"本体",而是"是"本身即一切实在的基本性质。这里的"实在",不是人们日常生活中通过感官感知的实在,而是先验的不变的实在,是一切事物的本质。其二,逻辑性。本体论是对"是"的必然真理的逻辑演绎之学说。"是"包括一切"所是",一切"所是"都是从"是"中产生(即形式逻辑演绎)出来的。其三,变动性。纵观"本体论"的概念史,至少经历了从古典到近代到现代的一系列转变,经历了从巴门尼德、亚里士多德到沃尔夫再到康德直至海德格尔的不同命运。

二　本体论思想:从巴门尼德到黑格尔

如上所述,古希腊哲学是西方哲学的源头,但古希腊时期却并没有"本体论"这一术语。或许可以借用朱光潜关于"美学"和"美学思想"的概念来区分"本体论"和"本体论思想":"本体论"概念虽然直到17世纪才出现,但探究世界本源、本质的"本体论思想"早已有之,至少可以上溯至柏拉图、亚里士多德之前的"前苏格拉底"时期。

众所周知,无论是泰勒斯的"水",还是阿那克西米尼的"气"、赫拉克利特的"火"、德谟克里特的"原子"以及恩培多克勒的"四根"(水、火、气、土)等等,这些从物质实体的角度探究"世界如何起源"、寻求感性世界背后永恒实体的哲学,后来称之为自然哲学或宇宙论。很显然,这在当时可谓一种朴素的"物质本体论",探索的是"本体"或"存在"的根源、"存在"之所以存在的原因,因此这种思想在亚里士多德那里也被视为一种"本体之学"。今天的西方人在谈及本体论时一般不将这些探索说成是"本体论",只是由于在柏拉图、亚里士多德之前,"本体"或"存在"的思想在形式上不成其为体系,在性质上尚未达到对存在本身的反思。[1]而另外一些哲学家,

---

[1]　高建平:《关于"本体论"的本体性说明——兼与朱立元先生商榷》,《文学评论》,1998年第1期。

则开始了对世界的美学和目的论的抽象思考,比如阿拉克西曼德的"无限"论、赫拉克利特的"流变"论、毕达哥拉斯的"数"论、留基伯的"原子"论以及巴门尼德的"是"论等,则已表露出从探究世界本源向探究世界本质的转变。

值得一提的是,巴门尼德在其残篇中提出"eimi"("是""存在")这一范畴①,开启了本质主义地理解"存在"的先河,正如叶秀山所言,"巴门尼德的存在体现了一种本质(essence)的意义。当然,巴门尼德自己并没有提出这个概念"②。然而吊诡的是,"没有巴门尼德哲学,便难以有柏拉图的本体论哲学;但是,出现了柏拉图的本体论哲学,却湮没了巴门尼德哲学的方向和思考方式"③。那么,巴门尼德哲学的方向和思考方式究竟如何?他没有像自然哲学家那样去追问世界的物质本源或始基,而是追问世界是如何显现("是")的。他所提出的著名命题"思想与'是'是同一的"对此给出了回答,那就是:世界所"是"(显现)的过程就是思想的过程,万物在"是"的过程中成为其所是即得以显现,思想是世界万物显现的场所,而这个使万物得以显现的过程就是真理的途径。这种把"是"的过程与"思"的过程相统一的思路,无疑在海德格尔那里得到了遥远的呼应。按海德格尔的见解,巴门尼德与赫拉克利特"都无主客二分的思想,他们都把人和存在看成浑然一体,都把人看成是存在的出现、显示、去蔽"④。总之,巴门尼德是西方哲学史上第一个对"思想"本身进行思想的思想家,他所提出的"是"(存在)这一范畴,意味着古希腊哲学由自然哲学向"ontology"(本体论)转变,为西方本体论哲学确立了逻辑起点与研究中心,"在后来的每一个世纪中,哲学家们都关心巴门尼德的存在论题"⑤。

---

① 汪子嵩等学者认为,巴门尼德所用的希腊语"eimi"就是汉语系动词"是",其本意"有显现、呈现的意思,包括后来'存在'的意思"。参见汪子嵩等:《希腊哲学史》第一卷,人民出版社,1997年,第610页。海德格尔在《形而上学导论》第二章第二节中讲"being"的字源时也持这样的看法。
② 叶秀山:《前苏格拉底哲学研究》,生活·读书·新知三联书店,1982年,第145页。
③ 俞宣孟:《本体论研究》,上海人民出版社,2005年,第529页。
④ 张世英:《天人之际——中西哲学的困惑与选择》,人民出版社,1995年,第407页。
⑤ W. C. F. Williams, *What is existence*, Oxford: Clarendon Press, 1981, p.16.

以上可谓"本体论"概念诞生之前的"史前史",也即后来海德格尔所思慕的"存在历史"的"第一开端"。

正如沃尔夫所言,本体论学科的创立者是亚里士多德。亚里士多德把哲学看作是关于普遍知识的学科,但在《物理学》《范畴篇》《工具篇》尤其是《形而上学》等论著中专门建构起系统性的本体论学说或学科。他指出,"世间若有一个不动变本体,则这一门必然优先,而成为第一哲学,既然这里所研究的是最基本的事物,正是在这意义上,这门学术就应该是普遍性的。而研究实是(ousia,即"本体"——引者注)之所以为实是(ousia)——包括其怎是以及作为实是(ousia)而具有的诸性质者,便将属之于这一门学术"[1]。可见,在亚里士多德看来,本体论是一门不同于逻辑学、物理学、动物学、伦理学、政治学、修辞学、诗学等"专门学术"的普遍性学术,是具有优先性的"第一哲学",其研究目的在于追问"本体之所以为本体"(being as being,也可译为"存在之所以为存在")的"第一原因"。也正是"在对这样的'本体'的研究中,亚里士多德区分出种种不同层次的是者,并为之寻找不同的本体。结果是创造出不同层次上的许多普遍性的概念或范畴,这些概念或范畴正是为今后的本体论发展提供了可以利用的东西"[2]。

有意味的是,沃尔夫只提到本体论学科的创立者亚里士多德,却并未提及他的老师——本体论哲学的开创者柏拉图,但事实上,沃尔夫的本体论定义所遵循的不是亚里士多德的本体论,而是柏拉图的本体论哲学,准确地说,是柏拉图后期所倡导的以概念的相互关系来构造原理体系的理念论哲学,而这恰恰是关注现实感性世界的亚里士多德所反对的。众所周知,柏拉图并没有延续前苏格拉底时期研究万物本原的自然哲学(归于沃尔夫的"宇宙论"),而是在《巴门尼德篇》中预先为形而上学确立了这样一个"本体"——"理念"(idea,或译为"理式"),这应当是西方哲学史上最早的本体论学说。理念是不变不动、不生不灭的永恒存在,是超越一切个别事物的

---

[1] [古希腊] 亚里士多德:《形而上学》,吴寿彭译,商务印书馆,2023年,第135页。
[2] 俞宣孟:《本体论研究》,上海人民出版社,2005年,第330页。

共相或本质,是理性和绝对知识所理解和把握的对象,理念世界是现实感性世界以及艺术世界所"分有"和"摹仿"的依据。而正是这种形而上学的思维方式,让柏拉图借苏格拉底之口去追问一切美的事物(现象)所共有的永恒的本质——"美本身"——是什么,"美的本质"问题由此而成为中西美学争论不休的"元问题",并因此而否定作为"摹仿的摹仿""影子的影子"的艺术。在他看来,"艺术不属于心灵中崇高的和理性的部分,而是属于感官感受的部分;它不能强化而只能败坏人的头脑;因为它只服务于使人们骚动和混乱的感官快感"①。简言之,艺术(诗歌)是感性的,而美的本质是理性的,听命于理性和理念的柏拉图不得不将诗人驱逐出理想国。于是,从柏拉图开始,本体论就确立了思维与存在、理性与感性、主体与客体、本质与现象的二元对立,并由此确立了以追求纯粹知识(即真理)为旨归的认识论的合法(理)性。

亚里士多德一方面将形式逻辑的方法论赋予这种形而上学的本体论和认识论,由此,"逻辑必然性就成了本体论所演绎的原理体系的真理性的依据,而一切从经验中概括得到的知识被认为是不具备必然性的。本体论也是作为本质的知识与现象的知识相分离的"②。但另一方面,亚里士多德又不承认柏拉图所开辟的那个高高在上的理念世界,而只承认人们生活于其间的感性世界,因为"关于理念的那些论证,毁掉了事物。我们对事物的存在,应该是比对理念的存在更加关心的"③。不难看出,亚里士多德之所以批判柏拉图的理念论,是因为理念论归根结底是与现实事物相脱离的,并不能帮助我们认识和理解"世上可感事物"的存在,人可以从感性事物认识其背后的本原(第一原因),知识一定是关于事物的现象的知识,那种脱离事实的纯粹由理念间推论构成的本质的知识是不存在的,如其所言,"本体和本体

---

① [意]克罗齐:《美学的历史》,王天清译,商务印书馆,2015年,第5页。
② 俞宣孟:《本体论研究》,上海人民出版社,2005年,第84页。
③ [古希腊]亚里士多德:《形而上学》,吴寿彭译,商务印书馆,2023年,第27页。译文参照俞宣孟:《本体论研究》,上海人民出版社,2005年,第306页。

所是的那个东西 (that of which it is the substance) 的分离似乎是不可能的, 因为作为事物的本体的理念会怎样而分离存在呢"? 关于师生二人的这一差异, 哲学史家梯利看得很清楚, "柏拉图似乎把后来亚里士多德所称之为永恒的形式者置于星体之外。把它同实际的经验世界隔离开来, 并贬低经验世界为纯粹现象", 而"亚里士多德保留了那些不变的永恒的形式、他老师的唯心主义原则, 但他排除了它们的超验性。可以说他把那些原则由上天降到人间"[①]。由此, 我们可以说亚里士多德以其经验性批判了柏拉图的超验性, 其哲学与本体论的关系是别具一格的, 正如俞宣孟所表明的, "亚里士多德以经验作为自己哲学的基础, 向上作超越的探索, 他从来没有让自己的哲学越出我们的世界, 他也没有认为在我们的世界之外有另一个理念的或纯粹概念的世界, 更不认为真理是在纯粹概念的推论中产生的, 就这些方面而言, 亚里士多德的哲学的基本精神是非本体论的, 甚至是反本体论的。然而, 从另一方面看, 亚里士多德在经验的基础上向上超越的时候, 划分了从个别到一般、从种到最高的普遍的大致的层次, 并使之结晶为表达各种普遍性的概念, 同时, 亚里士多德又创立了形式逻辑, 这些都为本体论哲学的进一步发展打下了基础"[②]。

总之, 尽管都标举"本体论", 但一手指"天"(理念世界)的柏拉图和一手指"地"(经验世界)的亚里士多德, 无疑开辟了西方本体论哲学发展的两个方向, 前者显然占据了主导地位, 从基督教神学到近代理性主义认识论再到集大成的黑格尔哲学, 而后者则居于从属地位, 从近代经验主义哲学到现代存在主义哲学, 两条河流并行不悖且时有交汇, 但最终在海德格尔的现象学基础本体论哲学那里融汇为一。

在古希腊哲学与近代哲学之间, 中世纪的基督教神学无疑是本体论发展的一个非常重要的环节, 换句话说, 哲学本体论在基督教神学中得以承

---

① [美] 梯利:《西方哲学史》上卷, 葛力译, 商务印书馆, 1975年, 第90页。
② 俞宣孟:《本体论研究》, 上海人民出版社, 2005年, 第338页。

认并获得成熟是一个漫长的过程。①先是通过援引柏拉图的本体论来论证和辩护圣父、圣子、圣灵的"三位一体",运用柏拉图本体论的纯粹概念方法(比如柏拉图主义者奥古斯丁),来讨论诸多神学的关键问题,比如,理性与信仰的关系、知识及其分类、恶的起源、对上帝存在的证明等等;通过宗教概念与哲学概念之间的语言转换,确立了"上帝=Being"的信仰;如此等等,最终使基督教神学成为本体论的神学。后来,因为"神学家要用论辩推理的方法,从他们的命题出发,推导出确定无疑的真理"②,亚里士多德哲学在12世纪历经教会禁止之后又不可避免地渗入神学,其系统的逻辑方法被应用于从概念到概念的神学推论,尤其是应用于康德后来所说的上帝存在的"本体论证明"。最后,托马斯·阿奎那批判了上帝存在的本体论证明,同时又总结和指出本体论推论和论证方式的"先天性"特征——按后来康德的说法,"先天性"无疑是本体论最本质的特征。本体论哲学在这个神学统治一切的时代获得发展乃至成熟,形成了中世纪经院哲学的"神学本体论",这不得不说意味深长。

西方哲学行进到近代,开始转向认识论,认识论兵分两路,一路通往大陆理性派,一路通往英国经验派,由此本体论哲学转向理性论和经验论的认识论哲学。认识论转向意味着柏拉图以来的本体论被不同程度地扬弃,认识论成为近代哲学关注的主要问题,当然这并不意味着本体论的退场或终结,因为"本体论不仅是与认识论密切相关的:它以自身中包含的难题引发了认识论;而且,本体论这种特殊形态的形而上学又直接影响认识论的形式:出现了理性主义与经验主义两大流派以及它们各自面临的那些问题"③。从某种意义上来说,理性主义与经验主义的较量,依然是柏拉图主义与亚里士多德主义对抗的回声,因为本体论一旦确立也就意味着在感性(经

---

① 参见范明生《晚期希腊哲学和基督教神学——东西方文化的汇合》,上海人民出版社,1993年;赵敦华《基督教哲学1500年》,人民出版社,1994年。
② 赵敦华:《基督教哲学1500年》,人民出版社,1994年,第225页。
③ 俞宣孟:《本体论研究》,上海人民出版社,2005年,第371页。

验) 世界与理性 (原理) 世界之间人为地划出一道鸿沟, 正如在神学领域此岸世界与彼岸世界之间的二元对立, 经院哲学对唯实论与唯名论的争论, 不过是"本体论难题"的一次提前现身。

理性主义认识论强调理性是一切知识的来源, 人可以通过推理方法和逻辑必然性的原理认识和把握事物的本质, 而经验世界和人的感觉则是不确定的、不可靠的。作为近代理性主义的代表, 笛卡尔在经院哲学和神学的强势影响下, 沿着唯实论、怀疑论的足迹, 以"我思故我在"[①]作为第一原理来建构其哲学体系。究竟如何理解"我思, 故我在"? 按笛卡尔的意思, "我思"既强调了"思维"的确定性, 又强调了思维着的"我"的确定性、能动性和主体性。也就是说, "我思维"与"我存在"不是推论的关系, 而是同一的关系, 思维与存在直接联系, "作为存在的思维, 以及作为思维的存在, 就是我的确认, 就是'我'。这就是著名的Cogito, ergo sum (我思故我在); 思维和存在在这里不可分割地结合在一起"[②]。正因如此, 休休论的"存在"概念在这里发生了认识论的历史转变, 因为笛卡尔将存在与实体等同起来, 赋予人以思维认识的权力, 尽管他依然沿着基督教神学的本体论思路, 把"我"视为不完满的存在, 而将上帝视为最完满的存在, 是世界存在的依据, 但他至少肯定了自我 (心灵或思维) 和物质世界与上帝是同等存在的三种"实体", 而对人的主体性的认可, 对人的实体存在的强化, 无疑将人从神的统治中解救出来, 将哲学从神学的束缚中解放出来, 并拉回到现实的人间和人的认识。

如果说柏拉图的"理念"(idea) 是唯有神才能认识的东西, 那么, 笛卡尔的"观念"(idea) 则是人的理性可以认识和把握的东西, 这无疑开启了近代理性主义认识论的先声。当然, 深受神学本体论影响的笛卡尔又是不彻

---

① 这句话的拉丁文是 "Cogito ergo sum", 译成英文是 "I think, so I am"。俞宣孟认为中文应译为"我思, 故我是"。赵敦华认为这句话是对奥古斯丁 "Sifallor ergo sum"(我怀疑, 故我在) 的翻版 (《基督教哲学1500年》, 第146页), 据说笛卡尔不知道奥古斯丁的这个命题。

② [德] 黑格尔:《哲学史讲演录》第四卷, 贺麟、王太庆译, 商务印书馆, 1978年, 第70页。

底的,他把理性理解为与感性认识无关的先天的良知,主张不受时空限制的"天赋观念论",所以,"笛卡尔取消了(神的)彼岸世界和(我们的)现实世界之间的鸿沟,却代之以思维和事实的鸿沟。这也是从本体论的基本立场上产生出来的认识论的特征"①。换言之,笛卡尔理性主义的认识论还没有从本体论中获得完全独立,但也必须承认,"这种理性主义在当时确实有很大的进步性,因为它动摇了中世纪烦琐哲学的思辨方法和对教会权威的信仰,要求对事物进行科学分析,肯定了事物的可知性"②。

与欧洲大陆哲学家的理性主义认识论不同,英伦三岛的哲学家们则走上了反本体论的经验主义认识论的道路。经验主义所信赖的只有经验,只有自我能切身体会到的感性知觉,它不承认在经验世界之外还有一个理念世界或"天赋观念",它反对一切超出人的经验范围的观念及其推理,可见,经验论既与追求普遍性和逻辑性的本体论相对立,也与试图用理性把握事物本质的理性主义相对立。

从培根到洛克、贝克莱再到集大成的休谟,以感觉经验为起点的认识论最终获得相对完善的建构。在休谟看来,哲学应该是精神哲学(moral philosophy),是研究人性的科学,这意味着人的身体官能和认识能力或者说人性,是一切科学和知识的基础和源头,离开或超出人的经验认识的普遍原理或真理是不存在的,这种"精神哲学"显然是与本体论哲学相对立的。③休谟还认为,心灵的本质和外界事物的本质"同样是我们所不认识的",因为"我"不是思想的我,而只是"知觉的集合,或一束知觉"④,而知觉有印象和观念(idea)两种,印象是人所知觉到的感觉、情绪等感受,而观念则是出现在思想中或被思想用作推理的东西。需要注意的是,"idea"的一词多义性:在柏拉图的本体论中,指的是独立实体的"理念",在笛卡尔的理性主

---

① 俞宣孟:《本体论研究》,上海人民出版社,2005年,第381页。
② 朱光潜:《西方美学史》,商务印书馆,2011年,第197页。
③ 参见[英]休谟:《人类理解研究》,关文运译,商务印书馆,1957年。
④ [英]休谟:《人性论》,关文运译,商务印书馆,1980年,第8、283页。

义认识论中，指的是思想可以把握的具有逻辑规定性的"概念"，而在休谟的经验主义认识论中，指的既不是理念也不是概念，而是与印象紧密相关的或者说复现印象的"观念"，这样的观念是不离经验、不离感知的特殊的观念，而不是逻辑推理规定的一般或抽象的观念。由此，休谟认为所谓知识就是观念之间的关系，并归纳出七种关系：类似关系、同一关系、时空关系、数量关系、程度关系、相反关系和因果关系，而这些关系无论是直观（类似、数量、程度、相反）还是推理（同一、时空、因果），也只能得到概然性的知识而非普遍性的知识。对于本体论和理性主义哲学来说，"实体"（比如ousia）具有重要意义，从中可以推理出"存在""本质"等诸多属性，而对于休谟来说，只有知觉中的直观印象或观念才是有意义的，非经验的逻辑规定的实体观念及其属性是无意义的，即使是对于理性和推论来说至关重要的因果关系，休谟也不以为然，同样归因于经验，如其所言，"我们只能根据经验从一个对象的存在推断另外一个对象的存在。经验的本性是这样的"[①]。换言之，所谓的因果观不过是从以往的经验事实的"习惯"中获得的，即只有由感官知觉记忆的已知经验和由此出发对未知经验的假设，而不存在普遍必然的推论及其得出的因果关系，超出经验范围的推论和因果不具有普遍必然性，因而是不能成立的。可以说，休谟对因果性观念和逻辑推论的否定，对本体论和近代理性主义认识论来说无异于釜底抽薪，因为后者恰恰是依靠因果性观念和逻辑推论方法来建立普遍必然的哲学命题的。

无论是大陆理性主义，还是英美经验主义，认识论转向在西方哲学进程中无疑具有重要意义，初步动摇了本体论哲学的根基。如前所述，本体论占据西方哲学核心地位二千余年，自始作俑者柏拉图的"理念"始，本体论就在可感的、经验的、现象的世界与不可感的、理性的、本质的世界之间人为地制造了对立与鸿沟，认为前者是不确定的、不实在的，而后者是确定的、实在的，由此否定前者，肯定后者；中世纪基督教神学不过是以"上帝"取代了

---

① ［英］休谟：《人性论》，关文运译，商务印书馆，1980年，第104页。

"理念"，进一步贬抑了现实世界和人间情感；亚里士多德的形式逻辑方法，又进一步强化了本体论原理的逻辑必然性和本体论知识的普遍必然性。而16—18世纪兴起的认识论，试图从理性和经验两个不同方向来填平经验世界和原理世界的鸿沟，理性主义认识论承继了本体论的逻辑推论方法，赋予人类以理性思维的权力，而经验主义认识论则承继了亚里士多德对经验世界的肯定价值，赋予人的主观经验以无上权力。认识论一定程度上冲击了本体论对纯粹逻辑系统的迷恋，使哲学从"天上"回到"人间"；当然，认识论也片面夸大和割裂了理性与经验，没有也不可能从根本上填平经验世界与原理世界的鸿沟，反倒将理性与经验更醒目地对立起来，当然这也为康德的本体论批判和折衷调和理性论与经验论提供了可能。

　　毋庸置疑，在近代哲学的中心由本体论转向认识论的过程中，康德是"西方哲学史上第一个对本体论作出系统的、致命的批判的人"[①]，其承前启后的意义正如李泽厚所言，"从培根和笛卡尔起，近代哲学一直重视认识论。但康德以前，认识论与本体论经常缠在一起，没有分家，前者一般从属后者。康德改变了这个情况，旧的本体论被否定了，认识论宣告独立。康德以后，本体论倒经常从属于认识论，从认识论中引出来了，黑格尔便是如此，他的逻辑学与认识论是同一的，这也就是所谓逻辑与历史、认识论与本体论的一致"[②]。那么，康德是如何批判本体论，又是如何建构自己的认识论的呢？

　　早期的康德是莱布尼兹—沃尔夫哲学唯心主义唯理论的信奉者，但在长期研究的自然科学和英国经验论哲学的影响下，他逐渐对上帝存在之类的神学观念和旧形而上学（本体论）产生了怀疑。在他看来，"全部形而上学体系包含四个主要部分：1. 本体论，2. 理性自然学，3. 理性宇宙论，4. 理性神学"[③]，很显然康德继承了沃尔夫的分类方法，将本体论居于形而

---

① 俞宣孟：《本体论研究》，上海人民出版社，2005年，第436页。

② 李泽厚：《批判哲学的批判：康德述评》，生活·读书·新知三联书店，2007年，第56页。

③ Immanuel Kant. *Critique of Pure Reason*, tr. by F. Max Müller, Anchor Books, New York, 1966, p.538, 参见［德］康德：《纯粹理性批判》，蓝公武译，商务印书馆，1982年，第573页。

上学的首位，且和沃尔夫一样，认为研究纯粹理性的本体论是"纯粹概念的推论"。但与沃尔夫不同的是，在休谟的影响下，康德很快认识到哲学不等于数学，逻辑不等于现实，思维的逻辑关系不等于现实事物的逻辑规律，如果离开经验，单凭概念思辨、逻辑演绎只能获得虚妄，而不能获得对事物存在与因果的认识，使形而上学获得真理。正因如此，他指出以往对上帝存在的三种证明（本体论证明、宇宙论证明和自然神论证明）归根结底都是本体论证明，都抽取了一切经验因素，完全用先验的纯粹概念来推论。

为了探求本体论问题的根源，深受认识论濡染的康德顺理成章地从人的认识能力入手，寻求"认识如何可能"的答案，通过折中调和理性论和经验论而建构起自己的"批判哲学"或者说"先验（transzendental）哲学"，即对人类理性认识能力本身进行批判，研究一切先验（a priori）的条件、根源、形式，尤其是建立在理性上的先天综合判断，因为只有由先天综合判断构成的知识才具有普遍性和必然性。因此，他先后在《纯粹理性批判》《实践理性批判》和《判断力批判》中，针对人的三种认识能力（理解力、实践理性和判断力），建立起理论认识、道德意志和审美情感的先天综合判断，既批判了包括本体论在内的形而上学，又肯定了形而上学在道德和政治生活领域的意义，其最终意图在于建设一种不脱离经验的理性批判的"科学的"形而上学——这显然是对本体论的告别，或许我们能从这个意义上来理解黑格尔所说的康德的哲学是"近代哲学的转折点"①。

毋庸置疑，从柏拉图之"理念"到黑格尔之"绝对理念"，沃尔夫意义上的本体论始终占据形而上学最核心、最高的地位。今道友信曾把从柏拉图到黑格尔等持守本体论的理性主义（rationalism）哲学称之为"本质哲学"，在他看来，"本质哲学都企图寻找普遍有效的真理、知识、理性，借此控制、操纵自然、社会和人类，把本质看作是一切存在的根据、本源和实体，试图凭借恒常不变的理性本质可以万无一失地把握住事物，规定事物，决定事

① ［德］黑格尔：《美学》第1卷，朱光潜译，商务印书馆，2010年，第70页。

物的价值和意义"①。尽管这些古典哲学家所主张的"本体"各不相同,但并不妨碍他们在现代哲学诞生之前结成牢固的西方传统本体论哲学阵营。而在这个阵营中,黑格尔显然是最后的殿军和集大成者。

有意味的是,黑格尔虽然对形而上学充满信赖,却并不把自己的学说称为本体论,这自然是因为此前康德在《纯粹理性批判》中已经对本体论进行了有力批判。黑格尔并没有批判或否定本体论,而是在克服康德对本体论的批判基础之上建立自己独特的"逻辑学",以"客观逻辑"处理自在的概念,取代"昔日形而上学",取代"本体论"和"其余的形而上学"②,以"主观逻辑"处理自为的概念,从而构造出涵盖了自然界、人类社会和人类精神生活的作为纯粹哲学的逻辑体系,实现了对旧逻辑学和旧本体论的改造和重建。在黑格尔看来,无论是客观逻辑,还是主观逻辑,乃至天地万物,一切都是"绝对精神"的外化与实现,绝对精神是以有逻辑规定性的一般概念自身的演绎表示出来的,对绝对精神的真理的把握就是哲学,由此,黑格尔便将"本体论"送至传统哲学无以复加又岌岌可危的顶点,可以说他是"西方哲学史上最后的、最大的主体性形而上(即与现代形而上学相对立意义下的传统形而上学)者"③。

结语

从古代到近代,从柏拉图到黑格尔,本体论哲学和认识论哲学深刻影响了西方的古代美学和近代美学。如上所述,西方古代哲学是以具有客观倾向的实体作为万物本原的实体本体论哲学,在此影响下,古代西方美学便有了两个特点:"一是从实体观念出发,美成为客观的、独立于人之外的实体的属性。古代美学研究美本身的性质,而不是研究审美主体以及主体与客体之间的审美活动的性质。这就是说,古代美学具有客体性。二是从本体论

① [日]今道友信等:《存在主义美学》,崔相录、王生平译,辽宁人民出版社,1987年,第2页。
② [德]黑格尔:《逻辑学》(上卷),杨一之译,商务印书馆,1966年,第47—48页。
③ 张世英:《天人之际——中西哲学的困惑与选择》,人民出版社,1995年,第375页。

出发,把美的本质问题归属于本体论领域,美与本体相关,是本体的属性或表现(现象)。它认为本体是万事万物的本原,是决定一切的,美的本质可以从本体范畴推演出来。因此,古代美学具有形而上学性质。"[1] 由此,我们也不难看出古代西方美学的两大缺陷:一是受主客二元对立观的制约,把美视为客观的实体或实体的属性,而未能从审美主体乃至审美活动等方面进行研究;二是试图从本体范畴推演出具有普遍性的美的本质,试图建立一种形而上学的美学体系,这注定是徒劳无益的。

而随着理性的高扬,近代哲学的认识论转向,使带有独断论倾向的实体本体论逐渐转向主体认识论,使近代美学也由本体论的、客体性的美学转向认识论的、主体性的美学,即近代美学从认识论角度确立了审美的主体性原则,从主体的认识角度来探究美的本质问题,着重研究主体的美感和审美意识活动,美学被鲍姆嘉登(A. Baumgarten, 1714—1762)定名为关于感性认识的科学——"感性学"。把审美当作一种主体认识,一种感性情感,这虽然肯定了感性认识的科学价值,却并未逃脱认识论的窠臼,依然没有摆脱主客二元对立的思维模式。突破和超越本体论美学和认识论美学的历史局限和理论缺陷,是现代西方美学必然承担的历史使命,归根结底是西方现代哲学转向现代存在论的必然。

第二节　存在论转向:从马克思到海德格尔

尽管康德率先对本体论哲学进行了批判,但依然假设了"物自体"的存在,并寄希望于"一种能够作为科学出现的未来形而上学";尽管近代认识论的发展一定程度上动摇了本体论的根基,但黑格尔还是凭借一己之力让本体论"回光返照",抵达形而上学时代的辉煌顶峰。一句话,近代哲学虽然开启了从本体论到认识论的重心转移,但先天不足的"先验哲学"不可能

---

① 杨春时:《作为第一哲学的美学——存在、现象与审美》,人民出版社,2015年,第67—68页。

担负起摧毁形而上学本体论圣殿的重任。真正颠覆形而上学本体论的无疑是马克思，他借用"实践"和"存在"两件批判武器，批判了"头足倒置"的黑格尔哲学，开启了传统本体论的现代转向。马克思的唯物主义实践存在论，"终止了一切高于实际生活之上的哲学，却激活了遍及于生活之中的哲学"，[①]使哲学真正由"天国"走向"人间"，走向现实人生和生活世界。

而海德格尔则在反思批判传统形而上学本体论和继承存在主义生存论的基础上，从康德哲学前提出发，引导出与康德《纯粹理性批判》之"知识论"不同的"存在论"[②]，构筑起别具一格的"基础存在论"（fundamental ontology），反思"存在之遗忘"，把人的存在（"此在"）作为哲学探讨的中心和优先地位，尽管也并未完全走出形而上学的圈套。虽然运思路径和哲学旨趣有所不同，但以马克思和海德格尔为代表的存在论思想家，实现了从传统本体论到现代存在论的革命，或者说"存在论"（本体论）范式的转换，建构起新形态的现代存在论哲学——这正是西方哲学进程中至关重要的"存在论转向"。

一　传统本体论与现代存在论

首先需要指出的是，马克思与海德格尔都不约而同地对"ontology"这个词心存疑虑。[③]20世纪80、90年代，中国哲学界曾围绕"马克思主义哲学是不是本体论"这一问题进行了激烈争论。[④]在这次影响甚广的论争中，论者纷纷给马克思主义哲学贴上"物质本体论""辩证唯物主义本体

---

① 俞宣孟：《本体论研究》，上海人民出版社，2005年，第179页。
② 叶秀山：《海德格尔如何推进康德之哲学》，《中国社会科学》，1999年第3期。
③ 马克思只是在博士论文《1844年经济学哲学手稿》（以下简称《巴黎手稿》）等早期著作中有过"本体论""本体论的"或"本体上的"等提法，而在成熟期的著作中则完全放弃了这一术语。
④ 贺来认为，"这种争论其实并没有实质性的意义。按照奎因的'本体论承诺'的观点，在任何一种语言系统中，都必然包含着'何物存在'的承诺，这对于马克思哲学也不例外，如果从'本体论承诺'的角度来理解马克思哲学的本体论思想，那么，关于马克思哲学究竟是不是'本体论'将作为无实质意义的争论被悬置起来。"参见贺来：《马克思哲学与"存在论"范式的转换》，《中国社会科学》，2002年第5期。

论""实践本体论""客体本体论""物质—实践本体论"等形形色色的本体论标签,甚至有人还勾画出"马克思哲学本体论思路历程"[①]。由此,马克思哲学与本体论几乎成了同义词。

与之类似,海德格尔虽然在早期著作(如《存在与时间》《康德与形而上学》)中使用了"fundamental Ontology"这个术语,但自1929年之后便不再使用"ontology"这个容易引起误解的术语[②],正如瑞恰森所言:

> 1929年以后,这个词(fundamental ontology)就完全消失了。1949年,我们被告之其原因:ontology一词尽管有修饰语"基础"(fundamental)解释它,仍太使人容易把为形而上学提供基础理解为一种高等的本体论。而本体论仅仅是形而上学的另一个名称,必须被彻底抛弃。[③]

很显然,就主观意图而言,海德格尔之所以提出"基础存在论",不是为了建构"一种高等的本体论",而是为了给传统形而上学奠定真正的基础,而"本体论"这个译名很容易让人再次陷入本体论的思维惯性和历史传统之中无法自拔,既忽视了"ontology"作为一个历史概念同样要经历从古典形态到现代形态的转变,又遮蔽了现代哲学与传统哲学的本质差异。

所以,当我们置身于现代语境下,再用"本体论"这一传统概念及其背后的话语体系来谈论马克思哲学和海德格尔哲学的时候,就会出现各种误解或抵牾,甚至圆凿方枘的错误;更重要的是,"本体论"这个从一开始就不妥当却约定俗成的译法,已无法正确揭示他们的哲学内涵及其在西方哲学进程中的历史地位,尤其是无法正确理解和合理评价马克思实践存在论与

---

① 俞吾金:《马克思哲学本体论思路历程》,《学术月刊》,1991年第11期。

② 海德格尔后期对"Ontology"的否定可参见 [美] 赫伯特·施皮格伯格:《现象学运动》,商务印书馆,1995年,第495页。

③ William J. Richardson, *Heidegger, Though Phenomenology to Thought*, The Hague: Nijhof, 1963, p.15.

海德格尔基础存在论作为一种"现代存在论"的理论变革意义。

　　术语的混乱会带来理解的混乱，理解的混乱会带来理论的混乱、思想的混乱，尤其是新时期以来，随着海德格尔研究的兴起，国内哲学界、美学界、文学界等对"本体论"存在着诸多误读误释。[①]尽管我们未必像海德格尔那样彻底抛弃"本体论"这一名称，但我们在谈论马克思、海德格尔及其引领的"存在论转向"之前，有必要正式启用"存在论"这个现代译名来区别于此前借以谈论从柏拉图到黑格尔的传统译名——"本体论"，并将后者作为存在论之中具有实体性追求的特定历史形态，由此，"存在论转向"才能名正言顺，"存在论"与"本体论"才能各安其位，避免等同或混淆。[②]在这里，我们必须要感谢海德格尔《存在与时间》的中译者们，正是他们率先在中国语境中以"存在论"翻译ontologie，破除"本体论"的迷雾，"ontologie一词，传统的中文译法为'本体论'。这个词的原意实际为'关于存在的学说'。因为后人将'存在'解释为与'现象'相对的'本体'，这个词就以'本体论'一译流传至今。本书中，作者的主要目的之一就是要破除现象、本体之二分，除却对'存在'理解的千年之蔽。因此，译文将ontologie一词改译为'存在论'"[③]。自此，"存在论"逐渐与"本体论"相区别开来，被学界广为接受。毋庸置疑，"译名的改变带来的自然不仅仅是一个'新词'的出现，更是哲学观念自身的革新意义的转折。这种转向的美学意义在于'美学在其方法、体系、结论甚至理论形态各方面，都受到存在论深刻的影响'"[④]。"存在论"译名的使用正是"存在论转向"的语用学起点，而哲学和

---

① 参见朱立元：《当代文学、美学研究中对"本体论"的误释》，《文学评论》，1996年第6期。

② 朱立元曾建议文学、美学界在本原论、本质论、本根论等意义上继续使用"本体论"概念，而哲学界在用到ontology概念时尽可能采用"存在论""是论"或"万有论"等译法。参见朱立元：《当代文学、美学研究中对"本体论"的误释》，《文学评论》，1996年第6期。王庆节则认为，"近代以前的哲学本体论可以称为本体论，但自海德格尔和马克思以后的哲学本体论，称之为'存在论'则更为合适。"参见王庆节：《存在的澄明与人类的解放——海德格尔与马克思的存在论思想之比较》，《天津社会科学》，2004年第6期。本文取从后说。

③ ［德］马丁·海德格尔：《存在与时间》，陈嘉映、王庆节译，生活·读书·新知三联书店，2006年，第496页。

④ 朱立元、栗永清：《从"生态美学"到"生态存在论美学观"》，《东方丛刊》，2009年第3期。

美学的"存在论转向"及其意义正是我们将要探究的内容所在。

　　基于"存在论"与"本体论"的分野，我们不妨借用"现代存在论"与"传统本体论"这两个术语①，来区分不同历史时期和理论形态的"ontology"哲学。传统本体论和现代存在论都是对探求"存在"（being）的"存在论"，但是二者的提问方式、关注重心等有着诸多差异。按前所述，传统本体论是从"实体"（ousia）角度追问存在者的"存在"，实质上是一种"实体本体论"。这里的"实体"指的并非现象的形而下的感性实体，而是本质的形而上的超感性实体，正如后来海德格尔所阐明的，"自柏拉图以来，更确切地说，自晚近希腊和基督教对柏拉图哲学的解释以来，这一超感性领域就被当作真实的和真实现实的世界了。与之相区别，感性世界只不过是尘世的、易变的，因而是完全表现的、非现实的世界。尘世的世界是红尘苦海，不同于彼岸世界的永恒极乐的天国。如果我们把感性世界称为宽泛意义上的物理世界，那么，超感性世界就是形而上学的世界了"②。超感性实体是永恒常在、绝对真实和无限完善的，与之相应的理论逻辑是知性逻辑和概念化思维，对"绝对"的、"一元化"的、"唯理主义"的、"非历史"的超感性实体的迷恋构成了传统实体本体论的思想硬核。③而现代存在论则是关注和追问存在者如何存在，它所强调的不是"存在"本身，而是存在的方式；不是物质的或精神的实体，而是人与世界的关系；不是超感性世界，而是感性世界；不是逻辑思辨，而是实践领悟。总之，现代存在论与传统本体论的根本区别在于，把抽象的概念性的"存在"转化（显现）为具体的、现实的生存；纵观"ontology"的西方哲学史进程来看，传统本体论可谓现代存在论的初级阶段，而现代存在论则是对传统本体论的升级与超越，从传统本体论到现代存在论的转变即我们所说的"存在论转向"，也只有在这一转向的工作框架中，马克思与海德格尔的意义才能得以显现。

---

① 杨学功、李德顺：《马克思哲学与存在论问题》，《江海学刊》，2003年第1期。
② ［德］马丁·海德格尔：《海德格尔选集》（下），孙周兴选编，上海三联书店，1996年，第771页。
③ 贺来：《马克思哲学与"存在论"范式的转换》，《中国社会科学》，2002年第5期。

二 "存在论转向"发生的历史文化语境

曾有学者质疑和批评从"存在论转向"的角度来谈论马克思哲学,认为这会把马克思哲学"存在论化",并认为"在所谓'存在论转向'的视野中把握马克思主义哲学的当代意义,其实就是把马克思主义哲学主旨人本主义化,取消其科学认识论,把青年马克思的人本主义逻辑当作马克思主义哲学的原初形态"①。这种担忧和指责是不合乎实际的。实际情况是,"存在论转向"并非"存在主义转向",作者的这种理解显然混淆了作为一种现代哲学思潮的"存在主义"(existentialism)和作为一种现代哲学形而上学的"存在论"(ontology),前者的内涵与后者并不等同,正如把"存在论者"海德格尔误读和等同为"存在主义者"也是不合适的,至少是不合乎海德格尔本意的。

"哲学转向实际上就是其内在的发展逻辑起作用的结果,表现为哲学问题的思考方式和角度的转换,标志着哲学向着纵深方向的发展。整个西方哲学经历了本体论、认识论的过程,从而走向了现代。哲学的转向表征着哲学的发展逻辑,同时更表征了哲学对人类思维发展历史的总结。"②换言之,我们判断"存在论转向"是否成立,主要看它是否合乎西方哲学内在的发展逻辑。按上所述,我们所说的"存在论转向",是指19、20世纪发生的西方哲学从传统本体论转向现代存在论,即由思考"存在者的存在"向思考"存在者如何存在"转变,从主客对立的传统认识—本体论向主客统一的现代生存—本体论和存在—本体论转变。近现代人类思维的进化和提升为这种转向提供了可能,正是在认识世界的过程中人们越来越意识到人类思维能力即"能否思想"本身出了问题,这种理性主义的思维方式忽视了生存论维度,

---

① 孙伯鍨、刘怀玉:《"存在论转向"与方法论革命——关于马克思主义哲学本体论研究中的几个问题》,《中国社会科学》,2002年第5期。

② 韩秋红、史巍:《现代西方哲学转向与哲学观的变革——以西方哲学发展的内在逻辑为视角》,《社会科学战线》,2007年第2期。

人们不得不追问人类生存的意义何在，人类生活的目的何在，意志哲学、生命哲学、实用哲学、分析哲学、现象学等现代各种哲学形态无不尝试从不同维度来回答这种"有无意义"的追问。存在论转向正是遵从了西方哲学从"能否思想"到"有无意义"的内在逻辑，和"语言论转向"一样都归属于近代西方哲学向现代西方哲学的转型或转向。

　　同时我们认为，存在论转向并非始于20世纪轰轰烈烈的"存在主义"思想运动，而是肇端于19世纪的马克思哲学，这不是我们人为地要将马克思哲学"存在论化"，更不是要将其"主旨人本主义化"，而是马克思（实践）哲学自身的存在论根基所决定的。关于这一点，已有诸多学者进行了深入阐发和揭示，比如，吴晓明认为，要从存在论根基处重新认识和解读马克思哲学革命的性质和意义，"马克思的哲学革命，从而经由这一革命而在哲学上的重新奠基，从根本上来说，纯全发端于存在论根基处的原则变动——若取消或遮蔽这样的原则变动，则马克思的哲学革命就是不涉及根基的或者本身是完全缺失根基的，从而也就谈不上什么真正意义的哲学革命……只要这一革命确曾发生……对它的任何一种判断和估价都不能不首先是并且最终是存在论性质的"[①]；张凌云认为，"确立实践为存在论的本体范畴，实现存在论转向，是马克思实现的哲学革命的实质"[②]。因此，在时间跨度上，我们认为"存在论转向"开始于1840年代（以马克思《1844年经济学哲学手稿》为标志），完成于1920年代（以海德格尔《存在与时间》为标志）。

　　总之，我们既不要把"存在论转向"狭隘化、静止化，也不要把马克思哲学狭隘化、静止化，存在论转向是一个缓慢而漫长的生成过程，马克思实践存在论哲学是"存在论转向"的历史进程中首要的不可忽视的一环，而海德格尔存在论哲学则是承上启下的集大成者，"从马克思到海德格尔"，既是表

---

① 吴晓明：《重估马克思哲学革命的性质与意义》，《复旦学报》，2004年第6期。
② 张凌云：《马克思创立的新哲学——实践唯物主义——马克思的发现片论之二》，《探索与争鸣》，2008年第4期。

明一种时间先后的历史性，也是表明"存在论转向"本身的生成性。只有明确了这一点，我们才能继续追问存在论转向在19、20世纪的历史语境中是为何和如何发生的。

（一）资本主义时代

在今天，应该没有人否认哲学与时代之间有着密不可分的关系。按黑格尔的说法，哲学是把握在思想中的它的时代，一个时代因为哲学思想而得以表现；按马克思的说法就是，"任何真正的哲学都是自己时代的精神上的精华，因此，必然会出现这样的时代：那时哲学不仅在内部通过自己的内容，而且在外部通过自己的表现，同自己时代的现实世界接触并相互作用"①。从这个意义上说，无论是柏拉图、黑格尔，还是马克思、海德格尔，甚至皮尔斯、维特根斯坦，身处不同时代的哲学家们无不充满着对时代和人类的现实关切与反思批判，那些看起来纯粹追求真理的哲学问题往往是对时代问题的曲折抽象的变形。

当代马克思主义理论家詹姆逊按照马克思主义的历史分期方法将资本主义社会划分为市场资本主义、垄断资本主义和晚期资本主义，与之对应的文化阶段分别为现实主义、现代主义和后现代主义，现实主义的话语符号是"金钱"，现代主义的话语符号是"时间"，后现代主义的话语符号是"空间"。众所周知，14、15世纪，欧洲资本主义萌生于地中海；经过"扩张时代"新航路的开辟，世界市场逐步形成，文艺复兴和宗教改革又进一步扩大了资本主义的发展空间，到17、18世纪，经过英国资产阶级革命、美国独立战争、法国大革命等早期资产阶级革命，以及启蒙运动的思想革命，资产阶级正式登上历史舞台，资本主义进入自由市场经济占主导的自由资本主义阶段（蒸汽时代）；随着自由竞争带来生产高度集中，19世纪60、70年代资本主义进入垄断资本主义阶段（电气时代），直到20世纪40、50年代，进入国家垄断资本主义阶段，延续至今。可见，在资本主义的历史进程中，19世

---

① 《马克思恩格斯全集》第1卷，人民出版社，1995年，第220页。

纪无疑是资本主义高速发展、承前启后的"黄金时代",这是因为机器大工业取代了个体小生产,社会化大生产的资本主义生产方式极大地解放和促进了生产力,使得社会生产关系发生重大变革,使得一切国家的生产和消费都变成市场化的和世界性的。

正是在这样的唯利是图的资本统治一切的现实世界之中,资本关系变为"垄断"社会的全部关系,商品拜物教取代了神圣宗教,利己主义的个人情感取代了利他主义的普世情感,赤裸裸的"金钱"关系成为人与人之间的唯一联系,这是资本主义时代的"现实主义",不需要任何逻辑推论,无比世俗又无比真实,正如贫困之中的马克思不得不一而再再而三地典当和赎回自己的大衣。与此同时,作为资本主义生产资料的劳动力——现代工人(无产者),在用自己的劳动实践为资产阶级创造剩余价值和财富资本的时候,也陷入到人对自己劳动产品的异化、对自身劳动的异化、人对自己的类本质的异化以及人与他人的相异化之中。在垄断资本主义时代,人们还失去了时间。时间就是生命,就是人的价值,因为个体的价值由抽象的社会必要劳动时间即公共化的时间来考量。为什么劳动者为社会创造了越来越多的商品和财富,却失去了自身的自由和幸福?资本主义究竟向何处去?人类究竟向何处去?这是资本主义时代的现实危机,也是摆在哲学家、思想家面前的学术问题。从政治经济学的角度批判资本主义,从人学立场关心人类在时间和空间中的生存处境,为人类寻求新的出路,成为资本主义时代赋予马克思、海德格尔等哲学家的使命。

(二)科学"入侵"、实证哲学与生命哲学

不得不说,近代西方哲学的困境与危机除了来自其内部的思想痼疾,也来自外部的科学"入侵",其结果便是思辨哲学的消退与实证哲学、生命哲学的兴起。

正是伴随着资产阶级革命和资本主义生产方式的革新,建立在科学实验基础上的自然科学在近代获得长足发展,哥白尼的"天体运行论"、布鲁诺的"日心说"、维萨留斯的"人体构造说"、伽利略的"动力学"等,不再像古典自然哲学那样关心世界的自然本源问题，而是通过观察实验分门别类地去研究天文、生物、物理、化学等自然现象运行的具体问题和因果规律。尤其值得一提的是，1850年代是达尔文和进化论的十年，在达尔文的影响下，人们普遍形成了一种观念：万物皆变，适者生存，不适者灭亡。这种原本只是探究"物种起源"的生物进化论或者说生存法则，被当作放之四海而皆准的科学原理，推广到哲学、社会学、伦理学、经济学等诸多领域。更重要的是，它不仅为马克思的历史唯物主义"提供了自然史的基础"，被当作"历史上的阶级斗争的自然科学根据"①，更激励了马克思要成为"社会科学"的创始人，像达尔文发现有机物的发展规律那样，去发现人类历史的发展规律，绘制一个基于社会存在的人类进化图示。

科学（自然科学）的神圣性和合理性在于，仿佛可以为人类世界提供一切可能性的认识论解释，可以成为知识和真理的全部来源，可以成为一切存在者之所以存在的原因或基础，使主体的主体性成为绝对的自身确定性，一句话，解释世界的哲学已无意义，科学将取而代之，成为新的"形而上学"。正如后来海德格尔所言，"当'科学'这个名称在绝对形而上学范围内取代了'哲学'这个名称，那么，前者就在进行着无条件的自我认识的主体的自身确定性的本质中获得了它的含义。主体在此是真实地亦即确定地摆在眼前之物，是subiectum，即基体、基底，也就是自古以来的哲学当作在场者来认识的东西。哲学成了科学，因为哲学保持为哲学。哲学致力于对存在者之为存在者的观照"②。在科学至上的光芒下，主体不过是确定的、现成的在场者和存在者，这无疑为以探究"存在者的存在"为己任的海德格尔提供了批判的靶子。

科学一边摧毁空中楼阁的形而上学，一边催生科学理性的实证哲学。19世纪上半叶，随着《实证哲学教程》（6卷）的陆续问世，孔德的实证哲学逐渐成为法兰西第二帝国时期的思想正统。孔德提出，人类思辨理性的发

① 《马克思恩格斯全集》第30卷，人民出版社，2016年，第131、574—575页。
② ［德］马丁·海德格尔：《林中路》，孙周兴译，上海译文出版社，2004年，第137—138页。

展，必然经历从神学阶段到形而上学阶段再到实证阶段，实证阶段才是蕴含人类理性定型体制的唯一完全正常的阶段。在他看来，形而上学虽然消极地促进了近代文明的根本发展，但是"不幸的是，本体论概念的过长作用，在每一方面完成这种不可缺少的然而又是暂时的职能之后，总是趋向于阻止另一种思辨体系的真正建立，竟至于这种精神今天实际上成为妨碍真正哲学最后确立的凶险障碍，它依然常常独占哲学思考的优先权"①。可以说，孔德的"实证主义"继承的是法国启蒙运动的反形而上学精神，其目的在于，以另一种更科学的思辨体系——实证哲学，取代形而上学本体论，从而成为具有优先权的真正哲学，其优越性恰如斯特龙伯格所指出的，"实证主义看起来比黑格尔的唯心主义更适合做科学的哲学基础，比浪漫主义的乌托邦更适合做政治秩序的基础"②。

值得注意的是，尽管孔德并未摆脱黑格尔式的"思辨体系"的诱惑，依然把人类社会历史归结为人类理性发展史，但他看到了形而上学思辨及其思辨方法的必然缺陷，"看到我们非但不可能全面研究任何实有的存在，而且还不能肯定哪怕是肤浅地认识一切真实存在的可能性，也许我们并未掌握真实存在的主要部分"③，意识到人类认识能力的局限和一切实在知识的相对性，无疑是对认识论的一种质疑和批判。因此，孔德主张"在一切方面对存在物作系统评价，并放弃探求其最早来源和终极目的"的实证研究，即放弃对绝对理念的本体论迷恋，而通过观察和合理预测来研究事物关系与现象规律——这正是实证主义所追寻的"科学"。也正因为这种科学性，实证主义在英国、俄国、意大利等地得到广泛传播，孔德的实证主义成为和边沁的功利主义、黑格尔主义一样的主流哲学体系，只不过它不是建立在独断的神学之上，而是独断的科学之上。总之，"自实证主义兴起之后，形而上学

---

① ［法］奥古斯特·孔德：《论实证精神》，黄建华译，译林出版社，2011年，第8—9页。
② ［美］罗兰·斯特龙伯格：《西方现代思想史》，刘北成、赵国新译，中央编译出版社，2005年，第292—293页。
③ ［法］奥古斯特·孔德：《论实证精神》，黄建华译，译林出版社，2011年，第10页。

便不断面临各种各样形式的诘难"①,一方面,科学日益取代形而上学和宗教成为新的"信仰"和"真理",另一方面,具有科学性和意识形态性的实证主义占据着19世纪后期思想舞台的中心,深刻影响着西方的文明和人们的精神生活,正如科学技术深刻影响着人们的日常生活,这理所当然地被视为一种"进步",无怪乎孔德后来被誉为"19世纪进步信念的典范"。

　　而在狄尔泰看来,实证主义只是与生命无关的学院学术,还不是其心仪的"行动的人和实践世界的科学",因而需要扬弃。正如康德通过纯粹理性批判为自然科学知识奠定基础一样,狄尔泰通过历史理性批判为"精神科学"(Geisteswis-senschaften)奠定了"生命"的基础。②狄尔泰所强调的"生命"不是通俗意义上的生命,而作为哲学起点甚至本体的实在,具有整体性、历史性和时间性。很显然,狄尔泰的生命哲学深刻影响了海德格尔对此在的时间性和历史性以及"向死存在"的分析,尽管海德格尔在肯定狄尔泰、舍勒、柏格森的生命哲学"都未经明言地有一种领会此在的倾向"时,也批评"'生命'本身却没有作为一种存在方式在存在论上成为问题"③,但我们必须承认,狄尔泰事实上是把"生命"本身作为人的存在、精神科学的实在而理解的,而"体验"正是通达生命价值的主体性选择和历史性实在。"生命哲学"使与生命无关的传统思辨哲学、实证主义和科学主义一定程度上都相形见绌,"生命"的存在和意义逐渐成为哲学研究的中心。

　　(三)人的问题、现代性困境与存在主义运动

　　19世纪末20世纪初,垄断资本主义的转型升级和现代科学技术的飞速发展,在带来物质极度繁荣的同时,也导致人的普遍物化,个人与社会、阶

---

① 杨国荣:《存在之维——后形而上学时代的形上学》,人民出版社,2005年,第1页。

② 狄尔泰所理解的"生命"非常特殊,至少包含三个内容:(1)生命不是指个人个别的存在,而是指生命联结人的共同性。生命不是生物现象,而是人文现象,生命的世界是人文的世界。(2)生命不是孤立的主体性,而是包括自我与世界的共同关系的整体性。(3)生命不是无形流动的什么东西,而是在历史过程中展开自身的各种生命关系的整体。Vgl. Otto F. Bollnow, Dilthey (Stuttgart, 1955), s.43-44.

③ [德]马丁·海德格尔:《存在与时间》,陈嘉映、王庆节译,生活·读书·新知三联书店,2006年,第55页。

级与阶级的矛盾对立进一步加深。人早已不是文艺复兴时代的"万物的灵长"，资本主义社会化大生产使人成为机械化、自动化工业流水线上的一颗"螺丝钉"，随着劳动的被分割人也被分割，而成为丧失了自我存在感的孤独渺小的个体，"现在每一个人都在为自己筑起一道藩篱，把自己束缚在里面。我不知道这样分割之后活动领域是否会扩大，但是我却清楚地知道，这样一来，人是缩小了"①。人不仅是缩小了的，而且是孤独的、有限的，一如后来美国存在主义者怀尔德（John Daniel Wild）所言，"人孤独地站在一个与他疏远又陌生的世界中"②。人的异化逼迫人们不得不反思个人的存在和存在的意义问题。雪上加霜的是，两次世界大战的爆发，让成千上万的人丧失生命，也给幸存者造成了严重的心理阴影，使得人们不得不对曾经确信无疑的"上帝""理性""真理""科学""秩序""价值"等产生怀疑，也因而对尼采之"上帝死了"心有戚戚，对弗洛伊德之"无意识""压抑"感同身受。由此，人的问题成为首要问题，人本主义的"转向"在理性主义、科学主义主导的现代西方哲学内部悄然而生，"以存在及其规律为研究对象的理性主义哲学体系，现在被认为由于把人的生活需要置于个人在复杂的世界上确定目标。与此相适应，对于人的存在的根本问题的哲学思考则被提到一个前所未有的突出地位，人的问题成为基本问题之一，人被看作任何一种哲学研究的出发点和中心主题，而理论之同个人、同个人的感情、情绪、体验的紧密联系，则被奉为哲学研究的准绳"③。在这种西方资本主义文明危机的影响之下，人们进入"信仰危机""精神危机"的虚无主义之中，焦虑、孤寂、绝望、恐惧、死亡等成为普遍的人的存在特征，20世纪仿佛一下子成为后来海德格尔所哀叹的"恐惧的世纪""毁灭的时代"——这是现代化历史进程的必然产物，也是现代人必然遭遇的"现代性的困境"。

---

① 《马克思恩格斯选集》第4卷，人民出版社，2012年，第249页。
② ［美］怀尔德：《存在主义的挑战》，转引自《当代美国资产阶级哲学资料》第二集，商务印书馆，1978年，第22页。
③ 徐崇温主编：《存在主义哲学》，中国社会科学出版社，1986年，第7页。

在《海德格尔：存在主义的问题和背景》一文中，海德格尔的学生卡尔·洛维特（Karl Löwith, 1897—1973）曾写道："我们都是存在主义者，或自知或不知，或自愿或不愿。因为我们生活在一个与以前的信仰和确定性相分离的时代而或多或少地被置于'现代'的困境中。"①从某种意义上来说，存在主义（Existentialism，生存主义或实存主义②）并非旗帜鲜明的哲学流派，而是直面现代性困境应运而生的思想运动，是对身处资本主义现代性困境中的所有"存在主义者"共有的生存经验的哲学化、文学化③，归根结底，存在主义是一种"危机哲学"，是面对资产阶级文明遭遇全面危机时的一种精神抚慰与思想拯救。这种危机是社会的经济危机、政治危机，更是个人的精神危机、思想危机，因此这种拯救是以非理性主义对抗绵延二千余年的本质哲学的理性主义，是以个体、主体、生存对抗社会、客体、理性。在存在主义思想家们的共同努力下，"生存"（实存，existence）成为新的确定性的"信仰"。

"生存"（Existenz, 实存），是后期谢林留给存在主义先驱克尔凯郭尔乃至所有存在主义哲学家的宝贵遗产，"谢林在他的后期哲学中一改德国观念论哲学的理性主义传统，把'实存'置于真理性的优先地位，从而开启了现代存在主义哲学美学的理论转向"④。在黑格尔看来，"概念就是一切"，甚至"上帝自身仅仅是一个概念"⑤，这是一种纯粹概念，是最客观的"与主体完全无关的存在"（即纯粹存在）。谢林在《近代哲学史》（1833）中对黑格

---

① Karl Löwith. *Nature, History, and Existentialism and other Essays in the Philosophy of History*. Illinois. North western University Press, 1966. p.31.

② "存在主义"在日语中译作"实存主义"，"实存"在日本一直是"现实存在"这个翻译词的简称。

③ 正如存在主义研究专家、普林斯顿大学哲学教授考夫曼所言，"存在主义不是一种哲学，而是一个标签，它标志着反抗传统哲学的种种逆流，而这些逆流本身又殊为分歧。拒绝归属于思想上任何一个派系，否认任何信仰团体的充足性。存在主义是一种每个时代的人都有的感受，在历史上随处都可以辨认出来，只是在现代才凝结成坚定的抗议和主张。"由此，他在其编著的《存在主义》（1956年美国世界出版公司出版）将陀思妥耶夫斯基、克尔凯郭尔、尼采、里尔克、卡夫卡、雅斯贝尔斯、海德格尔、萨特、加缪等哲学家、文学家都贴上"存在主义"的标签。参见［美］考夫曼编著：《存在主义》，陈鼓应、孟祥森、刘崎译，商务印书馆，1987年。

④ 章文颖：《超越理性的实存——谢林美学中的存在主义萌芽》，《上海文化》，2024年第4期。

⑤ ［德］谢林：《近代哲学史》，先刚译，北京大学出版社，2016年，第152页。

尔的这种"纯粹思维"之内的"纯粹概念""纯粹存在"提出批评,他指出:"存在必然是、而且始终是一种特定的存在,也就是说,要么它是一种纯粹本质性的存在、退回到本质之内的、等同于本质的存在,要么它是一种对象性的存在——这个区分是黑格尔完全忽略了的"①,黑格尔未必真的忽略了二者的区分,但谢林正确地指出了这种不同于"本质存在"的"对象性的存在",即特定的事物的实存(现象存在)。现实之物在概念之外实存着,理性可以用概念把握现实之物,但无法把握现实之物的现实性。正是从这个意义上,谢林把康德、费希特和黑格尔为代表的唯理派哲学称为"否定哲学",即否定了事物的实存,而意图建构自己的"肯定哲学",即肯定事物实存的现实。正是这种实存哲学为马克思的唯物主义和克尔凯郭尔、尼采、海德格尔、萨特等人的存在主义提供了思想资源,正如哈贝马斯所言,"谢林为'实存'哲学精神克服唯心主义做了准备,这一任务经过克尔凯郭尔和欧森克安茨,最终由海德格尔所完成",当然与之同时,他也把"在唯心主义的克服中仍然存在着唯心主义"这一矛盾传给了现代哲学。②

　　1841—1842年,克尔凯郭尔旅居柏林,旁听了谢林谈论哲学与"现实"的演讲,欣喜若狂,而当谢林的讲授从否定的批判转到实证的思辨时,他却越来越生气,认为谢林那一套形而上学学说软弱无力。不久他就返回哥本哈根,完成了他的第一本重要的哲学著作《非此即彼》——历史就这样不动声色地把他放到了近现代哲学思想方式转变的"决定性转折点上"③。如果说对感性的、社会的、生存的"人"的发现是黑格尔死后现代哲学转向的显著标志,那么,费尔巴哈、马克思和克尔凯郭尔功不可没。在克尔凯郭尔看来,"一切重要的认识都涉及生存,或者说,只有在本质上同生存相联系的认识是重要的认识。那种不是向内的、在内在性的反思中涉及生存的认识,从本质上看是偶然的认识,它的程度和范围从本质上看都是无关紧要

① [德]谢林:《近代哲学史》,先刚译,北京大学出版社,2016年,第159页
② [德]尤尔根·哈贝马斯:《理论与实践》,郭官义、李黎译,社会科学文献出版社,2004年,第225页。
③ [德]K.洛维特:《克尔凯郭尔与尼采》,李理译,《哲学译丛》,2001年第1期。

的", 而"单个的个体只可能以片刻生存的方式处于一种无限性和有限性的统一之中, 而这种统一超越了生存"①。可见, 生存是认识论的前提和基础, 个体 (the single individual) 的生存既是有限的也是无限的, 既是瞬间的也是永恒的, 审美、伦理与宗教正是个体生存的三种境界 (sphers of existence), 而"虚无""荒诞""绝望"等是人生各境界的种种生存情态。尽管他主张从审美的生活走向宗教的生活, 但更强调每个个体都可以朝着"永恒的幸福"(eternal happiness) 去选择自己的生存方式。每个存在的个体在具体的生存处境中所寻求的是"我所是"的真理, 即个体指向自身的"内向性"(inwardness), 在他看来, 不存在绝对的、永恒的真理, 而只存在最高真理——个人的主观真理, 由此黑格尔式的"纯粹思维"让位于个体激情的"内在行动"。总之, 克尔凯郭尔"所实现的转型的主要内容就是以孤独的、非理性的个人存在取代脱离人的客观物质或理性意识的存在来当作哲学研究的主要内容, 以个人的非理性的情感活动, 特别是厌烦、忧郁、绝望等悲观情绪代替感性或理性认知, 特别是代替黑格尔主义的纯思维、理性和逻辑来作为揭示人与世界及上帝的真谛的出发点, 而这也正是他的全部哲学和宗教研究的出发点"②。从这个意义上来说, 克尔凯郭尔的"个体生存论"开启了"本体论的生存论革命", 为后来的存在主义者尤其是海德格尔提供了个体生存论的滋养。

同样, 深刻影响海德格尔的存在主义先驱尼采, 以批判自柏拉图以来的传统形而上学为己任, 反对用超感性的本体世界或抽象本真抹煞感性的现实世界或具体存在, 却还是被海德格尔视为"最后一位形而上学家", 理由是尼采把传统形而上学推到极端, 建构了意志、价值或主体性的形而上学, 这种形而上学是一种彻底的人类中心主义, 不仅追求"争夺地球统治地位的斗争", 而且预示着技术时代和黑暗时代的到来。③海德格尔的误读是不

---

① 转引自T.W. 阿多诺:《克尔凯郭尔的生存概念》, 李理译,《世界哲学》, 2003年第6期。
② 刘放同:《克尔凯郭尔·序言》, [英] 帕特里克·加迪纳著, 刘玉红译, 译林出版社, 2013年, 第3页。
③ [德] 马丁·海德格尔:《尼采》, 孙周兴译, 商务印书馆, 2002年, 第892—893页。

言而喻的，德里达、福柯和德勒兹等后现代主义者的批评已经表明了这一点，但同时我们也要从这种误读中理解到二者在根本上是完全一致的，因为"他们都看到，自柏拉图以来的西方哲学或形而上学都是用某种人对存在的设定取代了存在本身，由此导致了存在的遮蔽、遗忘，或者说导致了虚无主义。他们都认为，克服虚无主义的前提是对传统的形而上学进行价值的重估或解构"①。尼采的重估或解构在于，首先否定人们长期所理解和追求的形而上学"真理"，继而借查拉特斯图拉之口表明这样一个真理：生命或存在本身即是权力意志（The will to power）的创造与毁灭过程，这种权力意志是对叔本华消极悲观的"生存意志"的批判性改造，它创造了一切生命和世界，是价值的最高尺度，"一切'目的'、'目标'、'意义'都不过是与一切现象同时发生的意志的表现方式和变态"②。权力意志的强力运作就是"超人"，是完成了主体性的最高主体。尽管这里的形而上学意味和强人政治色彩显而易见，但也不得不承认·尼采以一种张扬生命意志的无限肯定的酒神精神，给理性静观的日神精神以强劲有力的冲击，赋予长期以来被理性形而上学遮蔽和压制的意志、生命、身体等以崭新的内涵和价值，为人类摆脱虚无主义而成为"地球的主人"输送了昂扬乐观的希望。

最后，还要提及同样受到尼采深刻影响、与海德格尔相遇又疏远的雅斯贝尔斯。"生存"是雅斯贝尔斯哲学的基点和轴心，是"大全"（存在自身）的生命与根源，"没有生存，一切都显得空洞、空虚、无根、虚假，因为它已变成无底止的假象、纯粹的或然性或单纯的经验此在"③。而生存仅仅作为自由而存在，自由地选择自己的生存境遇，自由地承担自己的责任，甚至"我的生存并不知道死亡，毋宁说，它只关联于自身存在而作着升华或沉沦的自由翔翔"，"在时间中超越了时间"④。同时，生存的结构在于生存必然是超越的，

---

① 吴增定：《尼采与"存在"问题——从海德格尔对尼采哲学的解读谈起》，《云南大学学报（社会科学版）》，2010年第4期。

② ［德］尼采：《权力意志——重估一切价值的尝试》，张念东、凌素心译，商务印书馆，1991年，第428页。

③ Karl Jaspers. *Reason and Existenz*, Marquette: Marquette University Press, 1997, p.63.

④ Karl Jaspers. *Philosophy*(vo1.2), Chicago: the University of Chicago Press, 1970, p.4.

因为人意识到自身在世界中的生存是有限的、不完满的，因而通过自由选择努力从有限向无限、不完满向完满的"超越存在"突破。由此，他认为："正如人不能在世界之中把他的此在归结为他的自我意志，人的自我乃是超越存在赠予他的一件自由的礼物。如果他没有丧失自身，他就必须一次次地被给予自身。"①需要注意的是，这里的"此在"（Dasein）不同于"生存"，此在是经验的、有条件的、自闭的，而生存则是自由的、无条件的、开放的。自我生存须由此在导向生存，这中间须经历"三次跳跃"②，即摆脱世界此在，浸入本真的孤独，跃入可能的生存，最终跃入本真的生存。不难看出，雅斯贝尔斯的"生存哲学"承袭了克尔凯郭尔和尼采，确立了"生存"的本体论地位和"超越存在"的规定性，探究了何谓生存以及生存的生成，区分了"此在"与"生存"，而海德格尔则主要分析了此在的"生存状态"（在世、沉沦、烦、畏、死亡等），前者的"生存"与后者的"此在"指向的都是现代人的生存，这"显然是两颗伟大心灵的互相碰撞"的结果，无怪乎雅斯贝尔斯晚年回忆往事时说到"在哲学家的阵营中，海德格尔是唯一与我志同道合，并且也是关系最为密切的人"③。

尽管存在着时代、环境以及个人运思方法、话语方式上的差异，但由上不难看出这些"存在主义"思想家们都对人的生存问题极为关注，由此形成了一种与时代、文化、科技、人心紧密关联的共同主题和思想氛围，为海德格尔的存在哲学以及存在论转向提供了条件，准备了基础。

其一，反对形而上学，确立非理性的哲学价值。从谢林开始，存在主义

① Karl Jaspers. *The Perennial Scope Of Philosophy*, London: Routledge & Kegan Paul Limited. 1950, p.66.
② "第一次跳跃引导我在世界图像中进行哲学致思；第二次跳跃引导我在生存澄明中进行哲学致思；第三次跳跃则使我作为生存而具有哲学生命"。Karl Jaspers. *Reason and Existenz*, Marquette: Marquette University Press, 1997, p.181-182.
③ 参见李雪涛：《两颗伟大心灵的相互碰撞——纳粹专制前雅斯贝尔斯与海德格尔之间的交往》，《现代哲学》，2007年第2期。"关系最为密切"的1920至1933年间，雅斯贝尔斯与海德格尔共有111封通信，参见 [德] 瓦尔特·比默尔等编：《海德格尔与雅斯贝尔斯往复书简（1920—1963年）》，李雪涛译，上海人民出版社，2012年。

者就团结在反对形而上学的旗帜之下，尽管"黑格尔的幽灵"时常游荡，但在概念与现实、思维与生存、本质与现象、理性与非理性的对照中，他们越来越坚定地肯定了后者的价值和意义。概念是空洞的，现实是真实的，生存先于思维；不存在超感性的实体，只存在非理性的身体、生命、情绪以及日常生活；不存在可以统摄万物的绝对体系，正如不存在客观、普遍、必然的真理，真理可能只是主体的、个别的、偶然的。哲学是"爱智慧"，更是有智慧地爱自己。只有破除了形而上学的遮蔽或蒙蔽，现实的"人"才能真正现身。

其二，回到具体的个人，确立"生存"的核心价值。哲学上对"人"的发现和推崇要远远迟于文艺，众所周知，文艺复兴时代是人的发现的时代，正如中国魏晋时期是人的发现的时代。如前所述，从柏拉图到黑格尔的西方哲学总体上是形而上学—神学的理性传统，并未留给感性的经验世界和有限的人类应有的位置，而"文艺复兴之后，科学技术在资本主义政治经济中的地位和作用日益突出，技术理性成为人们心目中新的上帝，片面地夸大技术理性的价值是导致现代人文精神的总体性危机的重要原因之一。技术理性的限度使人们逐渐转变传统理性观念，开始反思人类自身的价值和意义。这就是现代西方总体性人学的自觉"[①]。尽管神学的信仰依然强大，但存在主义还是当仁不让成为近现代"人学的自觉"的开拓者，以"生存"为核心的"个人""主体""身体""生命""自由"等人类自身的价值和意义得到正视、确认和高扬，由此，本体论和认识论的哲学问题在一定程度上都转变为生存论的问题，即以"生存"求"存在"，寻真理，定主体，祛异化，揭示具体的个体生存方式和生命意义，消解抽象的纯粹概念和逻辑推论，也消解费尔巴哈式的"抽象的人"。当然，"生存"的本体化也难免导致存在主义的"生存哲学"成为新的形而上学。

其三，揭示和超越人生的根本性的痛苦。人终有一死，生命是有限

---

① 韩庆祥、王勤：《从文艺复兴"人的发现"到现代"人文精神的反思"——近现代西方人的问题研究的清理与总结》，《北京大学学报（哲学社会科学版）》，1999年第6期。

的; 人的生存是艰难的, 充满着孤独、荒诞、忧郁、恐惧、绝望尤其是虚无 (nothingness), 存在主义者们一边从自己的人生中直观地体味着这些痛苦, 一边又从这些苦痛里生成自己的哲理思考, 予以揭示并寻求超越。当然, 他们的揭示和超越也各不相同, 比如克尔凯郭尔寄希望于主观真理克服孤独绝望, 雅斯贝尔斯以非理性的内心体验和信仰超越存在, 叔本华悲观否定地标举生存意志, 尼采乐观肯定地张扬权力意志, "尼采主要关注的是人生的根本性痛苦, 即生命意义之缺失, 这既是折磨他自己的最大个人问题, 也是他后来定义为虚无主义的最大时代问题, 而他寻求的则是一种能够为生命创造意义的文化, 或者退而求其次, 一种用于担当生命之无意义的文化"①。顺着存在主义先驱们的这种思路, 萨特的"恶心""虚无", 加缪的"堕落""局外人", 海德格尔的"操心""操劳""沉沦""烦""畏"等, 正是对这种人生在世的生存状态和根本性苦痛的揭示, 而"自由选择""反抗荒谬""诗意地栖居"则是他们期冀的对人生苦痛的超越。

总之, 存在主义思想运动的重要贡献在于, 他们重新提出和解释了现象学创始人胡塞尔所提出的"生活世界"的概念, 把柏拉图所颠倒的理念世界与生活世界的关系重新颠倒过来。在胡塞尔那里, "生活世界"是先验现象学意义上的主观世界和直观世界, 而非客观的科学世界或抽象的逻辑理念世界; 而在存在主义者那里, 生活世界不是先验的、主观的或直观的世界, 而是人所经验的、实存的、"打交道"的世界。在柏拉图那里, 洞穴外的理念世界是真实的、先在的, 洞穴内的变动不居的可见的阴影世界 (生活世界) 是虚幻的、派生的, 人们只有走出洞穴, 才能看清真实、把握真理; 而在马克思主义者和存在主义者看来, 人所在的可见的生活世界并非理念世界的阴影, 生活世界才是首要的真实存在, 生活世界才是哲学研究的对象和归宿。

毋庸讳言, 这些存在主义思想家 (包括早期海德格尔) 确实是耽于"解

---

① 周国平:《尼采·序言》, [英] 迈克尔·坦纳著, 于洋译, 译林出版社, 2013年, 第2页。

释世界"而非"改造世界"的"孤勇者",当然也不得不说:后期海德格尔对现代科学技术和西方传统人本主义的批判,是具有"改造世界"的现实意义和当代价值的;二战后的法国存在主义者(如萨特、加缪)一改德国存在主义者的作风,打破纯粹思想的牢笼,打破"结构主义不上街"的保守,以哲学、小说、剧本等各种形式积极"介入"社会,改造世界;1950年代之后,美国存在主义者逐渐接受欧洲存在主义的影响,并将其与本土流行的神学唯心主义、实在论、实用主义等哲学糅合在一起,使得存在主义得以在美国盛行,由此出现了诸如"荒诞剧""垮掉的一代""嬉皮士"等带有鲜明存在主义特征的各种运动,这些都充分表明了存在主义思想运动的丰富性、多样性和实践性,而这也是存在论转向在世界范围内不断发展和深入的必然结果。

三 马克思的"实践存在论"

让我们再次回到1990年代国内曾激烈争论的那个问题:马克思哲学究竟是不是本体论,是物质本体论还是实践本体论? 现在我们可以给出明确的回答了:马克思通过对黑格尔思辨哲学的批判,颠覆和扬弃了传统形而上学和本体论哲学,完全改变了追问"存在"问题的思维方式和解释原则,重建了哲学的实践论和存在论基础,重新规划了哲学面向现实生活的方向,从而开辟了与近代哲学截然不同的现代哲学的广阔道路,实现了本体论的"革命性变革"。

众所周知,黑格尔是西方传统本体论哲学乃至整个西方哲学传统的代言人,他借用概念辩证法所建立的绝对精神的体系——"逻辑学",是西方哲学史上形态最典型、内容最完整的本体论,因此马克思在《手稿》中专辟"黑格尔辩证法和整个哲学的批判"一节,力求通过对黑格尔哲学的批判达到对整个传统哲学本体论的批判。黑格尔哲学是一个庞大的客观唯心主义体系,而"绝对精神"(绝对观念、绝对理念)是其本体论核心和灵魂所在。在黑格尔看来,世界的本原不是物质而是精神、思想,前者由后者派生和创造,所谓"绝对精神"就是派生整个客观世界并构成现实世界内在本质的无所不包、无所不能的客观精神。黑格尔正是以这种精神的自在自为的客观性批判了康德认识论的主观性，但很显然，黑格尔所标榜的"客观思想"其实并不客观，恰恰是一种本体论的主观想象或列宁所言的"神学虚构"[①]。对此，费尔巴哈先于马克思就有明确的批判，"思辨哲学的本质不是别的东西，只是理性化了的、实在化了的上帝的本质"[②]。当然，黑格尔的"绝对精神"又显然不同于基督教神学的"上帝"或柏拉图的"理念"，其特殊之处有三：

一是黑格尔揭示了绝对精神运动的辩证法，即绝对精神（理念）不是僵死的，而是按照正、反、合三段式进行的概念运动，这种辩证法的意义在于，"发现了世界处于无止境的永恒的矛盾运动合变化发展之中，而且这种运动合变化是有规律可循的。这就彻底打破了长期以来形而上学对人类思想的禁锢和统治，是人类精神的一次解放"[③]。二是黑格尔揭示了绝对精神的"出世性"和"入世性"，即整个自然的、历史的、精神的世界都是从绝对精神的运动过程中派生创造出来的，但绝对精神不是与世隔绝的上帝，而是活在人世间的天使，主宰着整个自然界和人类的社会生活。三是黑格尔揭示了绝对精神是本体论与认识论的统一。"精神的事业就是认识自己"[④]，绝对理念的运动过程——从逻辑阶段到自然阶段再到精神阶段——既是整个现实世界产生和发展的全过程，也是人类不断认识自己、认识世界、不断接近绝对真理以至完成的过程。

如上节所述，黑格尔的"逻辑学"虽然对传统本体论进行了大幅度的改进，比如以辩证法取代形式逻辑，证明绝对精神与现实世界之间并不存在不可逾越的鸿沟，以"主观逻辑"弥补"客观逻辑"等等，但无论如何改进，黑

---

① ［苏联］列宁：《唯物主义和经验批判主义》，中共中央马克思恩格斯列宁斯大林著作编译局译，人民出版社1998年，第225页。
② ［德］路德维希·费尔巴哈：《费尔巴哈哲学著作选集》上卷，李金山译，生活·读书·新知三联书店，1959年，第123页。
③ 朱立元：《黑格尔美学引论》，天津教育出版社，2013年，第25页。
④ ［德］黑格尔：《哲学史讲演录》第一卷，贺麟、王太庆译，商务印书馆，1959年，第36页。

格尔也无法改变其逻辑学或绝对精神作为纯粹概念运动的事实，也无法改变其本体论以抽象的超感性思维为基础的事实，更无法改变其哲学以思维取代现实、以精神派生物质、以意识决定存在的唯心主义实质，马克思、恩格斯一针见血地批判了这种"头足倒置"。① 所谓"头足倒置"，就是把客观存在的现实世界视为绝对精神的外化，把整个现实的世界史当作"不过是抽象的、绝对的思维的生产史，即逻辑的思辨的思维的生产史"②，把从现象世界中通过思辨理性抽象出来的一般概念、观念当作"实体"，这是谢林、黑格尔等唯心主义者的共同错误。马克思以水果为例，指明黑格尔这种唯心主义实体论和唯理主义思辨方法的可笑，"思辨的理性在苹果和梨中看出来共同的东西，在梨和扁桃中看出共同的东西，这就是'果实'。具有不同特点的现实的果实从此就只是虚幻果实，而它们的真正的本质则是'果实'这个'实体'"③。在这里，马克思用通俗又尖锐的话语表达了对黑格尔思辨哲学变"现实"为"虚幻"、以概念为实体的批判，同时表达了对传统实体本体论哲学乃至整个形而上学的批判。

当然，我们也需要明确指出，马克思一方面反对黑格尔思辨哲学的"头足倒置"，但另一方面又看到其辩证法的"神秘外壳中的合理内核"。"黑格尔常常在思辨的叙述中作出把握住事物本身的、真实的叙述"④，尽管马克思、恩格斯也承认这一点，但归根结底，黑格尔的辩证法是服务于本体论的绝对理念的辩证法，是依靠概念自身逻辑运动的纯粹概念的辩证法；而马克思的辩证法则实现了对黑格尔辩证法的批判吸收与唯物主义的改造，"把握住事物本身"，揭示自然界的运动规律，因而是一种客观辩证法，那种主

---

① 在《神圣家族》中，马克思、恩格斯指出："黑格尔把人变成自我意识的人，而不是把自我意识变成人的自我意识，变成现实的人即生活在现实的实物世界中并受这一世界制约的人的自我意识。黑格尔把世界头足倒置起来，因此，他也就能够在头脑中消灭一切界限。可是，对于坏的感性来说，对于现实的人来说，这当然丝毫不妨碍这些界限仍然继续存在。"参见［德］马克思、恩格斯：《神圣家族》，《马克思恩格斯文集》第1卷，人民出版社，2009年，第358页。
② 《马克思恩格斯全集》第3卷，人民出版社，2002年，第318页。
③ 《马克思恩格斯文集》第1卷，人民出版社，2009年，第227页。
④ 《马克思恩格斯文集》第1卷，人民出版社，2009年，第280页。

观的、头脑中的辩证法只是现实世界(自然界和历史)的运动形式的反映。①
马克思将这种唯物辩证法充分应用于人的异化存在状态的批判,充分发挥
了辩证法的现实性和革命性。

不辩不明,不破不立。通过对黑格尔哲学乃至整个传统本体论哲学的
批判吸收,马克思也确立了自己的哲学使命,那就是:使倒置的头足重归正
位,变"天国降到人间"的思辨哲学为"从人间升到天国"的实践哲学。"不
是意识决定生活,而是生活决定意识"②,这"生活"是人间的生活,是人的
生活,是现实的、感性的,而非意识的、理性的;这"人"是现实中的人,而非
费尔巴哈式的抽象的人;这"人"的存在和"人间"的构成,都离不开"实
践";而马克思所理解的"实践",既非传统本体论的,又非认识论的,而是
存在论的。因此,实践存在论成为马克思哲学的重要组成部分,成为西方现
代哲学"存在论转向"的重要理论遗产,更重要的是,它为新时期中国实践
存在论美学、生态存在论美学等理论形态的提出和构建提供了重要的思想
支撑,因此需要深入解析。③

让我们先从"实践"概念说起。"实践"是马克思哲学的核心概念,它
不是马克思的独创,而是对西方思想传统的继承。从亚里士多德的"实践
的科学",到鲍姆嘉登的"实践美学",再到康德的"实践理性",谢林的"实
践哲学",再到黑格尔的"善的理念"(实践),"实践"一直作为与"理论"相
区分对立的范畴而存在,可以说,马克思的实践概念与西方思想传统尤其
是德国古典哲学传统密切相关。同时需要注意的是,马克思从一开始就将
"实践"理解为人的自由自觉的生命活动。比如,他在《关于费尔巴哈的提
纲》中指出:"从前的一切唯物主义(包括费尔巴哈的唯物主义)的主要缺

---

① 俞宣孟:《本体论研究》,上海人民出版社,2005年,第471页。

② 《马克思恩格斯选集》第1卷,人民出版社,2012年,第152页。

③ 围绕马克思哲学的实践观和存在论,学界在十余年前曾发生论争。参见董学文、陈诚:《"实践存在论"
美学、文艺学本体观辨析——以"实践"与"存在论"关系为中心》,《上海大学学报》,2009年第3
期;朱立元:《全面准确地理解马克思主义的实践概念——与董学文、陈诚先生商榷之一》,《上海大学
学报》,2009年第5期;等等。

点是：对对象、现实、感性，只是从客体的或者直观的形式去理解，而不是把它们当作感性的人的活动，当作实践去理解，不是从主体方面去理解。"①可见，这里的"实践"指的就是主体的感性的人的活动，也就是他在《手稿》中所说的"生命活动"（劳动），"劳动这种生命活动、这种生产活动"是"产生生命的活动"，正是"有意识的生命活动把人同动物的生命活动直接区别开来"②。在《德意志意识形态》中，马克思、恩格斯从人类历史的角度，把实践视为物质生产、再生产、人自身的生产、社会关系及意识的生产等五个方面交织共存的实践总体，即"人类生活"或"现实生活"。总之，马克思所理解的是广义的"实践"，既包括物质生产活动，也包括精神生产活动，归根结底是人的现实经验即人生实践，任何狭隘化的理解，都将有损于马克思对西方"实践"思想传统的继承与创新，由此我们可以说，马克思的实践哲学的创新之处正在于，"受亚里士多德实践哲学的影响，马克思哲学之前的西方传统实践哲学被纳入理性主义或形而上学的发展轨道，形成实践哲学的纯粹理性维度。马克思以人的'感性活动'为立足点，重新界定实践概念，把物质生产活动纳入实践概念之中，并强调物质生产活动是人类社会及其历史发展的基础，这样就在实践哲学的理论思维中引入了具有实证性的现实经验维度"③。

毫无疑问，"在西方哲学史上，通过实践'唤醒'存在者之存在，乃是完成于马克思，而非完成于海德格尔"④。在马克思那里，"实践"不仅是认识论范畴，更是存在论范畴，准确地说，马克思不是从传统本体论的角度来理解实践的，而是从现代存在论的角度来理解人类的实践并唤醒存在者之存在的，实践论与存在论是合二为一、不可分割的，共同构成马克思哲学的根基。

---

① 《马克思恩格斯选集》第1卷，人民出版社，2012年，第133页。
② 《马克思恩格斯全集》第3卷，人民出版社，2002年，第273页。
③ 阎孟伟：《怎样理解马克思的实践哲学革命——兼论马克思实践哲学的前提预设和现实批判》，《天津社会科学》，2023年第4期。
④ 何中华：《实践唯物主义的奠基之作——再读马克思〈关于费尔巴哈的提纲〉》，《东岳论丛》，2006年第3期。

学界对马克思存在论思想及其革命意义已多有研究，比如，有学者指出，马克思的存在论继承了费尔巴哈的感性—对象性传统、德国古典哲学的主体能动性传统和黑格尔的辩证法传统，将三者融汇起来，将存在理解为感性的，并将感性理解为对象性的，又将对象性理解为对象性活动，而对象性活动在他那里乃是否定性活动，是一种"感性对象性活动的存在论"，对立于黑格尔的"绝对精神的存在论"、费尔巴哈的"感性直观的存在论"，从而实现了一次哲学革命。[①] 由于它洞穿了现代形而上学的基本建制（即意识的内在性），所以不仅整个地改变了存在论设定存在者整体的基本结构，而且为感性世界神话学（即意识形态）的批判性分析奠定了坚实的基础。[②] 这些研究无不表明：马克思的实践哲学具有无可置疑的存在论维度，作为感性对象性活动的实践具有重要的存在论意义。在此，我们需要重新回到马克思的存在论立场去理解"实践"的意义，同时回到实践论的立场去理解"存在"的意义。

无论是古典本体论，还是近代认识论，其实都隐含着如何看待人、世界以及人与世界的关系问题。在本体论的视域中，人是具有感伤癖、哀怜癖、情感性的生物，人和万物所在的世界是感性的、变动的、不真实的、不完满的，是理性的、永恒的、真实的、完满的"理念世界"的"影子"，用柏拉图的比喻来说，世界不过是一个洞穴，而洞穴中的人所面对的不过是身后的火光投射在洞壁上的影子，人与（现实）世界处于低级而又同等的地位，只能靠分有至高无上的理念或上帝的光辉而存在。而在认识论的视域中，人虽然走出了"洞穴"，获得了独立认识世界、意识自我的主体性，但也由此而将世界视为认识的客体对象，将自我分裂为彼此对立的感性与理性。由此，"人"尽管摆脱了一元实体论的桎梏，却又陷入主客二元对立的思维模式中，人与世界都被当作现成的存在，即人是先验地具有理性思维能力的现成主体，世界是有待于人认识和理解的现成客体，由此，人与世界之间原本多元化的

① 戴劲：《论马克思的存在概念》，《哲学动态》，2011年第8期。
② 吴晓明：《马克思的存在论革命与超感性世界神话学的破产》，《江苏社会科学》，2009年第6期。

生存关系，就被简化为一个现成存在者与另一个现成存在者之间的认识关系，原本一体化的共在关系就被割裂开来，各自沦为抽象的存在，相望于江湖——这正是马克思的实践存在论所要解决的问题。

"人不是抽象的蛰居于世界之外的存在物。人就是人的世界"（《〈黑格尔法哲学批判〉导言》），这句话对于理解马克思的存在论思想至关重要。这里有这样几层意思需要注意：其一，人是一种特殊的存在物，他不是抽象的存在，而是具体的存在；其二，在最本原的意义上，人与世界之间是无法割裂的统一体，人不能离开世界，不能存在于世界之外，而只能存在于世界之中，世界是人的蛰居之所，没有世界也就没有人；换言之，世界也不能离开人，世界只对"人"这个特殊存在物有意义，并为人提供居所，没有人也就无所谓世界。其三，"不是……就是"的先抑后扬句式，显然意味着对此前本体论和认识论割裂、对立人与世界之间关系的批判，突显了人和世界之间的存在论关系。"人就是人的世界"，这句简单却意味深长的话，表明了马克思与众不同的存在论立场，开创和奠定了现代存在论思想——这为新时期中国的"人道主义辩护"和美学话语建构提供了重要理据。

随之而来的问题是，人究竟如何在世界之中存在呢？马克思给出的答案是——实践，即实践是人类最基本的在世界之中存在的方式。马克思指出，"人们的存在就是他们的现实生活过程"，而所谓的"现实生活过程"就是实践，实践是人存在的基本方式。从现实的实践去理解人以及人的存在，正是马克思批评费尔巴哈等旧唯物主义者的角度。在马克思看来，他们的主要缺点在于"对事物、现实、感性，只是从客体的或者直观的形式去理解，而不是把它们当作人的感性活动，当作实践去理解，不是从主观方面去理解"[①]，而之所以如此，又是因为他们只看到抽象的人，而看不到真实存在着的活动的人，总之，以费尔巴哈为代表的旧唯物主义者既不能正确地理解作为感性生活的实践，也不能正确理解作为真实存在的实践的人，因而也就不

---

① 《马克思恩格斯选集》第1卷，人民出版社，2012年，第133页。

① 《马克思恩格斯选集》第1卷，人民出版社，2012年，第133页。

能理解这个感性世界正是人通过感性实践而生成的活生生的"人的世界"。正是在这个意义上马克思认为，实践是人在世界之中存在的基本方式，是人和世界存在的前提，实践使人成为真正的人，使世界成为真正的世界，使人与世界真正统一为"人的世界"，这是马克思实践存在论的核心思想。

需要注意的是，人类的实践是连续不断的感性劳动，既是社会性的，也是历史性的，这就决定了人和世界及其关系根本不是现成的，而是在不断运动、不断变化的实践中不断生成的。人在劳动实践中不仅改造着外部世界——自然界，也改造着内部世界——人自身的"自然"和心理。正如马克思在《手稿》中所表明的，人的身体感官、全部感觉（包括审美感觉）以及感觉的人性，都是在"人的本质力量的对象化"的劳动实践过程中产生和发展的，都是在"人化的自然界"即人的实践活动中历史地生成的。

如果说"人是人的世界"蕴含着世界是"人化的世界"的潜在意指的话，那么这里的"人化的自然界"，正是对人与自然界之间以实践为纽带的存在论关系的一种表述。在马克思看来，人与自然界之间的关系，不是主体与客体之间的现成的、对立的认识论关系，而是一种互相依存的存在论关系，即人不能脱离自然界而存在，自然界也不能脱离人而存在，人的感性实践活动使人与自然之间形成了一种相互作用、彼此生成的社会关系，换言之，人具有双重性，他既是靠自然界生活的"自然存在物"，又是作为人而实践的社会存在物，社会（实践）构成人与自然本质统一的存在论基础：

> 自然界的人的本质只有对社会的人来说才是存在的；因为只有在社会中，自然界对人说来才是人与人联系的纽带，才是他为别人的存在和别人为他的存在，只有在社会中，自然界才是人自己的人的存在的基础，才是人的现实的生活要素。只有在社会中，人的自然的存在对他说来才是自己的人的存在，并且自然界对他说来才成为人。因此，社会是人同自然界的完成了的本质的统一，是自然界的真正复活，是人的实现

了的自然主义和自然界的实现了的人道主义。[①]

由此可见，自然界并非在"人"诞生之前就已存在的"现成存在物"，自然界之为自然界，是在人类社会和人的社会实践中逐渐生成的"人化的自然界"；正是在人类社会和人的社会实践中，自然界才成为"人自己的人的存在的基础"，人的自然界本质和自然界的人的本质才达到了统一。因此可以说，人、自然界和世界都是在人的实践中历史地生成的，自然界向人生成的自然史，就是人类劳动实践使自然人化的人类史。之所以要强调马克思的这种生成性思维，是因为这正是现代存在论的独特的思维方式，而主客二分的认识论思维方式恰恰是现成性的，即把存在者的"存在"当作现成性的东西而找寻其本质性的答案。

综上所述，马克思以实践为立足点和中心，以生成性思维取代现成性思维，批判了以黑格尔为代表的传统本体论哲学和以费尔巴哈为代表的旧唯物主义哲学，深刻揭示了人与自然界之间、人与世界之间的存在论关系，实现了实践观与存在论的有机统一，建立了唯物主义与历史主义相统一的实践存在论哲学。马克思的实践存在论哲学意义深远，不仅一扫形而上学传统自上而下的积弊，而且以生成性的实践化解了现成性的主客二分对立，实现了主客的统一以及由认识论向实践存在论的现代转型。马克思的实践存在论思想的揭示，改变了长期以来我们对马克思实践哲学的刻板印象，从现代存在论的角度明确了马克思比海德格尔更早更深刻的现代意义，这对新时期中国的"实践存在论美学""生态存在论美学"等产生了重要影响。

四 海德格尔的"基础存在论"

在康德对上帝存在的本体论证明的批判、马克思对黑格尔《逻辑学》的

---

① 《马克思恩格斯全集》第3卷，人民出版社，2002年，第301页。

本体论的批判之后，传统形而上学本体论似乎已摇摇欲坠，面临解体甚至终结的危机，似乎到了"重估一切价值"的时候。传统形而上学本体论还有价值吗？对于继承了近代经验主义传统的现代实证主义哲学学派来说，形而上学显然是经不起实证科学分析的、毫无价值的东西，必须清除。而事实情况是，本体论的"幽灵"一直回荡在实证主义哲学尤其是语言哲学的内部，比如我们无法忽视奎因的"本体论承诺"，无法否认本体论问题与我们表达事物时语言的使用密切相关。[1] 所以，与其像卡尔纳普那样天真地试图"通过语言的逻辑分析清除形而上学"[2]，不如革新观念，推陈出新，在旧形而上学的土壤之上建立新的形而上学——这正是海德格尔所要担负的重任。

海德格尔不是凭空出现，也不是白手起家，至少与分析哲学同时兴起的现象学哲学为其准备了最有力的方法论武器。很显然，他的老师胡塞尔并不反对形而上学，准确地说，胡塞尔依然延续着旧形而上学的思路来创建自己的先验现象学，试图以先验主体（自我）、先验意识的无止境的构造活动来解决本体论和认识论的根本问题。面对一战后欧洲越来越深重的生活的危机、科学的危机乃至文明的危机，他认为"我们时代的真正的唯一有意义的斗争，是在已经崩溃的人性和尚有根基并为保持这种根基，或为新的根基而奋斗的人性之间的斗争"[3]。从《算数哲学》到《逻辑研究》，从《作为严格科学的哲学》《纯粹现象学和现象学哲学的观念》到《欧洲科学的危机与超越论的现象学》，胡塞尔本着对数学和逻辑推论的绝对信任，在研究对象上，以逻辑学为科学奠基，以先验的纯粹意识为纯粹逻辑奠基，在方法论上，批判心理主义的发生学—经验心理学的方法，而主张用"悬置"和"还原"的现象学描述和分析的方法，由此"回到事物本身"。从这个意义上来说，胡塞尔的先验现象学就是一种寻找基础、奠定基础的"基础科学"和"本质的科

---

① 王路：《奎因的本体论承诺》，《求是学刊》，2015年第5期。
② ［德］卡尔纳普：《通过语言的逻辑分析清除形而上学》，参见《逻辑经验主义》上卷，洪谦主编，商务印书馆，1982年，第13—36页。
③ ［德］胡塞尔：《欧洲科学的危机与超越论的现象学》，王炳文译，商务印书馆，2001年，第25页。

学"①, 也是其所期许的"第一哲学"。

1916年，胡塞尔任弗莱堡大学哲学教授，这为刚刚成为弗莱堡大学讲师的青年海德格尔送来了一个重要的本真性思想的现象学生成方式，由此，尚未找到自己的问题和方法的青年海德格尔开始了现象学方法训练。1919年，雅斯贝尔斯为青年海德格尔送来个人意义上的"此在"；1921—1922年，青年海德格尔回到西方形而上学的开端——希腊哲学，开始讨论"对亚里士多德的现象学解释"；1926年1月29日至4月30日，为申请正教授职位，青年海德格尔在托特瑙堡山南坡的小木屋内废寝忘食，最终写成了让他一夜成名的《存在与时间》。1927年春天，《存在与时间》正式发表在胡塞尔主编的《哲学和现象学研究年鉴》第八卷上，在同时出版的单行本的扉页上，他郑重地写下"献给：埃德蒙特·胡塞尔，以示敬意和友谊"，尽管很快他就告别了现象学，并以"形而上学"取代了"现象学"一词，与胡塞尔更是渐行渐远，形同陌路，但无可否认是，"现象学是海德格尔的起家法宝"②。

正如梅洛-庞蒂所言，"真正的哲学在于重新学会看世界"③。胡塞尔的现象学为海德格尔提供了重新"看世界"的新视角与新方法，那就是——"回到存在本身"。"传统哲学或者采用演绎方法，或者采用归纳方法来获取存在（被理解为实体），形成了理性主义哲学和经验主义哲学。他们都不能真正解决存在的意义问题。而现象学以本质直观、范畴直观的方法直达本质、实在，从而为揭示存在的意义提供了新的思路。"④胡塞尔的这一创造性发现启发了海德格尔，即可以通过范畴直观获取存在的意义，如其所言："为了能够展开存在的意义问题，存在必须被给予，以便可以对它的意义进行追问。胡塞尔的功劳恰恰在于把以现象的方式出现于范畴之中的存在在场

---

① "纯粹的先验的现象学将不是作为事实的科学，而是作为本质的科学被确立"。参见胡塞尔：《纯粹现象学通论》，李幼蒸译，商务印书馆，1992年，第45页。
② 孙周兴：《语言存在论——海德格尔后期思想研究》，商务印书馆，2011年，第23页。
③ ［法］梅洛-庞蒂：《知觉现象学》，姜志辉译，商务印书馆，2001年，第18页。
④ 杨春时：《作为第一哲学的美学——存在、现象与审美》，人民出版社，2015年，第33页。

化，由于这个功劳，我终于有了一个地基：'存在。'"①可见，正是胡塞尔的现象学不仅为现代哲学提供了方法论，更为海德格尔"回到存在本身"、获取存在的意义提供了方法论；当然，海德格尔把胡塞尔的意识论现象学改造为存在论现象学，即不是将现象学建立于先验意识之上，而是建立在存在论的基础上，按其所言，"现象学是存在者的存在的科学，即存在论"，"存在论只有作为现象学才是可能的。现象学的现象概念意指这样的显现者：存在者的存在和这种存在的意义、变式和衍化物"②。

在海德格尔看来，真正的"本体论"应当是追问"存在"(Sein, being)的哲学理论，而从古希腊到中世纪再到近代的西方传统本体论不过是有名无实的本体论，因为它们都停留于对"存在者"（"存在者状态"，ontical）的研究，而并非对"存在"及"存在结构"的研究，存在问题的被遗忘由来已久，存在的真谛从未被真正把握。因此，我们必须要重新提出和重新领悟存在的意义问题，而一旦我们提出和思考这个存在的意义问题，实际上也就意味着我们已经在对存在的某种领会之中了。毫无疑问，存在问题是海德格尔毕生关注的唯一问题，由此海德格尔也成为现代哲学的集大成者和后现代哲学的创建者，或者说"海德格尔就是处在哲学终结与新思想生成之间的过渡人物"③。

那么，海德格尔的存在论哲学究竟有何独到之处呢？考虑到"《存在与时间》是海德格尔迄今最有影响的著作，它不仅对哲学家，而且对神学家、心理学家以及社会学家都产生了重要影响，它是海德格尔花了十年时间阅读、演讲和思考的结晶，并给他的后期作品指明了方向。即使这些后期的作品与《存在与时间》大异其趣，但如果离开了这本书，它们就无法得到理

---

① 转引自［法］让-吕克·马里翁：《还原与给予——胡塞尔、海德格尔与现象学研究》，方向红译，上海译文出版社，2009年，第57页。
② ［德］马丁·海德格尔：《存在与时间》，陈嘉映、王庆节译，生活·读书·新知三联书店，2006年，第44、42页。
③ 陈嘉映：《海德格尔哲学概论》，商务印书馆，2023年，第391页。

解"①。当然,尤为重要的是,这部著作对新时期中国的哲学和美学产生了重要而深远的影响。故这里谨以《存在与时间》为中心,对其"基础存在论"的思想内涵分述一二:

其一,"存在不是存在者"。这正是其著名的"存在论区分"(又译"存在论差异"),显然是对其师胡塞尔的改造。胡塞尔在《逻辑研究》中论及存在的意义问题,一方面他同意康德的观点,认为"存在不是一个谓语";另一方面,他又认为存在可以通过范畴直观来把握。海德格尔把"存在不是一个谓语"改造为更为简明直白的"存在不是存在者",二者相对而立。笛卡尔的错误在于以"存在者"得出"存在",事实上,存在一定先于(超越于)存在者,"存在与存在的结构超出一切存在者之外,超出存在者的一切存在者状态上的可能规定性之外。存在地地道道是transcedens[超越者]"②。区别存在与存在者以及强调存在的优先性和超越性,是为了以此将自己构建的现代存在论(存在本体论)与传统本体论(存在者本体论)区别开来。而要把握存在靠的不是"我"的纯思,而是在世之人对自我生存的领悟,因此他对作为先验逻辑要素的"范畴直观"不以为然。

其二,人是特殊的存在者。存在不是存在者,但存在一定是一切存在者的存在,没有超越存在者之上的存在。存在者就是"现成存在""实在",而存在者又分为"此在"和其他"存在者"。何谓"此在"(Dasein)?"Dasein"在康德、黑格尔等德国古典哲学那里主要指人之外的自然物的存在,而海德格尔将此改造为人的存在,"此在是这样一种存在者:它在其存在中有所领会地对这一存在有所作为。这一点提示出了形式上的生存概念。此在生存着,另外此在又是我自己向来所是的那个存在者"③。换言之,此在就是人的存在,人是有别于其他存在者的一种特殊的存在者,其特

① [英]迈克尔·英伍德:《海德格尔》,刘华文译,译林出版社,2013年,第9页。
② [德]马丁·海德格尔:《存在与时间》,陈嘉映、王庆节译,生活·读书·新知三联书店,2006年,第44—45页。
③ [德]马丁·海德格尔:《存在与时间》,陈嘉映、王庆节译,生活·读书·新知三联书店,2006年,第61—62页。

殊性不在于他是"理性的动物"或"会说话的动物"或"万物的尺度",而在于他是唯一能领悟自己存在意义的存在者。"此在作为为存在本身而存在的存在者生存"①,此在以对存在有所领会的方式存在着,这种伴随着存在之领悟的存在方式即"生存"(Existenz),生存是此在的"本质",规定着此在,对"此在的在世结构"进行存在论分析,是我们领悟人的本质、人之为人的基础。值得注意的是,此在不是现成存在,非现成性是此在或生存的本质。

"此在"的特殊性在于它的优先性,其表现有三:"第一层是存在者层次上的优先地位:这种存在者在他的存在中是通过生存得到规定的。第二层是存在论上的优先地位:此在由于以生存为其规定性,故它本身而言就是'存在论的'。而作为生存之领会的受托者,此在却又同样原始地包含有对一切非此在的存在者的存在领会。因而此在的第三层优先地位就在于:它是使一切存在论在存在者层次上及存在论上都得以可能的条件。"②也就是说,具有生存规定性的此在,在存在论上优先于其他非此在的存在者,后者只有通过此在之存在的揭示才能被领会,此在使一切存在论得以可能的基础。正是在这个意义上,海德格尔所提出的"基础存在论"实质上就是以"此在"为基础和核心的存在论,存在问题由"此在"而切入,并从"生存"角度来思考。即使在后期抛弃了"基础存在论"的表述,也并未放弃"生存"和"此在"在存在论意义上的暂先性与优先性③,正如他在《关于人道主义的信》(1949)中所言,"假如人将来能够思存在之真理,则他就要从

① [德]马丁·海德格尔:《存在与时间》,陈嘉映、王庆节译,生活·读书·新知三联书店,2006年,第459页。
② [德]马丁·海德格尔:《存在与时间》,陈嘉映、王庆节译,生活·读书·新知三联书店,2006年,第16页。
③ 海德格尔之所以抛弃"基础存在论"的称号,如其所言:"基础存在论所说的基础不承受任何上层建筑,而倒是要在揭示了存在之意义之后,更源始地并且以完全不同的方式来重演整个此在的分析。这样,正因为基础存在论之基础并非可以在其上建造什么的基础,并非不可动摇的基础,而毋宁是一个可动摇的基础,正因为对此在这分析的再演已然共属于《存在与时间》之探讨,而'基础'一词却与此种分析的暂先性质相违悖,所以就把'基础存在论'这个称号抛弃了"。参见马丁·海德格尔:《面向思的事情》,孙周兴译,商务印书馆,1999年,第38页。

绽出之生存出发"①。换言之,此在的优先性不意味着决定其他存在者,而是"守护着存在之真理,以便存在者作为它所是的存在者在存在之光中显现出来"②。即人不是其他存在者的决定者,而是存在之真理的守护者。

其三,此在与世界。此在的生存不是抽象的、孤立的、离尘绝世的,而是"在世界之中存在",这是此在的基本建构。"在之中"(In-sein)不是指现成物在空间上的包含关系,如同一个存在者(水)在另一个存在者(杯)之中,而是人作为此在的一种存在建构。"在世界之中存在"(In-der-Welt-Sein)意味着"我居住于世界,我把世界作为如此这般熟悉之所而依寓之、逗留之"③。此在与世界的关系不是两个现成存在者"并肩并立"的关系,不是主体与客体的关系,而是相"依"相"存"的关系,此在如其所在地总已被抛入一个世界之中,世界是人依寓、逗留之所,是此在的生存论建构,人是世界之中领悟自身存在的"此在",并有所作为。可见,在世是人存在的基本条件,张世英先生把"人在世界之中存在"表述为"人生在世",也正是强调和凸显此在的"在世性"。不仅如此,"此在的世界是共同世界,'在之中'就是与他人共同存在,他人的在世界之内的自在存在就是共同此在"④。也就是说,此在的存在方式就是与他人"共在"(Mistein)于世,在与周围世界中照面的存在者及其存在方面来领会自己本身,即领会自身的在世。没有纯粹的"独在",因为"此在之独在也是在世界中共在。他人只能在一种共在中而且只能为一种共在而不在。独在是共在的一种残缺样式,独的可能性恰是共在的证明"⑤。这类似于庄子所言的"天地与我并生,而万物与我为一"。从这个意义上来说,海德格尔所言之"世界"不能理解为物质的或

---

① [德]马丁·海德格尔:《路标》,孙周兴译,商务印书馆,2000年,第396页。
② [德]马丁·海德格尔:《路标》,孙周兴译,商务印书馆,2000年,第388页。
③ [德]马丁·海德格尔:《存在与时间》,陈嘉映、王庆节译,生活·读书·新知三联书店,2006年,第64页。
④ [德]马丁·海德格尔:《存在与时间》,陈嘉映、王庆节译,生活·读书·新知三联书店,2006年,第138页。
⑤ [德]马丁·海德格尔:《存在与时间》,陈嘉映、王庆节译,生活·读书·新知三联书店,2006年,第140页。

物理的或文学的世界，而应该从存在论上理解为存在向我们展示出来的意义整体，"世界是存在者总体的关系，人与事物的关系和人与人的关系，以及事物在这关系总体中所显示出来的意义"①。正是在这样的"关系"中，此在在世界之中获得本质性建构。

其四，此在在世的方式：操劳、沉沦与栖居。人生在世，操劳一生。此在的向世之存在本质上就是操劳，海德格尔用"操劳"这个与此在的整体性结构——"操心"(Sorge) 相对应的存在论术语，来标识此在与世内存在者打交道的存在方式。此在在世界之中不是孤立的主体，而是分散乃至解体在与某些东西打交道的某些确定方式中，比如制作、安排照顾、利用、放弃或浪费某种东西，比如从事、贯彻、探查、询问、考察、谈论、规定以及委弃、耽搁、拒绝、苟安等各种样式，这些都是在世操劳的方式，海德格尔把这种与事物打交道的实践活动称之为"烦"。而此在在与事物和他人打交道的过程中又常常受到"常人"即流行的价值标准、规范和公众意见的支配，因而处于失去自身的"非本真状态"。非本真状态不是不在世，而是"一种别具一格的在世"，即从本真的能自己存在脱落而沉沦于"世界"，换言之，此在之沉沦是日常存在的一种基本方式，沉沦是此在本身的生存论规定。此在操劳着沉沦于世界，但沉沦不是堕落，不是此在的黑暗面，而恰恰是在生存论上规定着在世，揭露着此在本身的一种本质性的存在论结构，组建着此在的一切白天的日常生活。此在的沉沦意味着人消散于常人状态，操劳于世内存在者，而遗忘了人自身的存在及其意义，遗忘了此在源始的本真状态，即在自己的存在中自由地选择自身、获得自身。这种本真状态无疑是海德格尔后期所期许的"诗意地栖居"。"人诗意地栖居在这片大地上"，是荷尔德林后期的一首诗歌，海德格尔在《荷尔德林和诗的本质》中借此追问诗的本质，并在《……人诗意地栖居……》中由此阐发此在栖居的诗意本质，在他看来，"人类此在在其根基上就是'诗意的'"，只有探入此在的根基，才能

———————
① 张汝伦：《现代哲学十五讲》，北京大学出版社，2009年，第67页。

"触着人在这片大地上的栖居的本质"①。在《筑居思》中，海德格尔更是明确将"栖居"思为"终有一死者的人在大地上存在的方式"②。"栖居"既有此前的在世界之中"依寓""逗留"之意，还有"自由""保护"之意。这种保护不仅仅是保护人的本质、栖居的自由，同时也是守护世界、看护存在，"拯救大地，接受天空、期待诸神、护送终有一死者——这四重保护乃是栖居的素朴本质"③，可以说，对"天地神人"四方的四重保护是诗意栖居的此在应担负的责任，这是人作为"存在的看护者"的生存本真。

其五，此在与空间性。海德格尔首先批判了几种流俗的空间解释，并提出生存论存在论的空间观念。在他看来，以牛顿为代表的实体论空间观念、以莱布尼兹为代表的关系论空间观念、以笛卡尔为代表的属性论空间观念和以康德为代表的先验论空间观念，这些传统哲学的空间观念都是流俗的空间解释，都遗忘和遮蔽了"源始而本真的空间"。这与其"存在论区分"是同样的思路，不要追问"空间是什么"，而去把握"空间如何存在"。由此，他从"在之中"出发，探求此在的空间性及其特性，解说世内上手事物的空间性和在世的空间性，进而清理出世界的空间性现象，最终提出久被搁置的空间的存在论问题。

此在在本质上就具有空间性，其之所以有空间性的可能条件，正在于此在"在世界之中存在"。世内照面的其他存在者的存在方式要么摆在世界空间的一个地点上，要么在一个位置上上手存在，而此在本质上不是现成的存在，而是"在世界之中存在"，这可谓此在的源初的空间性。"无论空间性以何种方式附属于此在，都只有根据这种'在之中'才是可能的。"④而"在之中"的空间性又显示出此在在世的两种存在样式，即"去远"与"定向"两

---

① ［德］马丁·海德格尔：《荷尔德林诗的阐释》，孙周兴译，商务印书馆，2000年，第46页。
② ［德］马丁·海德格尔：《演讲与论文集》，孙周兴译，生活·读书·新知三联书店，2005年，第156页。
③ ［德］马丁·海德格尔：《演讲与论文集》，孙周兴译，生活·读书·新知三联书店，2005年，第167—168页。
④ ［德］马丁·海德格尔：《存在与时间》，陈嘉映、王庆节译，生活·读书·新知三联书店，2006年，第122页。

种性质。

"去远"是此在之本质。首先，必须从生存论性质去把握"去远"，"去远"不是相去之远或距离，而是"去某物之远而使之近"，即：使此在与非此在的存在者的相去之距消失不见，通过寻视让向来存在着的东西带到近处来照面，将其办到、准备好、弄到手，正如无线电克服相去之远，使此在与世内存在者彼此靠近。其次，需要注意的是，相去之远近不是可测量的物理距离，正如对戴眼镜的人来说，对面墙上的画很近，而鼻梁上的眼镜则很远。远和近的这种相对性和意向性，让人不禁想起当代诗人顾城的那首名诗《远和近》，"你/一会看我/一会看云/我觉得/你看我时很远/你看云时很近"。当然，在海德格尔看来，决定着上手事物离此在本身之远近的不是主观心灵，而是生存论意义上的"寻视操劳"，"寻视操劳先已依而逗留的东西就是切近的东西，就是调节着去远活动的东西"①。总之，此在的空间性不能由物体现成所处的地点来规定，而是由寻视操劳来规定的。

作为"在之中"有所去远的此在，同时具有"定向"的性质。此在的寻视操劳活动就是制定着方向的去远活动，这种定向活动同样由在世奠定，上手事物必须依左右来定向。"左右不是主体对之有所感觉的'主观'的东西，而是被定向到一个总已上到手头的世界里面去的方向。"②这种制定左右方向的"主观原则"不是康德所言的无世界的主体的"先天"，而是奠基于在世的此在的"主观"先天性，即在世规定了此在的定向活动，此在必定靠总已依寓于某个"熟悉的"世界并且必定从这种寓世的存在出发来为自己制定方向。

综上，去远和定向使"在世界之中"的此在具有了空间性，使其得以在操劳寻视着存在在被揭示的世内空间之中，换言之，寻视在世也是具有空间

---

① ［德］马丁·海德格尔：《存在与时间》，陈嘉映、王庆节译，生活·读书·新知三联书店，2006年，第125页。

② ［德］马丁·海德格尔：《存在与时间》，陈嘉映、王庆节译，生活·读书·新知三联书店，2006年，第126—127页。

性的在世, 周围世界的上手事物在此在的空间性中来照面, 这就是将空间性开放给上手事物的"给与空间"或"设置空间"活动——这依然属于生存论的"此在的在世"。

因为在世展开了此在的空间, 所以在海德格尔看来, 不是空间在主体(此在)之中, 也不是世界在空间之中, 而是空间在世界"之中", "当下世界向来揭示着属于世界自身的空间的空间性。只因为此在本身就其在世看来是'是具有有空间性的', 所以在存在者层次上才可能让上手事物在其周围世界的空间中来照面"①。归根结底, 空间本质上在世界之中显示自身, 并且"空间无须具有某种其本身具有空间性的上手事物或现成事物的存在方式。空间的存在也不具有此在的存在方式"②。因而, 空间显现为先天的东西, 这种先天性不是主体的主观性, 或物理的现成性, 而是存在论意义上在世界之中存在的此在先天具有空间性的那种先天性。海德格尔强调空间在世界之中, 意在还原"世界"而非"世界现象"对于空间的存在论意义, 正如海德格尔所总结的, "唯回到世界才能理解空间。并非只有通过周围世界的异世界化才能通达空间, 而是只有基于世界才能揭示空间性: 就此在在世的基本建构来看, 此在本身在本质上就具有空间性, 与此相应, 空间也参与组建着世界"③。而"人诗意地栖居在大地上", 无疑是此在与世界在空间性上达成的完美统一。

其六, 此在与时间性。时间性问题同样是《存在与时间》关注的核心问题, 海德格尔对康德和笛卡尔的肯定与批判也正是在这个问题上。在他看来, 康德是"曾经向时间性这一度探索了一程的第一人与唯一一人", 但由于教条地继承了笛卡尔的存在论立场, 既"没有先行对主体之主体性进行

---

① [德] 马丁·海德格尔:《存在与时间》, 陈嘉映、王庆节译, 生活·读书·新知三联书店, 2006年, 第121页。
② [德] 马丁·海德格尔:《存在与时间》, 陈嘉映、王庆节译, 生活·读书·新知三联书店, 2006年, 第130页。
③ [德] 马丁·海德格尔:《存在与时间》, 陈嘉映、王庆节译, 生活·读书·新知三联书店, 2006年, 第131页。

存在论分析"，又没有摆脱时间与我思之间的决定性联系，因而陷入"先验的时间规定"的晦暗之中。而笛卡尔的"我思故我在"并未清理出存在论基础，即"我思"的存在方式或"我在"的存在的意义并未规定清楚，由于依附于中世纪经院哲学，而将存在的意义规定为"在场"，从而将存在者的存在把握为"在场"，因而只能从一定的时间样式即"现在"去领会存在者。针对这些传统的流俗的时间阐释，海德格尔从存在论角度指明，"时间既不在'主体'中也不在'客体'中现成存在，既不'内在'也不'外在'：时间比一切主观性与客观性'更早''存在'，因为它表现为这个'更早'之所以可能的条件本身"①。可见，时间具有先在性与生成性。因此，海德格尔认为，此在的存在就是时间性，时间性构成此在的整体性，而操心又是此在的本质，因此，时间性是操心的存在论意义所在。

时间性奠定着人的生存，使人日复一日地计算着时间，无论获得抑或丧失，都不可避免地操劳于时间，"操劳于时间的此在可以丧失的时间愈少，时间就愈'珍贵'，钟表就须愈称手。不仅应能'更准确地'排定时间，而且规定时间的活动也应尽可能地少费时间，而同时又应得与他人对时间的排定相一致"②。正如一切共在的此在都"在世界之中存在"，世内一切存在者也都"在时间之中存在"，我们把世内存在者"在时间之中"照面的时间称之为"世界时间"，世界时间如同世界一样具有公共性和超越性，它比一切可能的客体更客观，也比一切可能的主体更主观。

在时间之中的此在，无法改变总是已被抛入世界的天命，也必须在某种当前与周围事物打交道，更无法改变走向终结即死亡的宿命。海德格尔不是从生物学或生命存在论来阐释死亡，而是从生存论来分析死亡，"死作为此在的终结乃是此在最本己的、无所关联的、确知的、而作为其本身则不确

---

① ［德］马丁·海德格尔：《存在与时间》，陈嘉映、王庆节译，生活·读书·新知三联书店，2006年，第457页。

② ［德］马丁·海德格尔：《存在与时间》，陈嘉映、王庆节译，生活·读书·新知三联书店，2006年，第418页。

定的、不可逾越的可能性。死，作为此在的终结存在，存在在这一存在者向其终结的存在之中"①。此在注定是先行"向死存在"而又"终有一死"的存在者，向死存在是一种可能性的存在，亦是一种本真。这是此在有限性的显示，也是此在时间性的确认，即此在是一个"曾在—当前的将来"的统一体。此在的曾在、当前与将来是时间性的"脱出"(Ekstase)，是时间性外在于自身存在。

由"此在的时间性"自然而然地就延伸至"此在的历史性"。在海德格尔看来，此在作为有时间性的此在具有本真的历史性，历史性是此在的存在方式。从生存论上来说，此在的历史性说的就是作为在世的存在生存着的存在者，此在以绽出的方式敞开，这种"敞开"的过程是此在共他人存在的演历，这种在世的演历就是历史的演历，反之亦然。从这个意义上来说，"此在的历史性本质上就是世界的历史性"。由此，海德格尔认为，本真的历史学应当植根于本真的此在的历史性中，而不应当以非本真的时间内的事件为研究对象，操心在生存论上的意义即时间性应成为本真历史学基础的根据。

很显然，海德格尔是说不尽的，也是难以说清的。但必须要说明的是，正如马克思并不认为自己是"马克思主义者"，海德格尔也并不认为自己是"存在主义者"，但"从实情来看，我们认为，前期海德格尔(1930年之前)或可列入存在主义者行列；而后期海德格尔不但不是存在主义，而且简直是反存在主义的"②。中译"存在主义"(Existenzialismus)其实就是"实存主义"，因此前期海德格尔以"此在"为中心进行实存论分析的"基础存在论"就是"实存论存在学"。尽管历来对其后期的"思想转向"、对所谓"两个海德格尔"颇多争议，但无论如何，"海德格尔是一个不可分割的整体"③，其思想发展的

---

① [德] 马丁·海德格尔：《存在与时间》，陈嘉映、王庆节译，生活·读书·新知三联书店，2006年，第297页。
② 孙周兴：《语言存在论——海德格尔后期思想研究》，商务印书馆，2011年，第8页。
③ [法] 贝尔纳·亨利·列维：《萨特的世纪——哲学研究》，闫素伟译，商务印书馆，2005年，第244页。

总体线索是比较清晰的,是没有断裂的①。这里无意于对海德格尔的哲学思想做全面深入的分析,只是想通过简要的梳理来把握海德格尔"走向存在论"的某些特点,及其在"存在论转向"的历史进程中的独特价值:

其一,从"生命"走向"此在",建立"现象学存在论"和"存在论现象学",实现哲学观念和方法的革命。在1919—1923年之间的生命哲学阶段,青年海德格尔曾表达了自己对本源性哲学的追求,在他看来,哲学应当以源于事实性的生命经验为基础和研究对象,这样的哲学才是本源性的科学。这种生命哲学观自然与狄尔泰生命哲学的深刻影响密切相关②,但又因为胡塞尔现象学的强势融入,"此在"很快跃升成为更本源的本源,而"生命"则后退成为此在的存在方式,其表征就是,他很快在课程中把"事实性的生命经验"改为"具体的实行着的此在",而"存在论"也由"事实性的释义学"变为了《存在与时间》中的"此在的释义学"或"释义学的现象学",作为本源性科学的哲学就进化为"现象学存在论"。在"导论"中,海德格尔明确提出存在论与现象学的同一性,"存在论只有作为现象学才是可能的","存在论和现象学不是和其他属于哲学的学科并列的两门不同的哲学学科。这两个名称从对象与处理方式方面描述哲学本身。哲学是普遍的现象学存在论:它从此在的释义学出发,而此在的释义学作为生存的分析工作则把一切哲学发问的主导线索的端点固定在这种发问所从之出且向之归的地方了"③。尽管对本源的追求尚未脱去传统形而上学的

---

① "在海德格尔的思想发展中根本不存在什么断裂式的思想转向,只有一个海德格尔,只是这个海德格尔同时置身于'第一开端'的形而上学之路解构之战和在'另一开端'的本然之思中的道说本现之中,应该说,海德格尔在两个思想构层中的辛苦努力都是一贯到底的。总体上看,海德格尔哲学思想的发展可以分为四个时期:第一个时期是青年海德格尔的思想蛰伏期;第二个时期为青年海德格尔走向存在论的时期;第三个时期是海德格尔克服形而上学和绝弃存在的本然思境的生成期;第四个时期是晚年海德格尔思想的成熟期。"参见张一兵:《海德格尔思想发展的总体线索》,《南京社会科学》,2011年第8期。
② 李彬:《海德格尔的"生命"概念及其演变——兼论狄尔泰对早期海德格尔的影响》,《理论界》,2021年第12期。
③ [德]马丁·海德格尔:《存在与时间》,陈嘉映、王庆节译,生活·读书·新知三联书店,2006年,第42、45页。

窠臼，但以前理论的生命经验为切入口，进而以此在的生存论分析为己任，让存在者如其所是地显现出来，这种现象学存在论哲学观念无疑是对西方两千多年的哲学传统尤其是对经院哲学、认识论哲学的一次革命。准确地说，这种"革命"是以存在问题为线索对实体本体论传统的一种"去蔽"和"解构"。

由上述可见，海德格尔对存在结构的规定和对此在的生存论分析都是建立在源始经验基础之上的，由此将被传统夺走的此在自己的领导、探寻和选择的权利重新还给"此在"自身，而在理论表述上则努力将"好奇""沉沦""常人""烦""畏""死亡"等日常生活用语，转化为其存在论哲学体系中的理论话语，使得文本内外都充盈着现实可感的人的生命经验和生存状态，从这个意义上来说，"早期海德格尔的现象学实际上建立在生存论的基础上，是生存论现象学，是此在对生存意义的领会"，而"后期海德格尔抛弃了此在优先性的观点，用'本有'（Ereignis）概念来统摄人与存在"[①]。与此同时，我们也不难领会到，他对此在的实存论结构、此在的本真性与非本真性、此在的时间性与空间性等问题的探究，都充满着对自由的隐在渴求，无怪弗莱堡大学海德格尔讲席教授费格尔认为海德格尔哲学是一种"自由的现象学"[②]。

其二，克服旧形而上学（实体本体论），以"此在"为基建立新形而上学（存在本体论）。从《对亚里士多德的现象学解释》（1922）到《形而上学导论》（1953）、《哲学的终结与思的任务》（1965）乃至最后的《哲学论稿》，"克服形而上学"是贯穿海德格尔学术生涯始终的坚定不移的哲学主题。尽管未完成的《存在与时间》只代表海德格尔前期的哲学思路，但这是其向形而上学传统发起挑战的第一个重要的思想"路标"，后来经过"内在的批判"而诞生的"存在之真理""存在历史""语言—道说"等诸多命题

---

① 杨春时：《作为第一哲学的美学——存在、现象与审美》，人民出版社，2015年，第47页。
② ［德］君特·费格尔：《马丁·海德格尔：自由的现象学》，陈辉译，福建教育出版社，2023年。

皆孕育于此。^①青年海德格尔充分自信地将自己制定的以"人"这种"此在"为基础的理论命名为"基础存在论",显然这不是为科学奠基,也不是为意识张目,而是试图从根本上否定和克服西方形而上学的传统,准确地说,是克服以实在为本体的旧形而上学,确立以此在为基础、以存在为本体的新形而上学,"形而上学属于'人的本性'""形而上学是此在的基本事件"。严格说来,基础存在论只是海德格尔整个存在论的"基础"或准备,如其所言,"基础存在论所说的基础不承受任何上层建筑,而倒是要在揭示了存在之意义之后,更源始地并且以完全不同的方式来重演整个此在之分析"^②。可见,这里的"基础"(fundamental)意味着其他科学(以"非此在式的存在者"的存在为研究课题的存在论)都以探讨"此在"的存在的存在论谓基础,这个"基础"并非其整个理论体系的基础,而是本体论的根基(fundament),"基础存在论"就是海德格尔的形而上学。

《存在与时间》重提久被遗忘的存在问题,从生存论角度解析此在之存在与存在结构,"具体而微地把'存在'问题梳理清楚","表明任何一种存在之理解都必须以时间为其视野",从而使形而上学告别"存在者"("有")而回到"超出现实存在物"的"存在"("无"),告别概念的逻辑推论而回到此在生存的日常生活。当然,身处存在主义哲学思潮之中的海德格尔,其时并未摆脱主体性传统思想的裹挟,"以这条从'此在'到'存在'的思路,海德格尔是跳不出'时间''地平线'的限制的,终究也跳不出近代以来西方哲学中的主体形而上学传统的范围"^③,因此,主体形而上学是其未能完成《存在与时间》的主要原因,在肯定和坚持存在问题的方向和范围的前

---

① 《存在与时间》的第一部分原计划包括"对此在的预备性基础分析""此在与时间"和"时间与存在"三方面,第三个方面并未完成,且发生了转向,即从考察"存在与时间"转变为考察"时间与存在",即从一般存在本身去展示存在的真理。从此在的时间性的存在到一般存在的运动,构成海德格尔存在论的第一环节;从"存在"本身的形而上学反思和语言的自我言说到达存在的真理,则构成第二环节,这是1930年代以后海德格尔主要研究的问题。参见高宣扬:《存在主义》,上海交通大学出版社,2021年,第154—155页。
② [德]马丁·海德格尔:《面向思的事情》,陈小文、孙周兴译,商务印书馆,1996年,第33页。
③ [德]马丁·海德格尔:《林中路》"译者序",孙周兴译,上海译文出版社,2004年,第2页。

提下，批判和克服主体性思想的残余，成为其《存在与时间》之后努力的方向。① 比如，后期海德格尔认识到传统形而上学实质上就是形而上学人本主义或人类学，其特点在于"人成了首要的和真正的主体，……他成为那种存在者，一切存在者以他的存在方式和真理方式那自身建立在它之上。人成了存在者本身的关系中心"②。由此，他从中国老庄哲学那里得到启示，构建"诗意地栖居"和"天地神人"四方游戏，与前期的这种以此在—实存为中心实质上依然是"人类中心主义"的主体形而上学彻底告别，走向本真的生存，领悟存在的意义，真正从此在优先的生存论现象学走向"天地神人"共在的存在论现象学。再比如，后期海德格尔以"存在—神—逻辑学"(Onto-theo-logie)来规定西方形而上学的基本机制，表明了西方传统哲学文化的根本内涵就是存在学（希腊哲学精神）、神学（犹太—基督教神学）和近代科学三者的结合，他对西方近代以来日益扩张的技术—工业文明的批判，对价值和信仰危机的担忧，也正是立足于此。

最后要说的是，海德格尔的基础存在论虽然影响深远，却也始终伴随着误解和批判。比如萨特，1940—1941年，被关押在斯塔拉格的萨特第一次读到德文版的《存在与时间》，那时他正在撰写《存在与虚无》。很显然，正如列维所言，萨特不是"法国的海德格尔"，他对海德格尔的接受是建立在"那种野蛮的、肆意歪曲的领会"之上的。比如，萨特将"Dasein"(此在)译为"人的实在"，并把海德格尔的思想看成是人道主义的后形而上学的形式，等等。而事实上，海德格尔对萨特的"人道主义"和"存在"是坚决批判和反对的，以至于他话里有话地说萨特是"对作为我思考出发点的领域非常了解的一个自主的思想家"，后来又专门在《关于人道主义的信》(Lettre sur l'humanisme)中表明自己在《存在与时间》中所说的"存在"(Existenz)和萨特所说的"存在"(existence)之间根本就"没有任何

---

① 参见张汝伦:《〈存在与时间〉为什么没有完成》,《世界哲学》, 2011年第4期。
② Heidegger, "*Die Zeit des Weltbildes*"。转引自张汝伦:《现代西方哲学十五讲》, 北京大学出版社, 2009年, 第229页。

共同点"，海德格尔是从"存在"这一根本上批判人道主义、否定主体性的，"海德格尔作品的核心，就是要将存在的问题提高到哲学问题的高度上来，他决心不再根据'自我'或'自我'与'世界'的关系来认识主体（从柏拉图到黑格尔，甚至尼采的人道主义都是这样做的），而是要根据'存在'来认识主体，主体是存在的'住所'，或者是存在的'守护者'，或者是存在'派出的使者'"①。在他看来，自己的反哲学人类学的存在论与萨特的人道主义的存在主义是根本不同的，萨特以"存在先于本质"替代统形而上学的"本质先于存在"，依然"和形而上学一起固执于对存在的真理的遗忘之中"②。当然，这并不影响《存在与虚无》同样是一部伟大的作品。再比如列维纳斯，他认为，自我与他者的关系是一种"别样于存在"的伦理关系，不同于存在者与存在的关系，"海德格尔将这种存在论放在先于伦理学和他者的位置，已经暗含一种对于主体性的诉求，并隐含了陷入唯我论的危险"③；而且，海德格尔认为存在一定是存在者的存在，却没有意识到"无存在者的存在"，"人们必须把'被抛'理解为被抛掷到存在之中。仿佛存在者仅仅出现在了一种先于它的存在之中，仿佛存在独立于存在者，仿佛那发现自己被抛掷在那里的存在者再也不能成为存在的主宰者。正因为此，才会有抛弃和遗弃。因此我们就有了这样一种想法：有一种没有我们、没有主体也会发生的存在，有一种没有存在者的存在。"他进而明确指出："我将这种没有存在者的存在称为'有'"④。

新时期以来的中国学界也常常从马克思主义实践论哲学和儒家哲学来批判海德格尔的存在论，比如实践论美学代表李泽厚，一方面肯定其探求人生底蕴的悲壮意义，"今日有海德格尔哲学：深求人生，发其底蕴，知死方可体

① ［法］贝尔纳·亨利·列维：《萨特的世纪——哲学研究》，闫素伟译，商务印书馆，2005年，第194—197页。
② ［德］马丁·海德格尔：《海德格尔选集》，孙周兴选编，上海三联书店，1996年，第372页。
③ 王嘉军：《存在、异在与他者：列维纳斯与法国当代文论》，上海社会科学出版社，2019年，第115页。
④ Emmanuel Levinas, *Time and the Other*, trans. Richard A. Cohen, Pittsburgh: Duquesne University Press, 1987, p. 50.

生。读《存在与时间》有一股悲从中来、一往无前的动力在。无以名之,名之曰'士兵的哲学'。"另一方面又认为应从"人活着"来谈Desein或being,因而推崇孔子的"未知生,焉知死",批判海德格尔的"未知死,焉知生","每个人都奔向自己的死亡: 那无定的必然。这使人既'畏'且'烦'。从而,高扬非理性的此在 (Desein) 生命和动力,认为这就是Being的嘱托和召唤。这种个体主义容易走向神秘、空洞与疯狂,甚或隶属于杀人机器"①。这显然是以实践论来批判存在论,以"吃饭哲学"来批判"死亡哲学"。

或许正如海德格尔所言,"伟大的思想家们永远不会从根本上互相理解,不正是因为他们虽然伟大的方式不同,每次想要的却都是同样的东西吗?"无论如何,海德格尔仿佛刻在他基碑上的那颗星星一样,在人类思想的星空中、在存在论转向的哲学进程中熠熠生辉。

结语

从马克思到海德格尔,实现了从传统本体论到现代存在论的革命,即实现了"ontology"的范式转换,建构起新形态的现代存在论哲学,这正是西方现代哲学进程中至关重要的"存在论转向"。马克思实践存在论哲学是"存在论转向"中首要的不可忽视的一环,而海德格尔存在论哲学则是承上启下的集大成者,"从马克思到海德格尔",既是表明一种时间先后的历史性,也是表明"存在论转向"本身的生成性。"存在论转向"的意义在于,破除现象与本体之二分,将哲学之思还原为"存在",同时破除主客二分的认识论思维模式,以"人就是人的世界""人在世界之中"破除人与世界之间的对立,以实践—存在或此在—存在弥合主与客、人与世界之间的割裂,从而为人类认清自己的现代处境和未来可能提供了哲学思路和美学方案。

---

① 李泽厚:《实用理性与乐感精神》,生活·读书·新知三联书店,2008年,第166、170页。

本 章 小 结

从传统本体论到现代存在论,从超越现实世界的"实在"到回归生活世界的"实存",从认识论的主客二元对立到马克思实践论、海德格尔存在论的"共在",从本质主义到存在主义,西方哲学在追求真理、解释世界、认识自我的道路上,越来越清醒地意识到:"存在"问题不是纯粹理性的本体论或认识论问题,而是与感性实存的"人"有关的问题,而人的问题归根结底是如何活着和如何活得更好,即生存问题、生活问题和审美问题。从这个意义上来说,"存在论转向"的哲学意义在于:破除"本体论"(本质论),破除现象与本体之二分,将哲学之思还原为"存在",同时破除主客二分的认识论思维模式,以"人就是人的世界""人在世界之中"破除人与世界之间的对立,以实践——存在或此在——存在弥合主与客、人与世界之间的割裂,从而为人类认清自己的现代处境和未来可能提供了哲学思路,也提供了相应的美学方案。

在传统本体论哲学的影响下,自柏拉图、亚里士多德的"摹仿说"开始,"美"就被置入主客二分的知识论框架之中予以诠释,从而形成了一种典型的知识论诠释传统。文艺复兴时代的艺术观念及其实践,乃是这一诠释传统的历史复活和表征。海德格尔在美学上的重要性,归根到底在于他实现了美学的"存在论转向",即从"知识论"到"存在论",颠覆了"美"的知识论诠释传统,揭示了"美"与人的存在本身的本然联系,从而奠定了人的审美活动同人的存在的去蔽之间联系的原初基础。[①]若干年后,这种现代存在论美学的悠远召唤在新时期中国得到了深刻而持久的应和与回响。

---

① 参见何中华:《"美"的诠释:从知识论到存在论》,《烟台大学学报(哲学社会科学版)》,2008年第1期。

第二章　新时期中国美学的"存在论转向"

　　改革开放，西学东渐，"新时期"显然是一个所指含混却又意味深长的修辞，充满着一种经典的现代性想象和意识形态色彩。它本身就暗示了一种令人欣喜的转折，意味着一个"旧时代"的终结，一个"新时代"的来临——尽管一切还尚未可知。从其诞生的历史语境来看，与其说它是对未来的迎接，不如说它是对过去的告别。"从70—80年代转折的角度来看，'新时期'作为一个最初出现在政府工作文件中的断代术语，最终转换为全社会（尤其包括知识界）共享的对于时代的指称，表明的是人们对于这一转折的普遍历史态度。应当说，这种广泛的时代认同并非出于对未来所做的具体规划，而是源于对历史（即由"文化大革命"指称的60—70年代社会主义实践）的普遍拒绝"[1]。中国美学从近现代行进到新时期，不仅仅是历史意义上的推陈出新，更意味着内在理路和话语方式上的调整与转型，而这与涌入的西学思潮尤其是存在主义哲学思潮密不可分。更复杂的问题在于，"新时期美学"并非一个不言自明的概念，正如"新时期文学"至今仍存在着诸多争议。[2]这似乎暗示了重返历史、重建叙述的难度。我们既未能亲历那段亲切真实的"历史"，又不得不以"美学"和"历史"为名重返新时期美学的历史文化语境，重建存在主义在中国的历史踪迹，重述新时期中国美学的"存在论转向"。

---

[1] 贺桂梅：《"新启蒙"知识档案：80年代中国文化研究》，北京大学出版社，2010年，第18页。

[2] 参见黄平：《"新时期文学"起源考释》，《文学评论》，2016年第1期；蒋守谦：《史料考释中的非史料学"考释"——黄平〈"新时期文学"起源考释〉读后》，《文学评论》，2016年第6期。

第一节　新时期文学、哲学与美学的
"人道主义"话语共振

正如五四时期的学人常把"新文化运动"视为西方的"文艺复兴"或中国的"启蒙运动"，1980年代的中国知识界也常把"新时期"想象为"第二个五四时代"或"新启蒙时代"。五四时代是"觉醒年代"，是启蒙先驱高举"民主""科学"的旗帜，"反传统、反孔教、反文言"，以文学革命、语言革命、思想革命，启发民智，改造文化，进而改造中国社会，拯救中华民族。而新时期的"新启蒙"，则是历经六十年历史动荡尤其是"十年动乱"之后的思想再启蒙、人性再解放，"人道主义"成为连通新时期与五四时期的话语通道和思想纽带，新时期的学人们也都有意建构起新时期与五四时期之间的人学关联与精神谱系，确立人道主义话语在现代中国的连续性和合法性。[①] 从这个意义上来说，"新时期"是对"人"和"人性"的重新发现与高扬，新时期之"新"在于时代之新，更在于时代之"新人"，即人摆脱"理性异化的神的践踏蹂躏"而获得新生，人走出"造神造英雄来统治自己的时代"而实现人的觉醒，人性的复归。"人性复归"意味着如今人们可以自由表达个人情感的感性血肉的个体，回归正常的、基本的人性，而隐在的指向显然是此前人性的迷失，是新时期与1950—1970年代之间的历史断裂，因此"人的启蒙"是新时期首要的文化使命，也是对"五四精神"的直接继承。

由此，在社会科学缺席的情况下，文学、哲学和美学等人文科学担负起新时期之初思想启蒙和文化重构乃至人心重建的重任，作为思想资源的

---

① 比如李泽厚回忆道："一切都令人想起五四时代，人的启蒙，人的觉醒，人道主义，人性复归……都围绕着感性血肉的个体从作为理性异化的神的践踏蹂躏下要求解放出来的主题旋转。'人啊，人'的呐喊遍及了个个领域各个方面。这是什么意思呢？相当朦胧；但有一点又异常清楚明白：一个造神造英雄来统治自己的时代过去了，回到五四时期的感伤、憧憬、迷茫、叹息和欢乐。但这已是经历了六十年惨痛之后的复归。"参见李泽厚：《二十世纪中国（大陆）文艺一瞥》，《中国现代思想史论》，安徽文艺出版社，1994年，第255页。

"青年马克思"与"老年马克思"之间的博弈，存在主义等外来思想的译介、传播与接受，以及本土文化的反思、发掘与再造，都规约和统摄于"人道主义"这一宏大主题之下，"很大程度上，人道主义话语成为80年代知识界在批判50—70年代马克思主义理论范式过程中形成的人文学科新知识体系的主要构成部分"①。

一　人性论：为人道主义呐喊

一般来说，"人道主义"有狭义和广义之分，狭义的人道主义指的是西方文艺复兴时期的思想主题，广义的人道主义指的是一切以人、人的价值、人的尊严、人的利益或幸福、人的发展或自由为主旨的观念或哲学思想。在西方长达六百余年的发展史上，出现了形形色色的人道主义，比如空想社会主义的人道主义、费尔巴哈的人道主义、马克思主义的人道主义、存在主义的人道主义等。在中国，西方人道主义被中国新文学家们接受和吸纳，由此形成了"五四"时期人道主义理论和创作的极大繁荣，直到1930、40年代，在阶级论的主导和压抑下不得不退居边缘；新中国成立后，受苏联马克思列宁主义的影响，"人性论"的人道主义话语被视为资产阶级的意识形态，而在1957年、1960年和1964年相继遭到批判，直到"文革"结束，人性论始终是"禁区"，唯有"革命的人道主义"幸免于难。另一方面，随着东欧事变、中苏分裂、中苏论战等发生，随着人道主义思潮50—60年代在南斯拉夫、苏联等苏东社会主义国家出现，分析和批判这些国际人道主义思潮的"内参书"，如拉蒙特的《作为哲学的人道主义》、五册《人道主义、人性论研究资料》等，成为中国精英知识分子首先掌握的重要的批判思想资源，这为70年代末80年代初重提人性论、掀起人道主义思潮提供了条件和可能。如果说"1950至60年代的人道主义、人性论思潮及对其批判从一开始就不单纯是理论论争。如果注意到它们伴随着社会主义改造与社会主义建设的进

---

① 贺桂梅：《"新启蒙"知识档案：80年代中国文化研究》，北京大学出版社，2010年，第64页。

程，就会发现这些思潮既是日益深化了的社会主义危机的表现，同时也有为社会主义危机寻找出路的现实诉求"，那么，1970至80年代的人道主义、人性论思潮则是在中断之后接续这一社会主义改造和建设的进程，并努力寻找新的出路。正是在这样的历史语境和现实诉求中，文学、哲学和美学界的人文知识分子在新时期初联合发声，为人道主义呐喊，显示出新时期的新气象。

先看人道主义文学。众所周知，在新时期之前的十七年和"文革"时期的文艺表达中，无论是"青山保林，三红一创"，还是"八个样板戏"，阶级性始终凌驾于人性之上而占据着主导地位，"只有具体的人性，没有抽象的人性。在阶级社会里就是只有带着阶级性的人性，而没有什么超阶级的人性"[1]，这成为一切文艺创作的金科玉律。尽管在"双百"方针之下出现了一些短暂而微弱的异见，如巴人的《论人情》、王淑明的《论人情与人性》、钱谷融的《论"文学是人学"》等，试图为超越阶级性的"普遍人性"争得一丝尊严，但最终被阶级论者定性为"资产阶级和现代修正主义"的"呓语和欺骗"。在势不两立的"阶级斗争"面前，人性终究是抽象的、不堪一击的。而文学之所以成为新时期的第一只报春燕，成为1980年代的主导文艺，不是偶然的，因为文学创作最早在"阶级性/人性"的二元对立中形象化地反思和批判了阶级学说的危害，充分肯定了人性和人情（亲情、爱情等）的价值，开启了新时期"人道主义的文学潮流"。

作为"伤痕"文学的代表作，刘心武的《班主任》（《人民文学》1977年第11期）和卢新华的《伤痕》（《文汇报》1978年8月11日）率先打破"文革文学"的惯性，暴露和鞭挞"文革"反人道的社会现实，揭示阶级论之下人性的扭曲和践踏，尤其是谢慧敏、宋宝琦、王晓华等丧失了人的灵魂的青年形象的塑造，使新时期"救救被'四人帮'坑害的孩子"成为"五四"时期"救救孩子"的接续，"这些艺术显得粗糙的作品，揭示了文学'解冻'的一些重要征象：对个体命运、情感的创伤的关注，启蒙观念和知识分子'主体'

---

[1] 毛泽东：《在延安文艺工作座谈会上的讲话》，《毛泽东选集》第3卷，人民出版社，1991年，第850页。

地位的提出等"①。随着1978年底的十一届三中全会和贯彻十一届三中全会精神的第四届全国文代会召开,《天云山传奇》《人到中年》《人啊,人!》《爱,是不能忘记的》等"伤痕""反思"作品不断问世,把人们的目光从"神的世界"拉回到"人的世界",新时期文学真正迎来了春天。随之而来是文论界对文学的人道主义、对"人的重新发现"的肯定,比如:在1950年代曾提出"文学是人学"的钱谷融,借"自我批判"再次重申人道主义对于文学的意义,"文学既以人为对象,既以影响人、教育人为目的,就应该发扬人性、提高人性,就应该以合于人道主义的精神为原则",并强调"人道主义原则是评价文学作品的一个最基本、最必要,也可以说是最低的标准"②。何西来通过审视新时期初的文学创作而指出,"人的重新发现,是新时期文学潮流的头一个,也是最重要的特点,它反映了文学变革的内容和发展趋势,正是当前这场方兴未艾的思想解放运动逐步深化的重要表现"③。正是在人道主义文学的启蒙和影响之下,青年人冰封的心门被打开,标志性的事件便是1980年《中国青年》杂志发起人生观讨论,一封"潘晓来信"引发无数青年人的情感共鸣,六万多封来信和长达三个月的讨论,使人生的价值和意义问题成为全社会广泛关注和讨论的热点问题。

毋庸置疑,"从'文革'后期开始,人们普遍渴望结束无休止的'革命',渴望回到世俗生活,回到人类生活的基本价值:个人自由和权利、家庭、爱情和幸福,即回到一切革命的初衷。这一历史趋向,成为新时期人道主义哲学的现实基础"④。从这个意义上来说,新时期人道主义哲学都是对人们这种内心渴望的呼应,而因为历史和现实的原因,马克思主义哲学和存在主义哲学成为新时期人道主义哲学的主要构成,虽稍晚于文学创作却应和着文学反思和社会期待,集中讨论人性、人道主义以及"异化"等问题,学理化地表

---

① 洪子诚:《中国当代文学史(修订版)》,北京大学出版社,2007年,第200页。
② 钱谷融:《〈论"文学是人学"〉一文的自我批判提纲》,《文艺研究》,1980年第3期。
③ 何西来:《人的重新发现——论新时期的文学潮流》,《红岩》,1980年第3期。
④ 祝东力:《精神之旅——新时期以来的美学与知识分子》,中国广播电视出版社,1998年,第51页。

达着人性的呼声和要求。

1979年6月，朱光潜在《文艺研究》率先发表影响深远的《关于人性、人道主义、人情味和共同美问题》一文，提出"解放思想，冲破禁区"，在新时期之初的理论界掀起人性论、人道主义讨论的热潮。他指出，人性就是"人类自然本性"，人性论和阶级观点并不矛盾，人性与阶级性的关系是共性与特殊性或全体与部分的关系，"马克思《1844年经济学—哲学手稿》整部书的论述，都是从人性论出发"，"马克思正是从人性论出发来论证无产阶级革命的必要性和必然性，论证要使人的本质力量得到充分的自由发展，就必须消除私有制"。而人道主义就是人的"本位主义"，"马克思不但没有否定过人道主义，而且把人道主义与自然主义的统一看作真正共产主义的实现"[①]。因此，他呼吁文艺创作和美学要冲破人性、人道主义等"禁区"。在今天看来，朱光潜的表述其实还是相当小心温和的，他并没有直接否定阶级观点，只是说"肯定阶级性并不是否定人性"，而且有意识地援引青年马克思的著作《手稿》作为重新肯定人性论的理据，这既是对美学大讨论时期马克思主义哲学的思想接续，更是新时期条件下心有余悸的一种情感疏泄与现实应对。此后，马克思主义人性论、人道主义与马克思主义的关系、异化等问题相继被提出，《手稿》成为人性论和人道主义话语的直接来源，"《手稿》热"由此正式拉开序幕。[②]

正统马克思主义者的商榷文章随之而来。比如，陆荣椿认为，在阶级社会里，人性只能是人的阶级性，或者是阶级的人的人性；后者一方面指出"历史证明，历来的'人性论'无不深深打上了阶级的烙印"，一方面又赞同"共同的人性与阶级的人性统一"的人性观，并认为《手稿》对人性和共产主义的考察贯穿始终的是阶级论而不是人性论。[③]这种把普遍人性视为资

---

① 朱光潜：《关于人性、人道主义、人情味和共同美问题》，《文艺研究》1979年第3期。

② 一说新时期"手稿热"发端于蔡仪1979年在《美学论丛》上发表文章《马克思怎样论美》。参见包妍、程革：《经典文献对本土话语的拯救——1980年代"手稿热"探源》，《东北师大学报（哲学社会科学版）》，2014年第2期。

③ 参见陆荣椿：《也谈文艺与人性论、人道主义问题——兼与朱光潜先生商榷》，《社会科学辑刊》，1980年第3期；计永佑：《两种对立的人性观——与朱光潜同志商榷》，《文艺研究》，1980年第3期。

产阶级和封建阶级特有人性观的看法，显然恪守着1950—1970年代意识形态化的马克思主义阶级学说。阶级性与人性孰先孰后的争论，在哲学领域某种程度上被替换为"成熟马克思"和"青年马克思"的思想之争，《〈黑格尔法哲学批判〉导言》《神圣家族》《手稿》等带有人道主义倾向的早期著作，自然也成为后者反击前者、倡导人性论和人道主义的理论武器。

比如汝信在《人道主义就是修正主义吗？——对人道主义的再认识》这篇得到胡乔木赞许的"1980年好文章"中，针对人道主义与马克思主义的关系问题，明确提出："人道主义就是主张要把人当作人来看待，人本身就是人的最高目的，人的价值也就在于他自身"。同时，作者否定了人道主义只是青年马克思所受的费尔巴哈的影响的观点，费尔巴哈把人作为出发点并没有错，问题在于他说得太抽象，马克思的唯物史观和剩余价值两大发现，不仅没有取消马克思的人道主义思想，反而使它建立在真正科学的基础上。[1]尽管这里依然有调和论的色彩，但对"人本身就是人的最高目的"的强调、对马克思人道主义的确认是毋庸置疑的。

与此同时，邢贲思的《怎样识别人道主义》(1980)、陆梅林的《马克思主义与人道主义》(1981)、马泽民的《"人的哲学"剖析》(1982)等文章，则从学理角度辨析了早期马克思和成熟期马克思之间的"分野线"，指出人道主义理论家所援引的《〈黑格尔法哲学批判〉导言》中的命题"人本身是人的最高本质"，是对费尔巴哈人本主义的某种沿用，马克思主义和人道主义是两种根本不同的思想体系。[2]未刊发的王若水的《人是马克思主义的出发点》开篇即引用马克思的话，"所谓彻底，就是抓住事物的根本。但人的根本就是人自身"，通过追溯马克思主义哲学的德国古典哲学、古典政治经济学等来源和形成过程，他再次肯定了汝信的观点，认为马克思和恩格斯正是从现实的、社会的、实践的人出发，唯物地而又辩证地研究人，才创立了历

---

① 汝信：《人道主义就是修正主义吗——对人道主义的再认识》，《人民日报》，1980年8月15日。

② 参见邢贲思：《怎样识别人道主义》，《百科知识》，1980年第1期；陆梅林：《马克思主义与人道主义》，《文艺研究》，1981年第3期；马泽民：《"人的哲学"剖析》，《学习与研究》，1982年第1期。

史唯物主义，最终得出结论："马克思主义哲学的出发点是人，正是对现实的人及其生活条件的分析，马克思才形成了自己的思想体系。"①文章论证全面深入，涉及《〈黑格尔法哲学批判〉导言》《手稿》等早期经典著作，高举起马克思主义的人道主义旗帜，并接触到马克思主义哲学的实践论问题，"人是马克思主义的出发点"成为这一时期的响亮口号，并由此引发了关于马克思主义哲学出发点问题的热烈争论。②

　　总之，"人道主义"在短时间内便成为哲学界几乎全体参与的讨论热点。③需要注意的是，1979到1984年之间围绕普遍阶级论与人性论、人道主义与马克思主义的这些争论，总体上来说还是哲学内部的争论，是在相对宽松的、纯学术范围内开展的。无论是倡导人性论、马克思主义人道主义的右翼知识分子，还是追求"理论的还原"、以"社会""社会关系"作为马克思主义哲学出发点、坚决区分早期马克思和成熟期马克思的左翼知识分子，都坚决维护马克思主义的正统地位，都试图从学理上阐明人道主义的内涵与意义。当然，论战的胜负终究是无法裁定的，因为"真正决定双方'胜负'，即决定论战双方在知识界、文艺界和青年学生中间'人心向背'的关键，主要不是学理问题，而是这场论战兴起的社会历史前提，即如何妥善地解说'十七年'和'文革'时代的'反人性'现象，把它们纳入到一个'合理'的叙事结构中。这段痛苦的历史横亘在人们心中，是知识分子的一种普遍情

---

① 王若水：《人是马克思主义的出发点》，《人是马克思主义的出发点——人性、人道主义问题论集》，第15页。

② 参见许明：《人的物质生产活动是马克思主义的出发点》，《学术月刊》，1982年第4期；王卫国、史振东：《马克思主义哲学出发点探析》，《教学与研究》，1982年第5期；王崇杰：《人是马克思主义的出发点吗》，《哲学研究》，1983年第3期；徐建一：《人是马克思主义的出发点吗》，《中国社会科学》，1984年第1期；崔大华：《人不是马克思主义的出发点》，《哲学研究》，1984年第1期；孙彦敏：《人不应是马克思主义哲学的出发点》，《河北学刊》，1984年第1期；王成福、张晓林：《试论社会是马克思主义的出发点》，《社会科学战线》，1984年第1期；张可尧：《关于马克思主义出发点的几个问题》，《哲学研究》，1984年第4期；胡显银：《社会关系是马克思主义的出发点》，《求实》，1984年第6期；等等。

③ 《人民日报》《光明日报》《文汇报》《中国社会科学》《文学评论》《国内哲学动态》等主流报刊先后发表讨论文章和综述文章近千篇，人民出版社也相继推出论文集《人是马克思主义的出发点——人性、人道主义问题论集》（1981）、《人性、人道主义问题讨论集》（1982）、《关于人的学说的哲学探讨》（1982）以及《关于人道主义和异化问题论文集》（1984）等。

结,并成为他们建构新的意识形态的动力之一。因此,左翼知识分子尽管获得马列原著的支持,并表达了对社会转型的负面效果的忧虑或预感,但却无法面对创痕累累的社会情绪,而这种情绪正是人道主义兴盛的土壤[①]。无论如何,两方的争论使人性论和人道主义话语在知识界、文艺界和青年学生中间到了进一步的强化和证明,使知识分子心中累积许久的悲愤情绪得到一定程度的宣泄和疏导,也使得人们越来越意识到"马克思主义并不冷冰冰",为文学创作提供了理论支持和思想引领,为美学热和人道主义美学提供了哲学基础。

众所周知,20世纪70年代末80年代初的"美学热"与50、60年代的"美学大讨论"有着千丝万缕的关系,而关于"共同美"的讨论和关于"形象思维"的再讨论,则是美学界与文学界在新时期初同声相应的两次联合行动。有意味的是,这两次行动的缘起都和毛泽东有关,前者因为一句话,后者因为一封信。

为纪念刚刚去世的中国社会科学院文学研究所所长何其芳,1977年第9期《人民文学》专门刊发了其回忆录遗稿节选《毛泽东之歌》,文中第一次披露了毛泽东关于"共同美"的观点,即"各个阶级有各个阶级的美,各个阶级也有共同的美。'口之于味,有同嗜焉'"[②]。很显然,"共同美"的提法与"20世纪50年代美学大讨论以来的主流观点乃至文艺座谈会讲话的看法都迥然有别"[③],因而不出所料地引起了美学界的极大关注,准确地说,这是新时期"美学热"真正的起点。邱明在刚刚复刊的1978年第1期《复旦学报》发表文章《试论"共同美"》,最先对"共同美"进行阐释,但很显然,作者依旧是在阶级论的框架中来界定共同美的,因此尽管作者对文艺现象中的"共同美"进行了分析,但其根本立场还是反对"共同的人性",因而把"共同美"直接归因于共同的阶级性乃至文艺自身的特性而非共同的人性,认

① 祝东力:《精神之旅——新时期以来的美学与知识分子》,中国广播电视出版社,1998年,第58—59页。
② 何其芳:《毛泽东之歌》,《人民文学》,1979年第9期。
③ 黄平:《"共同美"、大和解与新差别——再论新时期文学的起源》,《文艺研究》,2016年第2期。

为文艺的阶级性是普遍的、第一性的，而共同美则是"相对的，局部的，有条件的"[1]。钟子翱的《论共同美》同样如此，虽然提出要"彻底摧毁共同美'禁区'"，却依旧固守马克思主义阶级论，把人性论与资产阶级、唯心主义相提并论，由此认为把共同美的问题和"人性论"混为一谈是不正确的。[2]这些话语显然还是不愿退场的"旧时期"阶级学说的陈词滥调，是反人性、反人道的阶级论美学的代表。

真正代表新时期人道主义美学新声的还是朱光潜的《关于人性、人道主义、人情味和共同美》，因为他旗帜鲜明地把"共同美"与人性、人道主义关联起来，揭示"共同美"的人性（自然）内涵而非阶级（政治）内涵，从而实现为"共同美"有效辩护。在他看来，共同美即共同美感，而美感则是"生理和心理交互影响的"。朱光潜的意思是，"人类的生理结构是人类的心理结构的物质基础。既然人类的生理结构是相同的，那么人们的心理结构和心理活动的规律也就必然有许多共同之处。美感作为一种复杂的心理过程，在一切正常人身上，也就必然体现出若干共同性"[3]。不难看出，朱光潜有意把共同美建基在超阶级的共同的自然人性即人类相同的生理与心理结构之上，以人性的共同性来证明美感的共同性，以此来消解美感的阶级性，用心可谓良苦。

和文艺界反响寥寥形成鲜明对比的是，美学界围绕"共同美"问题展开了一系列讨论，直到1987年才告一段落。共同美的讨论是新时期美学迈出的第一步，使早已僵化的阶级论美学逐渐为人性论美学所取代，而紧随其后的"形象思维再讨论"则乘胜追击，继续围绕文艺发力，将宏观的观念美学推进到微观的创作美学，由关注抽象的共同人性到关注文学的文学性与人性表达，因而被称为"中国的美学和文学理论走出'文化大革命'的影响所

---

[1] "不同阶级的人们，甚至对立阶级的人们，对于同一审美对象，在一定条件下，可能产生相同或相近的审美感受，以及由此而得出相同或相近的审美评价。这就是所谓共同美。"参见邱明：《试论"共同美"》，《复旦学报》，1978年第1期。

[2] 钟子翱：《论共同美》，《北京师范大学学报（社会科学版）》，1979年第5期。

[3] 朱立元、张玉能：《浅谈共同美的生理、心理基础》，《复旦学报》，1981年第2期。

迈出的决定性第一步"①。1977年12月31日的《人民日报》上刊登了一封毛泽东1965年写给陈毅的信②，信中多次提到"形象思维"这个词。出乎意料的是，这封谈论诗歌的私信竟成为一颗"威力无比"的"精神原子弹"，在学术界和文艺界引起了极大震动和反响，各种有关形象思维的讨论文章和研究资料集纷纷出版。③原因何在呢？现在看来，主要原因可能有两点：

其一，主动接续"美学大讨论"，以此为突破口，解放思想，重建马克思主义美学。受苏联文学理论的影响，"形象思维"在"美学大讨论"时期就已成为重要论题，周扬、霍松林、李拓之等文论家和李泽厚、朱光潜、蒋孔阳等美学家曾先后加入讨论，尽管受制于当时的认识论和典型论局限，但都充分肯定了不同于逻辑思维的形象思维。④1966年，郑季翘曾在《红旗》上发表文章，批判形象思维论是"一个反马克思主义的认识论体系，正是现代修正主义文艺思潮的一个认识论基础"⑤，讨论被迫终止，马克思主义美学的建设也偃旗息鼓。近二十年后，"形象思维"在官媒重见天日，无疑意味着这一话题有了再讨论、再阐释的可能，经历"文革"磨难而心有不甘、意犹未尽的文学家、美学家们，在新时期之初借机"旧事重提"，既是接续历史，也是突破禁区，更是借"批判反形象思维论"而浇自己心中之块垒，由此而获得思想之解放、自我之解放。

其二，通过对"形象思维"的肯定而达到对文学艺术独特性的肯定，对感性、个性、情感、心理等人性基本要素的肯定，这一点尤为重要。从讨论到

---

① 高建平等：《当代中国文学批评观念史》，中国社会科学出版社，2019年，第136页。

② 同时刊登在1978年第1期《诗刊》。

③ 参见复旦大学中文系文艺理论教研组：《形象思维问题参考资料》第一辑，上海文艺出版社，1978年；中国社会科学院外国文学研究所外国文学研究资料丛刊编辑委员会：《外国理论家作家论形象思维》，中国社会科学出版社，1979年；等等。

④ 比如霍松林认为，形象思维的特点在于"不但保留、而且选择那些明显地表现出某种社会历史现象的一般本质的感性因素，并把它们集中起来，创造典型的艺术形象"（霍松林：《试论形象思维》，《新建设》，1956年5月号）；李泽厚认为，形象思维是认识的理性阶段，在形象思维中个性化与本质化同时进行，是"完全不可分割的统一的一个过程的两方面"，在这个过程中"永远伴随着美感感情态度"。（李泽厚：《试论形象思维》，《美学论集》，上海文艺出版社，1981年，第226—255页。）

⑤ 郑季翘：《文艺领域里必须坚持马克思主义的认识论——对形象思维的批判》，《红旗》，1966年第5期。

再讨论，"尽管对于是否存在形象思维一直都有争议，但这个话题的背后，是对文学自身特质的一种认定和探寻，因此它的意义，并不在于是否符合逻辑学和思维科学，而在于人们在这个概念中寄予的思考和期待"①。这"思考和期待"就是，文学不是某种政治观念的传声筒，而是有其自身的独特性质和审美要求，那就是要通过生动的形象，去揭示现实生活的本质，表达人们的性格、心理、情感和思想。从这个意义上来说，形象思维再讨论有力地抨击了"十七年"和"文革"时期那种图解政策、逻辑推论式的文学创作方式（如"三突出"），是对"文学性"的积极声援，有力地推动了文学从他律向自律的转换，这是新时期文学重获自由的开端，也是新时期人道主义美学的先声。

有意味的是，朱光潜在《形象思维：从认识角度和实践角度看》(1979)指出，形象思维就是"想象"，并从实践角度重新解读形象思维；李泽厚在《形象思维再续谈》(1980)中不再纠缠于形象能否思维、形象思维与逻辑思维有何区别等问题，而是提出"形象思维并非思维"，艺术并非认识，美学并非认识论。②这无疑是对长期以来主导中国美学的认识论哲学的反思，若联系他们自美学大讨论时期就已萌芽的实践论的美学主张来看，这显然是新时期美学从认识论转向实践论的前兆。

总之，持续不断的文学创作实践和文学、哲学、美学理论讨论，为解放思想、突破禁区、"拨乱反正"提供了一股强劲的人文力量，不仅使人性论、人道主义话语越来越深入人心，更使得知识分子在新时期之初迅速实现了理论在场和思想集结。当然，过于迅疾的人性解放和过于团结的思想力量，一方面滋长了知识界的盲目乐观，另一方面也让正统马克思主义占主导的国家意识形态感受到前所未有的压力。毋庸讳言，关于人道主义和"异化"问题的争论，既是一种理论性的争论，也是一种现实政治性的争论，而后者更

---

① 高建平等：《当代中国文学批判观念史》，中国社会科学出版社，2019年，第93页。
② 参见朱光潜：《形象思维：从认识角度和实践角度看》，《美学》第一期，上海文艺出版社，1979年；李泽厚：《美学论集》，上海文艺出版社，1980年，第557—558页。

具有决定性的意义,其显而易见的表征事件是胡乔木对周扬讲话的批评。①
很显然,在经历长达5年的持续讨论之后,普遍人性论的人道主义话语尽管
在知识界、文艺界和青年学生那里得到绝大多数的认可,但并未改变一直
存在的社会主义与资产阶级、社会与个人、阶级与人性、老年马克思与青年
马克思等之间的二元对立,而此时前者对后者的绝对压制,使得"清除精神
污染"运动在1983年秋天随之而来,人道主义和异化理论被当作"精神污
染",人道主义话语由此出现重大转折,由高亢的呐喊转入低沉的辩护直至
被噤声。

二 异化论:人道主义辩护与噤声

1984年初,胡乔木在中央党校发表了《关于人道主义和异化问题》的
演讲,并在中央党校理论刊物《理论月刊》第一期发表了同题文章,《红旗》
《人民日报》以及各级报纸很快进行了全文转载,中央人民广播电台进行了
全文广播,多种语言的单行本出版。按当时的说法,"这篇重要文章对我国
理论界近几年来围绕人道主义和异化问题的争论,对于争论中涉及的是否
坚持马克思主义基本原理和能否正确认识社会主义实践的有重大现实政治
意义的学术理论问题,作了马克思主义的科学回答"②。显然这是代表国家
意识形态的权威解释,是对人道主义和异化问题讨论的官方判词。文章最
后在谈到最关键的异化问题时其基本立场和观点在于:"宣传人道主义世
界观、历史观和社会主义异化论的思潮,不是一般的学术理论问题,而是关

① 1983年3月7日,周扬在纪念马克思逝世一百周年学术报告会上发表讲话《关于马克思主义理论的几
个理论问题的探讨》,重申了马克思主义的人道主义和异化问题,曾经赞赏汝信人道主义文章的胡乔木
这次竟授意他人针对讲话发表不同意见,并在私下和周扬的谈话中委婉地提出批评,认为"人道主义
最好加个限制词叫'社会主义',没有这个限制词,就可能混同于资产阶级人道主义","社会主义才是
真正的人道主义",而"我们宣传人道主义时,没有讲清这方面的道理。将人道主义宣传变成摘引马克
思主义的一些观点,来同人道主义联系,没有把马克思主义的整个观点,如阶级斗争、剩余价值、历
史唯物主义、社会主义等等,都联系起来"。参见卢之超:《80年代那场关于人道主义和异化问题的讨
论》,《当代中国史研究》,1999年第4期。
② 人民出版社编辑部:《关于人道主义和异化问题论文集》,人民出版社,1984年。

系到是否坚持马克思主义的基本原理和能否正确认识社会主义实践的有重大现实政治意义的学术理论问题。在这个问题上的带有根本性质的错误观点，不仅会引起思想理论的混乱，而且会产生消极的政治后果。"① 这也就意味着：人道主义话语和异化论已经成为批评、怀疑和否定社会主义的一种误导性话语，是不利于社会主义制度自信和社会主义改革的。原本仅限于理论讨论的学术问题何以变成关乎社会主义和共产主义前途的政治问题？文学、哲学与美学领域对异化问题讨论的实际情况和真实意图究竟何在？这里稍作梳理。

就理论本身的内涵而言，如果说人性论是正面的、肯定性的人道主义话语，那么，异化论则是反面的、否定性的人道主义话语。然而吊诡的是，"异化"在"文革"时期被视为批判苏联现代修正主义和批判人道主义的否定性概念，而在新时期初却被作为高扬人道主义的肯定性概念最早提出，并迅速成为新时期人道主义话语中最具影响力也最具"杀伤力"的核心概念，成为文学、哲学和美学研究的核心问题，代表了知识分子"为挣脱和替代主流意识形态而确立的最初的理论立场"②。原因何在呢？一方面是因为异化范畴在马克思主义哲学中居于核心地位，确证了异化的合理合法性，也就确证了马克思主义的人道主义乃至人道主义的合理合法性，并有力反击了此前教条式的、制度化的马克思主义；另一方面是因为异化论自身携带批判性。1978年，汝信在《青年黑格尔关于劳动和异化的思想》中就提出，"马克思谈论劳动的异化，目的在于批判作为资本主义制度的基础和人的自我异化的原因的私有制，在于说明只有消灭私有制的共产主义革命才能真正克服和扬弃这种异化"③。这成为新时期最早探索异化问题和马克思异化理论的文章，这也奠定了异化论作为批判理论的基调。随后，有关《手稿》、马克思

<hr />

① 胡乔木：《关于人道主义和异化问题》，《关于人道主义和异化问题论文集》，人民出版社，1984年，第57页。

② 祝东力：《精神之旅——新时期以来的美学与知识分子》，中国广播电视出版社，1998年，第63页。

③ 汝信：《青年黑格尔关于劳动和异化的思想——关于异化问题的探索之一》，《哲学研究》，1978年第8期。

异化思想、异化现象等问题的论文不断涌现^①，异化论的批判性不断扩大并增强，由批判资本主义而延伸至社会主义，由批判劳动异化延伸至思想异化、政治异化、经济异化等。其中，高尔泰和王若水无疑是当时哲学美学界批判最积极、影响也最大的研究者。

作为美学大讨论时期"主观派"代表的高尔泰，在1979年相继发表《异化辨义》《异化现象近观》和《异化及其历史考察》等自成系统的三篇文章，对异化的一般概念和理论、"文革"时期的异化现象和人类社会的异化历史以及马克思主义异化理论等进行了详尽深入的探讨，在当时思想界影响甚大。在他看来，异化首先是主体的、人的属性，而不是客体的、物的属性，这是作为一种经验形态的异化，是一种既成的主体心理结构；异化同时又作为一种社会形态，是一种既成的关系结构。尽管他对人的主体性和社会性之间的关系持辩证看法，但有意凸显主体性和人的本质，强调人的本质正在于个体和整体的统一中，反之，个体与整体的矛盾不但是个人的自我分裂，也是人的族类的自我分裂，这种分裂了的社会就是异化了的社会。正是从这个意义上，他在《异化现象近观》中批判"四人帮"以权力异化的形式实现了"由进步倒转为反动的过程"，"林彪、江青一伙打着社会主义旗号，实质上力图实行封建复辟，是这种权力异化最典型的例子"。需要注意的是，高尔泰没有明言社会主义社会是否存在异化或异化现象，而只是说"资本主义国家的异化现象是对资本主义的否定。社会主义国家的异化现象，则是对社会主义的否定。所以马克思的革命的、实践的批判，作为否定的否定，正是对社会主义各项原则的肯定"，意思是，异化现象的发生与社会制度无关，马克思主义的批判是对异化现象的消除、对社会主义的肯定，由此他援引马克思《手稿》中的话阐明"共产主义，作为异化的扬弃，也就成了

---

① 参见墨哲兰《巴黎手稿中的异化范畴》、张奎良《论异化概念在马克思主义形成中的历史地位》、韩学本《费尔巴哈的异化概念及其对青年马克思的影响》、刘梦溪《马克思的异化思想》、刘奔《权力崇拜及其根源——谈现实生活中的一个异化现象》、阮铭《人的异化到人的解放》、侯大为《异化及其产生、发展和克服》、魏中军《论马克思的异化理论同黑格尔、费尔巴哈异化理论的差别》等，参见人民出版社编辑部：《关于人道主义和异化问题论文集》，人民出版社，1984年。

一种真正的人道主义"。可见，作为曾经被打倒、流放的右派，高尔泰对"文革"时代政治异化（权力异化）导致的个人的分裂和社会的分裂有着切肤之痛，因而借"异化"学说来解释和批判"文革"时代的异化现象，这显然不是对社会主义或共产主义本身的否定或批判。如其所言，"异化问题，作为使个人陷入不幸的、积重难返的社会问题的提出，是人对历史的抗议，但是这种抗议的价值，在于它推动实践的认识和消除异化，而不在于重新评价过去"①。这无异于"夫子自道"：历经个人和社会不幸的高尔泰等知识分子之所以提出异化问题，要表达的只是"对历史抗议"，其根本目的在于推动认识和消除异化，显然这"抗议"和"消除"也只是纯学术范围的。

一如个体感伤的"伤痕文学"很快走向历史反思的"反思文学"，异化学说很快就从批判"文革"转向考察历史。在五万字长文《异化及其历史考察》中，高尔泰特别强调，异化研究的领域本质上是一门历史性的人学，他通过考察古今中外的人类历史得出结论：人类全部政治经济文化的发展无不是以异化为前提的，人类的发展史就是异化和异化扬弃的历史，就是人性的"异化"和"复归"的历史②，即人异化为非人，再克服异化复归于人，这实质上就是人的否定和否定之否定的历史辩证法。尽管这种历史辩证法不无合理的因素，但显然肯定了异化对于历史进步的价值，按其所言，"人只有通过这种族类的分裂，即他的自我异化和自我丧失，才能在历史之路的苦难历程中实现自己的进步"③。如果联系"文革"历史和无数人自我异化的苦难历程来看，这种历史辩证法显然有刻意抚平创伤、抚慰人心的意味，恰如有学者所揭示的，"异化学说宣布世间的一切矛盾和苦痛均起因于对人的本质

---

① 高尔泰：《异化现象近观》，人民出版社编辑部：《人是马克思主义的出发点——人性、人道主义问题论集》，人民出版社，1981年，第77页。

② 这种人性"异化"与"复归"的叙事模式最早出现于巴人《论人情》（1957）："本来所谓阶级性，那是人类本性的'自我异化'。而我们要使文艺服务于阶级斗争，正是要使人在阶级消灭后'自我归化'——即回复到人类本性，并且发展这人类本性而日趋丰富"。参见巴人：《论人情》，《新港》（天津），1957年第1期。

③ 人民出版社编辑部：《人是马克思主义的出发点——人性、人道主义问题论集》，人民出版社，1981年，第75页。

的严重偏离，从而使知识分子有理由对历史和现实表达他们的愤怒抗议；同时，异化学说又判定矛盾和苦痛为人类历史进步所须付出的必要代价，从而又使知识分子的愤怒得到宽慰，使他们的抗议保留在概念的领域，并不直接导向行动。这是一个抽象地批判和抽象地退想的时代"①。借用马克思的话来说，在"理论的人道主义"和"实践的人道主义"之间，高尔泰不得不选择了前者。尽管如此，高尔泰的"政治异化"或"权力异化"和"人—非人—人"的历史公式还是作为错误观点而遭到批判。

相较而言，时任《人民日报》副总编辑的王若水立场更加坚定，更加持久，也更加悲壮。1980年代，他相继写下《谈谈异化问题》《文艺与人的异化问题》《关于马克思的人的哲学》《个人崇拜和思想异化》《论人的本质和社会关系》《社会主义没有异化吗》等多篇文章，可谓"社会主义异化论"的首席代表。与高尔泰批评"文革"时代异化现象和其他人只谈论马克思异化论不同，他在《谈谈异化问题》(1980)中公开指出，社会主义有异化，"不仅有思想上的异化，而且有政治上的异化，甚至经济上的异化"，并结合"个人迷信""人民的公仆变成人民的老爷""只顾眼前效果不顾长远后果"等现实问题进行论述，指出"许多社会问题可以概括为异化"②。这就把异化的内涵从马克思的"劳动的异化"扩大到"异化是自然界和人类社会的一种普遍现象，而异化的形式是多种多样的"③，而且，把异化理论作为一种方法论，与社会主义实践相结合的论证方式，改变了单纯批判"文革"使人性异化的方向，而转向了对社会主义社会中实际存在的思想、政治、经济等异化问题的全面批评，也正是这种转向显现出从"理论的人道主义"变为"实践的人道主义"的风险，从而引起了高层的关注和更加深远的担忧。正是因为觉察到了人道主义思潮发展的必然逻辑和可能后果，预估到了"异化并

---

① 祝东力：《精神之旅——新时期以来的美学与知识分子》，中国广播电视出版社，1998年，第64页。
② 王若水：《谈谈异化问题》，中国社会科学院哲学研究所、《国内哲学动态》编辑部编《人性、人道主义问题讨论集》，人民出版社，1983年，第383—393页。
③ 周扬：《哲学社会科学工作者的战斗任务》，人民出版社，1963年，第34页。

不像水和火那样既可以为害又可为利，它对于社会主义也不是什么普通的缺点和不合理的现象，而是一种足以毁灭社会主义制度的'灾变'"①，所以必须遏制这种必然逻辑和理论方向，将其扭转到"社会主义的人道主义"上来，以确保新时期初思想、政治、经济、文化等各方面的稳定和改革开放的社会主义实践的顺利开展——这正是《关于人道主义和异化问题》必须批判和终结社会主义异化论和人道主义思潮的内在逻辑。

作为坚定的人道主义辩护人，王若水似乎没有觉察到事情已经起了变化，依旧在1983年1月模仿《共产党宣言》的形式写下《为人道主义辩护》一文，开篇就是"一个怪影在中国知识界徘徊——人道主义的怪影"。文章从"什么是人道主义""人道主义只能是资产阶级的意识形态吗""从费尔巴哈到马克思""从青年马克思到老年马克思""社会主义需要人道主义"等五个方面，逐一批驳了当时流行的反对马克思主义人道主义的各三种看法②，尽管他最后也不得不使用了胡乔木所主张的"社会主义的人道主义"这一概念，并阐明其"四个意义"，但显然这是与他所辩护的"马克思主义的人道主义"同义的，而不是与"资产阶级的人道主义"对立的。

最有意味的是，即使是在胡乔木《关于人道主义和异化问题》发表后集体对异化问题沉默的时候③，即使是"人是马克思主义的出发点"和"社会主义社会存在异化"被批评为"离开马克思主义的方向，诱发对社会主义的不信任情绪"，已被免职的王若水还是义无反顾地写下《我对人道主义问题的看法——答复和商榷》（1984年2—4月）。文章虽然有意回避了已成定论的异化问题，但依然坚决地为马克思主义的人道主义以及自己辩护，他提出：人道主义是一种人生观、世界观，"这个世界是有人的世界，不是无人的

---

① 胡乔木：《关于人道主义和异化问题》，《关于人道主义和异化问题论文集》，人民出版社，1984年，第57页。
② 王若水：《为人道主义辩护》，生活·读书·新知三联书店，1986年，第217—233页。
③ 直到1986年"异化"问题才重新被讨论。参见黎克明：《马克思主义哲学要研究异化理论》，《广州日报》，1986年12月18日；孙月才：《人道主义、异化问题与百家争鸣——重读胡乔木〈关于人道主义和异化问题〉》，《上海理论（内刊）》，1988年第3期；高尔泰：《论异化概念》，《新启蒙》，1989年第3辑；等等。

世界，人并不站在世界之外'观世界'，他就在世界之中，他在'观世界'的同时也在'观自己'，观察世界和人的关系"。同时，人道主义本质上是一种价值观念，它不同于对世界的结束，也比伦理道德的范围广泛，"人的价值是第一位的"，这是"人道主义最核心最宝贵的东西"①。这种人"在世界之中"的提法，显然是对海德格尔"在世界之中存在"和马克思"人就是人的世界"的合理阐发，是对存在论哲学的直觉把握，值得注意。在《为人道主义辩护》的结尾作者曾写道："一个怪影在中国大地徘徊……'你是谁''我是人'"②，这是对人、人的价值、人性、人道主义的呼唤，也是为曾经被异化的自我和社会招魂，可惜这样的个人辩护在庞大的国家意识形态面前被刻意"忽略"掉了，正如文集《为人道主义辩护》在1986年出版之后也被有意"忽略"一样。

在美学界，马克思的异化论与康德的主体性实现了有机融合，服务于"人性"的重新定义，这自然以李泽厚为代表。《批判哲学的批判》(1979) 的出版，意味着作为"客观社会派"的李泽厚有意识地从马克思回到康德，以康德补充马克思；在《美学的对象和范围》(1980) 中，他再次重审《美学三题议》(1962) 中的看法，强调"美的本质和人的本质不可分割，离开人很难谈什么美"③，并指出"马克思《经济学—哲学手稿》是从人的本质、从人类整个发展 (异化和人性复归) 中讲'人化的自然'，提到'美的规律'的"。究竟何谓"人性"？在《康德哲学与建立主体性论纲》(1981) 中，李泽厚从感性 (动物性) 与理性 (社会性) 即自然性与社会性的统一的角度提出了自己的"人性"观；而在《美的历程》(1981) 中，他借用"积淀"概念进一步阐明了人性之所以能实现这种"统一"的原因，"人性不应是先验主宰的神性，也不能是官能满足的兽性，它是感性中有理性，个体中有社会，知觉情感中有想象和理解，也可以说，它是积淀了理性的感性，积淀了想象、理解的感情和

---

① 王若水：《为人道主义辩护》，生活·读书·新知三联书店，1986年，第241—243页。
② 王若水：《为人道主义辩护》，生活·读书·新知三联书店，1986年，第233页。
③ 李泽厚：《美学》（第3期），上海文艺出版社，1980年，第17页。

知觉"①。更有意味的是，他从康德哲学中发掘出"主体性"的理论价值，表明人性就是主体性，就是"相对于整个对象世界，人类给自身建立了一套既是感性具体拥有现实物质基础（自然），又是超生物族类、具有普遍必然性质（社会）的主体力量结构"②。也就是说，人性既不是异化了的动物性（感性），也不是异化了的社会性（理性），而是感性（自然性）与理性（社会性）的统一，是主体力量结构，这也就是人的本质，亦即美的本质，"美的本质是人的本质最完满的呈现，美的哲学是人的哲学最高级的峰巅"③。由此，人性获得美学的重新定义，美学获得人性的本质确认。不难看出，李泽厚有意摆脱马克思主义阶级论、社会论、理性论的人性界定，而借助康德的主体性理论建立起"人性＝主体性＝社会性（群体，理性）＋自然性（个体，感性）"的主体人性结构，同时强调人类主体性和个体主体性、工具本体和心理本体，这种人性论对于个体人性、主体性、感性被阶级性、社会性、理性异化的"文革"时代无疑是一种有力的批判，成为人道主义话语中独特而醒目的一种声音，尤其是在人道主义和异化问题被迫噤声之后，主体性问题迅速取而代之，成为1980年代中后期最有影响的理论话题，刘再复的"文学主体性"理论是其中的代表。④与其说这是理论本身的自然更迭，不如说这是思想界循着人道主义路径主动为之的话语接力。

　　几乎与哲学美学界的理论研究同步，异化学说甫一提出便被视为人道主义的理论武器，直接应用于文学研究之中，用以揭示和阐明"伤痕文学""反思文学"的价值，即对"文革"时期个人和社会等异化现象的反思与批判。比如，俞建章在《论当代文学创作中的人道主义潮流——对三年文

---

① 李泽厚：《美的历程》，天津社会科学院出版社，2001年，第350页。

② 李泽厚：《康德哲学与建立主体性的哲学论纲》，《实用理性与乐感文化》，生活·读书·新知三联书店，2008年，第202页。

③ 李泽厚：《实用理性与乐感文化》，三联书店，2008年，第215页。

④ "80年代中期刘再复及其同道宣扬的'文学主体性'理论，就其基本内容、主要精神、理论指向、思维模式等而言，可以说是李泽厚哲学主体性和美学主体性思想在文学领域里的演绎和具体运用，只是多了一些文学家常常喜欢流露出来的文采和掩饰不住的情感色彩，个别地方甚至有些'艺术夸张'"。参见高建平等著：《当代中国文学批评观念史》，中国社会科学出版社，2019年，第187页。

学创作的回顾与思考》中针对《班主任》《铺花的歧路》等作品进行阐发，指出作家们在暴露和批判"文革"反人道的社会现实中都不约而同地关注到和揭示出"人性为非人性所否定"的社会现象，即"异化"，这使文艺创作对社会生活的反映深化了，使"人"的主题开始具有了理性色彩。文章还从异化角度对王蒙的《蝴蝶》《犯人李铜钟的故事》《陈焕生上城》《剪辑错了的故事》《虔诚》《肠梗阻》《报春花》《少校之死》《这里有黄金》《人到中年》《周华英求职》《邢老汉和狗的故事》等作品中人物心理和命运的分析，揭示出"人的异化，在人类社会当中，之所以是一种不合理的社会现象，是因为在异化中，人被异己的力量所支配。比如，在权力这种社会力量面前，人降至次要的地位，从而，人失去了最高价值体的意义。对于人的异化状态的否定，同时，也是对人是最高价值体的肯定。这种肯定排除了把人降低到血统、权力、工具之下的社会意识。"这种对异化的批判、对人作为最高价值体的肯定，是切中肯綮、掷地有声的。尤为难得的是，作者还辩证地指出一些作品在揭示人的异化现象中，也含有对人性美和理想人物的歌颂，比如《锁》《三生石》《雕花烟斗》《系心带》《姻缘》《墓场与鲜花》《抱玉岩》《芳草满天涯》《天云山传奇》《月食》《孕育在大地之中》《香水月季》《公开的情书》《爱，是不能忘记的》《永远是春天》《风筝飘带》等，证明"人的异化过程也是这种异化被自觉地认识、被积极地扬弃的过程，是人自觉地向合乎人性人的自身复归的过程"[1]。总之，这种以人为中心的"人道主义的文学潮流"，显示出对"人的价值""人性复归"等的充分肯定，对人性异化、权力异化等社会异化现象的批判，这些文学判断显然吸收了高尔泰、王若水等异化研究的成果，代表了当时文学界的普遍看法。

结语

毋庸讳言，"在80年代之前的很长岁月里，就学科体制而言，中国没有

---

① 俞建章：《论当代文学创作中的人道主义潮流——对三年文学创作的回顾与思考》，《文学评论》，1981年第1期。

西式的人文学科,只有中国社会科学,这些社会科学包括政治经济学、哲学、历史学、文学等等,所有哲学学科都是在经济基础/上层建筑及意识形态的模式中建立起来,并从不同方面批判了18世纪欧洲人道主义所标榜的抽象的人的概念和人性的概念,进而瓦解了Anthropology(人类学)的理论基础"①。而新时期初的人道主义思潮,则趁着拨乱反正、思想解放的历史"窗口期",迅速集结起文学、哲学与美学的人文话语和启蒙力量,一群带着历史创伤和未来希望的人文知识分子,凭借曾被批判的19世纪西方哲学和文艺思想资源②尤其是青年马克思的哲学思想,在阶级论和人性论、人道主义与马克思主义、社会主义人道主义和资本主义人道主义等此起彼伏、纵横交错的论争中,树立起人、人性、人的价值、人的异化与复归、把人当成人、人是马克思主义的出发点、人是人最高的本质、人就是人的世界等"以人为中心"的人道主义话语体系,抚慰人心,也振奋人心。

尽管人道主义思潮真正"存活"的时间前后只有短短7年(1977—1984),尽管文学界、哲学界、美学界也并未能就人性论和异化论问题达成完全一致,就不得不在政治话语的强力干预下"隐入烟尘",但可以肯定的是:"伤痕文学""反思文学"直面1950—1970时代造成人性异化的政治苦难和现实问题,审视伤痕,反思历史;美学接续1950—1960年代"美学大讨论"未竟的学术话题和哲学思想资源,对共同美、形象思维、人性异化和复归、主体性等问题进行阐发;哲学对马克思主义的人道主义、异化问题进行深入探讨和论争,为美学和文学提供哲学理据。或以丰富生动的艺术形象感染人,或以抽象深刻的理论思辨启迪人,或直接地介入现实,或间接地追问现实,频频掀起"文学热""手稿热""美学热",虽各有侧重,但都紧紧围绕"人性"主题,都有目的地使用马克思主义话语策略,都在人道主义话

---

① 汪晖:《中国的人文话语》,《死火重温》,人民文学出版社,2000年,第367页。
② "19世纪西方哲学与文艺在50—70年代中国所处的这种既内在又不可见的位置,构成了'新时期'人道主义思潮的前史。在70—80年代转型过程中,首先浮现出来的,正是这一'19世纪的幽灵'"。参见贺桂梅:《"新启蒙"知识档案:80年代中国文化研究》,北京大学出版社,2010年,第74页。

语体系中承担各自的功能,发挥各自的"人学"(人类学)作用,并相互影响、相互借鉴,共同奏响了新时期人道主义的多声部主题交响乐,既在一定程度上实现了对"五四"文化传统和启蒙精神的接力,又开启了新时期人文话语和人文精神的再创造,这样的三管齐下、同声相应的局面在此后没有再出现过,因而成为值得怀念的绝响。

第二节　"存在主义"在新时期中国：
以萨特、海德格尔为中心

　　"存在主义"不仅是一种哲学思潮,而且是一种意义更为广泛的文化思潮和社会思潮,特别是在一次大战后的德国、二次大战后的法国和整个西欧以及五六十年代的美国,这一思潮得到了广泛的传播并产生了巨大的影响,中国也不例外。毫无疑问,存在主义是对20世纪中国美学产生最重要影响的欧洲美学流派之一,20世纪中国美学对存在主义的接受,经历了"尼采—萨特—海德格尔"的顺序,其发展的核心问题也经历着"艺术与解脱"—"艺术与自由"—"艺术与存在"三个阶段。[①]如果说王国维、鲁迅、朱光潜等是通过尼采而接受存在主义思想的话,那么,新时期的中国美学家、文学家们则几乎都是萨特或海德格尔的"信徒"。

　　在西学东渐、追"新"逐"后"的新时期,存在主义何以能够在眼花缭乱的西学中脱颖而出,备受国人青睐呢?最主要的原因当然还是存在主义自身的理论力量和真理性价值。"存在主义的理论力量及其在现代思想史上所显示的经久不息的生命力,只能来自存在主义本身所包含的真理性,来自存在主义所包含的人道主义精神。萨特和海德格尔都在1946年各自就存在主义的人道主义性质进行论述,深刻地表达了存在主义对人的命运的关切,体现出存在主义经由人道主义同西方乃至全人类文化传统的内在联

---

① 刘悦笛:《存在主义东渐与中国生命论美学建构》,《山西大学学报（哲学社会科学版）》,2005年第4期。

系。存在主义作为一种人道主义,确立了它在人类思想史上应有的历史地位。"①一方面,存在主义作为"现代西方人本主义思潮的典型代表"②,为新时期的中国送来了"人道主义精神"的援助与激励;另一方面,新时期思想解放、人性觉醒为存在主义在中国的广泛传播与接受准备了适宜的社会土壤和时代气候,二者一拍即合,使人的存在价值、自我选择的意义凸显出来,为占主导地位的马克思主义提供了有益的补充。与马克思主义哲学把人性作为研究对象并归结为阶级性不同,"存在主义是一种特殊的人生哲学,但它的特殊性并不在于它是几个别具风格的存在主义哲学家们异想天开创造出来的怪物,而是在他们用一种特殊的哲学抽象方法提炼了发生于人类生活中的一些现象,然后加以系统化和体系化"③。萨特和海德格尔正是这样的以人的存在作为逻辑起点和归宿的存在主义哲学家,以他们为中心,可以窥见存在主义哲学在新时期中国的命运,及其对新时期中国美学的深刻影响。

一 萨特的中国形象:存在主义的人道主义者与马克思主义者

众所周知,深受海德格尔和胡塞尔影响的萨特,作为存在主义哲学的主要代表人物,无论在法国,还是在中国,一直备受争议,命运浮浮沉沉。在新中国成立前,肩负着救亡和启蒙重任的国内文学界人士在译介萨特及其存在主义思想时,采取了为我所用的态度,将他视为自己的同路人;而在世界两大阵营形成之初,有人开始从阶级论立场出发,对他进行了猛烈的批判。④尽管1955年萨特与西蒙娜·波伏娃曾访问中国,但其"反动倾向的作家"身份并未改变。直到新时期,萨特才作为存在主义的人道主义者和马克思主义者而重获新生。

---

① 高宣扬:《1993年版序》,《存在主义》,上海交通大学出版社,2021年。
② 徐崇温主编:《存在主义哲学》,中国社会科学出版社,1986年,第3页。
③ 高宣扬:《存在主义》,上海交通大学出版社,2021年,第51页。
④ 刘大涛:《建国前萨特在中国的译介述评》,《遵义师范学院学报》,2010年第3期。

正是在柳鸣九等学者的开拓性研究和大力推介下①，萨特作为有进步思想的、倡导人道主义的存在主义作家、哲学家真正"进入中国"，正式进入新时期人道主义话语叙事之中，其"存在先于本质""自由选择""倾向性文学""他人即地狱"等存在论命题开始得到广泛传播，其持续影响的结果就是在1980年代形成风靡一时的"萨特热"。需要注意的是，萨特在新时期之初主要是作为文学家和存在主义哲学家而非马克思主义者而被接受的，一方面是因为新中国成立前主要译介的是萨特的《墙》《苍蝇》《义妓》等文学、戏剧作品，和对其存在主义文学或哲学的概说②，其后期与马克思历史唯物主义对话的《辩证理性批判》第一卷全译本直到1998年才译介出版；③另一方面是因为柳鸣九推介的萨特前期人学著作《存在主义是一种人道主义》，恰好合乎新时期初中国人性解放、思想启蒙的内在需要。1980年4月15日，萨特逝世，《存在主义是一种人道主义》中译本由周煦良教授译出，发表于同年第5期《外国文艺》，以示纪念。萨特不会想到，自己在1946年写的这本"针对几种对存在主义的责难为它进行辩护"的小册子，会在许多年后的异国他乡产生巨大回响。

《存在主义是一种人道主义》既是自我辩护，更是自我阐扬，萨特在《存在与虚无》（1943）中所论述的存在主义观点在其中得到更简明清晰的表达。其一，存在先于本质。作为无神论者的萨特，主张上帝并不存在，先于本质存在的惟有人，人为自我定义，这就是存在主义的第一原则。这不是责难者所言的"主观性"，而是强调人首先是人的存在。其二，自由选择和自由担责。如果存在先于本质，那么人是自由的，人就是自由，用《存在与虚无》中的话来说就是，"我命定是自由的，这意味着，除了自由本身以外，人们不可能在我的自由中找到别的限制，或者可以说，我们没有停止我们自由

---

① 参见柳鸣九：《现当代资产阶级文学评价的几个问题》，《外国文学研究》，1979年第1期；《萨特研究》，中国社会科学出版社，1981年；柳鸣九、钱林森：《萨特在中国的精神之旅》，《文艺研究》，2005年第11期。

② 参见刘大涛：《建国前萨特在中国的译介述评》，《遵义师范学院学报》，2010年第3期。

③ 《辩证理性批判》第一卷第一部分"方法问题"最先由徐懋庸译出，于1963年由商务印书馆出版。

的自由"①。自由是选择的自由，决定的自由，行动的自由，我们自己决定我们存在的自由。但这并不意味着为所欲为或无所作为，因为我首先应当承担责任，然后按照我的承担责任行事，不仅对自己的个性负责，而且对所有的人负责，不仅追求自己的自由，而且同时追求别人的自由。自由承担责任的绝对性质，是存在主义的核心思想。其三，存在主义的人道主义。萨特反对的是孔德那种以人类为崇拜对象的人道主义，主张的是"人始终处在自身之外，人靠把自己投出去并消失在自身之外而使人存在；另一方面，人是靠追求超越的目的才得以存在"②，这种构成人的超越性和主观性的关系就是萨特所主张的"存在主义的人道主义"。

由此可见：萨特的存在主义哲学并非责难者所指责的悲观的、绝望的、主观的、孤立的哲学，而是乐观的、行动的、自由的、超越自我的哲学，准确地说，是"一种行动的和自我承担责任的伦理学"，从这个意义上来说，"萨特的哲学是极其严肃的哲学，他的人生观是认真负责的人生观"③。这种伦理学和人生观与主张入世的、知行合一的、修齐治平的中国儒家伦理学和人生观相近似，因而对中国知识界和大众来说，亲切感和认同感不言而喻。同时，萨特的存在主义的人道主义是个体为自己决定同时为自己立法、解放自我同时解放他人的人道主义，这种人道主义显然与以人为目的的康德主义人道主义，和坚持历史辩证唯物主义的马克思主义的人道主义有所不同，也因此而遭到质疑和批判。比如，高尔泰以马克思主义的异化论为标准，对萨特等存在主义的异化论进行了选择性的、以偏概全的剪裁和批评④，否认了存在主义的合理性，尤其否定了萨特存在主义人道主义的主体性、行动性和乐观性。

当然，也另有一部分中国学者不满足于仅仅把萨特当作存在主义的人道主义者，而有意把萨特和梅洛庞蒂、列斐伏尔等都当作存在主义的马克思

---

① [法]萨特：《存在与虚无》，陈宣良等译，杜小真校，生活·读书·新知三联书店，1987年，第535页。
② [法]萨特：《存在主义是一种人道主义》，周煦良、汤永宽译，上海译文出版社，2012年，第35页。
③ 张世英：《天人之际——中西哲学的困惑与选择》，人民出版社，1995年，第347页。
④ 高尔泰：《异化及其历史考察》，人民出版社编辑部：《人是马克思主义的出发点——人性、人道主义问题论集》，人民出版社，1981年，第163、168页。

主义者，把存在主义马克思主义视为西方马克思主义的重要组成部分，以此来补充马克思主义，毕竟"在马克思主义内夺回人"是萨特全新的存在主义马克思主义的战斗口号。①如果说柳鸣九、罗大冈、施康强、冯汉津等学者是萨特及其存在主义文学的最早引介者的话，那么，徐崇温、李青宜、陈学明以及黄颂杰、杜小真、高湘泽等学者则是萨特存在主义马克思主义的最早引介者和研究者。在《"西方马克思主义"》(1982) 和《"西方马克思主义"论丛》(1989) 中，徐崇温综合梅洛庞蒂和佩里安德森来界定西方马克思主义概念，对萨特、列斐伏尔、梅洛庞蒂等存在主义马克思主义的代表人物做了"了解之同情"的介绍和批判；在《萨特其人及其"人学"》(1986) 中，黄颂杰、吴晓明等概述了萨特的生活、思想历程及其哲学体系的基本内容，尤其从"人学"的角度对萨特的哲学本体论、"自由哲学""人性辩证法""历史人学"等做了较为全面深入的分析，最后得出结论，"萨特的学说突出了存在哲学所固有的矛盾，这类矛盾在存在主义的哲学基地上是无法克服的；萨特自己曾经说过的一句名言应验了：马克思主义是当代唯一不可超越的哲学，任何超越它的企图，不是重复马克思早已说过的东西，就是回到马克思以前的陈旧观点上去。不能不承认，这恰好就是萨特哲学的理论宿命"②。在《一个绝望者的希望：萨特引论》(1988) 中，杜小真着重对萨特"现象学本体论"的《存在与虚无》和"存在主义马克思主义"的《辩证理性批判》做了专章研究和比较，进一步凸显了萨特作为存在主义马克思主义者的形象。③高湘泽也专门对萨特的《辩证理性批判》中的辩证法理论做了深入的解析。④这些研究尽管还十分有限，而且依然延续着正统马克思主义的批判立场，但还是适度还原了萨特后期作为马克思主义者的一面，肯定了他在结

---

① 转引自［美］马克·波斯特：《战后法国的存在主义马克思主义》，张金鹏、陈硕译，南京大学出版社，2015年，第268页。

② 参见黄颂杰、吴晓明等：《萨特其人及其"人学"》，复旦大学出版社，1986年，第365页。

③ 杜小真：《一个绝望者的希望：萨特引论》，上海人民出版社，1988年。

④ 高湘泽：《萨特〈辩证理性批判〉中的辩证法理论》，《湘潭大学学报：社会科学版》，1985年第3期；《〈辩证理性批判〉中的自由与必然观评述》，《中州学刊》，1987年第1期；又，《萨特"批判的辩证法"对否定之否定规律的理解和运用》，《中州学刊》，1988年第1期。

合存在主义与马克思主义、以存在主义补充马克思主义的努力和贡献，一定程度上丰富和完善了萨特的双重面相，并经由萨特而使存在主义马克思主义在中国有了广泛传播和影响，也为"萨特热"在中国的最后辉煌增添了新的燃料。

1984年异化问题被迫噤声之后，主体性问题取而代之，"萨特热"没有因为人道主义思潮的退潮而变冷，反而随李泽厚、刘再复的"主体性"理论的兴起而声名日显，原因在于，他们之所以提出主体性，目的也是为了凸显和强调个体意识、个体选择和个体创造，"尊重人的主体价值，发挥人的主体力量"，"恢复人的主体地位"[1]，换句话说，萨特存在主义被视为一种主体性理论而再次升温，尽管从本质上来说它更接近于主体性伦理学[2]，而非主体性哲学或主体性文艺学。

与学术界的合理误读与选择接受相类似，大众尤其是青年对萨特存在主义的接受既是狂热的又是片面的。相较于1987年译介出版的晦涩难懂、令人望而生畏的《存在与虚无》，《存在主义是一种人道主义》显然更通俗易懂、平易近人，迎合了普通大众对西方人道主义和自我自由选择的双重期待，因而在学术界之外受到普通读者尤其是青年学生的热烈欢迎。这种狂热与其说是对萨特或存在主义哲学本身的理解和信奉，不如说是对自由的渴望和对人道主义精神的认同，由此在中国与法国之间形成了一次跨越时空的历史呼应。"1980年代初，当中国大陆青年刚刚从对偶像崇拜的束缚中解脱出来，他们对于存在主义的追求，就如同第二次世界大战后受尽法西斯主义专制和社会危机的精神桎梏的法国人渴求自由一样。虽然中法两国文化传统和历史背景都不一样，但当时对于存在主义的共同的狂热，却讽刺性地道出了历史重复性的内在的同一原因，也看出了存在主义中的人道主义精神的普遍价值。"[3]和战后法国身穿奇装异服、自称"存在主义者"的男男女女相

---

① 刘再复：《论文学的主体性》，《文学评论》，1985年第6期。

② 参见万俊人：《萨特伦理思想研究》，北京大学出版社，1988年。

③ 高宣扬：《存在主义（1993年版序）》，上海交通大学出版社，2021年，第8页。

似，当时中国的"萨特迷"也不过是把萨特和存在主义当作一种时髦，未必对萨特或存在主义思想有着多么深入的了解和理解。他们只是凭着一腔热血和一知半解，觉得萨特传来的那些信息，诸如"自我选择""自己决定自己的命运"等，是最可取的好东西，满足了他们对自由和主体性的无限向往。

当然，"自由选择"论也是一把双刃剑，一部分青年人在反思苦难和摆脱迷茫之后，认清了人的价值和人生的意义，按照"自我设计——自我奋斗——实现自我价值"的三部曲来选择和规划自己的人生，重铸自我，也重铸他人；而另一些青年人则有意或无意地将原本统一的"自由选择"和"承担责任"割裂开来，片面夸大自由选择的主体性，而忽视承担责任的主体性，因此，萨特的存在主义被一些学者尤其是思想政治教育工作者当作毒害青年的"罪魁祸首"，认为它对于"青年一代具有极大的蛊惑性、煽动性和欺骗性"，是"正在进行人生选择的青年的精神鸦片"，甚至视为资产阶级自由化的"精神支柱"，导致个人主义的人生观和价值观，造成"极端利己主义和道德沦丧"[①]。

尽管这些批评难免偏颇，也不乏夸张，但至少表明：存在主义的中国化和一切外来思想的本土化一样，都不得不接受本土意识形态、社会环境、文化背景和文化传统的选择、改造、移植和渗透。新时期中国对萨特存在主义的创造性接受，事实上也体现出中国作为接受者的主体性和选择性，即我们有意忽视了后期萨特《辩证理性批判》有意调和马克思主义和存在主义的努力，而主动选择了前期萨特所代表的存在主义的人道主义和存在主义的马克思主义，以服务于人道主义和马克思主义的新时期话语建构。作为文化思潮和社会思潮，存在主义借萨特的"介入文学"和"自由哲学"为个体尤其是青年提供了思想理据和行动指南，在个人与社会、个人主义与集体主义的二元对立关系中，"自我选择"的价值和追求个体自由的意义被强化和

---

① 参见蒋贵珍：《存在主义对我国青年的影响》，《中国共青团》，1988年第3期；方天培：《评存在主义思潮对我国教育的危害》，《杭州师范学院学报》，1990年第2期；王笃志：《谈谈存在主义对青年人生价值观的误导》，《湘潭大学学报（社会科学版）》，1991年第1期；王双库：《存在主义的"自由选择"及其对大学生的影响》，《渤海学刊》，1993年第1期；等等。

凸显,曾经被压抑的人性和主体性获得一定程度的解放和激活,不仅满足了"潘晓"式青年人自我选择自己的人生、自我决定自己命运的主体性诉求,也孕生了1980年代理想主义和浪漫主义的时代精神,尽管还会时不时地遭到马克思主义的质疑和批判,但"存在主义"的种子已经在新时期的中国扎下根来,并在新青年的心中潜滋暗长。

二 海德格尔的中国形象:"诗人哲学家"与"现代性批判者"

1980年代既是"思想解放"的时代,也是"新启蒙"的时代,如果说思想解放的目的是要"在对'文革'批判的基础上建立以'四个现代化'为中心的政治、经济以及文化思想上的新秩序",那么,新启蒙则是"想凭借援西入中,也就是要凭借从'西方''拿过来'的西学话语来重新解释人,开辟一个新的论说人的语言空间,建立一套关于人的新的知识"①。正是在新启蒙的意义上,存在主义作为"关于人的新的知识"的西学话语而被"拿过来"重新解释人,当然这也暗含着建立文化新秩序、文化现代化的思想解放目的。严格说来,1980年代有前期和中后期之分,如果说人道主义和主体论构建起80年代前期最有影响的关于人的语言空间和新的知识的话,那么,1985年出版畅销的卡西尔《人论》则将此前人道主义和主体性中有关"人"的讨论转移到"文化"上来,持续五年(1985—1989)的"文化讨论"或"文化热"由此兴起,作为哲学美学理论思潮的"文化哲学"(又称"诗化哲学")也成为80年代中后期人学话语的显著代表,被视为80年代三大"知识圈"或三种"思想出路"之一。②1986年刘小枫《诗化哲学——德国浪漫美学传统》和1987年周国平主编的《诗人哲学家》的出版,构筑起以德国哲学

---

① 查建英:《八十年代访谈》,"李陀访谈录",生活·读书·新知三联书店,2006年,第274页。

② 1980年代存在着三个"知识圈"或三种"思想出路":以金观涛、刘青为核心的"走向未来丛书派",以汤一介、乐黛云、李泽厚、庞朴等为核心的"中国文化书院派",和以甘阳、刘小枫、周国平为代表的"文化:中国与世界编委会"(也称"文化丛书派")。前两者偏重介绍西方科学主义思想或中国传统的现代转化,后者主要从事西方现代哲学的翻译与研究,并具体落实为"现代西方学术文库"和"新知文库"两套大型丛书。参见陈来:《思想出路的三动向》,甘阳主编《八十年代文化意识》,上海人民出版社,2006年,第565—571页。

家为主体的"诗化哲学"的知识谱系；1987年，由熊伟指导学生陈嘉映、王庆节翻译的《存在与时间》中译本由商务印书馆出版，可谓海德格尔与中国真正相遇的标志性事件。尽管新时期之前国内已有零星的一些介绍和研究[①]，在新时期之初也有过午、俞宣孟、何焕枝、罗克汀、郭立田、靳希平等少数中国学者发表有关海德格尔存在主义体系、现象学本体论等的述评文章[②]，但大量的译介和持续深入的研究显然是在这一事件之后。总之，海德格尔首先作为具有人本主义倾向的存在主义"诗人哲学家"被正式纳入"文化哲学"的美学传统之中，开始了在中国的理论旅行。

在"文化哲学"的倡导者看来，"文化热"实质上就是文化反思，是1970年代末以来对"文革"进行反思的继续和深入，是对长期占统治地位的正统意识形态的一种"反叛"。[③]当然，经过1983、1984年的"清除精神污染"和"反对资产阶级自由化"运动之后，这种反叛显然汲取了经验教训，不再表现为此前较为激进的"政治异化""社会主义异化"等批判，而是表现为超越社会政治性的"非政治化"，追求"文化的现代化"，"立足于中国现代化的现实需要，对各种文化问题从哲学高度进行探索，为我们民族的振兴贡献我们的思考"。[④]这种"非政治化"的转变同样发生在文学创作和文学理

---

① 熊伟是中国海德格尔研究的奠基者，1942年发表的哲学论文《说，可说；不可说，不说》是汉语文化圈第一篇谈论海德格尔的文章；1961年，中国科学院哲学研究所译介的《现代外国资产阶级哲学资料》第一辑收入第一篇海德格尔著作中译《什么是形而上学》（译者梁志学）；1962年，第2、3合辑收入海德格尔《关于人道主义的书信》的中译（译者熊伟）以及关于海德格尔的研究文章；1963年，内部发行的《存在主义文选》收入海德格尔《存在与时间》第一个中文节译本（译者熊伟）；1966年，《哲学译丛》专号《现代资产阶级哲学有关人道主义、人性论等问题的言论》收录《海德格尔关于人性、人道主义的言论摘译》（编译者王玖兴）；等等。

② 参见过午：《海德格尔的〈在与时间〉》，《国内哲学动态》，1982年第5期；俞宣孟：《海德格尔的基本本体论述评》，《复旦学报（社会科学版）》，1982年第5期；何焕枝：《海德格尔死亡观述评》，《华东师范大学学报（社会科学版）》，1985年第2期；罗克汀：《从胡塞尔到海德格尔现象学本体论的演变——现代西方哲学流派的产生、发展和演变规律研究之三》，《文史哲》，1985年第4期；郭立田：《海德格尔存在主义体系剖析》，《求是学刊》，1985年第6期；靳希平：《海德格尔对胡塞尔现象学还原方法的批判》，《北京大学学报（哲学社会科学版）》，1986年第1期；等等。

③ 甘阳主编：《八十年代文化意识》，"初版前言"。该书上编名为"反叛"，下编名为"彷徨"。

④ 包遵信：《文学哲学的兴起——我们的宣言》，见刘小枫：《诗化哲学——德国浪漫美学传统》序言，山东文艺出版社，1986年。

论领域,呈现为以"纯文学""审美性"为追求的"向内转"倾向,相应地,一种有关纯粹"文学性"或"审美"的知识谱系在文学批评和理论领域开始建构出来。①可以说,1985年之后,新时期中国进入到"审美革命"的新阶段,由此我们就不难理解甘阳为何选择"德国浪漫美学",因为"德国浪漫美学是在德国浪漫哲学的土壤中生长起来的,人生问题、价值问题在德国浪漫哲学那里,最终以审美的中介来求得终极的解决"②。以审美为中介来解决当时整个社会共同关注和思考的人生问题、价值问题,不失为一条摆脱政治羁绊、超越现实问题、通往诗意未来的安全道路。

正是在这种背景下,海德格尔作为"诗人哲学家"被纳入"德国浪漫美学"的整体叙事结构之中,其他身份则被"悬置"起来。《诗化哲学》作者刘小枫从"诗的本体论"和"本体论的诗"两个方面,梳理出德国浪漫美学的传统,即从费希特、谢林以及浪漫派哲学,经由叔本华、尼采到生命哲学和海德格尔、马尔库塞。其中,海德格尔尤为重要,因为他"把浪漫美学的传统精神推向了一个高峰,浪漫美学的诸多问题在他那里都得到更深入的探究。人生的诗化、普遍分裂的同一,有限时间的超越,都被放在新的角度上予以解决。在他以后,至今未有人能越过他走到的步界"③。同时,在刘小枫看来,德国浪漫美学是批判西方唯理主义的生命哲学,"浪漫美学的现代发展,都与摧毁西方唯理主义形而上学有关。浪漫美学坚持要把抽象的体系哲学、认知主体的形而上学、准科学的哲学改造为关涉生命、生存、历史、命运、超越的富有活的生命的哲学。本体论的诗不但是对经院式的美学的批判,也是对经院式的哲学的批判"④。正是在这个意义上,他认为海德格尔提出基本本体论(即"基础存在论")的意义就在于进行了一场本体论上的革命性转变,即海德格尔以生存的本体论取代了传统形而上学的本体论,以存在论取

---

① 贺桂梅:《"纯文学"的知识谱系与意识形态——"文学性"问题在80年代的发生》,见洪子诚等著,程光炜编:《重返八十年代》,北京大学出版社,2009年,第126页。
② 刘小枫:《诗化哲学——德国浪漫美学传统》,山东文艺出版社,1986年,第272页。
③ 刘小枫:《诗化哲学——德国浪漫美学传统》,山东文艺出版社,1986年,第246页。
④ 刘小枫:《诗化哲学——德国浪漫美学传统》,山东文艺出版社,1986年,第272页。

代了认识论: 本体不再是一个外在于人的实在, 外在于人的超绝的无限, 而是感性个体本身(即"亲在"/"此在"); 存在本身要通过感性个体的生存方式来显明, 在世的感性个体为自己的存在操心、思虑、奔忙, 对自己的存在有所领悟、有所作为, 就是世界的亮敞, 就是存在的澄明, 如其所言, "人的生活世界, 不存在认识的对象, 只有领会自己、领会世界的问题。领会自身, 也就是领会世界, 这种领会非认识、非计算、非推演, 而是敢于担当命运, 勇于决断, 创造历史。达到这种领会, 也就是世界亮敞了, 就是恬然澄明了"①。

　　需要说明的是, "恬然澄明"原是指禅宗关于自身对佛法的顿然领悟时的感受, 熊伟在北京大学讲授存在主义时曾以此来讲海德格尔的"亲在之敞亮"; 王庆节师承此说, 以《走向澄明之境》为题来言说"诗人哲学家"海德格尔, "真正的诗人应当是哲学家诗人, 而真正的思想家则应当是诗人哲学家"②。刘小枫这里借中国传统哲学话语来阐释海德格尔存在论诗化哲学, 流露出一种特殊意味, 即海德格尔存在哲学与中国传统哲学之间存在着密切关联。众所周知, 海德格尔一直对老庄哲学情有独钟, 早在1930年之前就已认真阅读过《庄子》《老子》, 与之产生了思想上的共鸣和交流, 并曾在1946年与中国学者萧师毅一起共同翻译《老子》, 尽管这次合作并没有最终完成, 但在其《出于思想的经历》《关于人道主义的信》《在通向语言的道路上》等作品中, 不难看到他对道家思想和语言多有吸收和转化。诚如张世英所言:"海德格尔的哲学不合乎以黑格尔为代表的德国传统思想, 是德国传统思想的'异端'; 道家的哲学在以伦常之理占主导地位的中国哲学史上独树一帜, 是中国哲学史上有待进一步阐发的光辉篇章。海德格尔与道家都是旧传统的反对派。"③张祥龙在《海德格尔思想与中国天道》(1996)中更进一步指出, "在海德格尔思想和中国天道观之间有着、或不如说是可以引发这种意义上的对话态势, 而它在其他的西方哲学学说与中国天道思

---

① 刘小枫:《诗化哲学——德国浪漫美学传统》, 山东文艺出版社, 1986年, 第227—228页。
② 周国平主编:《诗人哲学家》, 上海人民出版社, 1987年, 第361页。
③ 张世英:《海德格尔与道家》,《天人之际——中西哲学的困惑与选择》, 第389—390页。

想之间是难以出现的","西方哲学在海德格尔这里发生了某种在中国思想看来是点石成金般的转化,使得中国人可以在这'一点'澄明的发生态中'心有灵犀'地通达西方思想"①。换句话说,海德格尔与中国道家之间有着诸多相似之处,而中国本来就具有接受海德格尔的文化土壤,经由海德格尔,中国传统哲学与西方现代哲学之间形成了颇有意味的跨时空、跨文明的沟通与对话,无论是中国学者以"澄明"释解海德格尔的存在,还是海德格尔借中国的"道"(Tao)作为最本源的一条思想"道路"(Weg),都表明二者在本体论层次上有着相通之处,无怪乎有学者指出,"中国的海德格尔研究从起步之初就与捍卫和复兴中国传统思想(尤其是道教和汉传佛教)的强烈倾向结合在一起"②。

有必要指出的是,"文化丛书派"的独特性不在于以"文化的现代性"作为"中国的现代性"的根基和基础,而在于以"反传统"来继承传统,以现代性批判来拒绝全盘西化。一方面,他们反对"寻根派",反对"回归传统派",认为继承发扬"传统"的最强劲手段恰恰就是"反传统",因此主张中国文化必须要大踏步地从传统形态走向现代形态,由此才可能解决中国传统文化与正在形成中的中国现代文化之间的"文化的冲突"。可见,他们依然延续着"五四"以来的中国与西方、传统与现代的二元对立结构模式中,并以后者作为先进文化来实现对前者的落后文化进行现代性改造。这种近于哈贝马斯批判性解释理论的"反传统"倾向,显然与主张以当代西方科学文化和人文文化改造中国文化的"走向未来丛书派"相近,而与弘扬中国优秀传统文化的"中国文化书院派"有别。另一方面,他们又并非直接引入西

---

① 张祥龙:《海德格尔思想与中国天道——终极视域的开启与交融》"引言",生活·读书·新知三联书店,1996年,第2页。或张祥龙:《海德格尔传》第18—19章,河南人民出版社,1998年。

② 靳希平、李强:《海德格尔研究在中国》,《世界哲学》,2009年第4期。根据1996—2005年期刊文献数据可知,将道家思想与海德格尔进行对比研究的工作一直不断地进行着,并且从总体上看,研究文献的数量在小幅波动中呈上升趋势,其总数远远高于将海德格尔思想与中国其他思想进行对比研究的文献数量,约占全部文献数量的70%。而将海德格尔思想与佛教思想进行系统对比研究的工作也若即若离地进行,但从期刊文献数量看,似乎总是处于犹豫之中。参见刘益:《从十年期刊文献数据看海德格尔对中国学术界的影响》,《西华师范大学学报(哲学社会科学版)》,2008年第4期。

方现代性的东西，反而引入了批判西方工业文明的"反现代性"的东西——德国浪漫美学；同时，他们又对法兰克福学派的批判理论不太注重或不大喜欢，而唯独对海德格尔情有独钟，这是因为：一方面，海德格尔作为与中国文化亲近的德国浪漫美学的诗人哲学家，契合了文化丛书派对于"文化讨论"既讨论中国文化又讨论现当代西方文化的预设，并且满足了他们既批判中国传统文化又批判现代社会的"两面作战"的态度[①]；另一方面，海德格尔满足了他们从"诗意时代"转向"技术时代"的现代性想象。正如甘阳所回忆的，新时期之前出版的《古典文艺理论译丛》，使他们向往追求普希金、雪莱、拜伦所建造的"一个非常诗意化的世界"，"然而你一进入海德格尔，他是整个批判科技文明的，所以我们用得最多的一个词是'技术时代'，这是海德格尔最中心的一个概念。也就是说他是用'技术时代'来陈述整个现代性；这是一个技术化的时代，人的灵性是没有存在的余地的"[②]。

　　当然，他们又自觉意识到，对于刚刚开始由传统进入现代、努力建设"四个现代化"的新时期中国来说，完全否定传统或完全借用海德格尔等"反现代化"的东西显然还为时过早，因此，他们在阐明德国浪漫美学的传统愿望就是诗与哲学的合一的同时，也特别强调中国哲学在很大程度上就是诗与哲学合一的诗化哲学，这不仅指孔孟、庄禅、陆王的诗意哲学，也是指屈原、陶渊明、王维、寒山、苏轼等中国诗文中的哲学诗意，换言之，中西哲学之间存在着"诗化"的共通性，诗化哲学可以是也应该是一座通达中西、连通古今的桥梁。而且，他们也不得不特别强调要"审慎对待"浪漫美学所反对的科学技术，要将原本面向外在社会的现代性批判，转变为朝向内在心灵的自我完善，回到以内在统摄外在、以人道合乎天道的中国心学传统的路数上来，把"澄清内心生活"作为"解决人与自己的创造物普遍离析和异化的根本途径"[③]，这显然是异化学说被迫终止之后的一种不得已而为之的美学策

---

① 参见甘阳主编：《八十年代文化意识》"初版前言"，上海人民出版社，2006年，第5页。
② 查建英：《八十年代访谈》，"李陀访谈录"，生活·读书·新知三联书店，2006年，第201页。
③ 刘小枫：《诗化哲学——德国浪漫美学传统》，山东文艺出版社，1986年，第274页。

略，正如作者虽然部分地证明了诗可以成为人的生存方式、人生态度，中西的诗人哲学家们也提供了诗化人生的可能，但他们所考虑的"整个生活世界的诗化"，仍如海德格尔"人诗意地栖居"一般，是遥不可及的乌托邦。从消极意义上来说，他们"在不知不觉之中深陷、沉溺于人生意义的诗性体验和追思，逐渐背离了人道主义、主体性讨论所开启的启蒙航向。审美现代性取代启蒙现代性而成为一种时代哲学。在这一时期，国内几乎所有海德格尔的介绍者、宣扬者、拿海德格尔浇自己块垒者都没有区分启蒙现代性与审美现代性之间的差异，而是将主体性原则的个体指向进一步落实到海德格尔关于存在的诗性分析之中。阐释者在不知不觉中以转向为深化——越来越远离社会世界的权利论诉求，而指向精神的内在超越性；远离人际之间的'边际约束'，而指向个体内心的依持与安顿"①。美学不再是以意识形态、阶级理论为主导的"社会美学"，而变为以人生意义、现实生存为追求的"个体美学"，这种转向对于中国当代美学来说意义重大。

一个时代有一个时代的哲学家。"诗人哲学家"显然只是海德格尔在中国"文化热"中的特殊面相，正如萨特因为其人道主义者和马克思主义者的特殊面相、因为追求个体自由和自我选择的特殊观点，而跃升为1980年代现象学、存在论哲学的形象代言人，而批判萨特存在主义和人道主义的海德格尔自然居于从属地位。而经过1980年代的酝酿和预热，尤其是《存在与时间》的出版，海德格尔的思想效应和巨大影响力在1990年代之后逐步显示出来，最终一发而不可收，形成了比"萨特热"更为持久的"海德格尔热"②。相较于"萨特热"对于普通大众尤其是广大社会青年思想启蒙的号召力和影响力，"海德格尔热"显然表现出从广度向深度、从思想向学术的

---

① 吴兴明：《海德格尔将我们引向何方——海德格尔"热"与国内美学后现代转向的思想进路》，《文艺研究》，2010年第5期。

② 据不完全统计，自1990年至2007年，国内翻译出版的海德格尔著作有24本，国外海德格尔研究著作有23本，中国学者的海德格尔研究著作37本；从1984至2007年，中国44所大学有46篇关于海德格尔的硕士论文；从1992年至2007年，有40篇关于海德格尔的博士论文。参见靳希平、李强：《海德格尔研究在中国》，《世界哲学》，2009年第4期。

转变, 这显然与新时期中国从1980年代到1990年代的社会转型和学术转型密切相关。社会转型是指伴随着文化热的消退和市场经济的兴起, 整个社会逐步从历史的创伤反思和政治批判中走出来, 走向"钱途"广阔、效率为先的经济发展大天地, 人文知识分子不再像1980年代那样能影响社会的发展方向与具体进程, 而成为躲进书斋、远离社会的边缘人; 学术转型是指"建设型"的政治学、社会学、经济学等社会科学迅速崛起, "批判型"的文人气浓厚、表达比较空疏的人文学者受到压抑。[1]回头来看, 1980年代的人文知识分子普遍怀抱着精英意识、启蒙意识、理想主义、现实关怀, 而1990年代的人文知识分子则大都或主动或被动地抛弃宏大的启蒙叙事, 转向研究具体学问和问题, 由此形成了所谓"思想家淡出, 学问家凸显"(李泽厚语)、"不谈主义, 只谈问题"的学界新风气。

而国内的"海德格尔热"一定程度上又是西方"海德格尔热"的映射: 自1960年代之后, 《尼采》《关于物的问题》《技术与转向》《路标》《艺术与空间》《论思想之物》《现象学与神学》《赫拉克利特》《谢林论人的自由的本质》等著作相继出版, 使得海德格尔对西方社会科学和人文科学(包括文学艺术、美学、神学等)的发展产生了深远影响, 促进了诸多思想学派的诞生, 比如以伽达默尔为代表的存在主义哲学诠释学、以德里达为代表的"解构学派"、以福柯为代表的"后结构主义", 以及以利奥塔为代表的"后现代派"等。哪怕是海德格尔去世之后, 存在主义也并未消亡, 反而在西方思想界掀起了存在主义和海德格尔研究热潮, 进入到漫长的"后海德格尔主义"时代。正如有学者所言, "后海德格尔主义"的主要特点在于, 以海德格尔的存在主义诠释学、语言理论、科学技术理论及对旧形而上学的批判思想为基础, 或多或少地吸收尼采主义、结构主义、新马克思主义及象征主义等各

---

[1] 陈平原认为, "八十年代学者更多地持批判立场, 而九十年代则讲究介入与协调。这似乎与人文、社科各自的特性有关。人文学者注重精神性, 坚守自家的信仰与立场, 甚至不惜当一个'永远的反对派'; 社会科学家不是这样, 更愿意采取建设的姿态, 注重现实性与可操作性, 主动与政府、企业合作, 以获得大量研究经费, 并实实在在地影响社会进程"。参见查建英: 《八十年代访谈》, 生活·读书·新知三联书店, 2006年, 第142页。

种派别的思想观点和方法，集中地批判传统西方文化、道德和艺术，提出了"重新建构"适应于"后现代性"社会的崭新文化的宏大而又有点含糊不清的目标。[①]总之，正是在这样的国外影响和国内转型中，海德格尔研究越来越趋向于精深和专业，相应地也就失去了80年代所擅长的"借经术文章饰其政论"的政治意图和现实关怀，失去了生气淋漓的社会批判激情和社会轰动效应。

如果说1980年代学界关注的重心是海德格尔前期"此在生存论存在论"思想的话，那么，1990年代之后学界关注的则是海德格尔后期"技术批判论存在论"思想，时代的转变也使得存在主义的中国化进程由启蒙现代性转向现代性批判，海德格尔的中国形象也随之在"海德格尔热"中由"诗人哲学家"转向"现代性批判者"，这既是对"文化丛书派"现代浪漫美学立场的接续，更是对后现代存在论美学立场的确立。在"文化丛书派"看来，德国浪漫美学就是对资本主义当前文化和技术文明的批判。"从诗的本体论到本体论的诗，德国浪漫美学一直以与资本主义社会的当前文化不合作的姿态出现，以无情地批判当前文化为己任，反抗资本主义的技术文明，站在占统治地位的资产阶级意识形态的对立面。"[②]正是在这个意义上，作者高度肯定了海德格尔比他前后的任何浪漫哲人都要深入，因为他把技术科学的勃兴与西方形而上学传统的迷误联系起来，对现代技术和对机器技术社会化造成的人心惶惶进行了哲学考察和批判反思。所谓"形而上学的迷误"就是把存在当作一种认识对象、一个存在物来思考，误以为思维主体所认识、分析、把握的就是存在本身，导致存在的被遗忘，存在的隐匿导致世界之夜趋于午夜。科学技术的统治背后就是这样一种充满形而上学迷误的世界观，即把人抽象为思维主体，而把世界当作与人对立的思维主体认识的对象，当作可以测量、计算、研究的图景，由此他认为欧洲的形而上学哲学传统的迷误就是技术统治世界的最终根源。可以说，海德格尔不是要反对科学

---

① 高宣扬，《存在主义》，上海交通大学出版社，2021年，第124页。
② 刘小枫：《诗化哲学——德国浪漫美学传统》，山东文艺出版社，1986年，第274页。

技术,而是要使技术的隐而不露的本质浮现出来。

在海德格尔看来,当代就是"技术时代",或者说技术就是当代的本质,启蒙现代性的危机在技术时代的表征就是技术统治世界,精神陷入萎弱。技术之蔽(弊)主要表现在两个方面:一方面,技术的制造在创造了千篇一律的世界秩序的同时,也就消解了其他秩序和等级的可能;另一方面,技术能够生发出科学知识,却无法抵达技术之本质。也就是说,技术发展带来的同质化与知识化,是对技术之本质、之本源的遮蔽,人在技术时代中成为技术统治的对象,人之人性和物之物性都成为可计算的市场价值,因而人的本质存在受到威胁。

归根结底,技术统治人类是由于人类中心主义的主体性原则,即:人把自身视为主体,而把世界以及其他存在者视为对象化的客体,"在对一切事物的势不可挡的对象化过程中,实施着对一切存在者的无条件的、自我确证的可制造性"[①],由此形成了一种纯粹工具主义主客关系的"座架"(Gestell)。而技术座架统治成为现代人的命运,使人陷入追逐利益的算计之中,使人与物、人与人、人与自身、人与世界之间陷入持续性的分裂。尽管我们对技术的本质还没有完全领会,但必须警惕"技术座架"的威胁。这种威胁,来自人类中心主义的主体哲学,这是现代技术统治的形而上学根源。

为了摧毁这种主体哲学,克服现代性危机,海德格尔一方面寄希望于存在之天命及其生成的"转折",一方面寄希望于从主体性转为存在论的内向性和语言性。所谓"内向性"即把物从单纯的对象性中拯救出来,从与人的关系之中拯救出来,一切都转向世界内在空间之内的意识(心灵)的内在领域。这种"内向性"显然是对胡塞尔现象学"意向性"的继承与改造,把建基于主客体关系的主体性改造为建基于"此在在世"存在论主体意识之上的内向性,这是祛除了生存论之实在性向内在先验领域的回归,回到本质的安全存在,由此消解外在与内在、客体与主体之间的二元对立。所谓"语言

---

① 海德格尔:《林中路》,孙周兴译,上海译文出版社,2004年,第158页。

性"即认为存在者（包括人）之为存在者的方式——存在，是在词语中成其本质的，语言是存在之区域、存在之圣殿、存在之家，一切存在者正是语言中获得存在之确认。语言不是此在之人所使用的表达工具，语言自己说话（Die Sprache spricht），而并非人说话，"语言就是语言本身，而不是任何其他东西"[①]，换言之，语言是一切存在者借以进入存在的途径，它不属于此在的生存论状态，而首先属于存在之真理。语言通过命名而使一切存在者（包括人）走出晦暗走向澄明，一切存在者都是穿行于存在之家（语言）的客人，而不存在主客二元对立关系，"作为为世界开辟道路的道说，语言乃是一切关系的关系"[②]。

需要注意的是，"我们愈发询问着沉思技术的本质，艺术的本质就愈发奥秘莫测"[③]，对技术统治的批判和对艺术与诗歌的肯定是海德格尔存在之思的一体两面，更准确地说，艺术与诗为人类提供了摆脱技术统治、葆真存在本质的自由与出路。如果说前期海德格尔关注的是"此在之在"，那么后期海德格尔关注的则是"存在之真理"，尤其是人如何"进入""存在之澄明"境界。在海德格尔看来，"真理是存在者之为存在者的无蔽状态。真理是存在之真理。美与真理并非并肩而立的。当真理自行设置入作品，它便显现出来。这种显现（Erscheinen）——作为在作品中的真理的这一存在和作为作品——就是美。因此，美属于真理的自行发生"[④]。换言之，"真理"不是主体通过认识和科学把握的特性，"美"也不是主体的体验。此外，海德格尔认为，诗和艺术正是"存在之真理"之发生的本源性方式，所谓"本源"就是"存在者之存在现身于其中的本质来源"。在《艺术作品的本源》中，海德格尔指出，"艺术作品的本源，同时也就是创作者和保存者的本源，也就是一个民族的历史性此在的本源，乃是艺术。之所以如此，是

---

① ［德］马丁·海德格尔：《在通向语言的途中》，孙周兴译，商务印书馆，2020年，第2页。
② ［德］马丁·海德格尔：《在通向语言的途中》，孙周兴译，商务印书馆，2020年，第211页。
③ ［德］马丁·海德格尔：《追问技术问题》，孙周兴选编《海德格尔选集》，上海三联书店，1996年，第36页。
④ ［德］马丁·海德格尔：《林中路》，孙周兴译，上海译文出版社，2004年，第69页。

因为艺术在其本质中就是一个本源：是真理进入存在的突出方式，亦即真理历史性地生成的突出方式"①。应当从真理的本质而非人对艺术的体验去把握艺术的本质，这是对艺术之谜的认识。与此同时，海德格尔又断言"艺术的本质是诗。而诗的本质是真理之创建（Stiftung）"②。在对荷尔德林、里尔克、特拉克尔等诗人诗作的存在之思中，海德格尔揭示了本真的诗歌的奥秘。"本真的诗绝不是日常语言的某种较高品类；毋宁说日常言谈是被遗忘了的因而是精华尽损的诗。"③语言是诗，诗歌在语言中发生，而诗使语言成为可能，诗的本质就是语言的本质，使存在者成为存在者，使人诗意地栖居，"为诗（das Dichten）始令栖居成为栖居。……为诗既让人栖居，便是一种筑居"④。当然，人"诗意地栖居"不是说人孤立地栖居在大地上，而是天、地、神、人四方"原始统一的并存"，即一种源初的整体性存在。海德格尔的诗与艺术之思都是其后期"思之转向"的显现，这里的"思"不是一味追求事物有用性的对象性、概念性的"计算性思维"（das rechnende Denken），而是向存在源始境遇返回的"沉思之思"（das besinnliche Nachdebken）"。所谓"返回"，即回到前苏格拉底的古希腊时期，即形而上学产生之前的无分化、无主客的混沌时期。

可见，海德格尔的存在论艺术观是一种非常独特的超越形而上学理解的艺术观和美学观，其超越个体、超越此在、超越对象的存在论追求，显而易见是对"技术时代"（"贫瘠的时代"）的主体性、对象性、外向性的反对与克服；而作为执着于回返源始之域的"原始哲学"，海德格尔存在哲学为批判理性形而上学、克服现代性危机提供了一条不同于马克思、尼采、阿多诺等人的独特进路。这使我们有理由相信，"把海德格尔安排在德国'浪漫美学'传统的思想家队伍里，恐怕是一种一厢情愿的做法；那种认为海德格尔

---

① 海德格尔：《林中路》，孙周兴译，上海译文出版社，2004年，第66页。
② 海德格尔：《林中路》，孙周兴译，上海译文出版社，2004年，第63页。
③ 海德格尔：《艺术作品的本源》，孙周兴选编《海德格尔选集》，上海三联书店，1996年。
④ 海德格尔：《人诗性地栖居》，孙周兴选编《海德格尔选集》，上海三联书店，1996年。

以'浪漫美学'反抗现代技术文明的看法,终究也难免轻薄"①。这显然是在新的历史文化语境下、深入海德格尔后期存在论思想之后对"文化丛书派"做出的批评与纠正。

后期海德格尔对现代技术统治和作为现代性基础的主体哲学的反思与批判,为1990年代中国的现代性批判提供了理据,并为后现代思潮的中国传播提供了支持。对此,吴兴明做了比较细致的阐释说明和深刻的反思批评。②总体来看,作者既肯定了海德格尔存在之思的作为本体论美学的价值,具有不可替代的心性价值,同时又认为其必然导致价值终极化、形而上学化,因而反对将其作为高于一切的基础价值,以存在之名取消公众价值选择的自由,以西方现代性批判取代或否定正在推进的中国现代性,如上所述,"文化丛书派"也早已认识到完全借用海德格尔等"反现代化"的东西显然还为时过早,李泽厚也曾明确提出与海德格尔相反的看法,认为不能否认现代科技、工业、物质文明、工具理性等价值和意义,"现代工业、科技以及工具理性等等,尽管造成了环境污染、生态破坏、自我疏离、各种异化,破坏了诗意、自然、安宁和各种人间情爱,但它们同时也极大地改变、改进和改善了整个人类的衣食住行、物质生活,延长了人们的寿命,而这毕竟是主要的方面"③。对于依然行进在建设现代化和追求现代性之路上的发展中国家来说,这种反思批评显然是合理的。

当然,我们也必须注意到:自1990年代以来,现代性危机与中国现代化进程相伴而生,且有愈演愈烈之势,现代技术的飞速发展与科学崇拜并驾齐驱,主体哲学与工具理性统治着人们的精神世界与日常行动,对金钱欲望的"小我"追求取代了对理想崇高的"大我"追求,1993年兴起的"人文精神大讨论"正是出于对这种"座架"统治的担忧。尽管1980年代人道主义对

---

① [德]海德格尔:《林中路》"译者序",孙周兴译,上海译文出版社,2004年,第4页。
② 吴兴明,《海德格尔将我们引向何方——海德格尔"热"与国内美学后现代转向的思想进路》,《文艺研究》,2010年第5期。
③ 李泽厚:《实用理性与乐感文化》,生活·读书·新知三联书店,2008年,第172页。

人性的高扬无疑为这场人文精神大讨论扫清了道路, 但并未指明现代化进程的终极方向以及人在其中的处境与归宿。从这个意义上来说, 后期海德格尔的存在论哲学无疑在萨特存在论哲学之后给予"自由选择"之人以限制和警醒, 以现代性批判矫正急功近利的主体、不加遏制的欲望、至高无上的技术等"人类中心主义"诸弊, 真正从本质上关心和指引人究竟如何在技术时代存在。

结语

新时期之初, 人们迫切地想要从阶级人性论的思想牢笼、政治异化论的社会结构中解放自我, 从个体与社会的矛盾中寻求出路, 为自己立法, 自由选择自己的人生道路, 作为存在主义人道主义者和马克思主义者的萨特, 无疑满足了当时国人尤其是青年人的形象期待和人文学界的思想诉求。而经历1980年代人道主义思潮、种种政治风波和"美学热"的洗礼, 人性论的基本要求得到全社会的广泛承认, 对真善美的追求成为普通人的普遍共识, 对文化和学问的追求则成为知识分子或主动或被动的选择, 作为"诗人哲学家"和"现代性批判者"的海德格尔, 无疑满足了后者在安全地带"协调人的向外和向内的矛盾"的愿望, 以文化建设者和学问家的身份介入到现代化的社会进程和现代性批判之中。

萨特和海德格尔在新时期中国的命运, 一定程度上表征了以存在主义为代表的西方现代哲学在中国传播与接受的特点, 形成了中国式的存在主义美学, 即非常关注"后文革"时代人的存在价值与技术时代人的存在意义, 格外关注美学的社会功能和人文旨趣, 也正因如此, 存在主义中国化成为中西哲学美学交汇融合的试验场, 一方面促进了西方现象学哲学美学思想的批判吸收, 为实践哲学美学占主导的当代中国注入了新的血液和理论催化剂, 另一方面激发了本土存在论思想资源 (如老庄思想) 的重新发掘和现代转化, 为中国存在论美学的多元理论形态的建构提供了先在条件与可能。当然我们也必须意识到, 存在主义在新时期中国的盛行是新启蒙语境下的特殊选择和接受，洞见与盲视同时存在。当1980年代末社会主义进入一个社会矛盾相对缓和、相对稳定的时期，当海德格尔的存在论哲学美学著作不断被译介出版和深入研究的时候，"存在主义"作为一个外来的哲学流派就开始了自己的衰落过程，逐渐被海德格尔存在论哲学所取代，由此真正开启了新时期中国哲学和美学的"存在论转向"。

第三节　存在论转向：从实践论美学到存在论美学

以萨特、海德格尔为代表的存在主义哲学在新时期中国的广泛传播与接受，不仅在一定程度上实现了思想启蒙、人性解放，推动了社会文化的人文复兴，更促进了新时期中国美学的"存在论转向"，即随着1990年代的时代语境的转换，海德格尔的存在论哲学逐渐摆脱"存在主义"的特定时代标签而日益凸显出来，成为可供借鉴的"超越实践美学"的思想资源，并由此激活了马克思主义实践哲学的存在论内涵，由此形成了从实践论美学向存在论美学的转向。

作为1980年代的主流美学学派，实践论美学在迎来"多声部合唱"的高光时刻的同时，也不得不承受着"后实践美学"的质疑批判和"新实践美学"的继承革新，也正是在这一过程中，海德格尔的存在论哲学和美学，以及重新发掘的马克思实践存在论哲学思想，被作为批判和革新实践论美学的最新思想资源，有机地融进各自的理论形态建构之中，由此，超越美学、生命美学、存在论美学、语言论美学、实践存在论美学、生态存在论美学、生活美学、身体美学等诸多深刻打上存在论烙印的多元理论形态"存在论美学"相继孕育而生。从美学史的角度来说，"存在论转向"是顺应世界哲学思潮和中国当代哲学思潮演进规律的历史必然，是实践论美学发展到一定阶段寻求突破、深化与发展的必然结果；从美学理论话语体系的构建来说，存在论转向意味着中国当代美学逐渐摆脱马克思主义哲学美学思想的单一影响，逐渐打破实践论美学一尊独大的局面，转向借鉴吸收现象学等更加丰富的西方现代哲学美学思想,建设多元共存、美美与共的新局面。

从实践论转向存在论,很显然不是突变,而是渐变,究其原因不外乎三个方面:一是实践论美学自身存在的问题日益凸显,亟待新的突破和改变,二是西方存在主义哲学和存在主义美学的译介与研究在中国逐渐兴起,三是诸多有影响力的哲学家或哲学史家接受、研究和传播海德格尔存在论哲学,此三方面可谓新时期中国美学"存在论转向"的内生动力、外引资源和中坚力量。因此,本节着重从这三方面考察新时期中国美学存在论转向的历史逻辑和现实表现,梳理和阐释从实践论美学转向存在论美学的内在机理。

一 内生动力:实践论美学在新时期中国

众所周知,实践论美学(practical aesthetics,亦称"实践美学")是新时期最具代表性和影响力的中国美学主流学派,也是新中国成立以来产生的最具中国特色和原创精神的美学理论。如前所述,"实践"是马克思主义实践唯物主义的最基本的概念和范畴,1950、60年代"美学大讨论"时期,"自然的人化"等马克思主义的实践观点被李泽厚、朱光潜等吸收应用;1980年代初,美学界开始正式讨论"马克思主义实践观点的美学""马克思主义实践美学观","实践论美学"渐为人知。学界后来一般认为,"实践论美学"有狭义和广义之分:狭义专指李泽厚的实践美学①;广义泛指以马克思的《巴黎手稿》为奠基著作,坚持以马克思主义的实践唯物主义和实践观点作为哲学基础和主要视点的美学流派,这里取其广义。

实践论美学在中国的产生,可以说是里应外合的结果,准确地说,与中国化马克思主义和苏联美学的影响密不可分。就前者而言,毛泽东的《实践论》(1937)真正第一次从哲学意义上讨论马克思的"实践"概念,它虽

---

① 李泽厚本人认为,他讲"实践",也讲"美学",但从未将这两词复合为"实践美学",这实属其他学者所为。在2004年9月18—20日于北京第二外国语学院召开的"实践美学的反思与展望"研讨会上,他本人首次宣布自己接受这一概念,同时也认同其英译名称"practical aesthetics"。

是在中国革命实践的激发下为批判党内的教条主义和经验主义错误而写，但毛泽东在文中对"实践"概念有着清晰的和马克思一致的广义阐述，认为人的实践活动既包括物质生产和生活，也包括精神生产和生活，实践应该是大于物质生产劳动的，它包括这两种生活活动的全部内容。毛泽东的"实践论"思想对新中国成立前后意识形态建设产生了巨大影响，成为其在《论新阶段》(1938) 中提出的"马克思主义的中国化"的先期成果，为"实事求是""一切从实际出发"等中国化马克思主义实践论观点提供了可能，也为此后马克思主义实践论美学的诞生奠定了马克思主义反映—认识论的基石，直接影响了朱光潜、李泽厚等实践美学家的早期理论主张。

就后者来说，从1956年开始，苏联学界围绕着美的本质、美学研究的对象、艺术的一般原理等问题展开了长达十年之久的讨论。这些讨论通过《学习译丛》《外国文艺理论译丛》等各种专著的翻译以及直接的俄文原著传播到中国来，对我国同时期的"美学大讨论"产生了重大影响。尤其是以万斯洛夫与斯托洛维奇等人为代表的"社会派"，积极引用《巴黎手稿》中关于自然在人的社会劳动中被"人化"的观点来重新解释"美的本质"，进而形成了与传统"自然派"针锋相对的意见。与德米特里耶娃等"自然派"学者将美视为客观事物属性不同，他们从人类社会历史关系入手，主张"美不能脱离人和社会而存在"，强调社会历史实践的重要性。在美学讨论中，年轻的李泽厚正是发现了苏联"社会派"美学的理论长处，并对之加以借鉴吸收，进而在批判朱光潜"唯心论美学"过程中将美的阐释视角从蔡仪的"客观自然说"延伸到社会历史关系层面，并在"自然人化"的哲学地基上搭建起了"客观社会说"的美学框架。[①]当然，苏联美学界在讨论之后便转向对人的审美意识以及劳动美学、技术美学、价值论美学的探究，而中国实践论美学则因为本土意识形态的限制和西方美学的影响而走上了另一条曲折丰富的发展道路。

---

① 李圣传：《"实践美学"的苏联缘起与本土变异——李泽厚"客观社会说"与苏联"社会派"美学的比较阅读》，《四川大学学报（哲学社会科学版）》，2016年第2期。

总体来看，实践论美学在当代中国的发展演进大致经历了三个阶段：1950年代后期至1960年代前期，是萌芽与雏形阶段；1970年代末至1980年代中后期，是形成与发展阶段；1990年代初以来，是深入与分化阶段。

　　20世纪50、60年代"美学大讨论"为实践论美学的诞生创造了条件，尤其是马克思的经典著作《巴黎手稿》为当时的美学家们提供了重要的思想资源。众所周知，"美学大讨论"使中国美学界自发地形成了四个美学学派：以蔡仪为代表的"客观派"，以吕荧、高尔泰为代表的"主观派"，以朱光潜为代表的"主客观统一派"，和以李泽厚为代表的"客观社会派"。总体来看，"美学四派"其实都站在马克思主义的旗帜下，都以马克思主义哲学作为美学建构的基础，只不过各自的解读和阐释不同罢了。蔡仪作为20世纪马克思主义美学思想的奠基者，提出了"美的本质""自然美"等非常重要的美学问题，但由于片面地坚持马克思主义唯物论而走向了机械的反映认识论；高尔泰片面地理解马克思的"人的本质力量的对象化"，强调审美主体作用；而李泽厚、朱光潜则通过发掘和借鉴马克思主义实践论思想而逐步形成了自己的实践美学雏形。

　　李泽厚接受马克思主义思想的影响最初是通过阅读1948—1949年周建人所编的《新哲学手册》，后来又通过批判吸收车尔尼雪夫斯基、普列汉诺夫、列宁以及"社会派"等苏联马克思主义哲学和美学思想，以及毛泽东"实践论"和黄药眠"社会生活实践"论等马克思主义美学思想，尤其是受苏联"社会派"美学影响从马克思《巴黎手稿》中汲取了"自然的人化"思想，提出了以"客观社会论"为中心的哲学美学理论，继而将车尔尼雪夫斯基的"美是生活"命题进一步具体化、科学化，即把抽象主观的"生活"转换为具体客观的"实践"，把"美是生活"转换为"美是现实肯定实践的自由形式"，初步建立起实践美学的基本原则和理论框架。在最新发现的《六十年代残稿》中，李泽厚就提出"实践论是人类学的唯物主义"，"通由实践，客观构成了主体，主体又用客体自身的规律去认识和把握客体。人是万物的尺度乃由于实践是认识的基础，这才是唯物主义的一元论，而不是唯心主义或二元论"①。这些将实践论与唯物史观相结合的独见，将实践论与人类学相勾连，并揭示出实践联通主客体的中介意义，为其在1980年代建构起以人类学本体哲学为基础的主体性实践美学奠定了基石。当然，由于坚决与南斯拉夫学派"无所不是实践"的观念相区别，李泽厚始终认为"实践"就是指制造工具的物质生产实践，也因此而遭到窄化"实践"概念的质疑和批评。

朱光潜则是在自我批判和批判蔡仪、李泽厚等人的美学思想的同时，通过阅读、翻译和研究《巴黎手稿》《费尔巴哈论纲》《德意志意识形态》等马克思主义哲学经典著作而自觉走上了马克思主义美学的道路。在1960年发表的《生产劳动与人对世界的艺术掌握——马克思主义美学的实践观点》一文中，他明确提出了自己的实践美学观。他认为，马克思在《费尔巴哈论纲》第一条中指出的"实践观点"，即"客观世界和主观能动性统一于实践"，"就主客观的统一来看在实践中人与物互相因依、互相改变的全面发展过程"，是"马克思主义所特有的"，应该是"学习马克思主义美学的第一课"。此时的朱光潜受苏联美学史家阿斯木斯影响，区分"直观观点"与"实践观点"，借用马克思主义的"实践观点"来批评机械唯物主义（如蔡仪）和唯心主义（如高尔泰）的"直观观点"，提出美"不是孤立物的精致面的一种属性，而是人在生产实践过程中既改变世界又从而改变自己的一种结果"，这就为其早期的"主客观统一论"找到了坚实的"实践"论基础。

值得注意的是，朱光潜提出了与李泽厚的"物质实践美学观"不同的"艺术实践美学观"：一方面，他坚持从实践角度来理解艺术和审美，强调艺术是一种"创造性的生产劳动"，认为"实践观点就是唯物辩证观点，它要求把艺术摆在人类文化发展史的大轮廓里去看，要求把艺术看作人改造自

---

① 李泽厚《六十年代残稿》第10页。转引自刘悦笛：《实践哲学与美学来源的真正钥匙——新发现的李泽厚〈六十年代残稿〉初步研究》，《文艺争鸣》，2017年第5期。

然，也改造自己的这种生产实践活动中的一个必然的组成部分"①，由此强调艺术和美是一种"意识形态"；另一方面，通过辨析掌握世界的两种不同方式（"科学的理论的掌握方式"和"艺术的实践精神的掌握方式"）之间以及生产劳动与艺术活动之间的关系，提出"劳动生产是人对世界的实践精神的掌握，同时也就是人对世界的艺术的掌握。在劳动生产中人对世界建立了实践的关系，同时也就建立了人对世界的审美的关系"②，这就强调了生产劳动是一种艺术活动，扩大了"实践"概念，将物质性的实际的改造世界的生产劳动和精神性的想象的改造世界的艺术活动都涵括在内。尽管朱光潜一定程度上混淆了艺术活动和生产劳动、美和艺术，但正如有学者所言，"这些观点在当时过度扩大反映论的适用范围、无原则地套用反映论以至于完全忽略艺术自身的内在特殊性这一大背景下具有极为难能可贵的先锋性和前瞻性，是在特殊年代试图婉转地坚守艺术内在自律性的一种曲折表达"③。

进入新时期，实践论美学迎来新的春天。"实践是检验真理的唯一标准"（1978）不仅开启了思想解放运动，使"实践"概念一下子广为人知，深入人心，也使得马克思主义成为整个学术文化的整体框架和指导思想，尤其是《手稿》全译本的出版，更是在哲学界、美学界、文艺理论界掀起了"手稿热"，进一步推动了实践论美学的快速发展。比如朱光潜，在耄耋之龄重新翻译和学习《手稿》，高度肯定《手稿》，并在晚年写作的《马克思经济学—哲学手稿中的美学问题》《黑格尔的〈美学〉译后记》《形象思维：从认识角度和实践角度来看》等文章中，认为《手稿》在马克思体系中具有重要地位，他通过《手稿》而高度重视艺术实践，在理论上有了更大发展，对实践美学

① 朱光潜：《生产劳动与人对世界的艺术掌握——马克思主义美学的实践观点》，《朱光潜文集（第10卷）》，安徽教育出版社，1989年，第213页。
② 朱光潜：《生产劳动与人对世界的艺术掌握——马克思主义美学的实践观点》，《朱光潜文集（第10卷）》，安徽教育出版社，1989年，第197页。
③ 徐碧辉：《"艺术是一种生产劳动"：朱光潜后期美学观点的实践维度》，《社会科学辑刊》，2018年第3期。

做了有益补充。朱光潜不仅从实践角度解释形象思维，还一再说道："对马克思的论'劳动过程'的这段文字对美学的重要性，无论怎样强调也不为过分，因为如果懂透其中的道理，就会懂得这种实践观点必然要导致美学领域里的彻底革命。"[1]而李泽厚则通过深入发掘和整合马克思的实践哲学、康德的批判哲学和中国传统文化等思想资源，并对它们进行"转换性创造"，建立起以"内在自然的人化""积淀""文化心理结构""人的自然化""西体中用""实用理性""乐感文化""儒道互补""儒法互用""两种道德""历史与伦理的二律悖反""情本体"等原创范畴为核心的"人类学本体论哲学"体系[2]，尤其是以"实践""主体性""积淀""新感性""情本体"等关键词为核心的主体性实践美学体系，尽管还存在着一些问题，但确实为"中国实践论美学"的发展壮大和"现代中国美学"的建立做出了突出贡献。总之，朱光潜、李泽厚作为实践论美学"革命"的首倡者和践行者，对中国马克思主义实践论美学的建立功不可没。相较而言，蔡仪则一直对《手稿》评价不高，认为不能用《巴黎手稿》来解释美的本质[3]：这恐怕正是其后期理论未能获得新突破的重要原因之一。

与此同时，一大批中青年美学家也都从马克思的《手稿》中吸收思想资源，服膺于马克思主义实践观点，由此逐渐形成了一个人数众多、规模庞大、观点各异的实践论美学学派。诚如李泽厚所言："实践美学是一个开放的词，可以有各种各样不同的实践美学。"[4]除了朱光潜、李泽厚之外，实践论美学还包括了诸如王朝闻"审美关系论"实践美学、杨恩寰"审美现象论"

---

① 朱光潜：《马克思〈经济学—哲学手稿〉中的美学问题》，《朱光潜文集（第5卷）》，安徽教育出版社，1989年，第435页。

② 在李泽厚的理论表述中，"人类学本体论哲学"和"主体性实践哲学"异名而同实，其共同点在于强调人类的超生物族类的存在、力量和结构，差异在于两方面：前者更着眼于包括物质实体在内的主体全面力量和结构，后者更侧重于主体的知、情、意的心理结构方面；主体性更能突出个体、感性与偶然。参见李泽厚：《哲学答问》，《实用理性与乐感文化》，生活·读书·新知三联书店，2008年，第122页。

③ 参见蔡仪：《关于〈1844年经济学—哲学手稿〉和美学研究中的几个问题》，《蔡仪文集第四卷》，中国文联出版社，2002年，第355页。

④ 参见王柯平主编：《跨世界的论辩——实践美学的反思与展望》，安徽教育出版社，2006年，第115页。

实践美学、刘纲纪"创造自由论"实践美学、蒋孔阳"创造论"实践美学、周来祥"和谐论"实践美学等"各种各样的实践美学"。他们既共同坚持以马克思主义实践观为基础，又都通过不同角度的理解、阐发和创新而形成了观点有别、风貌各异的复数的"实践美学"，丰富和充实了整个实践论美学的谱系结构，使之呈现出一种开放、多元、共存的发展格局。也正是由于他们"多声部的合唱"，使得实践论美学成为当代中国美学史上最具影响力的主流学派，为此后"新实践美学"的内部"改良"和"后实践美学"的外部"革命"提供了基础和标靶，有力推动了80年代的"美学热"与90年代以来中国美学多元理论形态的产生。

当然，以李泽厚为代表的实践论美学很快也迎来了新生代美学家的质疑与批判、继承与革新。进入1990年代，伴随着"实践论"向"生存论"的转向，实践论美学便再次受到以杨春时"生存—超越美学"、潘知常"生命美学"以及张弘"存在美学"等为代表的"后实践美学"的质疑和挑战。在后实践美学的主要倡导者杨春时看来，"实践"只是生存的低级形式，"超越"才是生存的最高本质，"审美是超越性的活动，即超越现实的生存方式和超越理性的解释方式，审美具有超越现实、超越实践、超越感性和理性的品格。正是这种超越才使人获得了精神的解放和自由"[1]，"超越性是审美的本质特征，超越即自由"[2]。也就是说，美的本质在于它的超越性和自由性，因此，以"生存本体论"取代"实践本体论"，以超越性、精神性、个体性的"自由"取代现实性、物质性、人类性的"自由"，是从"实践美学"走向"后实践美学"的必由之路。在与后实践美学的论争中，实践论美学的另一代表人物刘纲纪认为，"后实践美学"放弃马克思主义实践观这一哲学前提是错误的，因为"正是马克思主义的实践观点的提出使传统的美学宣告终结，为一种真正新的美学的产生开辟了广阔的道路"[3]，他坚持以"实践"为本体，强调实

---

① 杨春时：《新实践美学不能走出实践美学的困境——答易中天先生》，《学术月刊》，2002年第1期。

② 杨春时：《20世纪中国美学论争的历史经验》，《厦门大学学报》，2000年第1期。

③ 刘纲纪：《马克思主义实践观与当代美学问题》，《光明日报》，1998年10月23日。

践对于美的本质、审美活动的决定作用，主张以重建理性与感性的统一与和谐来克服感性、理性的局限性，某种意义上来说这代表了实践论美学学派的共同心声。

与此同时，后实践美学对实践论美学的批判与论争又引起了"实践美学"拥趸者的反驳和拓展，由此形成了以邓晓芒、易中天"新实践美学"、张玉能"新实践美学"和朱立元"实践存在论美学"为代表的"新实践美学"，试图在马克思主义实践观基础上实现对实践论美学的继承与创新。总之，在长达30年的往来论争中，后实践美学与新实践美学以"超越"和"坚持"实践美学的名义展开论辩，在主观上建立了自己的理论话语体系，在客观上实现了对实践论美学的批判性改造，使其在内外两个向度都获得了新的发展，一定程度上打破了实践论美学"定于一尊"的主导地位，形成了"多元共存，平等对话"的良好的美学生态。

总体来看，实践论美学以马克思的实践论为基础构建美学理论，关注实践的唯物主义理论，其首要意义在于确立了马克思主义实践哲学的基础地位，打破了认识论哲学和二元对立思维的长期统治，突破了机械的反映论原则和非社会性的主客统一观念，到人类的社会实践中，到人向人生成、自然向人诞生的历史进程中，去审察美与美感的发生、建构和流变，从而在人类学本体论层面对美与美感作了相当深刻的阐释和概括。从哲学上讲，"实践"的观点确实改变了认识论上"直观"的主体对对象的模仿，而将"认识"的基础及其真理性的依据立足在"实践"之上。美学上的这种实践论，对于克服将美的欣赏看成是"一个主体面对一个客体时所发生的一个事件"的思维框架，也对于克服将美的根源直接归因于空泛的"社会性"，具有重要意义。实践是去"做"，强调行动。认识来源于实践，这是在说，实践是与认识相对的不同的概念。认识是接受，实践是行动，人的行动这一主与客相互作用的物质性的事实，归根结底影响着人的知觉器官在面对作为客体的事物时的知觉和想象。当然，在美学中，认识论是不能轻易放弃的，"在审美活动中，仍然时时刻刻都依赖知识，通过审美活动增长知识，同时有知识增长的快感"①, 我们可以借用语言论来"融化"主客观, 在新层次上回归知识论和认识论, 但如果完全在认识论的框架中探讨美学问题, 则势必陷入重存在轻意识、重理性轻感性、重客观轻主观的偏狭之中。在美学大讨论中, 美学四派因为深受列宁反映论的认识论哲学影响, 恪守着存在/意识、客观/主观、唯物/唯心等非此即彼的二元对立思维, 存在着以哲学认识论硬套美学问题的弊病, 即使是朱光潜、李泽厚, 最初也只是把"实践"当作认识论的概念, 这既是他们的思想局限, 更是那个时代的思想局限。②新时期以来, 实践论美学通过对反映论的认识论进行反思和批判, 确立了"实践"的本体地位和马克思主义实践哲学的基础地位, 并将其与康德主体论哲学、海德格尔存在论哲学等相结合, 从而催生了实践论美学的拓展与再生, 推动了中国当代美学的话语体系建构。

纵向来看, 实践论美学学派的形成和发展始终伴随着当代中国的时代变迁和社会进程, 作为一个复数概念, 始终充满着多样性、丰富性、变动性和开放性。如前所述, 从新中国到新时期再到新世纪, 从美学大讨论到美学热再到美学复兴, 从朱光潜、李泽厚的开创, 到百花齐放的繁荣, 再到后实践美学与新实践美学的批判和革新, 实践论美学不断演进, 学派内部更是彼此启发影响、相互借鉴吸收, 又各自发声, 各立新说。比如, 李泽厚的实践美学受到了朱光潜和蔡仪的影响, 同时也受到苏联"社会派"的启发, 其实践观点还是对毛泽东和周扬实践观的继承; 刘纲纪的实践本体论美学是在对李泽厚美学实践观点批判的基础上的发展; 蒋孔阳的实践美学兼容并蓄, 是对朱光潜和李泽厚美学观点的超越创新; 洪毅然的社会自然论实践美学与杨恩寰的"美本体"主要是对李泽厚美学观点的承继和发展; 周来祥的和谐论美学在实践观点和人与现实的审美关系方面是在李泽厚和蒋孔阳美学

---

① 高建平:《美是主观的还是客观的?》,《文史知识》, 2015年第3期。

② 童庆炳认为, 朱光潜在研究美学和文艺学问题的时候, 更独钟情于马克思主义的实践论, 而不比看好"直观的"认识论。朱光潜后期的美学和艺术理论, 是从马克思理论那里引申出来的"美学实践论", 这个理论的基本框架是由能动的反映论、重视主体的实践论和人与自然相统一的世界观三者组成的。参见童庆炳:《朱光潜的"美学实践论"文艺思想》,《文艺争鸣》, 2007年第5期。

思想基础上的创构；在对蒋孔阳美学思想的开掘阐发中，在对马克思主义原典的深刻解读和对海德格尔等美学思想的批判中，朱立元建构了实践存在论美学，而张玉能的新实践美学则是在蒋孔阳和刘纲纪的美学观点之上的拓展丰富。① 虽然都立足于马克思主义实践哲学，但又各有取法、各有创说，比如，蒋孔阳以实践论为哲学基础，立足于人对现实的审美关系，建立了以"创造论"为核心的"创造美学"，提出了"美在创造中""美是多层累的突创""美感与美同时诞生、同步存在""美感是多种因素的因缘汇合"等诸多具有创造性的命题和学说，实现了对实践美学的新的"美学创造"。② 同时可以发现，实践论美学各家都善于综合融通古今中外思想资源，不断吸纳、调整和深化，持续推进理论的生长与完善。比如李泽厚，从前期引入马克思的"自然的人化"、立足于历史唯物主义"实践"哲学，提出"美是客观性与社会性的统一""美感三重性"等核心命题的实践认识论哲学美学，到后期引入康德的"主体性"、立足于主体性实践哲学，提出"美是自由的形式""美感三形态""积淀""艺术三层次"等核心命题的实践本体论哲学美学体系。再比如朱立元，创造性地将马克思主义的实践存在论、蒋孔阳的实践生成论与海德格尔的基础存在论等思想熔为一炉，建构起实践存在论美学，以实践论融合存在论，以生存论取代现成论，为超越思维/存在、主体/客体等二元对立的认识论美学思维模式、推进中国当代美学发展开拓了新的道路。③

辩证来看，实践论美学自身也确实存在着诸多问题，这也正是后实践美学予以批判、新实践美学力求改进的原因所在。杨春时在《走向"后实践美学"》中指出实践美学存在着十项历史局限和理论不足，如忽视了审美的超理性特征、超现实特征、纯精神性、个性化特征等④；朱立元对李泽厚的主流

① 张少委：《中国马克思主义实践美学的基本师承关系》，《美学与艺术评论》，2023年第1期。
② 江飞：《"创造美学"与"美学创造"——蒋孔阳"创造论"实践美学思想综论》，《中国美学研究》，2016年总第7辑。
③ 参见本书第四章第五节"实践存在论美学"。
④ 杨春时：《走向"后实践美学"》，《学术月刊》，1994年第5期。

派实践美学由全面辩护转变到深入反思，指出其三大局限：一是其哲学基础从一元论退到历史二元论的"两个本体论"，二是没有完全超越西方近代以来主客二分的认识论思维框架，三是对实践的看法失之狭隘，无法真正成为实践美学的理论根基[①]。这些批评都或多或少地表明了实践论美学的问题所在。在这里，谨补充两个问题：

问题之一，实践论美学的核心概念的"实践"究竟如何界定，实践论美学学派各家一直人言人殊、莫衷一是。李泽厚因为始终坚持将"实践"理解为物质生产实践而备受质疑，在2004年9月18至20日举行的"实践美学的反思与展望"研讨会上，李泽厚特意在提交的论文中将"实践"作了狭义和广义的区分，狭义是指使用—制造物质工具的劳动操作活动（即社会生产活动），广义是指"从生产活动中的发号施令、语言交流以及各种符号操作，到日常生活中种种行为活动，它几乎相等于人的全部感性活动和感性人的全部活动，其中还可分出好几个层次"；并认为"要把这个概念应用到某个具体的审美对象上去，那是要经历很多层次的，是要经过转换的"[②]。这种看似明确的界定，要么过于狭隘，要么过于宽泛，至于"如何转换""经过哪些层次"，又言之寥寥。为此，与会学者争论不休，在讨论中时常返回到"实践"的概念辨析、范围界定等问题上：这对于自成一派的理论而言，无疑是一种悖谬。事实上，如前所述，在马克思那里，"实践"概念的使用从来都是广义的，既包含了作为基础的物质生产劳动，也包含了政治、伦理、宗教等人的现实活动，还包括了艺术、审美和科学研究等精神生产劳动。马克思既克服了黑格尔精神产生物质、意识决定存在的、头足倒置的唯心史观，吸收了其历史辩证发展的合理内核，又批判了费尔巴哈的直观唯物主义的直观性和非历史性，创建了实践的唯物主义，即历史唯物主义。在西方近代哲学史

---

① 朱立元：《我为什么走向实践存在论美学研究?》，见《一个人的四十年——共和国学人回忆录》，叶祝弟编，生活·读书·新知三联书店，2019年。

② 王柯平主编：《跨世纪的论辩：实践美学的反思与展望》，安徽教育出版社，2006年，第59—60、92页。

上，马克思以"实践"为核心建构的唯物史观掀起了一场影响深远的哲学革命，批判和反思了笛卡尔开启和确立的主体性认识论哲学，确立了以人的现实生活即实践活动作为新哲学的理论基础，完成了一次从近代认识论到现代存在论（本体论）的重大转移和超越，从而革命性地开启了现代哲学发展的新方向。这场深刻的哲学革命为现代美学带来了革命性的转变，同时也为当代中国美学的发展提供了中西互鉴、古今对话、综合创新的多种契机和可能。换言之，要继续推进实践美学，还必须在坚持马克思主义实践观的基础上有所发明。

问题之二，实践论美学依然是尚未摆脱人类中心论的"有人的美学"。实践美学强调人的主体性、社会性和实践性，无疑是"有人的美学"。但是，无论是"人化自然"观，还是"整体的人""美在创造""审美关系""审美现象""创造自由""工具本体""情本体""积淀说"等一系列观点，以李泽厚为代表的实践论美学对自然美以及人与自然之间的关系等始终缺少合情合理的解释，总体上还是属于一种"人本体"的人类中心论的认识论美学。而现代哲学的存在论转向，意味着我们应当从人与世界的本源关系上即从存在而非生存的意义上思考人的本质。很显然，李泽厚不是从存在论的角度界定人的，而是从历史的、社会学的角度界定人的，特别是后期回到中国"实用理性"传统（他声称"以儒为主，儒道互补""举孟旗，行荀学"），从实践即人的现实生存出发，以实践的主体性规定人的本质，以积淀说来确定情本体，都是非存在论的人性观，这种非哲学化的人的本质确定，就是他所说的"人类学本体论"。从这个意义上来说，缺少了存在论维度的实践美学已难以阐明人的本质、美的本质，正因如此，后实践美学倡导者提出"主体间性超越美学"，从存在的本真性出发考察人性，坚持美学的形而上性质，坚持生存和人的超越性和主体间性，从而得出审美的超越性与主体间性[1]；新实践美学倡导者则在海德格尔存在论启示下重新发掘马克思实践观的存在论

---

① 杨春时：《应该建立什么样的"有人美学"？——与李泽厚先生商榷》，《东南学术》，2020年第1期。

维度, 提出实践存在论主张, "从存在论 (本体论) 的角度把实践的内涵理解为人最基本的存在方式, 理解为广义的人生实践, 从而实现实践论与存在论的有机结合"①, 一定程度上打破了主客二分的认识论思维框架和实践概念的狭隘理解, 修正和拓展了"实践本体"一元论美学。

总之, 实践论美学的诞生虽然深受苏联美学的影响, 但自诞生以来它就一直将理论的根基深深扎在中国的现实土壤与文化深处, 在不断丰富和壮大的征程上, 有效地纠正了此前认识论美学重认识轻实践、重主客二分轻主客为一的弊病, 至今仍具有鲜活的生命力, 仍在发挥着不可替代的作用。虽然实践论美学的倡导者们大都已经离世, 虽然西方存在论哲学美学的传入及其影响下孕生的超越美学、生命美学、存在论美学、语言论美学、实践存在论美学、生态存在论美学、生活美学、身体美学等对其构成了强有力的挑战与冲击, 但不可否认, 实践论美学的理论精髓已经潜移默化地融进当代中国美学的多元理论形态的建构之中, 成为当代中国美学话语体系中的重要组成部分, 即使在实践论美学之后的存在论美学时代, 实践论美学仍大有可为。

二　外引资源: 以《存在主义哲学》和《存在主义美学》为中心

在马克思主义实践论美学占据主导的1980年代, 很少有实践美学家真正关注或正面评价存在主义哲学和美学, 李泽厚或许是个例外。早在《批判哲学的批判: 康德述评》中他就四次提到存在主义哲学, 并做出自己的评价, 尽管对海德格尔存在论哲学有一些误读, 但作为中国实践论美学的代表理论家, 能在新时期之初就对西方存在主义哲学、美学有所评价是难能可贵的。②伴随着萨特、海德格尔在新时期中国的流行, 存在论美学也在潜滋暗长, 这首先要归功于对西方现代哲学尤其是存在主义哲学和存在主义美学进行译介与研究的学人, 正是他们, 为新时期中国美学从实践论美学转向存在

---

① 朱立元:《我为何走向实践存在论美学》,《文艺争鸣》, 2008年第11期。
② 参见杨存昌:《中国美学三十年》, 济南出版社, 2010年, 第319—321页。

论美学的"存在论转向"和存在论美学在中国本土的"顺产"充当了助产士。

首先必须要提及的是，当代中国有两本《存在主义哲学》引人注目。一本是1963年由中国科学院哲学研究所西方哲学史组编的《存在主义哲学》，作为"现代外国资产阶级哲学资料选辑"之一，存在主义首先就被定性为"现代资产阶级最反动的唯心主义哲学流派之一"，编译此资料选的目的自然是为了"了解"和"批判"。这本《存在主义哲学》分别由熊伟、王玖兴、周辅成、杨一之选译，包括海德格尔、雅斯贝尔斯、萨特、梅洛-庞蒂四部分，海德格尔部分选译了《存在与时间》和《论人道主义》，雅斯贝尔斯部分选译了《哲学与科学》《生存哲学》《论自由的危险与机会》《新人道主义的条件与可能》《原子弹威胁下的良心》，萨特部分选的是《有与无》《马克思主义与存在主义》和《存在主义是一种人道主义》，梅洛-庞蒂部分选译的是《知觉现象学前言》和《辩证法的探险》的"序"与"第二章'西方的'马克思主义"。尽管这个选译本"注意包括他们一些露骨的反动社会政治观点的材料"，对存在主义代表人物和代表理论作品的选择和译介相对来说比较零碎，无法呈现出存在主义哲学的历史发展和整体面貌，但还是编选了有关存在主义哲学的基本论旨的一些材料，使得这本"反帝反修"大旗下诞生的原本"供批判用"的"内部读物"，为当时文化界尤其是文学青年了解西方存在主义尤其了解萨特、海德格尔打开了方便之门，其中有关"人道主义"的部分篇章更是为此后1980年代人道主义思潮的兴起，乃至1990年代"语言论美学"等存在论美学的建构提供了思想启蒙和理论资源。①

另一本《存在主义哲学》的诞生则是在新时期。1984年6月，存在主义哲学全国讨论会在江苏镇江召开，集中讨论了海德格尔的《存在与时间》、萨特的《存在与虚无》《辩证理性批判》等著作。尽管如此，当时国内学界对西方存在主义哲学的研究还十分缺乏，"对于西方存在主义哲学的一些基

---

① 比如王一川在《语言乌托邦——20世纪西方语言论美学探究》（云南人民出版社，1994年）第五章"语言与存在——存在主义美学"多次引用这本《存在主义哲学》中的海德格尔《关于人道主义的信》一文。

本著作, 我们还没有作系统、全面的评价, 对于存在主义哲学著名代表人物的基本思想, 有一些甚至还没有做过评述, 而对于存在主义哲学在六十年代同西方的新左派运动、在七十年代同西方的生态学运动的结合, 我们研究、探讨得尤其不够"①。正因如此,《存在主义哲学》在"方法年"之后的 1986年应运而生。这本书由徐崇温主编, 由中国社会科学出版社出版, 由九家单位 (如中国社会科学院哲学研究所、北京师范大学哲学系、复旦大学哲学系、中国人民大学哲学系等) 的十多位同志 (如徐崇温、周国平、张庆熊、刘放桐、俞宣孟、何怀宏等) 撰写而成, 采取横向评析和纵向综述相结合的方法, 对西方存在主义哲学理论的基本方面进行评析, 对存在主义哲学的先驱、在德国的诞生、在法国的发展以及在美国和日本的传播等作了全面而系统的论述, 代表了当时国内西方存在主义哲学研究的最高水平, 对新时期存在论美学的产生和建构产生了重要影响。

这本《存在主义哲学》的显著特点在于具有鲜明的马克思主义特性, 这自然与主编徐崇温密不可分。徐崇温长期在中国社会科学院从事"西方马克思主义"研究, 先后出版了《"西方马克思主义"》《萨特及其存在主义》《卡缪的荒谬哲学》及《存在主义哲学》等著作, 对存在主义马克思主义进行了深入探究, 在学术界引起极大的关注和争议。②尤其是《存在主义哲学》一书出版后在海峡两岸都引起了极大反响, 比如唐合俭、边金魁在书评中指出, 该书"是我国出版的第一本以马克思主义为指导、系统考察存在主义哲学的学术著作", 其特点是"自始至终以马克思主义哲学的立场、观点和方法去分析、评述存在主义哲学, 的确称得起是对存在主义进行马克思主义研究"③。

正因为坚持正统马克思主义哲学的基本立场、观点和方法, 所以,《存在主义哲学》对"存在主义与马克思主义"的关系、对"梅洛-庞蒂的社会历史

① 徐崇温:《存在主义哲学》"前言", 中国社会科学出版社, 1986年, 第1页。
② 参见张本:《关于西方当代马克思主义的研究对象——兼与徐崇温同志商榷》,《现代哲学》, 1988年第2期。
③ 唐合俭、边金魁:《存在主义的哲学观及其它——略评〈存在主义哲学〉》,《中国社会科学》, 1987年第4期。

观点及对马克思主义的态度"以及萨特"用存在主义结合和补充马克思主义的缘由和方案"等问题进行了专门论述；因为长期固守的唯物主义与唯心主义、无产阶级与资产阶级的二元对立思维，所以，《存在主义哲学》尽管对存在主义理论家的某些具体观点有所肯定，但在总体上对存在主义哲学持批判的态度。在他们看来，"存在主义不仅是一种主观唯心主义哲学，而且是一种把主观唯心主义和非理性主义紧密结合起来的哲学"，"如果说海德格尔、雅斯贝尔斯的存在主义观点反映了资产阶级人生观的话，那么，萨特的存在主义观点则反映了资本主义制度下既颓废彷徨、痛苦呻吟，又不甘心忍受而要求反抗、孤注一掷的部分小资产阶级的思想情绪"①。"主观唯心主义"和"资产阶级哲学"的时代标签，成为存在主义美学首先要摆脱的"魔咒"。

与1963年纯粹译介的《存在主义哲学》不同，1986年的《存在主义哲学》在体例上也很有特点，兼顾理论总评与各家述评相结合、历时性与共时性相结合。以"导论""存在主义的先驱""存在主义在德国的诞生""存在主义在法国的发展""存在主义在美国和日本的传布"等五编，全面完整地呈现了存在主义运动在现代西方哲学中和世界范围内发生、发展、传播的全过程，既有对存在主义哲学的"存在观""认识观""自由观"的宏观辨析，又有对克尔凯郭尔、尼采、海德格尔、雅斯贝尔斯、马塞尔、梅洛-庞蒂、卡缪、萨特、高兹等存在主义者的微观考察。值得注意的是，作者只用60余页篇幅介绍了海德格尔的存在哲学，而用近百页的篇幅、分上下两章对萨特进行了详细述评，充分印证了萨特在1980年代的新时期中国首屈一指的关注度和影响力，尤其是作者对萨特思想转变的梳理和尚未出版的《辩证理性批判》的介绍，还受到台湾学者的称赞。②

----

① 徐崇温：《存在主义哲学》，中国社会科学出版社，1986年，第37、13—14、31页。
② 台湾《东海哲学研究集刊》第1集发表蒋年丰的《沙特，在大陆》一文，评论《存在主义哲学》"对沙特从《存在与虚无》到《辩证理性批判》的思想转变以及这个转变与梅洛-庞蒂之间的纠结有着极为宝贵的誊理，尤为可贵的是徐先生还介绍了《辩证理性批判》第2卷的内容，其步伐已赶上欧美"，"这些学术成就绝非台湾学界所能望其项背的"。参见陆俊：《无尽的追求 不懈的探索——徐崇温的学术生涯和学术思想》，《高校理论战线》，2007年第9期。

在作者看来，存在主义是现代西方人本主义思潮的典型代表，是一种危机哲学；通过对克尔凯郭尔、海德格尔、雅斯贝尔斯、萨特等人存在主义"存在"观的论述[①]，不难看出：作者虽然指出了存在主义的特点在于对个人存在的肯定，但四重否定的递进最终表明存在主义的"存在"实则是一种"孤独个人的非理性的情绪体验"，由此判定存在主义在认识观上是一种主观唯心主义和非理性主义的哲学，在自由观上表现为人的存在就是人的自由，人的自由先于人的本质，由此认为萨特版的存在主义比海德格尔版的存在主义"高明""积极"。这种"褒萨贬海"的论调，显然与萨特的马克思主义身份和"自由选择""介入"等论说以及1980年代昂扬向上的时代精神密切相关。而对海德格尔的贬抑，也就使得存在论美学的"海德格尔效应"受到抑制，直到1990年代才不断获得释放。

值得注意的是，《存在主义哲学》不仅梳理了存在主义在美国的传播，还在最后一章特别提到了存在主义在日本的传播与接受。作者明确指出："存在主义在第二次世界大战后通过各种渠道逐步渗透到日本的文化、思想意识形态领域中去，有力地影响着、改变着日本人（特别是知识分子）的思想。由于思想上的共鸣，他们主要不是系统地接受存在主义的哲学原理，而是在不同程度上各取所需地接受存在主义有关生存、处境和人生的某些观点，而且有时是在无意之中接受的。正是在这个意义上说，存在主义是战后日本社会意识中占统治地位的哲学思潮"[②]。正是在这样的占统治地位的西方存在主义哲学影响之下，今道友信等日本美学家形成了自己理解的存在主义美学。

如果说"今道友信是日本乃至东方世界为数不多的有世界影响的美学

---

① 作者认为存在主义者所谓的"存在"的内涵有四点：不是指客观世界的不依人的意志为转移的存在，而是指人的存在。这种"存在"只为人所具有，物是不具有的，因为物只能"有"，而不能"存在"；不是指一般的人、人类的存在，而是指具体的、个别的人的存在；不是指具有形体的某个人的具体存在，而是孤独个人同自身的关系，他的自我感；不是指个人对自身的理性认识，而是指孤独个人的非理性的情绪体验。参见徐崇温：《存在主义哲学》，中国社会科学出版社，1986年，第10页。

② 徐崇温：《存在主义哲学》，中国社会科学出版社，1986年，第669页。

家之一，也可以说是继竹内敏雄之后日本当代最重要的美学家"①，那么，在新时期的中国美学界，今道友信可以说是当代最受欢迎和最重要的日本美学家，在短短几年内，其美学著作《关于美》《存在主义美学》《美的相位与艺术》《美学的方法》《东西方哲学美学比较》《东方的美学》《美学的将来》等相继在国内译介出版。②其中，1987年出版社的《存在主义美学》③收入李泽厚主编的"大量引进西方现当代美学观念"的"美学译文丛书"中④，这是国内翻译出版的第一部有关西方存在主义美学的综合性著作，是"按照西方美学的原则和样态在东亚的语境中写出的美学，呈现为西方美学在东亚"⑤。从中我们不难看出，"它的美学思想主要得力于海德格尔，并对海德格尔的美学思想加以阐发和改造，使存在主义美学染上东方色彩"⑥。就此而言，西方存在主义美学在中国的传播与接受，离不开以今道友信为代表的日本美学家的中介作用，这为中国本土存在论美学的孕育生成提供了东西方美学交汇融合的滋养。

　　《存在主义美学》主要介绍了存在主义美学发展的历史沿革、基本面貌，介绍和分析了存在主义美学基本概念及其对存在主义美学和整个美学范畴的价值。同时，还具体分析了存在主义美学代表人物海德格尔、雅斯贝尔斯、萨特的美学思想。其最大的特点在于，聚焦于艺术，从艺术哲学的角度呈现存在主义美学的独特观念，涉及艺术与生存、创作与欣赏、想象与存

---

① 李心峰：《日本四大美学家》，中国文联出版社，2021年，第250页。

② 参见［日］今道友信：《关于美》，鲍显阳、王永丽译，黑龙江人民出版社，1983年；《存在主义美学》，崔相录、王生平译，辽宁人民出版社，1987年；《美的相位与艺术》，周浙平、王永丽译，中国文联出版社，1988年；《美学的方法》，李心峰等译，文化艺术出版社，1990年；《东西方哲学美学比较》，李心峰等译，中国人民大学出版社，1991年；《美学的将来》，樊锦鑫译，广西教育出版社，1997年。1986年第4期《文艺理论研究》专门介绍了今道友信的《东方的美学》。

③ 《存在主义美学》是竹内敏雄主持的东京大学美学研究会出版的《美学新思潮》丛书中的一卷，其他各卷分别为《艺术的解释》《艺术符号论》《艺术和技术》《艺术和社会》。

④ "从1984年开始，中国美学界开始大量引进西方现当代美学观念，这个变化以李泽厚主编的'美学译文丛书'出版为标志。"参见牛宏宝：《中国与西方——1949年中国对西方美学的接受》，汝信、王德胜主编《美学的历史——20世纪中国美学学术进程》，安徽教育出版社，2000年，第386页。

⑤ 张法：《东亚美学的特质》，《人文杂志》，2015年第6期。

⑥ 毛崇杰：《存在主义美学与现代派艺术》，社会科学文献出版社，1988年，第160页。

在真理、艺术与艺术家个性等一系列重要问题，并提出观察这些问题的新的角度，这其中许多观点和方法，对于当时的中国美学研究者不仅鲜知而且富有启迪，对当下我们理解美学与艺术的关系也颇有启发。

正如今道友信在《美学的现代课题》中所言，"现代向我们提出了各种各样急需解决的新问题"①。这自然包括现代美学和现代艺术的新问题。众所周知，自黑格尔之后，现代美学的主流是将艺术作为主要研究对象，不是研究"美"或"美本身"，而是研究与"艺术"有关的各种问题，因而美学成为艺术学或艺术哲学。在美学、艺术哲学、艺术学的关系问题上，今道友信显然反对将美学与艺术哲学画等号，他主张美学应当是"美之学"，要研究作为与美的理念相关联的形而上学的美学，要确立作为与艺术本质相关联的现象学的美学，为此，必须考虑在艺术经验中作为关于艺术的学问而被唤起的道德要素，必须为了完善作为理解的思维而改革逻辑学，归根结底，他希望现代美学要担负起远大抱负和重大使命，"作为一个时代开端的今天正在向既是基础学又是补充学的美学展示出新的境界。因此，美学在今天必须是思维的开始和终结，是思维的原理和目的，换言之，美学是哲学的枢轴"②。

而另一方面，现代艺术出现了"非美"甚至"超美"的倾向，不再像曾经的"美的艺术"(fine art)那样以"美"为唯一追求，现代工业社会的非个性化、非人化的"技术的艺术"消解了"美"的光晕和幻觉，却也使艺术摆脱纯粹的美的执念，参与到现实生活的美化和社会大众的美育之中。受海德格尔等存在主义者的影响，今道友信对以"技术关联"为主要特征的现代社会持批判态度。所谓"技术关联"，即由现代科学技术形成的技术组织、技术结构，在技术关联的现代社会，艺术在技术上不断翻新，却丧失了超越精

① ［日］今道友信：《美学的现代课题》，郭悦越译，中国社会科学院哲学研究所美学研究室编，中国社会科学出版社，1980年，第288页。
② ［日］今道友信：《美学的现代课题》，郭悦越译，中国社会科学院哲学研究所美学研究室编，中国社会科学出版社，1980年，第287—293页。

神；以表现为理念，把再现功能让渡给了现代技术；以自身为目的，为艺术而艺术；导致抽象艺术与非对象艺术的泛滥，偶然性艺术的出现，"方法主义"的普遍化，以及动物性的无意识扩展。[①] 在今道友信看来，"现代"就是技术关联的时代，而这又促使他把"美学的将来"寄希望于超越"形之学"、超越存在论的、形而上学的美学体系——"卡罗诺罗伽"（Calonologie）。

《存在主义美学》着重追问了以海德格尔、雅斯贝尔斯和萨特为代表的存在主义的艺术哲学，如竹内敏雄所言，"存在主义的艺术哲学的研究以脱胎于现象学而发展起来的本体论的哲学为基础，但是它的以解释作品为主旨的艺术方向，也与吸收了本来的解释学（Hermeneutik）流派的存在主义的立场相通"[②]。正是因为以现象学本体论哲学为基础，所以《存在主义美学》以"本体论美学"作为最后的结语部分：

> 所谓本体论的美学，当然是指想要从本体论（ontologie）的立场考察和解释美的、艺术的现象的美学，但本体论本身决不意味着关于存在本身的统一见解。同理，在美学领域也众说纷纭。但是，如果在某些学说中能够看到这样的根本的共同点——不是只从享受方面去把握美和艺术现象，而是把作为精神存在的美的对象结构和存在性质规定为分析的主要对象，并在某种意义上把艺术同存在真理的把握和展示联系起来——那么可以考虑把这些归属于本体论的美学的名下。[③]

换言之，这里的"本体论美学"在本文语境中可译为"存在论美学"，即从存在论的立场考察和分析作为精神存在的美的对象结构和存在性质，理解和把握艺术和真理的关系。今道友信还特别以海德格尔及其论文《艺术作品

---

① 李心峰：《日本四大美学家》，中国文联出版社，2021年，第260—266页。
② ［日］竹内敏雄：《存在主义美学》"总序"，参见今道友信等：《存在主义美学》，崔相录、王生平译，辽宁人民出版社，1987年，第48页。
③ ［日］今道友信等：《存在主义美学》，崔相录、王生平译，辽宁人民出版社，1987年，第243页。

的本源》为例, 来说明本体论(存在论)美学如何以本体论(存在论)为基础分析审美和艺术现象。众所周知, 在海德格尔看来, 真理即存在者之无蔽状态, 艺术的本质就在于"存在者的真理自行设置入作品"[1], 这种在存在论、真理论之中追求艺术本质, 是与在认识论中把存在者的存在把握为对象性的近代哲学和美学截然不同的, 可谓现代存在论独特的美学追求。这种以存在论哲学为基础、以存在论美学为追求的新美学形态, 对当时以实践论哲学为基础、以认识论美学为主导的中国美学来说无疑构成了一种新的启示和召唤, 而日本美学家的先行接受与自主阐发也无疑为新时期中国美学家尤其是新生代青年美学家建构我们自己的"存在论美学"提供了借鉴学习的榜样。[2]

综上所述, 1963年和1986年的两本《存在主义哲学》, 接续起迥然有别的两个时代、两个时期, 从批判到肯定, 从单纯的编选译介到全面深入的研究, 描摹出西方存在主义哲学在当代中国传播与接受的两幅面孔, 与上述接受萨特、海德格尔的两副面孔形成颇有意味的补充和映照; 而《存在主义美学》作为日本美学界对西方存在主义美学(本体论美学)的先在接受与独特阐发, 为中国本土研究从存在主义哲学向存在主义美学拓展和存在论美学的生成提供了镜鉴与启示, 前者以毛崇杰的《存在主义美学与现代派艺术》(1988)为代表, 对海德格尔的"真善美"、萨特的"人学与美学"以及今道友信的"存在主义美学与"等进行研究, 填补了新时期中国存在主义美学研究的空白[3], 后者则以存在论美学的多元理论形态为代表。

三　中坚力量: 代表性哲学家美学家的深耕助力

在内在要求和外引资源之外, 我们尤其不能忽视张世英、叶秀山、叶朗、

---

① [德]马丁·海德格尔:《林中路》, 孙周兴译, 上海译文出版社, 2004年, 第21页。

② 比如潘知常在《中西比较美学论稿》中, 论及海德格尔对"存在"进行划时代的追问, 以改变西方传统的对象性的追问方式时, 援引今道友信《存在主义美学》中的相关概括进行论证。参见潘知常:《中西比较美学论稿》, 百花洲文艺出版社, 2000年, 第223页。

③ 参见毛崇杰:《存在主义美学与现代派艺术》, 社会科学文献出版社, 1988年。

张祥龙等诸多哲学家的重要作用和深刻影响，正是通过他们的接受、研究和传播，在哲学美学界逐渐兴起了海德格尔研究热潮，不仅对海德格尔存在论哲学有了越来越深入的认识和理解，更重要的是，在中西比较的基础上深入探究中西哲学的差异与共振，并以此为契机探求当代中国哲学美学话语的自主创新，因此可以说他们是促进新时期中国美学"存在论转向"的中坚力量。

张世英（1921—2020）是中国当代著名的哲学家和哲学史家，早在西南联大时期便受到冯友兰、金岳霖、贺麟、汤用彤等老师的影响而走上哲学之路，从最初深入系统研究黑格尔哲学体系，到新时期吸收借鉴海德格尔哲学思想，由古典哲学转向现当代哲学，其贡献在于：始终坚持中西比较和融合的视野，发掘和阐发"天人合一"中国传统哲学的价值和"隐秀""意象"等美学理论的价值，主张美学的"人生境界"和"美的神圣性"（即"万物一体"的境界），诚如叶朗所言："对于中西美学的沟通和融合，对于美学理论的建设，都有很大的推进作用。"①

在1980年代中国哲学界讨论"主体性"问题的语境中，海德格尔的"在世结构"之思和主体性批判，让张世英意识到"主客二分"是西方古典哲学片面理解主体性的根源所在，更让他意识到中国传统哲学"天人合一"的合理性与优越性，由此他对西方哲学的"主客二分"与中国哲学的"天人合一"进行了深入比较。在《"天人合一"与"主客二分"》（1991）这篇重要文章中，张世英指出：中国人所谓的"人生在世"即海德格尔所言的"在世界之中存在"，这种"此在与世界"的关系虽然与中国的"天人合一"有重大区别，但二者都承认人与世界是息息相通、融为一体的。从粗略的意义上来说，中西哲学史各自都兼有"天人合一"式与"主客而分"式的思想，但西方哲学史上占统治地位的旧传统是"主客二分"式，而中国哲学史上的主导思想是"天人合一"式。西方哲学史大体经历了三个思想阶段，一是古希腊早

---

① 叶朗：《美学原理》，北京大学出版社，2009年，第12页。

期自然哲学的"天人合一"思想，二是自柏拉图至黑格尔的"主客二分"式旧形而上学思想，三是以海德格尔为主要代表的现代哲学的"天人合一"思想。可以说，海德格尔是西方哲学史上"天人合一"思想的集大成者，但他不同于中国哲学史上"天人合一"说之集大成者王阳明，因为他是欧洲"主客二分"思想长期发展的产物，其"天人合一"是经过了和包摄了"主客二分"的一种更高级的"天人合一"；同时，尽管海德格尔的"天人合一"思想与老、庄"天人合一"思想有相似处，但二者又有现代哲学与古代哲学之别。毋庸置疑，海德格尔的存在论"天人合一"及其重视无道德、个体性"此在"的特点，让张世英意识到中西哲学的雷同与差异，意识到中国传统哲学主客不分的"天人合一"思想的美学价值和存在的问题，以及中西哲学都处于困惑和选择之中。因此，他既反对全盘接受海德格尔哲学，又反对一味赞扬中国的"天人合一"，而主张中国传统的天人合一余西方传统的主客二分相结合，并倡导以"三要"来发展中国哲学，即一要认真反对中国哲学传统中根深蒂固的封建伦理道德意识，二是要发展"主客二分"的思想和科学精神，三要注意发扬人的个体性，防止以共性压制个性。[1]这种中西比较融合、既破又立的论证方式在《天人之际》[2]中得到充分展现。

如果说《天人之际》探究的是由主客关系到主客融合的转向，那么，《进入澄明之境》考察的就是由"在场形而上学"到在场与不在场相结合的思想转向，二者整体上关注的是由西方传统形而上学到现当代人文主义思潮的转向，这是"哲学的新方向"。在张世英看来，由尼采、海德格尔、加达默尔所代表的西方现当代哲学人文主义思潮，不再满足于追求形而上学的本体世界，追求抽象永恒的本质，而要求回到具体的、变动不居的现实世界，即实现由"纵向的超越"转向"横向的超越"，前者指的是从现实具体事物到抽象永恒的本质、概念的超越，后者指的是从在场的现实事物到不在场的（或未出场的）现实事物的超越，海德格尔所言的从显现之物到隐蔽之物

---

① 张世英：《"天人合一"与"主客二分"》，《哲学研究》，1991年第1期。
② 张世英：《天人之际——中西哲学的困惑与选择》，人民出版社，1995年。

的追问，就是横向超越的范例之一。① 新的哲学方向应着重研究的范畴随之而变化，即不再研究思维与存在、本质与现象、感性与理性、个别与普遍、差异与同一、变与不变、具体与抽象等范畴，转而研究显现与隐蔽、在场与不在场、相同与相通、古与今、思维与想象、思与诗、理解与误解、超越与限制、中心与边缘、有与无、言与无言等范畴。他最后指出，真正的超越是审美意识，因为它是在有限的在场的东西中显现出无限的不在场的东西，把在场与不在场、有限与无限结合为一个整体，审美意识高于道德意识而又饱含道德意识于自身，其高级形态是崇高，是无限美。而诗的语言同样也是"把在场与不在场结合为一个无穷尽的整体"，因而"是无底深渊的声音，也是人生真正的家园"②。总之，以海德格尔为代表的人文主义存在论哲学，启示张世英关注事物构成背后的隐蔽方面，把在场与不在场结合为一个无尽整体，由此而思考中西哲学会通的可能，思考哲学何为以及哲学如何"进入澄明之境"。

叶秀山（1935—2016）是当代中国杰出的哲学史家，其哲学美学"植根于康德哲学，绽放于海德格尔哲学，圆融于中国传统艺术思想，而自成一家"③。他不仅"把康德哲学提升到了海德格尔的水平上，让物自身不仅存在而且可以被理解；同时也可以说，他把海德格尔哲学提升到了康德的水平上，存在着的就是物自身，是自由者"④；不仅在中西文本之间寻求交互引涉和双向互补，通过《老子》《庄子》等中国文本来阅读海德格尔文本，反过来，也通过阅读海德格尔等西方哲学文本来理解中国哲学文本。在"哲学"与"艺术"之间徘徊往复，"在书道和文本际会中达到哲学的纯粹"⑤，最终建构起自己的"美的哲学"，而海德格尔的现象学存在论哲学正是其哲学思想的枢纽所在。

---

① 张世英：《进入澄明之境——哲学新方向》，商务印书馆，1999年，第8页。
② 张世英：《进入澄明之境——哲学新方向》，商务印书馆，1999年，第267、270页。
③ 赵广明：《斯人"在""诗"》，《美的哲学——叶秀山美学文选》"序言"，山东文艺出版社，2019年，第2页。
④ 宋继杰：《自由哲学的路标——叶秀山先生的学-思历程初探》，《哲学动态》，2019年第7期。
⑤ 张祥龙：《在书道和文本际会终达到哲学的纯粹》，《哲学动态》，2017年第1期。

在这里必须要提及的是他1988年出版的《思·史·诗——现象学与存在哲学研究》，这是"我国最重要的现象学哲学与美学论著之一"①。很显然，这个书名就来自海德格尔，如其后来所言，海德格尔"把思、史和诗统一了起来，使人的'世界'变得丰富起来"②。而由"思""史""诗"这些基本的维度来看中国传统文化，"儒家重'史'的度，道家重'诗'的度，但'思'这个度，在古代却没有得到充分的发展"③。可见，海德格尔的运思理路为其思考中国传统文化提供了重要启示和参照。在这本论著中，叶秀山对现代现象学思潮以及现象学与存在论的关系等问题进行了深入探讨，着重考察了卡西尔符号现象学、胡塞尔现象学和海德格尔存在论现象学等。在他看来，"卡西尔的现象学是文化性的；胡塞尔的现象学是知识性的；海德格尔的现象学是存在性的。'现象学'与'存在论'相结合也就是知识论与存在论的结合"，这种结合不是重回以亚里士多德为代表的西方哲学传统的老路，而是对此传统的真正超越，即"存在性的知识和知识性的存在这样一种思想方式是对欧洲固有的以逻辑形式与感性内容相结合的科学性思想方式的突破，当然更是哲学-形而上学思想方式的一种突破"④。这种突破正是海德格尔现象学存在论的意义所在，它一方面把康德的科学知识论变为存在知识论，把不可认知的"物自体"理解为知识性的存在，另一方面也把胡塞尔的"生活世界"变为"历史性世界"，即把黑格尔的"历史"概念提高到本源性真实的高度，明确生活于世界中的"人"不是康德意义上的抽象的"我"主体，而是生活于"时间"之中的历史性的Dasein（此在），换言之，"时间"是"人"的"存在形式"，是"本体存在论的（ontological）"，而不是《纯粹理性批判》那样把时间限于诸存在者的"经验之存在（ontic）"。正是在这个意义上，叶秀山高度肯定了海德格尔把"时间"引进"本体—本质"对于哲学

---

① 曾繁仁：《中国现代美学大家文库·总序》，山东文艺出版社，2019年，第16页。
② 叶秀山：《美的哲学——叶秀山美学文选》，山东文艺出版社，2019年，第67页。
③ 叶秀山：《美的哲学——叶秀山美学文选》，山东文艺出版社，2019年，第76页。
④ 叶秀山：《思史诗——现象学与存在哲学研究》，人民出版社，1988年，第7页。

思维功莫大矣。^①由此，他转向对中国传统艺术的时间存在论思考，"中国传统艺术的本质是'时间'的，而不仅仅是'空间'的"，也就是说，书法、绘画、舞蹈和戏曲等中国艺术本质上都是"时间性"的，都"为保存那基础性、本源性的'意义'提供了一种有价值的'储存方式'"^②，这就赋予了中国传统艺术以存在论的哲学根基，并在此基础上实现了中西融合会通。

叶朗（1938— ）作为北京大学美学传统的继承发扬者，在1980年代"美学热""文化热"的时代氛围中出版了别具一格的美学原理教材《中国美学史大纲》(1985)，摆脱苏联美学模式的影响，不再抽象地讨论美的本质问题，而是以"感兴"和"意象"这两个中国古典美学范畴来描述"审美经验"和"审美对象"，将中西美学融合起来，因为在他看来，"真正的现代美学体系应该体现一种在更大范围内和更深刻程度上的综合，最重要的是东方美学特别是中国美学和西方美学的融合"^③，而这一思想同样贯穿在其随后主编的《现代美学体系》(1988)中。《现代美学体系》既延续了中国美学的传统，又吸收了西方美学的研究成果，既注意吸收与美学关系密切的相邻学科的新成果，又联系新时期的审美实践、文艺实践的新成果、新经验和提出的新问题，努力实现传统美学和当代美学的贯通、东方美学与西方美学的融合、美学和诸多相邻学科的渗透以及理论美学和应用美学的并进^④，按照审美形态、审美意象、审美感兴、审美文化、审美教育、审美设计、审美发生、审美体验的理论框架来建构现代美学体系，极富开创性。

随着理论推进，"美在意象"理论最终在《美学原理》(2009)中水到渠成，而海德格尔的著名论断"美是作为无蔽的真理的一种现身方式""美属于真理的自行发生"无疑给了他重要启示：审美如同"照亮"，让万物明朗起来，让万物显现自身，这"照亮"源自我们的心灵；而情景合一的"意象"

---

① 叶秀山：《哲学中的艺术》，《美的哲学——叶秀山美学文选》，山东文艺出版社，2019年，第196页。

② 叶秀山：《"有人在思"——谈中国书法艺术的意义》，《美的哲学——叶秀山美学文选》，山东文艺出版社，2019年，第196页。

③ 叶朗、彭峰：《美在意象——叶朗教授访谈录》，《文艺研究》，2010年第4期。

④ 叶朗主编：《现代美学体系》，北京大学出版社，1988年，第17页。

正是照亮人与万物一体的本真世界，是创造，是生成。"'意象'不是认识的结果，而是当下生成的结果。审美体验是在瞬间的直觉中创造一个意象世界，一个充满意蕴的完整的感性世界，从而显现或照亮一个本然的生活世界"①。叶朗之所以将"美"聚焦于"意象"，又离不开中国的美学传统，诸如与西方"主客二分"不同的"天人合一"哲学思维，情景交融的创作法则，柳宗元的"美不自美，因人而彰"，王阳明的"心学"，王夫之的"情景说"和"现量说"，朱光潜的"美感的世界纯粹是意象世界"和"主客观统一"说，宗白华的"象如日，创化万物，明朗万物"，庞朴的"一分为三说"等等，都曾给他以重要启发。因此，"美在意象"理论可谓中西古今美学思想的融合会通，既是对海德格尔存在论哲学的批判吸收，也是从朱光潜、宗白华"接着说"，既是对西方主客二元思维及其认识论、进化论美学的克服，也是对中国"天人合一"思维及其存在论美学的继承，归根结底，是对原初本来的人与世界之关系的复归，如其所言："'意象'理论中所说的那个'本''初'，是生存论或者本体论意义上的，并不是发生论或进化论意义上的，它不指向时间上的远古，不指向婴儿生活状态，而指向当下的本真存在。"②很显然，海德格尔的"本真存在"与"非本真存在"的区别又为"美在意象"理论提供了重要理据。

同样作为北大哲学的承继者，张祥龙（1949—2022）的贡献集中体现在其《海德格尔思想与中国天道——终极视域的开启与交融》（1996）与《海德格尔传》（1998）这两部著作。通过考察海德格尔思想与中国古代天道观的关系，意在中西对话中寻找领会终极问题的新思路，在他看来，"在海德格尔思想和中国天道观之间有着、或不如说是可以引发出这种意义上的对话态势，而它在其他的西方哲学学说与中国天道思想之间是难以出现的"③。换

---

① 叶朗、彭锋：《美在意象——叶朗教授访谈录》，《文艺研究》，2010年第4期。
② 叶朗、彭锋：《美在意象——叶朗教授访谈录》，《文艺研究》，2010年第4期。
③ 张祥龙：《海德格尔思想与中国天道——终极视域的开启与交融》，生活·读书·新知三联书店，1996年，第2页。

句话说，海德格尔的特殊性在于，"在有重大影响的西方哲学家中，海德格尔是唯一一位与中国的道发生了真实交流的思想家"①，其存在论思想与中国天道在思想方式、终极实在观以及如何认知实在等问题上有暗通投缘之处，尽管二者之间也存在着不可忽视的诸多差异。他认为，海德格尔的存在学说与中国古代的天道观之间的最大共同之处就是：两者都深知，凭借任何被现成化了的观念绝不足以达到思想与人生的至极，这是非现成识度的共通；其次，二者都将人间体验作为理解之根，真正的终极问题就是人生存于世间的意义问题，或这种生存本身所构成的人生意义问题，"终极不离人的世间境域"是一个基本识度；再次，二者都认为终极的实在不管叫"存在本身"也好，叫"天"或"道"也好，只能被理解为纯粹的构成境域。最后，这终极境域的显现并不传达任何关于个别存在者状况的信息，却一定富含移时换境的"阴阳消息"，这"境域"本身的消息有涨落盛衰可言，表现为人的生存势态，这"终极"一直就与人的生存领会息息相通，有其盈缩消长。这些相通之处为中西哲学会通提供了可能。

《海德格尔传》则通过大量鲜为人知的第一手资料，不仅第一次披露了海德格尔与道家发生关联的最早证据——海德格尔引用《老子》第28章"知其白，守其黑"以论证他思想转向的文字，更是将海德格尔的人生经历与思想发展紧密关联，指出其一生就是在努力倾听田野道路的召唤中度过的；同时表明海德格尔对于"道"的兴趣与他本人思想"道路"息息相关，明确指出：海德格尔用"（自身的）缘构发生"来比拟中国道是很有见地的，这天道不是任何意义上的"可道"对象，包括形而上学理论框架赋予的对象，却能以各种（儒、道、兵、法、禅）方式被引发、被充满势态地维持在了真切的终极领会处。②在各种东方思想中，"道"是唯一一个被海德格尔公开地、认真地讨论过的"主导词"，他对中国道的独特理解和阐发为我们反观

---

① 张祥龙：《海德格尔思想与中国天道——终极视域的开启与交融》，生活·读书·新知三联书店，1996年，第424页。
② 张祥龙：《海德格尔传》，河北人民出版社，1998年，第322页。

中国传统思想、会通中西文化提供了有益的镜鉴。

　　总之，张世英、叶秀山、叶朗、张祥龙等哲学家美学家对近现代哲学尤其是海德格尔存在论哲学的整体接受或部分接受，使海德格尔思想在中国学术界的影响不断上升，一时之间，"中国哲学史、美学、马克思主义哲学、政治学、文学理论等众多领域的研究者中间，越来越多的人关注海德格尔。似乎可以说，海德格尔已经接替黑格尔，成了在中国影响最大的西方纯哲学家"①，更由此而获得了重新理解和阐释西方哲学和中国哲学的新视野、新路径、新方法，"现象学—存在哲学不仅使重新理解、阐释西方哲学传统成为必要的，而且提供了使中国哲学在传统西方哲学框架内看不到的意义得以显现的新视野"②，从而开启了双向融通中西哲学美学的新历程，促进了理论资源的更新和思维方式的变革，也促进了中国当代美学理论的内在转型，为建构具有中国特色的美学理论提供了示范，对新时期中国美学的"存在论转向"的贡献是不言而喻的。

结语

　　新时期中国美学的"存在论转向"是20世纪中国美学现代化进程的必然结果，也是西方美学中国化的必然产物，其背后的意涵，既包含美学思想资源由实践哲学向存在哲学的革新，也包含当代中国美学学人队伍和话语体系的自觉调整与主动推进，即以存在论超越实践论，以《存在主义哲学》(1986)超越《存在主义哲学》(1963)，以现当代哲学超越古典哲学，并以西方现代哲学为映照，激活中国传统哲学，在"天人合一"与"二元对立"的中西哲学比较与融通中，探求建构当代中国存在论美学的理论自信和可能路径。一言以蔽之，"存在论转向"使新时期中国美学在时转型时代逐渐走出"一枝独秀"的实践论美学，而走向"百花齐放"的存在论美学。

---

① 张祥龙：《〈海德格尔传〉第二版序言》，《海德格尔传》，商务印书馆，2017年。
② 黄裕生：《自适于家园之外——评〈叶秀山文集〉》，《中国图书商报》，2000年7月4日。

本 章 小 结

至此，新时期中国美学的"存在论"转向或者说存在论美学诞生的历史语境较为清晰地浮现出来了。有学者认为，"现象学和存在论美学在中国美学建设中起到了两方面的作用：一是充当了解构'旧实践美学'的理论武器；二是为'后实践美学'理论建构提供了重要的思想资源和环境方法。在30年（1978—2008——引者注）中国美学建构中大量地关注'存在''生存''生命'等命题，大多与西方现象学和存在论美学有关"①。这一判断总体上看没什么问题，但在本文的理路中需稍加辨析：在中国新时期的语境中，"西方存在论美学"有前期的广义和后期的狭义之分。前期的广义指的是以海德格尔、雅斯贝尔斯、萨特等为代表的西方"存在主义美学"（existentialism aesthetics），它随着存在主义哲学进入新时期中国并被广泛接受。因为"存在主义"话语是当时的主流话语，所以海德格尔最初被视为和萨特一样具有人道主义精神的存在主义者而被接受，并以人文主义的主体性进行解读；今道友信的《艺术的实存哲学》尽管已经揭示了与存在主义不同的海德格尔"存在之真理"的存在论（本体论）内涵，但仍被翻译为《存在主义美学》；如此等等。后期的狭义指的是以海德格尔的存在论哲学为基础的西方"存在论美学"（ontology aesthetics），标志性事件就是海德格尔《存在与时间》（1987）的译介。之所以说是"标志性事件"，是因为"它首先让国人从一个方面较完整地目睹了海德格尔哲学的思辨形态，了解到他的存在论及此在分析的本来面貌，也领略了真正的哲学是什么样的。其次，翻译工作中正确地把握了海德格尔的本体论思想不同于西方哲学传统的根本特征，提出用'存在论'的译名来取代过去习用的'本体论'，也是重要的举措，并基本上得到了学界的认可"②。由此，"存在主义"的

① 杨存昌：《中国美学三十年》，济南出版社，2010年，第24页。
② 张弘：《西方存在美学问题研究》，黑龙江人民出版社，2005年，第234页。

洪峰过去，迎来"存在论"的潮流，海德格尔才真正以"存在论"而非他所反对的"存在主义"的美学身份得到传播和接受，成为后实践美学反思和批判"实践美学"的理论武器和思想资源，由此"存在论转向"才真正发生，存在论美学才真正产生。

总之，存在论转向既与新时期之初存在主义哲学借"人道主义"东风而深入人心有关，与哲学界、美学界对海德格尔越来越深入的译介和研究有关，当然也与实践论美学自身存在着问题、积极寻求新的激发和突破有关。内生动力和外引资源的碰撞，中坚力量的深耕助力，使得西方存在论美学逐渐融汇到新时期中国美学的理论构建之中，尤其是在与实践论美学的交锋和对话中，当代中国美学理论建构的哲学基础逐渐由实践认识论转向存在本体论，不断催生出各种理论形态的"中国存在论美学"，构建起近四十年当代中国丰富多彩的美学图景。

第三章　新时期中国存在论美学的
　　　　　多元理论形态（上）

　　总体而言，"在20世纪70年代末80年代初，美学研究表现出从反映论模式转向实践论模式、从直观观点转向实践观点的走势。20世纪90年代中后期又从实践论模式向存在论模式转向。其中，90年代中期以前的美学大多是'认识论美学'，此后转向了'本体论'研究或'本体论'、'现象学'和'逻辑学'一体化的辩证综合"①。如果说1980年代中国美学主要借用的是德国古典哲学、美学理论资源的话，那么随着"美学译文丛书"等西方现当代美学著作的大量译入，1990年代中国美学主要借用的则是西方现当代哲学、美学理论资源，尤其是海德格尔的现象学存在论哲学美学资源。立足马克思主义，援西入中，从康德转向海德格尔，从传统本体论转向现代存在论，以实现对传统认识论和实践美学的双重超越，成为1990年代新一代美学家（尤其是后实践美学倡导者）的理论追求，也成为实践美学坚守者应时而变的改进之方。

　　为什么是海德格尔？如上所述，一方面，是因为在中国美学传统与西方美学传统这两种异质话语之间，海德格尔"是西方美学传统的终点，又是西方现代美学的真正起点，既代表着对西方美学传统的反叛，又代表着对中国美学传统的历史回应，这显然就为中西美学间的历史性邂逅提供了一个契机"②。刘小枫在《海德格尔与中国》中也有相似观点，"我们深切感到，能给中国思想带来历史性转机的西方哲人，非海德格尔莫属。因为，据说他的哲学骨子里太像我们的古代哲学。何况，海德格尔自己也说过，他早就心仪中国古老的智慧书《道德经》"③。因此，海德格尔成为连通中西哲学美学传

---

① 杨存昌：《中国美学三十年》，济南出版社，2010年，第15页。
② 潘知常：《中西比较美学论稿》，百花洲文艺出版社，2000年，第569页。
③ 刘小枫：《海德格尔与中国》，华东师范大学出版社，2017年，第6页。

统的一个十分理想的"契机"和"转机"所在。另一方面，是因为中国当代美学在经过新时期初的生存论摸索和试探之后逐渐走向深入，迫切寻求超越认识论美学、建设合乎现代化进程的中国现代性新美学的转型，因此，海德格尔成为实践论美学、后实践美学以及新实践美学争相移用或习得的对象，他们之间彼此论争，又相互取法，共同构成"存在论转向"的创新力量。一时间，中国当代美学呈现出百家争鸣、百花齐放的繁荣局面，逐渐建构起以"超越美学""生命美学""存在论美学""语言论美学""生态存在论美学""实践存在论美学""生活美学""身体美学"等为代表的中国存在论美学的多元理论形态。

第一节　超　越　美　学

作为后实践美学的代表理论家，杨春时可谓"新时期中国当代美学的同路人，是新时期中国当代美学的见证者，是新时期中国当代美学的重要参与者和推动者"[1]。从1980年代加入实践美学的队伍，到1990年代初提出"超越实践美学"的"生存—超越美学"，再到21世纪以来最终形成"主体间性超越美学"，他始终坚持审美的超越性，又不断兼收并蓄、求新求变，尤其对前后期海德格尔存在论思想的批判吸收，使其美学形成了鲜明的存在论底色，用他自己总结的话来说就是，"从实践美学走向生存论美学再走向存在论美学；从主体性美学走向主体间性美学；从认识论美学走向现象学美学；最后打通西方美学传统和中华美学传统，开展中西美学的对话，在中西美学的互补、融合基础上，建立了主体间性超越美学"[2]。已有论者指出，杨春时的"超越美学"主要呈现为三个阶段和形态，即"实践"为本体的"主体性超越美学"、"生存"为本体的"意义论超越美学"、"存在"为本体的

---

① 肖建华、吴上青：《自我的超越和超越的美学——杨春时〈作为第一哲学的美学——存在、现象与审美〉导读》，见潘知常主编：《百年中国美学名著导读》，百花洲文艺出版社，2023年，第343页。

② 杨春时：《作为第一哲学的美学——存在、现象与审美》，人民出版社，2015年，第509页。

"主体间性超越美学"，这是合乎事实的。①在我看来，"存在论""超越"和"主体间性"这三个紧密相连的关键词，构成了杨春时"超越美学"的理论重心，为中国存在论美学贡献了别具一格的理论形态，蕴含着他对西方美学的批判继承和对重建现代美学的理想抱负。

一 重建现代美学：从实践论到生存论到存在论

"重建现代美学"可谓杨春时毕生追求的美学理想。首要的问题是，为什么要"重建现代美学"？在他看来，一是因为现代美学依然是值得重建的"一项未完成的事业"。尽管我们身处后现代主义时代，尽管后现代主义哲学对现代主义哲学进行了一系列解构，但现代主义哲学和美学仍然有其合理性，并没有终结；这种"未完成"的主张，自然是对哈贝马斯"未完成的现代性"的吸收。二是因为新时期中国美学的现代转型需要建设与之相应的现代美学。在新启蒙意识的影响下，实践美学在新时期获得了绝对的主导地位，但随着市场经济蓬勃兴起，中国逐渐从新时期转入后新时期，美学的任务也随之从争取现代性转向反思现代性。这是新时期中国美学方向的转变，也是中国美学现代转型的必然。在此语境下，反思批判实践美学和重新建设现代美学就具有了同一性。在杨春时看来，实践美学有"十大罪状"②，归根结底，实践美学是古典的而非现代的。由此，他借鉴现代西方美学为思想资源，扛起后实践美学的大旗，展开了与实践美学长达三十余年的"第三次美学论争"③。一言以蔽之，重建现代美学，既是为克服现代主义和后现代主义美学的局限，也是为中国当代美学寻求新的出路。

为了重建现代美学，首先就必须重建美学的哲学基础，为此，杨春时在

---

① 祁志祥：《杨春时的"超越美学"体系创构》，《社会科学》，2019年第2期。

② 参见杨春时：《走向"后实践美学"》，《学术月刊》，1994年第5期。

③ "第一次美学论争是在苏联哲学的框架里进行的（论争由批判朱光潜开始，把西方美学的影响清除掉了），因此不具有现代意义。第二次美学论争是实践美学代表的启蒙主义与反启蒙主义的苏联哲学的论争，具有前现代意义。第三次美学论争是现代主义与启蒙主义的论争，具有现代意义，是中国重新走向现代美学的转折点。"杨春时：《作为第一哲学的美学——存在、现象与审美》，人民出版社，2015年，第511页。

新时期中国走过了一条从实践论到生存论再到存在论的漫长摸索之路。

在1980年代"美学热"的时代氛围中,受到青年马克思和李泽厚的影响的青年杨春时自然而然地"与实践哲学、实践美学结盟",在其硕士论文《论艺术的审美本质》(1982)中便以实践论作为探讨艺术的审美本质的逻辑起点。在他看来,"所谓实践,是指人类为实现自己本性的一切积极的社会生存活动,即人的本质力量对象化活动","物质实践与精神实践是人类统一的实践活动的两个环节",艺术活动是"精神实践的特殊形式","美只能是精神生产的产品"。与此同时,在比较物质实践(现实生产)和精神实践(艺术生产)的基础上,他还特别指出"艺术活动是理想中创造的人类自由存在的直接现实,它直接地产生着全面的人性","美,作为真正的人类生产的产品,本质上是全面人性的对象化。艺术的本质是审美的,它也对象化着全面的人性"①。可见,在坚持实践论的基本立场上,他尤为难得地关注到作为精神实践的艺术生产和超越现实的审美活动的特殊性,这可谓其审美超越论的雏形。

从20世纪80年代后期到21世纪初,受西方现代美学尤其是前期海德格尔美学、马克思主义美学的影响,杨春时选择与实践美学"分手",从实践论美学转向生存论美学,即以"生存"作为哲学本体范畴,作为美学的逻辑起点,从生存方式的角度来界定审美,从而构筑起以"生存本体论"为哲学基础的"生存—超越美学"。

在《超越实践美学　建立超越美学》(1994)这篇重要的宣言式文章中,他肯定了实践美学的历史功绩,也指出了其"存在着严重的历史局限和理论缺陷",比如依然保留着古典美学的理性主义,由此提出要继承实践美学的成果,"加以发展、创造、超越,最终形成中国的现代美学体系"。他认为,这个现代美学体系必须"确立审美的超越性",为此,他从本体论和解释学两个方面搭建起与传统美学不同的论说新框架:从本体论角度来说,实践

---

① 杨春时:《生存与超越》,广西师范大学出版社,1998年,第181、183、191、190页。

是实践美学的本体论范畴，但实践概念未能将人类生存的其他形式（如精神生活）、社会存在之外个体存在等含纳进来，因此"必须克服实践概念的狭窄性，使之扩展为更全面的本体论范畴，这就是人的存在——生存。生存是我们能够肯定的唯一实在，这是哲学思考的最可靠的出发点，而主体与客体都是从生存中分析出来的，它们都不是独立自在的实体。生存的基础是物质实践，但其本质是精神性的。生存是一种社会存在，但其本质是个体性的。生存要立足于现实，但其本身是超越性的，它指向未来，指向自由。审美是最高的生存方式，它最充分地体现了生存的精神性、个体性和超越性"[①]。从解释学角度来说，实践美学只有本体论基础而无解释学基础，因此只能从实践（作为物质生产）角度而不能从解释（作为认识和价值判断）角度论证美的本质。而"人类生存是解释性的，它能创造自己的意义世界，因而不同于物的存在或动物的存在"，因此，通过主体性、个体性、超越性的解释活动，可以把握总体性的生存意义。在此前的《意义论美学论纲》(1987)中，他就明确指出，"意义是存在（即生存——引者注）本体，它是主体性实践创造的产物"。从这个意义上来说，意义是生存的本质，审美是超越现实意义、领悟本体的超越性解释，"审美是超越的生存方式和解释方式，因而超越性是审美的本质，在这个基础上就可以建构超越的美学"[②]。这种审美超越是对现实的超越、对现实意义世界的超越，也是对理性的超越。在《走向"后实践美学"》中他得出更明确的结论，"审美是超越现实的自由生存方式和超越理性的解释方式。审美的本质就是超越，肯定了这一点，就在现代水平上肯定了审美的自由性"[③]。

总之，在他看来，以"生存本体论"取代"实践本体论"，以超越性、精神

① 杨春时：《超越实践美学 建立超越美学》，《学术月刊》编辑部编《实践美学与后实践美学：中国第三次美学论争论文集》，上海三联书店，2019年，第65—66页。
② 杨春时：《超越实践美学 建立超越美学》，《学术月刊》编辑部编《实践美学与后实践美学：中国第三次美学论争论文集》，上海三联书店，2019年，第66页。
③ 杨春时：《走向"后实践美学"》，《学术月刊》编辑部编《实践美学与后实践美学：中国第三次美学论争论文集》，上海三联书店，2019年，第90页。

性、个体性的"自由"取代现实性、物质性、人类性的"自由",建构超越的美学,是从"实践美学"走向"后实践美学"的必由之路,也是建设现代美学体系的必由之路。当然,因为"生存—超越美学"还只是建立在生存论基础上的"超越美学"的初级形态,所以还无法回答生存超越性的根据、解释的方法、超越的路径等根本性问题,但必须要肯定的是,他这一时期所提出的"生存本体论""生存意义""超越美学""建立中国现代美学体系"等构想,拉开了后实践美学与实践美学论争的序幕,激发并积极推动了实践美学的进一步发展和完善,对推进现代美学理论体系的建立和中国美学理论体系的现代转型是非常有意义的。

新世纪之后,尤其是2002年以来,杨春时又凭借现象学和后期海德格尔的存在论哲学,对生存—超越论美学做了进一步的深化和完善,逐渐由生存本体论进一步转为存在本体论,而这种转向与其生存—超越美学遭到批判不无关系。2004年,杨春时撰写的全国"普通高等教育'十五'国家规划教材"由高等教育出版社出版,从生存论出发,强调审美的超越性和主体间性,自认为是"走出实践美学之后的一部系统的美学体系建构",但先后遭到了曾军、张法等人的公开批评。[①] 尽管他对此也作了某些"答辩"[②],但潜在地恐怕还是激发了他由"不彻底的"生存论美学向"彻底的"存在论美学迈进,最终在其集大成之作《作为第一哲学的美学》中完成了存在论的主体间性超越美学。

在杨春时看来,哲学要以"存在"(Sein)为本体、把握存在意义。然而,从古典到现代到后现代,对存在的理解和对本体论的坚持却一再成为问

---

① 张法认为,"这本著作代表了美学从一种思想形态的整体话语向个体话语的回归","杨春时的美学,不是一种宇宙论(Being存在、是、有)的美学,而是一种人类学(人的生存、生存的本质)的美学。而一旦把(人的)生存的本质定义为自然、超越、个性,他的人的生存,也变成了个人的生存,他的美学也从本有类的含义的人的美学变成了一种突出个性的美学,由此很自然地,他就相当个性而自由地想象出自己的美学体系。"参见张法:《后实践美学的美学体系——评杨春时的〈美学〉》,《贵州社会科学》,2007年第9期。另见曾军:《不彻底的后实践美学体系建构——评杨春时的〈美学〉》,《中州学刊》,2007年第1期。

② 杨春时:《关于〈美学〉的答辩——与张法对话》,《贵州社会科学》,2007年第9期。

题: 古典哲学的问题在于把存在理解为实体性的存在者, 因而是实体本体论; 现代哲学的主要倾向则是摒弃实体本体论, 确立实存本体论; 摒弃客体性, 确立主体性; 摒弃认识论, 确立现象学。现代哲学的代表之一存在主义 (应该翻译为实存主义) 之所以是西方哲学的转折, 就是因为它将实体本体论变为实存本体论。"实存 (Existenz) 是生存 (Dasein) 的超越维度, 是生存的本质。实存哲学 (Exitenzphlosophie) 把存在理解为自我的存在, 以生存的本质即实存作为本体, 认为实存是自由选择, 肯定实存的自由性、超越性, 批判现实生存的异化性质。"① 实存哲学继承了形而上学传统, 将传统形而上学变为现代形而上学, 其问题在于离开了存在谈生存的本质, 把实存而不是存在作为本体。而当代以来的哲学流派 (如语言哲学、分析哲学、新实用主义哲学等) 则取消了形而上学本体论, 在否定实体本体论的同时也否定了存在论, 可谓后形而上学或后现代主义哲学。后现代主义哲学可谓对现代主义哲学的否定, 即否定本体论、否定超越性、否定主体性、否定绝对意义、否定意识哲学, 这虽然对现代主义哲学的缺陷有所矫正, 但又因为矫枉过正乃至全盘否定, 而终结了西方形而上学传统, 以致后现代主义美学也走上了反本体论、反形而上学、反主体性、反本质主义和身体性的不归之路。因此, 要克服传统形而上学、现代形而上学和后形而上学的上述问题, 要超越实体本体论和实存本体论, 就必须吸收古典主义、后现代主义的合理成果并对现代主义进行合理改造, 由此建设真正的存在本体论的现代哲学和现代美学。通过哲学本体论的批判与重建, 杨春时表明了自己非常强烈的现代情结和对本体论哲学观的坚守, 这种存在本体论哲学与其说是新创, 毋宁说是一种回归, 用海德格尔的话来说, 就是重新找回失落已久的"存在的遗忘"。

以存在本体论哲学为基础, 杨春时重建了自成体系、别是一家的存在论美学。在他看来, "存在不是'是', 也不是实体, 而是我与世界的共在, 是生存的根据。存在具有自由性, 而自由的规定是超越性和主体间性。存在作

---

① 杨春时:《作为第一哲学的美学——存在、现象与审美》, 人民出版社, 2015年, 第4页。

为本体论范畴，是生存的根据，生存是存在的异化。如此，实存的超越性才有可能，才有方向，也就说实存的超越性来自存在，实存通向存在"①。通过批判吸收胡塞尔、海德格尔、萨特等人的现象学和存在论思想，杨春时努力寻求存在论和现象学的沟通，在其独创命名的"缺席现象学"和"推定存在论"基础上，提出建立"审美现象学"，并对"存在"进行了重新设定。

所谓"缺席现象学，是把现象学建基于存在论，由于存在不在场，不能直接作为现象显现，从而产生了一种缺失性体验；依据这个缺失性体验，就可以领会所缺席之物即存在，从而间接地感知存在、设定存在"②。在他看来，缺席现象学和"虚无现象学"都是实存论的，后者立足于存在的虚无性，前者立足于存在的不在场和推定，而审美现象学则能够超越这些局限。因为在胡塞尔看来，现象学还原是经过悬搁回到纯粹意识，而在杨春时看来，现象是存在的显现，所谓现象学还原，实际上就是对现实生存和现实意识的超越，是向本真的存在及其体验的回归。这显然是立足于现实又超越现实的"还原"，是以存在论取代意识论。审美不是还原而是超越，审美即现象，是对存在意义的领会，因此可以说，美学是本源的存在论，是充实的现象学。在这一审美现象学基础上，他提出："审美体验是对存在意义的发现和领会，这就是充实的现象学和本源的存在论；哲学思维对审美体验的反思和对存在意义的论证，这才是确定的存在论。因此，美学不是艺术哲学，而是自由之学、超越之学；也不是哲学的分支，而是现象学和存在论的同一，是第一哲学。"③正是在打通存在论和现象学的基础上，杨春时否定了传统哲学将美学定位为比较边缘化的分支，也否定了作为感性学的美学，而确立了美学的独特意义，即美学是使存在显现的充实的现象学与本源的存在论的同一，是哲学的基本方法论，是存在论的奠基，因而是"第一哲学"。福柯、哈曼、沙维罗、韦尔施以及李泽厚等人都曾倡导"美学是第一哲学"这个命

① 杨春时：《作为第一哲学的美学——存在、现象与审美》，人民出版社，2015年，第6页。
② 杨春时：《作为第一哲学的美学——存在、现象与审美》，人民出版社，2015年，第42页。
③ 杨春时：《作为第一哲学的美学——存在、现象与审美》，人民出版社，2015年，第515页。

题，比如李泽厚认为："自 Hegel 将理性高扬至顶峰后，作为巨大反动，人的感性存在、感性生命成为哲学的聚焦。无论是 Marx, Nietzsche, Freud, Dewey, Heidegger, 都如此。历史本体论承续着这一潮流，将美学作为第一哲学，正是将人的感性生命推到顶峰。"①李泽厚以积淀的感性存在、感性生命作为本体，确立"情本体"的价值，以此来论证"美学是第一哲学"，尽管其理论内部还存在着某些矛盾，但启发性不容否定。而杨春时则在现象学与存在论相同一的基础上对"作为第一哲学的美学"进行了较为系统全面的论证，"这一论证建立在'主体间性超越论美学'的体系内，而此体系又建立在其自创的哲学体系之上，故而颇具颠覆性。对于这种颠覆性的、面貌全新的哲学、美学体系，既要肯定其创造性同时也应展开质疑和讨论。至于其价值，还需要长时间的历史检验才能最终论定，但它无疑具有一定的启发性"②。无论如何，李泽厚、杨春时等中国学者顺应世界潮流，倡导"第一哲学"的美学转向并提供了各具特色的中国方案，值得肯定。

由此，杨春时设定了与众不同的"存在"，并规定了存在的性质和范畴："存在"既不是主体性的，也不是客体性的，也不是主客二元化的，而是我与世界的共在。虽然都提"共在"，但"我与世界的共在不同于海德格尔的此在的共在，前者是本真性、本源性的逻辑规定，而后者是非本真的、非本源的经验性的事实；后者仅仅是人与人的关系，而前者是我与世界的关系，包括我与人的关系。存在作为我与世界的共在，意味着存在的同一性，即我与世界互相依存，互相吸引，互相所属，二者构成不可分割的又互动的一体"③。由此可见，杨春时以"我与世界的共在"作为本真的、本体的"存在"，强调存在具有两个规定特性，即本真性和同一性。"本真性"是指存在是生存的本源、根据，生存是有限的、相对的、现实的，而存在则是无限的、绝对的、超现实的，存在使生存成为可能并规定着生存，生存指向存在并向存在超越和

---

① 李泽厚：《从美感两重性到情本体——李泽厚美学文录》，山东文艺出版社，2019年，第257页。
② 仲霞：《"美学是第一哲学"的中国论说》，《学术月刊》，2022年第7期。
③ 杨春时：《作为第一哲学的美学——存在、现象与审美》，人民出版社，2015年，第99页。

回归,存在与生存的关系就是本真性与非本真性的关系。现实生存是不自由的,而存在的本真性的实现才是自由。本真性包含实有和虚无两个范畴,即自我肯定和自我否定两个方面,实有使存在具有了在场的可能性,为生存奠基,于是就肯定了生存的实在性,否定了虚无主义;虚无规定了存在的非现实性,即无形、无名、无为,揭示了生存的异在性,从反面肯定看存在的意义。确立实有和虚无这对范畴,可谓辩证法的胜利,中西融汇的产物,康德之本体的二律背反、黑格尔之理念逻辑规定的有与无、海德格尔之本有的遮蔽与澄明,以及老子之道的有与无,皆在其中。"同一性"是指我与世界的共在性质,即发生在本体论领域的我与世界的同一。这种同一性既是对逻辑的规定,也是对本真的存在的规定,是对哲学史上的诸多客体性哲学、主体性哲学和本体性哲学的超越,也是对取消同一性而导致相对主义、虚无主义的后现代哲学的超越。因为我与世界的共在方式是在时间与空间之中,所以,存在的同一性必然呈现于时空,准确地说,是与"现实的时空"不同的"本源的时空","本源的时空体现着存在的同一性,是存在的结构,构成了我与世界的共在。现实的时空体现着存在的同一性的破裂,是生存的结构,构成了我与世界的异在"①。无论是客体性哲学的客体性时间和客观空间观,还是主体性哲学的主体性时间和主观空间观,都没有把握本源的时间或空间,现实的时空是不自由的、有限的,本源的时空是自由的、无限的,在审美体验中,可以进入自由的时间和空间。此外,杨春时还借鉴吸收现代语言哲学思想,提出语言符号就是存在的构成,是存在意义的表达方式。以此设定的"存在"及其本真性与同一性、时间和空间以及语言符号等性质范畴,作为存在论的坚实基础。一言以蔽之,在其美学体系中,关于存在的设定是一种哥白尼式的革命。

总之,经过艰辛的30余年的探索,杨春时最终得出结论:重建现代美学"就是改造现代美学,由实存论美学转向存在论美学,由先验现象学转向

---

① 杨春时:《作为第一哲学的美学——存在、现象与审美》,人民出版社,2015年,第116页。

审美（超越）现象学，由本质主义哲学转向审美主义哲学，由主体性美学转向主体间性美学，由意识美学转向体验美学"①。这实际上是对西方形而上学哲学和美学传统的创造性继承和创新性发展。所谓"继承"，是指对"形而上学"、对"本体论"、对"存在"的坚持；所谓"创新"，是指融合古典、现代与后现代的哲学美学遗产，超越实体哲学、实存哲学和后形而上学，建立真正的存在本体论哲学，超越生存论美学或实践论美学，重建存在论美学。而其对"现代美学"或"作为第一哲学的美学"的期许，无疑正是其试图建设的"审美现象学"，因为"只有审美实现了现象学的理性，美学拯救了现象学，现象学的归宿是美学。因此我们应该建设审美现象学，而不仅仅是现象学美学；甚至要建立美学哲学，而不仅仅是哲学美学，因为审美体验就是生存体验，这是把握存在意义的唯一途径，而哲学思辨不过是建立在审美体验（生存体验）继承上的反思形式"②。

二　批判西方美学：以超越性和主体间性为线索

重建的历程必然伴随着反思与批判，换句话说，只有在反思与批判西方现代美学的基础上，才有可能重建现代美学，杨春时显然深谙此道。在其重建存在论美学或者说建设中华现代美学的过程中，他始终以现代西方美学作为最直接的思想资源，并通过"开展对现代美学的批判，以寻找理论建构的历史的和思想的根据"。如果说重建存在论美学是沿着存在论和现象学的线索的话，那么，批判西方美学则是沿着超越性和主体间性的线索。

"超越"是贯穿杨春时美学研究的最核心的关键词之一，从生存—超越美学到存在论主体间性超越美学，变化的是从生存论本体论转向存在本体论、从主体性转向主体间性，不变的是"超越"。何谓"超越"？在西方文化语境中，"超越"（英文transcendent，德文Transcendenz）是一个意义含混的带有强烈宗教意味的概念。比如在基督教神学看来，"超越"即脱离

① 杨春时：《作为第一哲学的美学——存在、现象与审美》，人民出版社，2015年，第3页。
② 杨春时：《作为第一哲学的美学——存在、现象与审美》，人民出版社，2015年，第419页。

尘世、皈依上帝。笛卡尔赋予这一神学概念以主体性的哲学内涵，却依旧以上帝作为超越性的来源。在现象学哲学领域，同样人言人殊：胡塞尔所理解的超越与意向性有关，有非意向性的外在超越与意向性的内在超越之分，前者指无意识指向的客体性存在，后者指意识指向对象而超越自身，可见超越被视为一种非经验的先验的（transzendental）概念，一种与自然日常态度不同的看待事物的方式。而在海德格尔那里，"超越"有两重意思：一是指此在的时间性存在，即此在总是筹划着自己的未来，因而此在不是现成的，而是不断超越自我的。正如海德格尔所言，"《存在与时间》中'基本存在学'的超越。在这里'超越'一词重又获得了它原始的意义，即：超逾本身，而且它被把握为此—在的标志，为的是借此显明，此—在向来已经置身于存在者之敞开中了"①。二是指此在超出自身而指向世界，此在具有与世界之间的不可分离性，即此在是"在世界之中"存在。"所谓'此在超越着'就是说：此在在其存在之本质中形成着世界（Weiltbildend）"，"超越标志着主体的本质，乃是主体性的基本结构。主体决不事先作为'主体'而存在，尔后也才——如果根本上有客观现成存在的话——进行超越；相反，主体之存在（Subjiektsein）意味着：这个存在者在超越中并且作为超越而存在"②。这种超越指的是主体与世界的一体性，虽然克服了主客二元对立，但仍旧是没有超出现实的非本真的超越。因此，在杨春时看来，海德格尔前期在《存在与时间》中所理解的超越不是真正的超越，因为他把此在在世的本质归结为先行决断，依然是生存性的、在场的、现实的，而"真正的超越是指向存在的，不在场的、超现实的"。而挑战海德格尔存在论、主张他者性美学的列维纳斯，虽然确立了审美超越性，但又把他者对自我的召唤视为超越，把审美意识等同于感觉、把审美对象等同于物，亦非真正的超越。

值得注意的是，上节提到日本美学家今道友信在《关于美》《存在主义美学》《美的相位与艺术》等著作中，试图建构的"卡罗诺罗伽"美学就是一

---

① ［德］马丁·海德格尔：《哲学论稿（从本有而来）》，孙周兴译，商务印书馆，2012年，第229页。

② ［德］马丁·海德格尔：《路标》，孙周兴译，商务印书馆，2000年，第185、160页。

种以"超越"为基本精神内核的"超越论"的美学,其基本内容包括: 超越现实,超越"技术关联"的现代,超越技术,超越"艺术之学",审美意识必然是一种超然于存在之物、超然于对于对象的意识之上的具有双重超越性质的意识,审美的超感性与美学对感性学的超越,美学是超形之学,艺术"解释"向美的飞跃,美是超越真与善的最高价值,美是对存在的超越,等等。[①]没有直接证据表明,今道友信的"超越美学"对杨春时有直接影响,但对"超越"的共同关注显示出二人在接受西方存在论美学上的殊途同归。当然,尽管二者都强调审美超越现实、超越感性学等特性,但今道友信显然比主张美学存在论的杨春时走得更远,他主张美学不是一般意义上的存在论或本体论,而是一种"超存在论",即超存在论的形而上学美学,这无疑是对"存在论"的否定或超越,杨春时想必是不会赞同的。

　　杨春时所理解的"超越",既不是宗教哲学、生存现象学哲学的"超越",也不是他者性哲学的"超越"或超存在论的"超越",而是存在本体论意义上的超越。因此,他所赞同的是从本体论角度揭示超越本质的雅斯贝尔斯和后期的海德格尔。雅斯贝尔斯认为,超越是非现实的存在方式,趋向于存在的领域,甚至超越就是存在。而存在就是"大全",包括生存和"超越的存在"两个层面,后者是存在的最高形式,指的是内心世界虚设的彼岸。可以说,雅斯贝尔斯揭示了超越的本质,即超越现实的生存,向彼岸的本真的存在回归。而前期海德格尔在《存在与时间》中就明确指出了"存在"与"超越"的同一性,"作为哲学的基本课题的存在并不是存在的种,但却关涉每一存在者。需在更高处寻求存在的'普遍性'。存在与存在的结构超出一切存在者之外,超出存在者的一切可能的具有存在者方式的规定性之外。存在绝对是超越(Transcendenz)"[②];后期海德格尔对超越概念的合理认知在于,克服了前期思想中的主体性倾向,走向具有主体间性的天、地、神、

---

① 李心峰:《日本四大美学家》, 中国文联出版社, 2021年, 第296—306页。
② [德]马丁·海德格尔:《存在与时间》, 陈嘉映、王庆节译, 生活·读书·新知三联书店, 2006年, 第47页。

人的共在，从而实现了对此在在世即生存的超越。由此，杨春时从本体论意义上来理解超越，并把超越与存在、与自由、与审美相关联，其逻辑理路在于："存在是逻辑的起点，它的现实形态是生存，从存在到生存，再由自由的生存方式——审美回归存在，这一逻辑—历史的行程就是对审美本质的证明过程。"[1]这就不得不涉及两组关系：比如存在与生存、审美与自由。

存在与生存的关系是辩证法的本义：存在是逻辑的起点、逻辑的设定，是生存的根据，其本质是自由，存在具有绝对性；生存是不完善的，是存在的异化即"残缺样式"(海德格尔语)，是历史化的存在，生存是相对的，具有两重性即现实性和超越性，超越性是生存的本质属性，因为它体现了存在的本质。生存是体验性的，生存体验应当是自由的体验，其本质是超越性的，"自由即超越，超越即自由"，要超越沉沦的存在 (此在之在)，抵达本真的存在，要超越生存的现实之境，抵达存在的自由之境，审美 (活动) 无疑是一种的重要的途径，因为"审美是自由的生存方式，也是超越的体验方式。审美体验是生存体验的最高形式，生存体验的本质在审美中得到了实现"[2]。换言之，审美即超越，审美即自由。早在其硕士论文《论艺术的审美本质》(1982) 中，杨春时就在肯定实践美学的同时提出，审美超越现实，是自由的活动；审美意识超越现实意识，是自由的意识。值得注意的是，杨春时把西方美学传统分为"超越美学"和"现实美学"，分别以柏拉图和亚里士多德为始作俑者。中世纪美学是超越美学，近代美学是现实美学，现代美学是超越美学。超越性问题是现代哲学的主题，审美超越理论是现代美学思想的核心，最终形成了审美主义思潮，这也正是其审美现象学的理据所在。如果用一句话来形容生存、存在、审美、自由四者之间的关系，那就是，"生存向存在的回归就是超越，这个过程就是审美。审美是自由的生存方式和超越的生存体验方式。经过超越性的努力——审美及其反思形式哲学，可以超越现实生存才能，转化为自由的生存，从而通达存在，也就是把握了存在的意

---

① 杨春时：《作为第一哲学的美学——存在、现象与审美》，人民出版社，2015年，第165页。
② 杨春时：《作为第一哲学的美学——存在、现象与审美》，人民出版社，2015年，第206页。

义"①。以审美超越为纽带，杨春时的"超越美学"连通了此在生存与本真存在、现实与自由、此岸与彼岸，正如康德以判断力实现了对理论理性与实践理性的连通。审美超越的规定性在于超验性、理想性、终极性、超功利性、最高的真实性以及彻底的否定性和批判性。

在杨春时看来，古今中外美学争论不休的"美是主观还是客观"的问题，实际上就是"美是实有还是虚无"的问题，这必须要从存在本体论层面上才能解决，由此也才能回答审美超越的路径问题。在他看来，审美既是实有，又是虚无，是实有与虚无的同一。审美的虚无性来自存在的虚无性即对现实生存的否定性，审美的实有性来自存在的实有性即存在的肯定性方面，审美以超越性体验领会存在的意义，审美超越作为自由的生存方式和向存在的回归，也实现了存在的本真性，达到了实有和虚无的同一。反过来说，虚无化和实有化正是审美超越的路径，所谓虚无化就是把现实世界虚无化，超越现实生存，而审美通过想象和理解实把现实时间（包括自然时间和社会时间）虚无化，审美通过将现实情感提升为自由的同情而把现实空间（包括自然空间和社会空间）虚无化；所谓实有化就是对生存本真之维的肯定，审美实有化与虚无化是一个相反行程，审美理解—想象在消解自然时间和社会时间的同时又创造了自由时间，比如我们在阅读小说、聆听音乐时的审美体验会让我们遗忘了时间，这种超越现实时间的审美时间正是本源的时间；同样，审美也创造了超越自然空间和想象空间的自由空间，比如在欣赏绘画时，画框内的有限的方寸空间变成了无限的天地宇宙，无碍无界，广阔无垠。"观古今于须臾，抚四海于一瞬"表达的正是超越自然时空的审美实有化。总之，实有化与虚无化的双重作用，使审美超越得以实现，使存在意义得以显现；审美是实有与虚无的同一，存在本真性由审美而得以现身。

按上所述，存在本真性是"我与世界的共在"，如何理解这种共在，如何理解"我"与"世界"的关系，杨春时经历了从主体性向主体间性的转向，而

---

① 杨春时：《作为第一哲学的美学——存在、现象与审美》，人民出版社，2015年，第210页。

这又与其从文学论争到美学论争的探索历程息息相关。早在1985年,他就发表文章《论文艺的充分主体性和超越性》,积极加入当时的"文学主体性"论争,立足于马克思主义的主体性实践哲学,第一次把主体性和超越性同时提出,既从实践论的角度肯定了文艺的充分主体性,又从主体性和超越性相统一的角度明确了文艺的独特性。在他看来,主体性和超越性是人与动物的区别所在,人类正是凭借着主体的超越性才能够不断创造历史和改造自身,而充分的主体性和超越性是文艺的本质特征,"文艺的充分的主体性,造成文艺的充分超越性,它不是以新的现实取代旧的现实,而是由现实超越到自由。文艺的充分超越性包括三个方面,即对现实主体的超越、对现实客体的超越和对现实意识——文化的超越"①。不难看出,杨春时和当时刘再复等"文学主体性"倡导者的最大不同在于,别具一格地提出充分的主体性和超越性是文艺的本质特征这一观点,尤其是凸出强调了超越性对于主体性、对于文艺的重要价值,既有力地批驳了陈涌的《文艺学方法论问题》中的错误观点,又达到了对文艺主体性理论的进一步深化。这一时期,尽管他也从主体性角度论证了审美的超越性和自由性,但总体上和诸多实践论者一样,在克服反映论美学的基础上肯定审美的主体性。

随着研究的深入和后实践美学与实践美学论争的展开,尤其是在批判吸收西方现代主体间性理论(如胡塞尔"先验主体间性"、哈贝马斯"交往理性"等)以及后期海德格尔存在论思想的基础上,杨春时提出:主体性是实践美学的要害所在,后实践美学的主体间性与实践美学的主体性是本质分歧,因而相继写下《从实践美学的主体性到后实践美学的主体间性》等文章中,批判主体性的实践美学,建立主体间性的后实践美学。他认为,作为实践美学的代表,李泽厚正是立足于康德的先验主体性和马克思的实践主体性的融合,建立起以"主体性实践哲学"为基础的"主体性实践美学"。以李泽厚为代表中国实践论美学,总体上遵循的都是马克思主义的主体性

---

① 杨春时:《论文艺的充分主体性和超越性》,《文学评论》,1986年第4期。

实践哲学，强调人类实践创造了美，"美是人的本质对象化"，因而实践美学可称之为主体性美学。正如新时期主体性文学把文学从政治的压制里解放出来，赋予文学创造者以主体地位，主体性实践美学也把美学从唯物与唯心、主观与客观的二元论辩中解放出来，发挥了美学推进思想解放的社会作用。但是问题在于：在现代社会，主体性历史实践的负面作用和主体性哲学的理论缺席（如唯我论）日益凸显，因此从主体性（subjectivity）转向主体间性（intersubjectivity）成为西方现代哲学和现代美学的必然。

　　同样，杨春时是在梳理、反思和批判西方美学的主体性和主体间性理论的基础上，来提出自己的本体论"主体间性"说的。在他看来，西方近代认识论哲学（经验论哲学和唯理论哲学）本质上都可谓主体性哲学，是在主客体对立的框架中考察主体的认识能力，考察使认识成为可能的普遍性根据等。席勒可谓"主体间性和审美主义的先行者"，他继承了康德的主体性美学，但又以"审美的自由游戏"突破了主体性，在美学史上首次提出一种新的主体间性观念，由此超越了主体性美学而走向了主体间性美学。现代哲学开始了主体认识论向个体和主体间性的转向，胡塞尔虽然批判了主体性现象学，创造了"主体间性"概念，指不同意向主体之间的同一性关系，可见他依然是在先验主体性的框架中提出的，只涉及认识主体之间的关系，因而是认识论的主体间性，而非本体论的主体间性；此外，他是借用心理学方式来论证认识论的主体间性的，这种从心理学进行论证的方式是不具有哲学的本源性和合理性的。海德格尔的情况比较复杂，有前期与后期之分，在杨春时看来："海德格尔前期与后期哲学具有一贯性，即在于企图领会存在意义。但前期海德格尔的实存哲学建立在主体性的、非超越性的基础上，无法使存在显现而遇到了困境；后期海德格尔哲学发生了审美主义的转向，同时建立了主体间性的、超越性的'本有'哲学，从而使存在显现，获致存在的意义。"① 在《存在与时间》中，海德格尔虽然否定了实体本体论，但未能解决

---

① 杨春时：《作为第一哲学的美学——存在、现象与审美》，人民出版社，2015年，第420页。

关于存在的意义问题，因为他将存在概念理解为"是"，并未割断形而上学的尾巴；同时又因为继承了胡塞尔现象学的主体性，而确立了此在的优先性，由此导致了实存哲学的主体性。而后期海德格尔在《哲学论稿》中则从生存论转向了存在论，转向考察"人与存在的共属"——"本有"，以此取代了存在概念，由此摒弃了主体性、非超越性的实存哲学，尤其是吸收老子的非主体论哲学思想——"故道大，天大，地大，人亦大。域中有四大，而人居其一焉。"，而提出了"天、地、神、人"四重存在的"世界游戏论"，四者之间无主客之分，彼此"切近"，存在成为我与世界的共在，而不再是"是"，人诗意地栖居，领会存在的意义，主体间性、超越性的存在哲学由此而建立。这种主体间性是审美的、超越的主体间性，最终通过语言——"道说"而实现，这种语言是本真的语言、诗意的语言，也是超越性的、主体间性的语言。

在批判吸收海德格尔存在论主体间性美学的基础上，杨春时还有意识地阐发和汲取了中华美学的主体间性思想。在他看来，中华哲学讲究天人合一，人与世界（人与人、人与自然）之间没有对立，而是融合互动，由此中华美学也认为审美是人与世界的主体间性关系，"情以物兴，物以情观"，作为审美主体的人的情感被世界（包括自然和社会）所激发有感，作为审美对象的世界由于情感的抚摩而成为有生命的主体，审美主体与世界主体在感兴互动中达到天人合一之境。可见，中华美学有着与西方美学不同的主体间性传统。

在融合中西美学的基础上，杨春时认为，必须要建立一种本体论（存在论、解释学）的主体间性，而非社会学的或认识论的主体间性。"本体论的主体间性源于存在的同一性，即我与世界的共在，这个共在具有同一性，而同一性的实现就是主体间性。它不是主客对立的关系，而是主体与主体之间的交往、理解关系。本体论的主体间性关涉到自由何以可能、认识何以可能的问题。本体论的主体间性是主体间性的根本形式，社会性的主体间性和认识论的主体间性只是它的现实形态，而且是不充分的形态。"[1] 由此不难看

---

[1] 杨春时：《作为第一哲学的美学——存在、现象与审美》，人民出版社，2015年，第236页。

出,存在的同一性规定了本体论的主体间性,主体间性是主体与主体之间的同一性,意味着我与世界的关系不是主客对立的关系,而是主体与主体的关系,"我与世界的共在"也不是现实意义上的共在,而是存在意义上的同一性的共在、本真性的共在,即主体与主体之间互相依存、互相构成、互相交往和彼此融合的和谐共在。

归根结底,杨春时的"醉翁之意"不在于主体间性,而在于审美主体间性。在他看来,本体论的主体间性哲学在其历史发生过程中,有信仰主义、审美主义和自然主义三种倾向,而走向审美主义则是历史与逻辑的必然,因为审美是主体间的自由的生存方式,只有在审美活动中,我与世界才能够实现一种主体与主体充分沟通、和谐一体的主体间性关系,才能够真正抵达自由、回归存在,领会存在的意义,所以审美是主体间性的充分实现,反过来说,主体间性使自由得以实现,使审美成为可能。那么,审美主体间性又是如何构成的呢? 在这个问题上,杨春时有意尝试中西美学的比较与互补,以中华美学之"审美同情"与西方美学之"审美理解"作为审美主体间性的二元构成要素。理解是从认识论角度沟通自我(审美者)与他我(审美对象),同情是从价值论角度沟通自我与他我,在认识论传统的影响下,西方美学在从主体性转向主体间性的进程中,尽管也产生了审美同情,但主要还是从审美理解角度建立主体间性美学;而在价值论传统的影响下,中华美学形成了"情景交融"的美学理论,侧重于从审美同情角度建立主体间性美学。只有二者互补融合,才能建构起更为完备的主体间性美学。

值得注意的是,主体间性是对存在的同一性的实现,超越性是对存在的本真性的体现,二者互为补充,共同构成以存在本体论为哲学基础的主体间性超越美学。需要肯定的是,杨春时还特别关注到这种超越性和主体间性在审美语言符号上的实现,这无疑是对20世纪"语言学转向"以来语言哲学遗产尤其是海德格尔语言存在论思想的继承与发展。在他看来,一方面,审美语言符号是具有超越性和象征性的语言符号,这使得审美语言符号(比如艺术)具有超越现实世界和现实意义的开放性,从而揭示存在意义,保证审美的永恒价值。另一方面,审美语言符号是具有主体间性的语言符号,这是语言符号的主体间性本质的实现。主体间性意味着审美语言符号不是主体性的表达工具,而是自我主体与世界主体之间的交谈对话;这种交谈对话在语言游戏中得以实现,即海德格尔所谓的"诗人让语言说出自己",这种语言游戏恢复了语言符号的主体间性,体现出人与世界的主体间性关系,显现出存在的意义。一言以蔽之,审美超越性和审美主体间性在语言学意义上通过审美语言符号而得以实现。

结语

作为实践美学的参与者、后实践美学的发起者和推动者,杨春时一方面批判吸收西方美学尤其是以海德格尔为代表的现代西方美学,另一方面积极发掘中华美学传统的思想资源,在比较和融合中西美学的基础上,经过30余年的不懈探索、不断完善,终于走出了一条从实践论到生存论到存在论的哲学本体论重建之路,建立起以现象学为方法,以存在为本体,以存在的本真性和同一性即超越性和主体间性为两个基本点的"主体间性超越美学"理论体系,其最大价值在于"对审美的个体性、自由性、超越性、精神性的重视,把审美活动奠基于个体性的生存之上,这就有力地解释了审美活动的现代形态,把中国当代美学向前推进了一大步"[①],并且一定程度上打通了现象学和存在论,提出了"审美现象学""作为第一哲学的美学"等"重建现代美学"的诸多构想,不仅实现了对西方本体论美学和认识论美学、主体性美学和主体间性美学的综合与超越,更实现了对中国实践美学的批判与超越。

毋庸讳言,作为一种"个人话语",超越美学依然存在着一些"内在矛盾"[②],有待于进一步自洽和完善,比如,执着于本体论的哲学思维方式,过分强调了审美的"自由性",缺少对"审美"的感性、意识形态性等的揭示,

---

① 章辉:《论审美自由》,《郑州大学学报(哲学社会科学版)》,2020年第6期。
② 王怀义:《杨春时美学体系的内在矛盾》,《江南大学学报(人文社会科学版)》,2008年第5期。

缺少对艺术的超越美学的探究，把"现实性"和"超越性"完全对立起来[1]，一定程度上带有"审美本质主义"和"超越乌托邦"的色彩，等等。无论如何，超越美学有力地推动了存在论哲学美学在新时期中国的落地生根和开花结果，对于构建真正意义上的中国现代美学话语体系具有重要的启示意义。

第二节　生　命　美　学

作为"生命美学"(Life Aesthetics)的倡导者和孜孜不倦的建构者，潘知常可谓"后实践美学"阵营中当之无愧的殿军，尽管他本人并不认同生命美学是"后实践美学"。从《美学何处去》(1985)第一次提出"真正的美学应该是光明正大的人的美学、生命的美学"[2]，到《生命美学》(1991)、《诗与思的对话——审美活动的本体论内涵及其现代阐释》(1997)，再到"生命美学三书"即《信仰建构中的审美救赎》(2019)、《走向生命美学——后美学时代的美学建构》(2021)以及《我审美故我在——生命美学论纲》(2023)，在与李泽厚、刘纲纪等实践论美学代表人物的几番论争中，潘知常用近40年的时间完成了近900万字的生命美学学术建设工程，在新时期中国生命美学研究领域[3]可谓首屈一指，令人惊叹。

总体来看，生命美学的建构，是以中国古代生命美学传统和西方近代生命美学理论作为思想资源，以马克思主义人道主义实践论与海德格尔现象学存在论为哲学基础，"追问的是审美活动与人类解放的关系即生命的存在与超越如何可能这一根本问题。换言之，所谓'生命美学'，意味着一种以

---

[1] 邓晓芒认为，"人类精神生活的超越性正是从现实的实践活动中升华出来的，因为实践本身就具有自我超越的因子，这就是实践作为一种'有意识的生命活动'和'自由自觉的生命活动'本身所固有的精神性要素"。参见易中天：《什么是新实践美学——兼与杨春时先生商讨》，《学术月刊》，2002年第10期。

[2] 潘知常：《美学何处去》，《美与当代人》，1985年第1期。

[3] 新时期以来，除潘知常的生命美学研究外，还有刘纲纪的《周易》生命美学、陈伯海的生命体验美学、陈望衡的境界美学、吴炫的"中华生命力美学"等诸多生命美学学说，以及王世德、聂振斌、朱良志、封孝伦、刘成纪、范藻、袁世硕、俞吾金等与生命美学有关大量研究论述，他们从各自的关注角度对中国生命美学的构建都有所贡献。

探索人类解放、探索生命的存在与超越为旨归的美学"①。于是,生命美学形成了"一个中心、两个基本点和三个定位",一个中心指的是审美活动,两个基本点指的是"个体的觉醒"和"信仰的觉醒",三个定位指的是后美学时代的审美哲学、后形而上学时代的审美形而上学和后宗教时代的审美救赎诗学。本文无意于对其生命美学体系做面面俱到的分析,而旨在对其生命美学理论建构中的存在论内涵和相关问题进行梳理和阐述。

一 生命现象学:生命美学的生存论阐释路径

在潘知常于新时期初提出"生命美学"这一概念之前,西方近代以来的美学和中国美学已为这种美学观提供了理论预设和思想资源。一方面,"生命"是"尼采以后"西方美学的主旋律,"柏格森、狄尔泰、怀特海等是把美学从生命拓展得更加'顶天';弗洛伊德、荣格等是把美学从生命拓展得更加'立地';海德格尔、萨特、舍勒等是把美学从生命拓展得更加'内向';马尔库塞、阿多诺等是把美学从生命拓展得更加'外向';后现代主义的美学则是把美学从生命拓展得更加'身体'"②。"生命"为西方近现代美学的发展提供了多维拓展的无限可能。而中国更是有着悠久的生命美学的历史传统,儒家有"爱生",道家有"养生",墨家有"利生",佛家有"护生",尤其是20世纪以来王国维、鲁迅、宗白华、方东美、朱光潜等都可谓生命美学的先驱。在综合融汇中西生命美学思想的基础上,潘知常于新时期之初逆主流而动地提出"生命美学"概念,将"生命"与"美学"相关联,究其原因在于,他认为美学与生命具有内在的同构性,由此,"生命"成为潘知常生命美学研究的核心,"生命立场"成为其美学研究的前提,"生命活动"成为其美学的现代视界。

"美学"究竟何为?在潘知常看来,人与世界之间并非只是人与自然、人与世界形成的现实维度和现实关怀,还有人与意义的超越维度与终极关怀,

① 潘知常:《生命美学》,江苏凤凰文艺出版社,2023年,第13—14页。
② 潘知常:《我审美故我在:生命美学论纲》,中国社会科学出版社,2023年,第53—54页。

真正的美学是意义的、价值的美学，而此前的美学是本质的、认识的美学，因此，他为生命美学确立了一个"价值—意义"框架，而非西方古代和中国当代美学家所依赖的"认识—反映"框架。在此框架下，他认为："意义先于事物，应该也必须成为阐释审美活动的必经途径，一种生存论的阐释路径。在这里，'此在与世界'的关系先于'主观与客观'的关系；人与世界的生存关系，也先于人与世界的认识关系。而且，人无需进入先验自我，而是径入生活世界，在这当中，万事万物自有意义，无需实践创造，也无需认识，而只需人去领悟。"① 这种"意义""生活世界"以及"此在与世界""生存论的阐释路径"等，自然是对胡塞尔、海德格尔的现象学领悟。

在他看来，从"本质"到"意义"正是西方美学走过的道路：首次关注"现象"的是康德，但他依然区分了现象与物自体；胡塞尔视现象为本质，"回到事物本身"也就是回到没有本质的现象，展现了一个前于科学、外于科学的活的"生活世界"，由此超越了主客关系、现象与本质的对立，但他并未超越认识论的范围。由此，潘知常高度肯定了海德格尔的功绩和作为中西美学传统之间的"中介"意义，并深入比较了海德格尔的"现象学"与中国美学的"境界说""存在"与"道"等范畴。他指出："海德格尔的存在与中国美学的道存在着深刻的汇通。它们同样是一个在客体化、对象化、概念化之前的那个本真的活生生的世界。从遍在性看，是不离于有；从超越性看，是不离于无；从本源性看，是不离有无，不落有无。永远在变的是遍在性；永远不变的是超越性；变而不变，不变而变的，是本源性。"② 所以，海德格尔的卓越之处就在于为了求取本源性，而坚定地从认识论转向生存论，走上了超越主客二分关系的全新思路。这一思路也就是把胡塞尔的意识现象学进一步还原到生命现象学，针对西方哲学忽视生命经验的痼疾而提出生命元科学，从根本上颠覆西方形而上学传统。③ 由此，超越主客关系的生存

---

① 潘知常：《美学导论》，江苏凤凰文艺出版社，2023年，第447页。
② 潘知常：《中西比较美学论稿》，百花洲文艺出版社，2000年，第237页。
③ 参见张汝伦：《〈存在与时间〉释义》"前言"，学林出版社，2012年。

论的生命现象学从中西生命美学思想资源中凸显出来，"回到生命本身"，成为潘知常对前期海德格尔接受的核心内容，为其生命美学提供了最重要的本体论和方法论支撑。尽管他自己认为，马克思的《巴黎手稿》是其生命美学的"真正诞生地和秘密"①，而在我看来，这不过是不得已而为之的"障眼法"罢了，海德格尔的《存在与时间》或者说生存论哲学才其生命美学的"真正诞生地和秘密"所在②。

正是从生存论的生命现象学出发，潘知常确立了"生命"的不可再还原的现象学意义和作为此在之在的生存论意义，确立了和以李泽厚为代表的实践美学不一样的"生命观"。在李泽厚看来，"生命"要么是"动物的生命"，要么是西方生命哲学思潮所宣扬的非理性的生命，潘知常认为这是对生命的片面否定，也正是其实践美学的失误所在。是"从实践出发"还是"从生命出发"，是先有"生命"，还是先有"实践"？这类似于"先有鸡还是先有蛋"的问题，成为生命美学和实践美学的分野所在。李泽厚以狭义的"实践"（即物质生产实践）作为人的本质规定，并以此来规定审美；而在"实践"与"生命"的关系问题上，潘知常坚持认为："实践只是手段，不是目的，生命存在本身才是目的；从内涵的角度说，首先，实践是感性而不是实证的，这无疑就与生命存在直接相关。因此，假如说在认识论的意义上，实践确实有其绝对先在的意义，从生存的角度，就无论如何也不能这样讲了。不但不能，我们还反而要说，实践作为人类的积极的求生活动，应该从属于生命存在。"③也就是说，在生存论意义上，生命比实践更本原，实践活动从属于生命活动，这无疑是对认识论和实践论的突破。由此，生命美学倡导由"实践本体论"（一般本体论）转向"生命本体论"（基础本体论），并由"去实

---

① 潘知常：《〈巴黎手稿〉：生命美学的"真正诞生地和秘密"》，《中国政法大学学报》，2023年第3期。

② 在《走向生命美学》中，潘知常提出"生命美学还意味着生存论、现象学、解释学的统一"，又说"存在论、现象学和解释学的三位一体，正是生命美学的基本特征"，并多次引用海德格尔《存在与时间》中关于"此在"的论述，由此可见出生命美学对"生存论"与"存在论"的混用。（参见潘知常：《走向生命美学：后美学时代的美学建构》，中国社会科学出版社，2021年，第230、232页）本文认为，生命美学的哲学基础并非海德格尔存在论意义上的生命—存在（本体）论，而是生命—生存（本体）论。

③ 潘知常：《实践美学的美学困局——就教于李泽厚先生》，《文艺争鸣》，2019年第3期。

践化"出发，义无反顾地走上了"去本质化"和"去美学化"的道路。

分野的关键在于，李泽厚理解的生命是狭义的，单指动物的自然生命，而潘知常所理解的"生命"是广义的，指一种自在自为的生命活动或生命存在，"生命之为生命，其实也就是自鼓励、自反馈、自组织、自协同而已，不存在神性的遥控，也不存在理性的制约"①。在他看来，人的生命具有二重性，即作为"自然存在物"的原生命和作为"有意识的存在物"的超生命，二者并非平等关系，"原生命"基础上的"超生命"才是人之为人的关键所在，因为"生命是基因+文化的协同进化，生命也是自然与文化的相乘，或者，生命还是自然进化与文化进化的相乘！人的生命，并不只是大自然的赋予，而且是人自己的生命活动的作品"②。人的生命的特殊性或超越性正在于这种文化内涵的赋意，使他超越了自然赋予的本能生命，而创造了人的"人性"。正是在这个意义上，潘知常指出："人是主宰自己的生命的超生命，人是被自己的活动造成为人的，人是在自我创造的生存活动中把自己创造为人的。人的存在先于本质的存在，人亟待要自己赋予自己以生命，也就是第二生命，也就是第二生命。总之，人是超越生命的生命存在。"③很显然，李泽厚早期实践美学是将人的"生命"与一切动物的生命相等同，并以劳动实践赋予生命以人性内涵，认为"实践创造了人"，"实践创造了美"，而生命美学则赋予人的生命以原生命与超生命即自然（物质）生命与文化（精神）生命的双重结构，并强调生命活动决定人的本质，人是拥有自然生命与精神生命相统一的价值生命，简言之，"生命（活动）创造了人""生命（活动）创造了美"。

从这种"生命优先论"出发，潘知常确立了生命美学的三条基本思路④，

---

① 潘知常：《我审美故我在：生命美学论纲》，中国社会科学出版社，2023年，第53页。
② 潘知常：《走向生命美学：后美学时代的美学建构》，中国社会科学出版社，2021年，第75页。
③ 潘知常：《走向生命美学：后美学时代的美学建构》，中国社会科学出版社，2021年，第77页。
④ 即：美学的奥秘在人——人的奥秘在生命——生命的奥秘在"生成为人"——"生成为人"的奥秘在"生成为"审美的人。或者，自然界的奇迹是"生成为人"——人的奇迹是"生成为"生命——生命的奇迹是"生成为"精神生命——精神生命的奇迹是"生成为"审美生命。再或者，"人是人"——"作为人"——"成为人"——"审美人"。参见潘知常：《我审美故我在：生命美学论纲》，中国社会科学出版社，2023年，第121页。

其逻辑理路在于：以"人的逻辑"取代"物的逻辑"，以生命化的人取代物化的人、神化的人和理性化的人；人是"不断向意义的生成，向自我的生成"[①]，这"生成"不是实践活动论，而是生命活动论，因而不是实践生成论，而是活动生成论；这生成是以"人为生成"的生命超越"自然生成"的生命，以"审美生命"超越"动物生命"，成为审美存在的人（审美人）。生命使人成为人，审美的人（审美生命）是"人"的理想的实现，是人的最高生命，从这个意义上来说，生命即审美，审美即生命，二者是一而二、二而一的关系。

二　我审美故我在：作为超越性生命存在方式的审美活动

如果说"自我批判"是审美活动的逻辑起点，那么，生命活动（而非实践活动）则是审美活动的本源所在。立足于生命活动，潘知常提出生命美学的核心范畴——"审美活动"。在他看来，生命之为生命，是存在着目的取向的，而为生命导航的就是审美活动，它是"一种特定的生命自我鼓励、自我协调的机制"[②]。从生存论的生命现象学出发，审美活动的生命意义、存在意义和本体意义就凸显出来。潘知常认为，审美活动不是审美主体把握审美客体或在审美关系中把握美，而是直面生命存在本身，是人类最高的最自由自觉的生命活动，它不同于人类的其他活动（如科学活动、道德活动等），这无疑是从生命出发对审美活动的一种本质规定和本体论肯定。"从人类自身的生命活动来说，所谓本体的角度，是指的'生命如何可能'或'生命存在与超越如何可能'，即指的生命的终极追问、终极意义、终极价值"[③]。从这个意义来说，作为最高生命存在方式的审美活动，是用绝对的价值关怀回答生命的终极追问、终极意义和终极价值。因此，"审美活动"成为生命美学的中心所在。

---

① 潘知常：《生命美学》，江苏凤凰文艺出版社，2023年，第38页。
② 潘知常：《我审美故我在：生命美学论纲》，中国社会科学出版社，2023年，第181页。
③ 潘知常：《生命美学》，江苏凤凰文艺出版社，2023年，第9页。

相较于人类的其他活动，审美活动的特性何在呢？潘知常在前期《生命美学》中特别强调了审美活动的四大特性及其超越性。从生存论的生命现象学出发，作为生命最高存在方式的审美活动具有四大特性：同一性、超绝性、终极性和永恒性，分别指向审美在追求生命的意义和人生的价值生成的过程中的四种表现，即与对象交融统一的境界、对自身的终极价值的实现、自身的独立自足的状态以及把握到的绝对价值和意义。[①]很显然，审美活动是对人类精神关系的解放，是对生命的有限的超越。换言之，审美的超越性正是建立于生命的有限性之上，借助存在主义的"虚无""孤独""绝望"尤其是海德格尔的"沉沦"概念，潘知常指出，人生而不幸，因为无法回避生命的有限，这是一种生命本体意义上的"沉沦"；人又是生而有幸的，因为沉沦的有限的生命又逼迫人孕育出超越生命有限的东西，使生命的存在与超越成为可能，使人成为人。在他看来，这个东西不是虚无的超越，也不是宗教的超越，而只可能是审美的超越。"审美活动为我们提供了一种唯一的生命存在方式去超越生命的有限，使生命的存在与超越成为可能——尽管只能在象征的意义上。"[②]如果说虚无的超越、宗教的超越是虚假的超越的话，那么，审美的超越则是一种真实的超越，"它推动着生命不断作出选择，走向生命的无限，最终使生命升华，使生命成为可能"[③]。反过来说，审美活动的超越性又不是来自其审美自身，而是来自人的生命活动的超越性，即生命的超越构成审美活动的内涵。

潘知常通过援引前述今道友信《存在主义美学》中海德格尔《存在与时间》有关"唯有人存在"的论说，来说明人的存在不同于万物的存在，不能以追问物的方式去追问人。自然存在、社会存在或理性存在都无法规定人的本质，人之为人在于作为"自然向人生成的历史"中的人的超越性的生

[①] 在最近的《我审美故我在：生命美学论纲》中，潘知常将其作为审美活动的内在描述的共时维度的四个特征，并修改和调整为：同一性、永恒性、直觉性和体验性。参见潘知常：《我审美故我在：生命美学论纲》，中国社会科学出版社，2023年，第221—228页。

[②] 潘知常：《生命美学》，江苏凤凰文艺出版社，2023年，第84页。

[③] 潘知常：《生命美学》，江苏凤凰文艺出版社，2023年，第127页。

命活动, 这"超越性"指的是人对自然的扬弃, 即精神关系的解放, 因此, 超越性的生命活动就是对自然必然性的扬弃, 是一种自由的活动。超越性的生命活动的自由, 不是政治的、道德的或认识论的自由, "它是终极意义上的自由, 即对必然性的自我抗争和对存在的自我超越, 它强调的是摆脱客体束缚并驾驭客体的主体性, 是'自己依赖自己, 自己决定自己', 是反规范、反强制, 是选择、介入、涉及、更新、谋划, 是精神关系的解放"①。这显然是萨特式存在主义的自由, 充满着生存论和主体性的哲学色彩。由此, 生命美学与实践美学的区别就在于, 前者强调实现超越必然的自由, 即自由的主观性、超越性, 后者强调把握必然的自由, 即自由的客观性、必然性, 前者以后者作为条件。由此, 可以说, "人禀赋着现实性, 但是更具备着超越性。这超越性是人的理想本性, 但也是人之为人的根本规定", 而审美活动不仅是人内在的最高需要的理想实现, 也是自由个性的理想实现。由此, 生命美学以人类的超越性的生命活动作为逻辑起点, 建立起人 (现实性、超越性) —生命活动 (有限性、超越性) —审美活动 (自由性、超越性) 的逻辑关联和互动关系, 对前期观点进行了部分修正, 这些基本构成了其前期生命美学的基座。

在后期, 潘知常更加强调审美活动的超越性至关重要, 并对审美超越的内涵做了更进一步的明确和部分修正。比如, 他更直接明了地提出: "审美活动本身是一种超越性的生命活动, 它与主体性的活动或者对象化的活动并非一回事, 尽管后者在一定时期可以成为审美活动的特定形态。"②这事实上是对上述主客二分的主体性审美的纠偏, 更加凸显出审美活动作为一种生命活动的特殊性就在于超越性。在他看来, 审美超越是对生命活动的最高超越, 是对人的超越, 超越与非超越共处一个生命世界。由此可见, 生命美学始终坚持生存论的生命现象学, 把超越性的审美活动与非超越性的其他活动都统一于生命活动 (世界), 这种生命活动 (世界) 内部的"超越", 显然是对传统认识论或神学所理解的生命活动 (世界) 外部的"超越"的否定

---

① 潘知常:《生命美学》, 江苏凤凰文艺出版社, 2023年, 第97页。
② 潘知常:《我审美故我在: 生命美学论纲》, 中国社会科学出版社, 2023年, 第255—256页。

或颠覆。正是在这个意义上，潘知常将笛卡尔认识论的经典命题"我思故我在"修改为生命—生存论的"我审美故我在"，即因为超越性的人类最高生命存在（生存）方式的审美，所以我存在（生存）于世，审美"是人之为人的根本，也是人类根本的存在。人正是最为根本、最为源初、最为直接地生存在审美活动之中，才最终地成为人"①。这可谓对审美活动的本体论内涵的揭示。②

为什么要如此强调审美超越，因为正是因为通过审美超越实现了从认识方式向生存方式的转移，实现了对传统美学所无法超越的唯我论、主客二分的超越，而这种反对唯我论、超越主客二分的思维，潘知常显然受惠于海德格尔的"此在"说。在他看来，海德格尔的看法堪称典范，因为海德格尔从既非理性实体又非非理性实体的角度，提出了一个区别于"理性的人"和"孤独的人"的新范畴："此在"，由此建立了自己的基本本体论，以区别于传统的一般本体论，提出最重要的不是存在物而是存在，因为存在代表着人与世界之间更为根本、更为源初的关系，而要使存在彰显出来，恬然澄明，就必须要把存在延伸到个体的感性存在之中，这一关系恰恰被传统的主客二元对立的理性思维遮蔽了，所以他认为，"要重返真实的生命存在，就必须走出主客二元模式，'站出自身''站到世界中去'。由此他提出了由此在与世界所构成的'在之中'这一人与存在一体的思路"③。可见，潘知常对海德格尔的"此在"做了生命化的理解，此在即个体生命的感性存在，此在在世界之中就是"存在的敞开状态"，是对主客二元对立的超越，而审美活动就产生于这一"此在"向真正的存在敞开、显现的澄明状态之中。由此，潘知常认为，"审美方式超出知识，也超出主客二元，但是又并非抛弃知识与主客二元，而是高出于它们。它从根本上超出于主体与客体、有限与无限、现实与

---

① 潘知常：《生命美学》，江苏凤凰文艺出版社，2023年，第434页。
② 潘知常同时指出，对于审美活动的本体论内涵的考察不等同于审美本体论，审美活动确实禀赋着本体的内涵，但却并不就是本体。参见潘知常：《走向生命美学：后美学时代的美学建构》，中国社会科学出版社，2021年，第280—283页。
③ 潘知常：《生命美学》，江苏凤凰文艺出版社，2023年，第425页。

理想、经验与超验之类的对立。正是通过审美方式,存在之为存在出场,彰显自身,趋达恬然澄明之境"①。这正是对审美超越内涵的阐明,即立足于此在之个体生命,趋向于存在之恬然澄明。

由此也可以看出,潘知常的生命美学与杨春时的超越美学,虽然都倡导审美超越,都强调审美的存在论意义,但前者强调审美作为最高生命存在方式对有限的现实的生命的超越,突出作为存在出场方式的审美在此在生存意义上的唯一性和象征性,后者则直接把审美超越视为生存向存在的回归过程,突出审美在存在论意义上的可能性和意向性,由此也可见出后实践美学内部的某些差异。

三 有人美学:从"万物一体仁爱"到"情本境界论"

海德格尔曾指出,在追问"哲学之为哲学"时,重要的不是"什么是哲学",而是"什么是哲学的意义",由此潘知常认为,对于美学研究来说,"美学问题"比"美学的问题"更重要,前者指美学之为美学的具体研究,意味着"正确地做事",后者指美学之为美学的根本假设,意味着"做正确的事"。如果要追问"美学之为美学"的"美学问题",首先要追问的就不是"什么是美学",而是"美学何为"即"人类为什么需要美学"。也就是说,美学要放弃认识论的知识型的追问,要理解美学与人类之间的意义关系,要从知识世界走向意义世界,从知识论美学范式走向人文学美学范式,这是美学研究的必须和必然。

从"美学何为"出发,潘知常非常强调两个"美学的觉醒"即"信仰(爱)的觉醒"和"个体的觉醒",还有美学研究的两个维度即"爱的维度"和"信仰的维度"。围绕"爱"先后出版《我爱故我在——生命美学的视界》《没有美万万不能——美学导论》《头顶的星空——美学与终极关怀》等著作,并在此基础上建构了"万物一体仁爱"的生命哲学;信仰是人类孜孜以

---

① 潘知常:《生命美学》,江苏凤凰文艺出版社,2023年,第426页。

求的借以安身立命的终究价值，围绕"信仰"先后出版《让一部分人先信仰起来——关于中国文化的"信仰困局"》《信仰建构中的什么救赎》等著作，由此提出建构审美救赎诗学的主张。如其所言，"犹如海德格尔的为西方思想引入'存在'，在中国，也亟待为文学艺术中引入信仰的维度、爱的维度等终极关怀的维度"①，可以说，对信仰和爱的高扬，不仅仅是为了生命美学建构的需要，更是为了建设"以信仰提升审美""以审美促信仰"的中国文学艺术的需要，使国人具有"美的信仰""爱的信仰"和"自由的信仰"，这是一种美学理想，更是一种人文理想和家国情怀。

早在《生命美学》(1991)中，潘知常就提出，"生命因为禀赋了象征着终极关怀的绝对之爱才有价值，这就是这个世界真实场景"，"学会爱，参与爱，带着爱上路，是审美活动的最后抉择，也是这个世界的最后选择"②。此后又对此思路进行了集中讨论和拓展，指出，"所谓爱，其实也就是指的这种将自由进行到底的无功利的相互玉成的一种'类'的觉醒，一种从'我—它关系'、'我—他关系'到'我—你关系'的觉醒"③。爱不仅仅是个体生命的价值所在，还是你我之间、生命与生命之间的关联所在，更是推动人类进化和世界进化的动力所在，正是在这个意义上，潘知常提出"爱不是万能的，但是，没有爱却是万万不能的"，"我爱故我在"成为生命美学的视界所在。

以"爱"为触媒，潘知常将"万物一体之仁"转变为"万物一体仁爱"，这可谓一次"华丽的转身"，即从"生生"出发，把孔子的"天下归仁说"与"万物一体说"结合起来，并"将'仁'扩充为'仁爱'，进而以'爱'释'仁'，从王阳明的'万物一体之仁'走向'万物一体之仁爱'，也就是从自在走向自由，从自在的、他律的仁走向自为、自律的爱。这也就是天下归于'仁爱'。同心圆之仁被打破了，平面的二维世界被提升为立体的三维世界，

<hr />

① 潘知常：《潘知常哲学美学文选》，国际炎黄文化出版社，2023年，第71页。
② 潘知常：《生命美学》，江苏凤凰文艺出版社，2023年，第298页。
③ 潘知常：《我审美故我在：生命美学论纲》，中国社会科学出版社，2023年，736页。

因此从无自由的意志(儒)或无意志的自由(道)走向自由意志"①。这显然是回归中国美学的源头,并在此基础上进行了综合和拓展,把"仁"与"爱"、"爱"与"自由"紧密勾连起来,从而建立起生命本体论的"万物一体仁爱"的生命哲学,以区别于李泽厚的"人类学历史本体论"哲学,并以中国式的"爱的智慧"区别于西方哲学的"爱智慧"。由此,"万物一体仁爱"生命哲学呈现出三个互不可分的内在环节:

一是"创造性的生命"(生生),由生成、生态、生命构成,立足于"自然界生成为人"的宇宙生成论,"万物一体"持守的是一种互为主体的价值意义的生命本体论,一种本体与价值目标完全等同的生命本体论,与《周易》之"生生之为易"或早期方东美、宗白华等的生命本体论不同。人的生命是创造性的生命,创造的展开即自由,每个人的自由存在都是唯一的,也是一切关系存在的前提。二是本体论的平等(共生)。共生就是尊重生命与生命之间的互动与互补,这也就意味着从个体生命的"独白"走向生命之间的"对话",从高扬自我走向尊重他者,兼容并包,互在共在,走向"主体间性"或"交互主体性"。三是"关系中的自我"(护生),这是对"万物一体之仁"中的"仁"的一个准确定位,即从"以人为本"到"以人人为本",从等差之"仁"到普遍之"仁爱",爱的觉醒是自由的觉醒的完成,爱自己就是爱他人,爱他人就是让他人自由。

很显然,"万物一体仁爱"生命哲学不是知识论而是价值论,在潘知常看来,美学的主导价值、引导价值所建构的世界应该统一于"万物一体仁爱",因为"'万物一体仁爱'既是美,又是真,也是善;就一事物之真实面貌只有在'万物一体仁爱'之中,在无穷的普遍联系之中才能认识到(知)而言,它是真;就当前在场的事物通过想象而显现未出场的东西从而使人玩味无穷(情)而言,它是美;就'万物一体仁爱'使人有'民胞物与'的责任感与同类感(意)而言,它是善"②。可见,"万物一体仁爱"是重估一切价值的出发

---

① 潘知常:《我审美故我在:生命美学论纲》,中国社会科学出版社,2023年,第734页。
② 潘知常:《我审美故我在:生命美学论纲》,中国社会科学出版社,2023年,第720页。

点,是真善美的统一。

由上可见,"万物一体仁爱"生命哲学,归根结底,是一种以生命为本体的"我爱故我在"的未来哲学——"爱的哲学",由此形成了生命与爱、生命美学与未来哲学、美学与哲学之间关系的重新锚定。生命即爱,爱的能力、爱的选择就是生命力,爱者优存,因生而爱;爱即生命,只能用爱来交换爱,实现生命与生命的对话与自由,为爱转身,因爱而生。爱是未来哲学的主旋律,未来哲学是爱的多重变奏,"在未来哲学,是因美而爱;在生命美学,是因爱而美。这意味着:就内在而言,生命美学的'我审美故我在'与未来哲学的'我爱故我在'是彼此一致的。尽管它们分别是生命美学与未来哲学的主题。但是,'我爱故我在'是'我审美故我在'的前提,'我审美故我在'则是'我爱故我在'的呈现"①。随着近代西方哲学的发展,呈现出哲学与美学逐步走向统一的整体趋势:一方面是美学的哲学化,即美学转向哲学,美学为哲学研究提供了一个特殊视角,审美活动中隐藏着解决哲学问题的钥匙;另一方面是哲学的美学化,正如诸多存在主义者在追问存在之后纷纷走向了审美,美学不再是哲学的分支,哲学反而成为美学的派生物,"美学作为第一哲学"的命题由此而生。从这个意义上,潘知常认为,生命美学可谓生命哲学的方向。

因为爱可以表述为生存论意义上的情感判断,是连通未来哲学与生命美学的枢纽,因此将爱与审美活动联系起来并非是提倡一种美学之外的东西,而是提倡一种以爱的哲学为基础、以情感为根本的美学。众所周知,李泽厚晚年为了矫正"自然的人化""积淀说"和"工具本体"对个体、感性、生命、情感的相对忽视,提出"情本体"作为其人类学历史本体论哲学、主体性实践美学以及"人的自然化"理论的"最后实在","艺术所展现并打动人的,便正是人类在历史中所不断积累沉淀下来的这个情感的心理本体,它才是永恒的生命"②。人之所以为人,在于拥有历史积淀的文化心理结构(人

---

① 潘知常:《走向生命美学:后美学时代的美学建构》,中国社会科学出版社,2021年,第574页。
② 李泽厚:《华夏美学·美学四讲(增订本)》,生活·新知·读书三联书店,2008年,第165页。

性,心理—情感本体),而人生的意义在于情感,正因为这种"情感"是人类/个体所特有的、现实的东西,是"普泛而伟大的情感真理",所以,以"情"为本体成为他所设定的后现代社会重建人性、重建价值的重心任务。同样,在潘知常看来,回到生命,就是回到情感,因为人之为人的最本真、最原始的终极存在就是情感的存在,人就生存于情感之中。他通过援引海德格尔的主张——"我们对世界的知觉,首先是由情绪和感情揭开的,并不是靠概念。这种情绪和感情的存在方式,要先于一切主体和对象的区分"[①]——来表明情感的这种优先性,而在优先的情感之中,审美情感更是优先中的优先,因为审美情感是积极情感,不同于概念、功利、欲望引发的情感,只有在审美情感中,自由才可以直接呈现出来。因此,以情感为本成为生命美学的诉求。

情感的满足意味着价值与意义的实现,即境界的实现,这是生命美学的境界取向,或者说"美在境界"观。在《生命美学》中,潘知常就提出"美是自由的境界","审美活动不但是人的存在方式,而且同时也是作为自由境界的美的存在方式",并认为自由境界不是实体或实体的属性,而是一种价值对象,一种意义之在,自由境界的特殊性在于个体性和体验性,它"不是凭借冷静客观的观察、分析、归纳、推理、反思、总结等理性程序制作出来的,而是凭借狂热主观的体验、回忆、想象、返目内视、游心太玄等超理性程序创造出来的。它以个体感性的诸感觉为本体,是个体感性的诸感觉的创造、超越和阐释"[②]。

由上,生命美学形成了"生命视界""情感为本"与"境界取向"的三足鼎立,三者的关系是同时指向人的一而三、三而一的关系,即生命是情感的、境界的生命,情感是生命的、境界的情感,境界是生命的、情感的境界。生命的核心是超越,情感的核心是体验,境界的核心是自由,由此,生命—超越、情感—体验、境界—自由完美融合,构成"情本境界论生命美学"或"情本

---

① 转引自[美]L. J.宾克莱:《理想的冲突——西方社会中变化着的价值观念》,马元德等译,商务印书馆,1983年,第215页。

② 潘知常:《生命美学》,江苏凤凰文艺出版社,2023年,第254、259页。

境界生命论美学"。尽管生命美学始终以李泽厚的实践美学作为批判或对话的对象，尽管也一再被后者批评为"无人美学"，但归根结底二者都可谓人本主义的"有人美学"或"人学化的美学"，"也正是在这个意义上，新时期以来，虽然实践美学和生命美学表面上的对立被人们一再强化，但具有讽刺意味的是，它们却共同承担起了对人进行启蒙（理性启蒙和感性启蒙）的社会使命，他们的哲学目标都是人的觉醒问题。在这里，人本主义的哲学信仰无疑将它们最终团结在了一起"①。

结语

潘知常借鉴融合中西方传统生命美学思想资源，尤其是西方近现代人文主义生命哲学和存在主义哲学（尤其是海德格尔的生存—存在论哲学美学）思想，以生命现象学为方法，紧扣"人是目的"，以生命为本体，以爱为纬，以自由为经，以守护"自由存在"并追问"自由存在"作为自身的美学使命，同时"通过追问审美活动来维护人的生命、守望人的生命，弘扬人的生命的绝对尊严、绝对价值、绝对权利、绝对责任"②，高扬作为超越性生命存在方式的审美活动对个体和社会、当下和未来的建设意义和价值，以此克服虚无主义、批判互害社会、肯定主体间性、重建美学信仰，在无神时代建构起一种高度尊重和强调个体生命和自由的接续历史、直面现实、面向未来的情本境界论生命美学理论体系。正如有学者所评价的："生命本体论美学以生命这一更具本源性的范畴为人的审美活动注入了活力，以对实践这一物质性活动的超越切近了审美作为纯粹精神活动的实质，以审美活动的一元性超越了实践主体与实践对象的二元分立。也就是说，和实践美学相比，这应该是一种更具本源性的美学，是一种靠对生命的体验和直观"直指本心"的美学，是一种首先抓住美的超越性这一核心规定、然后重新向现实敞开的美

---

① 刘成纪：《从实践、生命走向生态——新时期中国美学的理论走向》，《陕西师范大学学报（哲学社会科学版）》，2001年第2期。

② 潘知常：《我审美故我在：生命美学论纲》，中国社会科学出版社，2023年，第87页。

学。"①可以说，超越维度和终极关怀是生命美学回应社会现实问题、关怀人类未来命运的自觉选择。

总体来看，生命美学试图以"生命"为本体、以个体情感和自由境界为依托，建构存在论的生命美学理论形态，问题在于：生命美学试图以"生命"这个核心概念把物质性与精神性、现实性与超越性等统一起来，但无法阐明精神性、超越性等的确切来源，只能陷入以"生命活动"阐释"生命"的循环论证之中，"生命"概念以及"超越性"概念因而显得泛化、空洞、含混甚至矛盾。由此，生命活动与审美活动的关系难以自圆其说，在最近的《走向生命美学》中，他说，"所谓'生命'，就类似'存在'，是'是之所是'，是不可说的"②。"生命"究竟是作为生存（existence）还是作为存在（being）？如果生命是存在，作为最高生命存在方式的审美又如何使"存在之为存在出场"？如果审美是具有"终极性和永恒性"的存在，生命是生存，那么"生命美学"是否名存实亡？这似乎是一个悖论。此外，由于话语表达的诗性追求和不断扩充完善，对实践美学、生活美学、生态美学、环境美学、身体美学等的反复批判③和对自我理论贡献的反复申说，生命美学越来越强化了自我期许和自我定位，基本摆脱了早期"对审美自由和感性的滥用"，但对"超越""爱"和"审美救赎"的渲染与强调，又依然带有浓厚的乌托邦气质。与其说生命美学是对实践美学的超越，不如说二者互相补充、彼此成就，实践是生命的实践，生命是实践的生命，生命与实践并非水火不容；同理，不存在唯我独尊的单数的美学，美学一定是复数的美学。无论如何，生命美学作为新时期中国存在论美学中的一种重要理论形态，让我们重新理解了"生命"之于人类和美学的特色意义，并在古今中外的对话和融合中重新焕发出"生命美学"的现代价值和未来使命。

---

① 刘成纪：《生命美学的超越之路》，《学术月刊》，2000年第11期。
② 潘知常：《走向生命美学：后美学时代的美学建构》，中国社会科学出版社，2021年，第75页。
③ 参见潘知常：《走向生命美学：后美学时代的美学建构》，中国社会科学出版社，2021年，第583—667页。

第三节　存在论美学

张弘可谓"后实践美学"阵营中"存在论美学"最坚定的倡导者和建构者，这集中地体现在他与实践美学论战的《存在论美学：走向后实践美学的新视界》(1995) 和《西方存在美学问题研究》(2005) 以及《存在美学的构筑》(2010) 等论著中。作为德国柏林洪堡大学访问学者，德国哲学美学思想尤其是海德格尔存在论哲学对他影响可谓巨大，按其所言："海德格尔从西方思想传统发展而来的存在论哲学对我的存在论美学是无可替代的。"[①]对西方存在论美学尤其是海德格尔存在论美学的研究，为其构筑存在论美学提供了深刻而充分的思想滋养和理论基础。尽管张弘试图构筑存在论美学，但最终未能形成像杨春时那样的存在论主体间性超越美学理论体系，因而长期以来被学界所忽视，但必须肯定的是，张弘对西方存在论美学尤其是海德格尔存在之思和存在美学的深入研究，以及对中国存在论美学的积极倡导与初步构建，为后实践美学走向新视界、为实践美学和新实践美学的发展提供了思想指引和理论启示，更为中国现代美学建设提供了一种有价值的探索方案。

一　语言哲学之变、世界美学之势与实践论美学之困

为何要提出和构建"存在论美学"？张弘从应对20世纪哲学"语言学转向"的语言哲学之变、顺应全球化语境下世界美学发展之势和突破中国实践论美学之困等三方面做出了自己的回答，"试图在已有的理论话语之外探寻另外一种可能性，虽然这并不就是唯一可行的路途，但将通向更加深远更加开阔的前景"[②]。

首先，20世纪哲学的"语言学转向"，使语言成为20世纪现代哲学的

---

① 张弘、蒋书丽：《求中外文心之汇通——张弘教授访谈》，《学术月刊》，2003年第11期。
② 张弘：《存在美学的构筑》，人民出版社，2010年，第31页。

重心，并由工具论的语言变为存在论的语言。如前期维特根斯坦所言，"全部哲学就是语言批判"，哲学问题转变为语言问题，由此认识论危机得到缓和，传统的形而上学问题得到消解。海德格尔对本真语言即"诗性语言"的关注，"语言是存在的家园"的判断，都表明语言不是"人对内在心灵运动和指导这种心灵运动的世界观的表达"，不是表达的工具，而是一切存在者的存在，不是"人在说"，而是"语言在说"，语言成为人和世界的本质。海德格尔明确否定了语言的工具性，而肯定其作为"本有"的特殊意义，"语言不是一个可支配的工具，而是那种拥有人之存在的最高可能性的居有事件（Ereignis）"①。用其弟子伽达默尔的话来说就是，"语言就是我们'存在于世'起作用的基本方式，也是世界构成的无所不包的形式"②。这可谓一种"语言存在论"，即一种通过语言建立起与存在本真的相属关系的理论。③

通过对现代语言哲学的考察，张弘在《现代语言哲学与文艺学观念的演化》中指出，语言从工具论向存在论的转变，使作为"语言的艺术"的文学获得新维度和新意义，也使认识论的文学观变为存在论的文学观。"语言的艺术"这一表述本身就指向了语言的工具性和中介性，而遗忘了语言始初的本真属性。这种语言的本真性或许只有在诗歌中才能找到，因为"诗不是用思想而是用语言写成的"（马拉美），"诗是语言中的语言"（瓦莱里）。后期海德格尔之所以对诗歌投入极大热情，对荷尔德林、里尔克等德国诗人诗作进行独特分析，也正因为在他看来诗是使语言成为可能的纯粹"道说"（Sagen），"诗乃是对于存在和万物之本质的创建性命名——绝不是任意的道说，而是那种让万物进入敞开的命名"④。按照张弘的解释就是，"诗的创造性不在于想象性描述或表达表象活动中构想出来的东西，或者只是把某种语言的语词挂在那些可想象的、熟悉的对象或事物上，而是一种特殊意义

---

① ［德］马丁·海德格尔：《海德格尔选集》上卷，孙周兴选编，上海三联书店，1996年，第314页。

② H-G. Gadamer, *Philosophical Hermeneutics*, tr. and ed. by Daivd Linge, Berkeley: University of California Press, 1976, p.8.

③ 参见孙周兴：《说不可说之神秘——海德格尔后期思想研究》，上海三联书店，1994年。

④ ［德］马丁·海德格尔：《海德格尔选集》上卷，孙周兴选编，上海三联书店，1996年，第319页。

的'召唤'"①。对于存在的命名和对存在意义的召唤,使诗歌文本或文学作品作为"语言的艺术"而显示出升华经验和创造世界的独特价值:一方面,在这个作品中,语言以"陌生化"的方式从日常经验形式中剥离出来,让此在从生活经验的遮蔽中得以"去蔽"和"澄清",存在由此而获得实现;另一方面,"在这个作品里,语言的本原属性重新敞亮,'此在'的经验构成一个独立的世界,而且只有进入这个作品,事物的物质属性才会退居次要地位,使事物的本质显现出来,并保持其永恒存在"②。从这个意义上来说,语言的艺术就是创造的艺术,作为语言艺术的诗歌或文学,就是存在于世的一种方式。由此,认识论的文学观必然演进为存在论的文学观,文学或语言艺术不再是作家主体认识客体的手段,不再以反映现实内容、传达知识技能为目的,而是探究语言如何进入事物和存在的本质,如何呈现此在的真实以及文学与真理的关系等问题。而文学观的这一变化也必然带来文学史和文学批评方法论的变革,比如在评价现实主义文学和现代派文学时可能就不会厚此薄彼,在批评方法上克服形而上学二元论而走向语言一元论。

总之,西方20世纪哲学的"语言学转向",建立了以语言为中心的语言存在论,这种存在论既不同于古希腊的始基存在论,也不同于中世纪的实体存在论,而是以现象学为方法的本体存在论。这一语言哲学之变,"意味着哲学从以'我思'为中心的认识论转向了以语言为中心的存在论。这就为美学摆脱二元论,为自己奠定一个新的哲学基础提供了良好的条件。由此,走向以语言为中心的存在论为哲学根据的存在论美学就成了必然的趋势"③。

其次,面向美的存在,注重审美体验,顺应世界美学发展的当代趋势。在《全球化语境与存在论美学》中,张弘提出,必须要在中西对话中建立现代意义的中国美学,这是全球化语境给当代中国美学带来的最大挑战,这也

---

① 张弘:《西方存在美学问题研究》,黑龙江人民出版社,2005年,第213页。
② 张弘:《存在美学的构筑》,人民出版社,2010年,第21页。
③ 张弘:《存在美学的构筑》,人民出版社,2010年,第37页。

就意味着要反思和清除美学理论中的"信仰理性"和"权力话语",真正面对真实而生动的审美世界。从这个意义上来说,必须提倡"面向事情本身"的现象学方法,美学要以美的存在为研究中心,反对形而上学,专注于美的本身,注重审美体验。顺应19世纪以来世界美学的研究立场与方法由"自上而下"向"自下而上"的转变,顺应20世纪以来密切联系艺术审美活动的艺术哲学发展趋势,当然,既要坚持反形而上学和反本质主义,又要反对将感官经验直接等同于美的经验主义,这正是存在论美学的立场所在。

最后,批判哲学二元论,突破实践论美学,走向存在论美学。回到中国美学问题,和杨春时相似,在《存在论美学:走向后实践美学的新视界》中,张弘对实践论美学的功过得失做了一番揭示和阐发。他指出,实践论美学的"功"和"得"在于,把美学界长期以来争论不休的美的本质问题提高到一个新的层面,并试图予以解决,它以实践主体作为审美的中介,又以社会实践作为主体的根本规定,从而克服机械唯物论和唯心论的片面性,在推动我国的美学建设方面作出了贡献。同时指出实践论美学的"过"和"失"在于,抹杀了审美活动和生产劳动等其他社会实践的根本区别,未能把握特殊性和差异性;其理论出发点存在内在矛盾,尽管实践论美学标榜自己是以实践一元论取代了传统的主客二元论,但其并未彻底摆脱二元对立的一系列悖论,导致美和审美的个别属性和本质特点被遗忘。由此他提出,要走出实践论美学的这些困境,就必须清算哲学二元论。

在张弘看来,哲学二元论的成熟形态是由中世纪转入科学时代的产物,受中世纪经院哲学孕育而生的笛卡尔,以"我思"确立了"能思"与"广延"即心与物的二元对立,在此基础上衍生出主观与客观、观念与对象、思维与存在、实体与属性、现象与本质、感性与理性、情感与认识等一系列的二元对立范畴。这种认识论或知识论的二元对立,归根结底,都以形而上学为归宿。而以这种二元论哲学为基础的传统美学(包括实践论美学),徘徊往复于主观与客观、感性与理性、现象与本质之间,既抹杀了审美与认知的区别,又导致了美的彼岸化或神学化,因而难免顾此失彼,进退失据。事实上,马尔库塞早已指明艺术的超越功能并不在于脱离社会生活、企求幻想的美的理念，而是通过感性实践复苏现实的人的整体，美的本质与现实性并不相对立，审美就是人存在于在世界之中的一种体验方式，换言之，人们根本不需要越出艺术以外而通向彼岸王国的超越。很显然，在这一点上，反对超越性的张弘不同于始终强调"超越现实"、主张"审美超越"的杨春时，其根据或许来自他对海德格尔的理解，"一般而言，海德格尔的美学思考和超越性甚或宗教性的人类救赎毫无关系"①。

总之，只有把美学的立足点从认识论转移到存在论，建设一种新的存在论美学，对外而言才能顺应20世纪以来的语言哲学之变、顺应全球化语境下世界美学发展之势，对内而言才能克服传统美学和实践论美学的二元论之弊。

二　存在论美学的基本内容与理论优势

首先需要明确的是，在张弘看来，存在论美学的哲学根据不是人类学化或人道主义化的存在主义，而是海德格尔的存在论，因此，必须严格区分"存在"和"生存"这两个概念，不能将"存在"与"此在"混为一谈。由此，张弘对海德格尔的存在论思想尤其对其"存在之思的道路追寻"和"存在美学的基本规定"进行了深入细致的解读和阐释，这构成其提出存在论美学和建设中国存在论美学的思想资源和理论基础。以此为"底本"，张弘对存在论美学的基本内容和倾向以及理论优势做了深入浅出的阐明。

对应于上述西方传统美学和中国实践论美学所存在的问题，张弘认为，存在论美学的基本内容和倾向包括以下五个基本方面：

其一，存在论美学区分美的事物和美的存在。传统美学的主要问题之一就是混淆了美的事物与美的存在，正如柏拉图在《大希庇阿斯》篇中所表明的，希庇阿斯试图以"美的小姐""美的母马""美的竖琴""美的汤罐"之

---

① 张弘：《西方存在美学问题研究》，黑龙江人民出版社，2005年，第284页。

类,来回答苏格拉底"美是什么"之问,把"美的事物"与"美本身"相混淆。美不是美的事物,也不是适当、有用、令人愉悦的东西,最终苏格拉底只能说"美是难的"。美国当代美学家弗朗西斯·科瓦奇(Francis Kovach)曾列出50多种关于美的定义①,也无法回答美究竟是什么。而海德格尔的"存在论差异"则将存在者与存在进行区分,意味着必须把美的存在和美的事物区别开来,以美的存在作为美学研究的中心,而不是围绕美的事物给出争论不休的定义。所以,存在论美学不再以定义回答"美是什么"而是以现象学的描述回答"美是怎样",美的存在(美的本身)成为关注的中心。

其二,存在论美学拒斥二元论。心物二分是传统美学的基础,而存在论的存在意味着人与世界的同一,无所谓主观与客观之分,二者都一元化为"现象"。存在论美学所依赖的基础存在论哲学强调此在具有无可置疑的优先性,作为特殊存在者的此在和其他存在者在世界之中是共在的,而非对立的。而且这种此在不是纯思辨或纯感官的抽象存在,而是梅洛-庞蒂所谓"实践的综合"的存在,具有物质的肉身。同时,存在论美学所依赖的现象学作为"存在论的方法"(the method of ontology),也是"科学的哲学一般的方法",提出了"存在论的差异",即存在者与存在的区别,强调存在一元论,对此前哲学的根本问题和传统认识论的主客关系进行反思和解构;同时,正如基础存在论对传统形而上学构成决定性的解构,存在论美学也对传统美学的二元论构成决定性的解构。

其三,存在论美学认为现象在实质上是语符化的。传统美学常常绕过艺术语言符号而关注所指向的实在事物,而存在论美学恰恰关注艺术作品的语言符号的构成特点,及其与其他一般语符之间的差异。因为以海德格尔语言存在论哲学为代表的现代语言哲学,已经消解了语言符号的工具性,而确立了语言符号的本真性,即现象由语言命名,也只有通过或具象或抽象的不同形式的语言符号才能由隐蔽状态进入光亮之中。以本真性语言符号

---

① 参见朱狄:《当代西方美学》,人民出版社,1984年,第166—167页。

为中介的艺术作品,便不再是对客观现实生活或主观思想情感的表达,而成为"人在世界中的同一关系的确实反映"。

其四,存在论美学在一元论基础上取消了感性与理性、感觉与理智等二分法。存在论美学认为,审美在微观上是知情意全方位的整体性体验,在宏观上是人类存在的诸多实践活动中的一种独特方式。审美存在的实现就是美,换言之,实现了审美,即领悟把握了美,把握了美的形态和美的事物。人在天人同一的体认中觉悟到自己的力量,而不依赖于他者,以此自主选择审美的存在方式,实现对美的领悟。

其五,存在论美学坚决反对传统美学的形而上学化,主张美只能存在于审美的现实领域,只属于现实的此岸王国。传统美学追求"形而上的美",使审美超越脱离了真实世界而变成虚幻的自我满足,导致了艺术的贵族化倾向。存在论美学则认为,审美功能(包括超越功能)应该体现在现实此岸的维度中,也就是说,审美一方面超越物性,一方面又密切关涉现实的此在,这是审美的现实性所在。无论是个体还是群体,通过审美都能够超越日常生存而实现一种更为理想的境界。

不难看出,张弘针对如何克服西方传统美学和中国实践论美学的悖论,从美的存在、存在论的方法、语言符号、审美存在方式、审美现实性等五个方面对存在论美学的基本内容做了规定,尽管十分简略,但基本阐明了存在论美学的基本立场、观点和方法,即:超越旧美学,规划新美学,从根本上颠覆形而上学与二元论;以现象学为方法,以"美的存在"为美学研究中心,关注人的审美存在方式和审美现实性(包括超越性),关注作为语言符号的艺术作品。在此基础上他提出存在论美学的四点理论优势:一是能对艺术与审美的历史发展进行科学的阐释;二是圆满地解决了19世纪下半叶依赖现代艺术的评价问题;三是有助于理解国内文学艺术的趋势与走向;四是能够包容文学艺术的认知功能。[①]这些理论优势凸显了存在论美学在现代文

---

① 张弘:《存在美学的构筑》,人民出版社,2010年,第41—44页。

学艺术领域的阐释力,对理解和把握作为存在实现方式的艺术和审美,以及现代艺术的审美价值和审美趣味,具有重要意义。

总体来看,存在论美学是对以海德格尔为代表的西方存在论哲学和美学的自我理解式总结和阐发,里面包含着诸多的创造:比如,借"存在论的差异"区分美的存在与美的事物,以"美的存在"取代"美本身";以审美现实性含纳审美超越性,统一于现实的此在;尤其是从现代语言哲学的角度对存在论语言观和艺术文本的语言符号性做了揭示和阐发,殊为难得;等等。一言以蔽之,存在论美学的提出,既是一种介绍和引入,也是一种创造与建构,尤其是在当时与实践论美学的论战过程中,迫切需要新视角、新理论和新方法的刺激,也正是在这一过程中,张弘认真审视中国当代美学的问题,思考如何建设现代意义的中国美学。

三 "美学人学化"批判与"返回""鸿冥"

"存在还是生存:中国当代美学向何处去"?这是张弘直面"中国形态的存在美学"提出的"哈姆雷特式"的疑问。所谓"中国形态的存在美学"是指西方存在美学在中国语境下产生的一种变异,也可称之为"存在美学之中国形态"。之所以说是"变异",是因为它是建立在"人的存在"即"生存"(existence)基础之上,而非"存在"(being)的基础之上,因而是生存本体论的美学而非存在本体论的美学,这在当时的美学文艺学界表现得尤为突出,张弘称之为"美学人学化"倾向,其根源在于误读了海德格尔的存在之思:

> 海德格尔的存在之思在中国引起关注,相当程度上是在"存在"被误读为"生存"的前提下进行的。造成这一状况的原因有多方面,重复地说,一是在当代中国,人的生存危机,无论作为个体或群体,经过对"文革"状况的历史反思,开始突现出来,随后又因市场经济转轨的现实冲击变得加倍严峻;二是译为汉语的"存在"概念,意义上非常接近

"生存"即"人的存在"，彼此是相通的；三是海德格尔的哲学思想，最初完整介绍过来的是《存在与时间》，其中关于此在的生存论分析，正好为这样的误解误读提供了一定的文本依据，而海德格尔以后的理论学说则不大为人了解。由此，存在问题转化成了"人的存在"问题。①

这一分析是合乎事实、切中肯綮的。在新时期人道主义和主体性话语主导的人学论语境中，在对前期海德格尔及其此在生存论的选择性接受的前提下，海德格尔的存在论自然而然地被误读为生存论，其所追问的存在问题也随之被转化为"人的存在"（即人的生存）问题，这种误读或变异可以说是西方话语与中国问题之间的一种错位，是"在特定时期、特定语境中出现的非常特殊的显现，一种在话语权力规约、引导、干预之下对西方理论的选择性接受和误读"②。这种错位或误读，从1980、1990年代的特定时代环境来说应该是积极的"合理的误读"，因为它一定程度上推动了"后文革"时代对个人生存和社会历史的反思与批判，在政治和经济的前后夹击下促进了人的觉醒和思想的解放；而从海德格尔存在论的本意和理论接受的真实性以及建设真正的存在论美学来说，这种误读则是消极的、不合理的，甚至是有害的。

张弘显然是站在后一立场上，如其所言，"我们接受海德格尔的基本立场，乃是秉着'面向事情本身'的原则，从本土的现实需要出发，而对他者思想成果进行的借鉴"③。因此，他坚决反对用建立在人本主义形而上学的生存论哲学，或萨特式的存在主义来取代海德格尔的存在论，坚决反对"中国形态的存在美学"的这种"美学人学化"倾向，尽管他也肯定"人学化思潮在我国新时期也发挥过积极的历史作用"。为什么不能走人学化方向？一方面，是因为海德格尔本人从未把人的存在问题当作哲学本体论的核心

① 张弘：《西方存在美学问题研究》，黑龙江人民出版社，2005年，第281页。
② 陶东风：《重审文化研究中的"西方话语与中国问题"》，《文艺争鸣》，2023年第11期。
③ 张弘：《西方存在美学问题研究》，黑龙江人民出版社，2005年，第285页。

问题，在《关于人道主义的信》中曾坚决与萨特的人本主义存在主义划清界限，在《现象学的基本问题》中更是明确表明，"如果哲学是存在之学，那么哲学的首要的和最终的根本的问题，就是'存在意味着什么？''像存在一般这样的东西由何得到理解？''对存在的理解如何才是完全可能的？'"①可以说，存在的真理问题或存在本身才是海德格尔存在论的核心问题，后期海德格尔已明确提出了"反人本主义""反主体性"的主张，在讲演录《论真理的本质》中，他就曾明确宣布："一切人类学和作为主体的人的主体性被遗弃了。"②另一方面，是因为"美学人学化"耽搁了美学作为知识学科的建设，其指导思想可疑，理论前提难以成立。在关注人的生存的旗帜下，审美必然被赋予形而上学的超越性功能，甚至不得不担负起解决人类生存危机的重任，正如在"美学热"中美学不得不扮演启蒙者和解放者的角色——这种"审美超越"论也恰恰是同在"后实践美学"阵营的杨春时、潘知常所主张的。在张弘看来，"美学人学化"的理论根据不是马克思主义，而是萨特的存在主义，正是萨特提出"存在主义是一种人道主义"，并在其《辩证理性批判》中意图以"人学辩证法"取代"唯物辩证法"，在马克思主义内部开辟出"结构的和历史的人类学"的一块"飞地"。③此外，美学人学化还把美学的问题转化为哲学人类学的问题，以"人"为起点，并给予人以本质主义的规定，从而把原本丰富多样的人的属性和存在方式单一化、绝对化、抽象化，实践论美学以"实践"来规定人的本质和存在方式正是如此。

不破不立，先破后立。通过批判"美学人学化"之弊，张弘再次重申了自己的主张，即：要建设现代意义的中国存在论美学，就必须确实地把握海德格尔存在论的真谛，重新把"人的存在"问题转化为"存在"问题，把中

---

① M. Heidegger, *The Basic Problems of Phenomenology*, tr. by A. Hofstadter, Indiana University, Press, 1988, pp.14–15.

② ［德］马丁·海德格尔：《海德格尔选集》上卷，孙周兴选编，上海三联书店，1996年，第235页。

③ ［法］萨特：《辩证理性批判》，安徽文艺出版社，1998年，第2页。其中影响巨大的第三章《马克思主义与存在主义》以及《存在主义是一种人道主义》收入中国科学院哲学研究所西方哲学史组编《存在主义》（内部读物），商务印书馆，1963年，第309—332、333—359页。

国形态的存在美学转化为"中国存在论美学",而转化的路径便是"返回""鸿冥"。

首先必须明确的是,"返回"不是因为古典的召唤,恰恰相反,"返回古代的开端之思的策动力启示来自现代。它是源于现代哲学和现代思想的危机而开展的自我反思与躬身自问。在此意义上,它同时又是一种危机意识,是清醒地感觉到了现代性的危机后的一种思想救治或突围"①。海德格尔在《世界图像的时代》中对技术时代的五大现代性问题的批判②,正是这种危机意识的显现。对于海德格尔而言,"返回"指的是返回古希腊的形而上学源头去,而对于中国而言,则是要返回中国人的思想开端去,也就是说,我们至少需要返回东方非常古老悠远的年代——先秦时代,也即雅斯贝尔斯所提出的"轴心时代",因为先秦诸子百家的思想材料里蕴藏着更接近开端之处的东西,而这些东西在后来的历史进程中常常遭到意识形态化的扭曲和技术化的改造。近百年来中国美学或艺术哲学的多舛命运,尤其是新时期以来在政治和经济的意识形态夹缝中对审美现代性的深刻体认,也迫切地要求我们返回先秦,当然对先秦思想文献的清理和还原无疑是返回的第一步。

张弘同时提出,最根本的返回是要"直接返回鸿冥开端。要以此为尺度,重新考量本真之存在于东方的遮蔽与闪现。"何谓"鸿冥开无垠的既不可见也未可说的黑暗深渊里运动着与生成中存在照亮之球,以及这一切构成的本有的图景"。这开端就是不可见、不可言说的"本有",是"无名之名","本是、本真、自在,一切之源,复是一切的呈现"③。海德格尔也将其称之为"神秘"(Geheimnis)或"深渊"(Abgrund)。张弘以富有老庄意

---

① 张弘:《西方存在美学问题研究》,黑龙江人民出版社,2005年,第332页。
② 五大现代性问题:一是科学取得统治地位;二是机械技术的流行;三是艺术被纳入至少化的美学视界;四是人类活动被当作文化或文明创制来理解和加以贯彻,这意味着人不受任何约束专凭意欲行事;五是"弃神",即人类和诸神的关系被隔绝,反而被代之以基督教式的宗教虔诚,按其教义描画世界图像和建立世界观。参见海德格尔:《林中路》,孙周兴译,上海译文出版社,2004年,第77—78页。
③ 陈嘉映:《海德格尔哲学概论》,生活·读书·新知三联书店,1995年,第406—407页。

味的"鸿冥"①来命名此"开端",以"鸿"指其浩瀚宏广,无边无际,以"冥"指其幽邃黑暗,深不可测,试图与海德格尔哲学思想的这一"底层原理"相契合,可谓用心良苦。不难看出,"鸿冥开端"带有强烈的神秘主义和黑暗本质主义的色彩,这与海德格尔对其所在的"贫困时代"的感知密切相关,"在世界黑夜的时代里,人们必须经历并且承受世界之深渊。但为此就必需有入于深渊的人们"②。"入于深渊"即返回鸿冥开端,这是海德格尔对身处"世界黑夜的时代"中的人们的提醒或邀约,从这个意义上来说,"返回开端的鸿冥,主要是视野和观念的转变,是对人的'本己的本质'即本真状况的更深刻的领会",只有"在黑暗的鸿冥中,人类才能保持谦卑、谨慎和敬畏之心,才不至于过分膨胀,自以为是宇宙的中心"③。返回不可见、不可说的鸿冥开端,就是要破除人们对"光明"的迷信,让人们意识到黑夜并非一无所有,黑夜是"白昼之母",是"神圣的黑夜",从而恢复人性中的神性,重建天人之关系。

那么,在"神圣的黑夜"中,美与艺术的价值何在?张弘认为,美是"黑夜星座"的艺术把握。在这里,星座是照亮和澄明,将人们视而不见的黑夜指示出来,它不仅照亮人周围的黑暗,也照亮人内心的深渊,正如存在(海德格尔喻之为"照亮着的圆满球体")把在场者遮蔽的在场昭示出来。由此,美就是黑夜里闪耀的星光,"美乃是整个无限关系连同中心的无蔽状态的纯粹闪现"④。纯粹闪现成就了这种本真的无蔽之美,即"既令人迷惑又令人出神的东西"⑤。由此,艺术的功能"就是要祛除遮蔽与遗忘,重新打开通向黑夜星座之路",逻辑哲学家维特根斯坦劝人们"对不可言说者要保持沉默",而艺术恰恰是让不可言说的黑夜星光之闪耀得以把握,让不可见者显

---

① 《庄子·在宥》云:"至道之精,窈窈冥冥;至道之极,昏昏默默。""红楼梦十二曲"唱道:"开辟鸿蒙,谁为情种?"
② [德]马丁·海德格尔:《林中路》,孙周兴译,上海译文出版社,2004年,第282页。
③ 张弘:《西方存在美学问题研究》,黑龙江人民出版社,2005年,第325页。
④ [德]马丁·海德格尔:《荷尔德林诗的阐释》,孙周兴译,商务印书馆,2000年,第223页。
⑤ [德]马丁·海德格尔:《尼采》,孙周兴译,商务印书馆,2004年,第217页。

现出来，这是艺术的至高标志。闪现的美或艺术是日常沉沦的常人所无法把握的，只有诗意栖居之人才有可能，"诗意地栖居的人把一切闪现者，大地和天空和神圣者，带入那种自为地持立的、保存一切的显露之中，使这一切闪现者在作品形态中达到可靠的持立"①。可以说，"诗意地栖居""实乃一种不离不弃开端的在，一种念念不忘鸿冥的生存，一种始终逼问和植根于开端鸿冥的此在"②。这事实上也就建立起此在与存在的本真关系。最后，张弘总结道：

> 存在论美学建基于本有的鸿冥不可见，以存在于此遮蔽中的去蔽之闪亮为美，以艺术为显亮这一真美之专有方式和至高标志；通过艺术审美，维系、修复和激活人与鸿冥开端的关系的本真，凡此本真之在场，也即有美在场；判断美的尺度或体验美的界域，即美的存在的到场，就在这一本真闪亮之间。③

通过对海德格尔晚期存在论思想尤其是对"开端""本有""黑夜"等的领会与综合，和对中国"天人合一"儒道哲学美学的反刍，借助"鸿冥"这一具有中国特色的生造概念，使中西美学在存在之开端处相遇和耦合，也使一种以"鸿冥之说"为基点的存在论美学真正落地，这是张弘的创造所在。这种存在论美学既是对海德格尔存在论美学的一种阐释与重建，也是对"人学化美学"——以实践论美学为代表的中国美学的一种批判与纠偏，在后实践美学之中闪耀出别样的星光。

结语

在与实践论美学的"本体论之争"中，张弘曾经说到，"一切美学的新建

---

① ［德］马丁·海德格尔：《荷尔德林诗的阐释》，孙周兴译，商务印书馆，2000年，第198页。
② 张弘：《西方存在美学问题研究》，黑龙江人民出版社，2005年，第331页。
③ 张弘：《西方存在美学问题研究》，黑龙江人民出版社，2005年，第331页。

设都必须在根据（包括哲学基础）、方法和结论上经得起检验，都必须看它是否避免了前人的缺失，是否借鉴了当代学术最高水平的思想成就，尤其是这一世界来的思想成就，是否在自己的学说的内在结构（不管是否着意营造一个体系）上实现了严密性和一致性，是否能够反映和说明艺术审美活动的实际发展，同样尤其是这一世纪来的艺术审美的实际发展。"[①] 以此反观张弘自己"存在论美学"的建设，可以说他借鉴了20世纪代表性学术思想水平的海德格尔存在论哲学，并以此为基础，一定程度上反映和说明了20世纪以来艺术审美活动的实际发展，但并未形成一个具有严密性和一致性的体系，在方法论和结论上依然有需要检验的地方。比如，他对存在论美学的构建几乎完全以海德格尔存在论美学为主体，且不加任何批判和反思；很少涉及中国古典美学和现代美学传统，也未能联系"现代中国人的艺术审美活动"，因而缺少了中国美学的融入和中西美学的对话与融合；"黑夜星座"的诗意表达，"返回鸿冥"的路径想象，充满着玄而又玄的乌托邦和神秘主义色彩；等等。尽管如此，张弘矢志不渝倡导的"存在论美学"，对于反拨实践论美学的"美学人学化"倾向，纠正以"生存论"误读"存在论"的"中国形式的存在美学"，还原海德格尔存在论哲学的真面目发挥了重要作用，为中国存在论美学的理论建设贡献了一种可供参考和借鉴的方案，同时为考察新时期中国文学艺术提供了一种新的批评话语，也为构建一种新的艺术审美理论、一门新的作为艺术审美科学的美学提供了理论基石。

最后值得一提的是，在世纪之交，张弘还曾提出过以"美学的科学化"作为"中国美学建设的正确道路"，并借用海德格尔所诠释的现象学方法的三大要素说明了美学科学化的三个基本环节：一是"解构"，即对传统的美学和所有的审美之思的由来和得失，从根本上进行一番考察和反思；二是"还原"，即让美学进一步摆脱观念论的束缚，真正回到艺术审美的实际过程中去；三是"建构"，在解构和还原的前提下，构建起一门堪称是科学的

① 张弘：《存在美学的构筑》，人民出版社，2010年，第139页。

美学来。① 尽管这一科学化美学的主张不免有理想主义的色彩, 但这种"解构—还原—建构"的路径对于当下中国美学话语体系建设来说依然富有启示意义。

第四节　语言论美学

众所周知, 在苏联美学和德国古典美学的影响下, 自1930年代到新时期一直占据中国美学支配地位的是认识论美学, 而由中国古典体验美学与19、20世纪德国体验美学综合而成的体验美学 (王一川称之为"本体论美学") 则直到1980年代才崭露头角, 给予认识论美学以诘难与补正。如果说认识论美学是一种理性主义和乐观主义的美学的话, 那么, 体验美学基本上是一种感性主义和超越主义的美学, 即正视人生的有限、矛盾和苦难等及其审美的超越, 二者双峰并峙, 构成新时期初中国美学的基本格局。然而, 如果以"20世纪西方语言论美学" (linguistic aesthetics) 为参照的话②, 那么, 中国当代美学的症候在于缺乏对语言的关注与深究, 认识论美学关注的是语言所指称的世界而非语言本身, 体验美学关注的是体验而缺少对语言的足够认识。因此, 要创造中国当代美学新格局, 就必须在引进、鉴别和批评吸收西方语言论美学基础上创造中国的语言论美学。由此, 王一川聚焦"语言的乌托邦", "从中国人的视界, 考察作为'逻各斯'统治战略之一环的20世纪西方语言论美学, 并适当考虑中国当代美学的应战问题"③, 为新时期中国美学提供了一种别样的理论形态——语言论美学, 并进而将其

① 张弘:《存在美学的构筑》, 人民出版社, 2010年, 第140页。

② "20世纪西方语言论美学"是王一川"对如下种种美学及有关艺术理论的一个方面的宽泛概括: 俄国形式主义、心理分析美学、象征形式美学、存在主义美学、视觉意象美学、符号学美学、阐释学美学、后结构主义、西方马克思主义、新历史主义和文化唯物主义等。这些美学理论彼此各有不同, 但都共同地以语言为中心问题, 把语言学和广义的语言论视为解决美学关键问题的理想途径, 从而呈现出与传统认识论美学 (epistemological aesthetics) 迥然不同的语言论美学风貌。"参见王一川:《修辞论美学——文化语境中的20世纪中国文艺》, 中国人民大学出版社, 2009年, 第41页。

③ 王一川:《语言乌托邦——20世纪西方语言论美学探究》, 云南人民出版社, 1994年, 第6页。

与认识论美学、本体论美学相融合而形成修辞论美学。这种在主流实践美学之外的戛戛独造，一定程度上启发了后来实践美学的语言论转向和语言论实践美学的倡导，促进了中国语言论美学的发展和语言存在论美学的完善，而这又都离不开海德格尔语言存在论美学的影响和融入。

一 西方语言论转向、语言乌托邦与海德格尔语言存在论美学

在西方，20世纪被称为"语言的世纪"，原因在于"语言论转向"（Linguistic turn）使语言论取代认识论而成为"第一哲学"，或者说作为语言的哲学取代作为认识的哲学而成为哲学的主流，因此法国哲学家罗蒂将这一转向称之为"语言论哲学革命"。之所以是"革命"，是因为语言不再是理性的工具，而成为哲学的中心，转向语言意味着转向比理性更原初、更根本的逻各斯本身，因为逻各斯的本意就是"说话"即语言，而"语言的乌托邦"主要描述的就是随"语言学转向"而产生的对语言理想境界的迷醉状态。

19世纪末20世纪初西方美学的"语言论转向"或"语言的乌托邦"之所以能够孕育而生，除了哲学中的"语言学转向"之外，还离不开新的语言观和美学内部的语言取向。"新的语言观"指的是，"语言不是理性活动的被动产物而就是能动的活动本身；语言学的对象不应是个别的'言语'而应是普遍的'语言系统'；重要的不是语言的'历时态'而是其'共时态'；不仅语言符号而且非语言符号，都可以在作为符号学基础的语言学怀抱中成长"[①]。而这分别与皮尔士、弗雷格、胡塞尔的哲学语言论线索，赫尔德—洪堡—索绪尔—叶尔姆斯列夫—雅各布森—特鲁别茨柯依—本维尼斯特等语言学线索，以及索绪尔符号学线索密切相关。而"美学内部的语言取向"则指的是，反叛唯美主义美学、生命美学以及象征主义美学等认识论美学，凸显对语言形式的特殊偏爱，语言成为派生审美形式进而派生审美感性的起点。

---

① 王一川：《语言乌托邦——20世纪西方语言论美学探究》，云南人民出版社，1994年，第41页。

美学的"语言论转向"使美学由认识论形态转向语言论形态，使语言论美学得以生成，语言一跃成为20世纪西方美学流派共同关注的中心所在，成为拯救美学危机、解决美学问题和探索审美艺术奥秘的理想途径，此即"语言乌托邦"(Linguistic utopia)。正是在这样的20世纪西方语言论美学的历史脉络中，海德格尔存在论的语言论美学成为建构语言乌托邦的重要组成部分，并对中国语言论美学产生了至关重要的影响。

毫无疑问，海德格尔的语言论美学是非常独特的，这种独特性表现在：其一，海德格尔身披现象学家、存在主义者和阐释学家三件袈裟，其语言观根植于赫尔德、洪堡、叔本华、尼采、弗雷格、胡塞尔和卡希尔等一脉相承的德国传统中。其二，对于海德格尔而言，同样存在着一个"语言论转向"，即由以时间阐释存在转向以语言阐释存在，由"时间是存在的地平线"转向"语言是存在的家园"。这一转向使得1930年代中期之后的海德格尔开始以"存在"与"语言"作为探索主题，从分析此在的存在表现到直接对存在本身进行语言论(词源学)阐释，由此而引申出高度独创性的语言存在论美学。在海德格尔看来，存在与语言的关系并非同一，但存在总是"恬然澄明地来到语言"，总是沿着语言的方向前行，语言是存在的根本条件或状态，语言是存在的支配性权力。这种支配性是原初意义上的，因为"语言，凭借给存在物首次命名，第一次将存在物带入语词和显象。这一命名，才指明了存在物源于其存在并到达其存在"①。由此，海德格尔认为"语言是存在的寓所"，即语言是存在的栖居地或掩蔽所，而哲人或诗人则是"语言"这一"寓所"的守护者。这种存在论的语言观或语言论的存在观，显然是对视语言为工具的传统语言观和割裂存在与语言关系的传统存在论的有力挑战。其三，语言具有双重性，既可使存在"澄明"，也可使存在"晦蔽"，后者指的是逻辑语言和日常语言，它们是"此在"陷入"烦""畏""沉沦"之境的标志，这种语言是存在的"牢狱"；前者指的是未经形而上学污染的原初语言或诗

---

① [德]马丁·海德格尔：《艺术作品的本源》，《诗·语言·思》，文化艺术出版社，1991年，第69页。

意语言，这种语言才是海德格尔心之所向的"存在的家"。其四，语言的本质是诗，诗是原初语言。这里的"诗"不是一般的诗，而是特别的诗，是"诗人中的诗人"的诗，是像荷尔德林、里尔克那样的"还乡"的诗，是能呈现存在的真理之诗。这里的"语言"也不完全是语言学意义上的表达符号，而是实际使用的历史语言，是使存在的真理得以呈现的途径。其五，艺术的本性也是诗，"存在""语言""艺术"有着共同的"诗意本性"，有着共同的最高目标"人诗意地栖居"。"诗意，作为栖居维度的本真测定，是栖居的根本形式。"①诗意是人的本真存在形式，而诗意是语言性的，因此"诗意栖居"就是沿着语言所展示的本真存在形式而进入存在。而"神性"又是人衡量其本真"存在"或"诗意栖居"的尺度，诗人的职责便是"呼唤神性"，使其"在他语词的到来中现身"②。在《通向语言之途》等后期重要文章中，海德格尔的语言存在论赋予"语言"以本体化（"语言是存在的寓所"）—诗化（语言的本质是诗）—神化（诗呼唤神性）的三重内涵，有力地批判了逻辑语言和日常语言对存在的遮蔽，试图重建一种本体论的、诗化的、守护存在的语言，尽管神性也不免带来"语言的神秘性"。这样的诗意的、神性的、使存在真理显现的"语言"，无疑为感性审美和诗意艺术构筑了一个大胆激进的美学的"语言乌托邦"。

值得注意的是，王一川将海德格尔探究"语言与存在"关系的美学称之为"存在主义美学"，并将其视为西方20世纪语言论美学谱系中的一环，将其看作与探究"语言与无意识"的心理分析美学、"语言与隐喻"的象征形式美学、"语言与生活形式"的分析美学、"语言与视觉"的视觉意象美学、"语言与符号"的符号学美学、"语言与阐释"的阐释学美学、"语言与解构"的后结构主义美学、"语言与历史"的西方马克思主义美学、"语言与功利"的新历史主义和文化唯物主义美学相提并论的一种美学形态，但事实上他早已将海德格尔的语言存在论内化于心了，也正是以此为基础，他才提出了

---

① ［德］马丁·海德格尔：《人诗意地栖居》，《诗·语言·思》，文化艺术出版社，1991年，第193页。
② ［德］马丁·海德格尔：《诗人何为》，《诗·语言·思》，文化艺术出版社，1991年，第129页。

自己的"人类学语言本体论"。

1987年10月,《文学评论》编辑部曾邀请一些青年研究工作者座谈有关文学研究如何拓展和深入的问题,语言问题成为大家探讨的重要问题之一,王一川也作了发言,并整理成笔谈《"语言作为空地"》。在这篇文章中,他对传统语言观和存在论语言观进行了综合批判与吸收,通过对海德格尔"林中路"意象的移植和仿造,明确表明:"语言"既不是"工具",也不是"存在",它就是林中的一块"空地",我们可以分别从不同的小道进入它,因此关键在于进入语言"空地"的特定方式。20世纪以来有两种进入语言的方式,即"文本方式"和"人本方式",前者以索绪尔、费雷泽、俄国形式主义、结构主义等为代表,信奉"语言之外没有世界",语言构成独立自足、与人疏离的世界;后者以海德格尔、加达默尔、尧斯等为代表,信奉"语言是存在的寓所",语言是人的存在方式。由后者出发,王一川提出"人类学语言本体论":

> 不管别人会怎么看,我主张确立语言的本体论;但这种本体论只能是人类学的,是人类学的本体论。按照这种本体论,以人的完整体为冥思中心的哲学人类学,是我们进入语言的合适的道路。进入语言,并不意味着进入一个与人疏隔的世界,而恰恰是要返回人本身,但却是更本真地返回人本身。我们生存于世,是以个体的、具体的、感性的、此时此地的方式来生存的,这就构成我们的"此在"。此在是有限的,是意义匮乏的。但我们的本性决定了我们不甘心于这种境遇,而渴望一种真正意义充满的、终极的、绝对的人的生活——这就构成我们愿望中的与此在相对峙的另一种"彼在"。彼在对我们而言才是真正的人的生活。那么,我们如何才能超越此在的意义匮乏境遇而升腾到彼在的意义充满境界去呢?好比久处密林不得见阳光,我们渴望找到一块空地,在那里把自身重新引入"澄明"地带。这种超越方式、这块空地正是语言。我们谈论语言,冥思语言,其目的正是要超越此在而升入彼在。

因此，此在是起点，出发点，而彼在是终点，是归宿。我们从此在出发，把此在带入语言空地中，通过此在去充实语言，而同时自身也被语言"澄明"了——正是在这澄明的瞬间，我们仿佛回归到彼在的开放之域。而这，正是诗，正是美。这时的语言已不是日常此在的语言，而是诗意的语言，毋宁说，是诗本身。难怪有人会说语言在本质上就是诗。由此看来，语言作为空地，正意味着人的此在的超越、告别，和人的彼在或者说人的完整体的复归、亮相。语言正是彼在的亮相。当我们如此地谈论语言时，我们正是据有了人类学的本体论视角。[①]

之所以要不厌其烦地完整引用这两段文字，是想表明两点：其一，人类学语言本体论的人本立场，显然与1980年代的人道主义思潮之间有着因果关系。正是从1980年代中国的特定人文环境出发，王一川才倾向于以"人本方式"进入语言，即以人的存在为根基重新追问语言、重新进入语言。如果说存在论倡导者张弘反对1980年代以来的"美学人学化"的话[②]，那么，王一川反倒是肯定"美学人学化"；而在1990年代的"修辞论美学"构想中，"文本方式"则僭越"人本方式"而成为其进入语言的主要方式，而这又与市场经济的兴起、人文精神的衰微密切相关。其二，人类学语言本体论是对海德格尔语言存在论的批判吸收，既坚持后者的人本立场和"此在"优先，强调个体的、具体的、感性的生存，赞同语言的"澄明"及其诗的本质；同时，又创造"彼在"概念，以"语言"本体取代"存在"本体，把语言视为超越此在、抵达彼在的"空地"。其中，"人类学""返回人本身""人的完整性的复归"等话语，显然又是马克思主义人学理论的现身。从这个意义上

---

① 王一川：《"语言作为空地"》，《文学评论》，1988年第1期。

② 张弘认为，当时的中国美学文艺学界误读了海德格尔的存在之思，将西方存在美学变为了"中国形态的存在美学"，后者是建立在"人的存在"即"生存"（existence）基础之上，而非"存在"（being）的基础之上，因而是生存本体论的美学而非存在本体论的美学，张弘称之为"美学人学化"倾向。参见张弘：《存在还是生存：中国当代美学向何处去》，《西方存在美学问题研究》，黑龙江人民出版社，2005年，第281页。

来说,"人类学语言本体论"是以马克思主义人学论改造海德格尔语言存在论,或者说是海德格尔存在论与马克思主义人学论相结合的产物,当然,从中我们也不难嗅到"语言乌托邦"的气息。

二　新时期中国美学的语言论转向、修辞论转向与文化修辞论美学

1980年代,国门打开,西学涌入,20世纪西方"语言论转向"及语言论美学随之在中国传播开来,一时间,俄国形式主义、英美新批评、法国结构主义、解构主义等语言论学派以及存在主义美学、生命美学等应接不暇,"方法论热"随之兴起,由此形成了中国现代美学的"语言论转向"——这是继20世纪初"认识论和感兴论转向"之后的第二次转向。[①] 今天回头去看,与其说这是新时期中国美学回应西方语言论美学的挑战,不如说这是西方语言学美学在中国场域的一次理论与方法的集中演练,这一演练在电影和文学两个研究领域表现得尤为明显。

创刊于1984年、由中国电影艺术研究中心主办的《当代电影》,可谓语言论美学理论与方法传播的前沿阵地。自1980年代后期开始,《当代电影》一方面大量译介西方电影叙事学、符号学、现象学美学、心理分析学、意识形态批评、新历史主义、解构主义等语言论美学及相关思考,如《精神分析与电影:想象的表述》《弗朗索瓦·若斯特谈——当代电影叙事学和电影符号学》《现象学美学:其范围的界定》《少下赌注:电影历史诗学展望》《彼此在所感知的彼在——关于电影本体的哲学思考》《雅克·拉康的"幻想""符号"与意识形态批评的主体位置》等,还有王一川的"现代西方美学研究"系列论文等;另一方面,积极运用语言学模型分析中国电影或文学文本,如《现实观的重建与存在的本体意义——对当代电影创作一个侧面的思考》《电影画面:象征的构成与意义的产生——新时期电影语言发展的一个侧面》《惊险电影叙事结构分析》《动画作为一种语言——从叙事工具到动画

---

① 王一川:《走向修辞论美学——90年代中国美学的修辞论转向》,《天津社会科学》,1994年第3期。

语言的转化》等。这些译介和研究让国人暂时摆脱了社会历史学理论与批评的"有色眼镜"，而戴上了语言学理论与批评的"科学眼镜"，感知到西方语言论美学的独特魅力和语言学方法的特殊力量。

对于文学来说，语言学文学批评成为一种广泛流行的批评模式。正如笔者曾经指出的，西方现代语言学文学批评主要包括俄国形式主义批评、英美新批评、捷克结构主义和法国结构主义及叙事学、符号学批评等，尽管它们之间也存在着差异，但其共同点在于：其一，它们都是在"语言学转向"的哲学背景下、在科学主义思潮的影响下而形成的批评流派，在理论和实践上都有着明确的科学性和客观性的诉求，都试图凭借语言学的理论和方法来建立一种真正的"文学科学"。其二，它们都坚持文学的本体论立场，认为文学是一个独立自足体，与作者和读者无关，也不是历史的、政治的、宗教的试验场，文学研究的对象不是别的，而是"文学性"。其三，它们都突出强调文学的语言性，都认为语言（符号）形式在文学中具有本体论价值，文学批评应当以文本为中心，探究其表层的语音构成、深层的语法结构以及复杂语义，以语言的科学实证主义反对庸俗实证主义和印象主义。如果说西方现代语言学文学批评与西方"语言逻各斯"传统密切相关的话，那么，它在80年代中期进入到中国的文学理论与批评实践中无疑是一次极有难度的横向移植。[①]

然而吊诡的是，喧嚣一时的演练过后，语言论美学虽然取得了一定的成果，比如不再只是研究美的本质、艺术的本质等形而上学问题，语言美、语言本体论等语言问题得到一定程度的重视，借用语言学方法进行文学文本分析的批评实践得到一定程度的传播和认可，但是语言论转向和语言论美学又并未在新时期中国美学中真正扎下根来，"方法论热"过后，语言学方法并未在学界成为一种广泛接受的思维方法和研究方法。究其原因，主要有两点：一是语言工具论在中国文化思想中根深蒂固，"尽意莫若象，尽象莫

---

① 江飞：《西方现代语言学文学批评方法论在当代中国》，《美学与艺术评论》，2020年第1辑总第20辑。

若言""言外之意""得意忘言"等重意轻言的"金科律令"，使得对语言的形式化、技术化、审美性的理解，难以取代对思想情感的内容性、意象性、社会性的诉求；二是新时期西学东渐，形成了"追新逐后"的时代风气，导致了中国学界对西方的各种美学理论与方法、文学流派与思潮只能是浅尝辄止、走马观花。

由此，王一川把希望寄托于"语言论转向"之后的第三次转向——"修辞论转向"，倡导一种"文化修辞学"，即将认识论美学的理想精神的历史感、本体论美学的个体存在体验与语言论美学的话语探究相融合的美学，由此形成中国当代美学的"多种异质性美学格局"①。按其设想，修辞论转向或文化修辞学美学要实现的是内容的形式化、体验的模型化、语言的历史化以及理论的批评化。不难看出，语言论美学在其中发挥着重建认识论美学、体验美学的形式—语言和语言模型的重要作用，尤为重要的是，为了与"反历史"的形式主义、结构主义等"以文本为中心"的语言论美学相区别，他既主张以"文本方式"进入语言，又特别强调了"语言的历史化"，将历史视界或历史性作为一个根本视角，这无疑源自对海德格尔之"神性"的领悟，因为在他看来，"那真正居于支配地位的'神性'其实就是'历史性'，即人的存在的社会性、物质性和可改变性。这样，语言就应成为对真正的'历史性'的呼唤"②。从这个意义上来说，历史性赋予语言和人的现实存在以源头活水。"语言的历史化"显然是对"语言的形式化"的反拨，语言不仅仅是形式，更是历史，从文言到白话的语言话语的转变表征着历史演变的踪迹。这种语言或语言构成物的历史性被继承海德格尔衣钵的伽达默尔所吸收，融入其哲学阐释学"效果历史"等历史性问题思考之中。

修辞论转向或文化修辞学的倡导，为建构一种中国本土化的新美学提供了可能，与其说它是一种"创造性美学"，不如说是创造性地将认识论美学、兴感论美学和语言论美学三合为一的"整合性美学"。从内容上来说，

① 王一川：《语言乌托邦——20世纪西方语言论美学探究》，云南人民出版社，1994年，第391页。
② 王一川：《语言乌托邦——20世纪西方语言论美学探究》，云南人民出版社，1994年，第109页。

这种整合是把对世界的认识、对个体存在的体验和语言对世界与存在的支配性能整合起来，并置入特定的文化语境中进行艺术文本和现象的形而下批评，是认识论、体验论（兴感论）与存在论的美学兼容；从价值上来说，这种整合既是对西方语言论美学的回应，更是对新时期中国美学的回应，既是对包括海德格尔语言存在论美学在内的西方语言论美学的吸收，更是对西方语言论美学的超越，是中西美学比较与综合的产物。当然，也不得不说，这种整合因为认识论和兴感论（体验论）的融入，既祛除了语言论的神秘色彩，强化了其历史性、主体性的内核，又淡化了语言论的形而上学的本体追求，海德格尔的形而上的"存在"不得不让位于形而下的认识的、体验的、语言的"修辞"。

三 实践美学的语言观、新实践美学的语言维度与语言论实践美学

有意味的是，王一川在构建西方20世纪语言论美学体系和"中国语言论美学"理论时，对占据新时期中国美学主导地位的"实践美学"不置一辞，他延续着自己博士论文《意义的瞬间生成——西方体验美学的超越性解构》（1988）的探索脚步，把体验美学视为认识论美学和语言论美学之间的过渡，这似乎也正暗示了他对实践美学的某种有意疏离的态度。对于实践美学来说，"语言"或许正是一块有待开垦的"空地"，因为语言被认为只是实践的产物，在人类的劳动实践中产生和被使用，因而只具有派生性，而并不具有优先性。比如实践美学的代表李泽厚认为，"不是语言而是物质工具，不是语言交际而是使用—制造工具的实践活动，产生和维持了人的生存和生活"[①]，也就是说，语言是建筑在个体感性现实的生存基础之上的符号，其作用不仅在交流信息，更在贮存使用—制造工具的生活经验，换言之，"语言"只是为人类使用—制造工具即"实践"服务的、表述"情感体认"的工具，具有个体性、经验性和历史性，而不具有本体性。在他看来，情理结构

---

① 李泽厚：《实用理性与乐感文化》，生活·读书·新知三联书店，2008年，第125、233页。

或者说深层心理结构比语言更适合作为"存在的寓所"即本体所在，如其所言，"哲学家说语言是存在的寓所，现时代的本体存在通过语言寓所而呈现。但我认为存在毕竟不止寓所于语言，存在所居住的心理寓所更为重要和根本"①。这"心理寓所"也就是情深意真的深层心理结构，即"情本体"。

实践美学对语言的轻视，自然引起后来者如"新实践美学"倡导者张玉能的警惕，他选择站在马克思主义实践哲学的根本立场上、通过综合海德格尔的语言存在论思想来肯定语言的本体论意义。在《新实践美学论》(2007)中，张玉能指出，此前的美学(包括实践论美学)忽视马克思主义语言观的实践本体论意义，反倒把语言的存在论观点归于西方20世纪的分析哲学、现象学哲学和存在主义哲学，这是个极大的误解。②事实上，马克思、恩格斯曾明确指出，语言是思想的直接现实，是从劳动中并和劳动一起产生出来的。③这就表明了语言具有二重性和中介性，即语言既是实践的也是精神的，既是物质的也是意识的，表明了语言的存在论意义和本体发生学意义。人类运用语言进行交往活动就是话语实践，它与物质生产(劳动)相结合，是审美活动的直接基础。他还援引上述王一川所引述的海德格尔语言存在论来证明，海德格尔"特别看重话语实践的诗意(诗性)和审美性"，"在存在和此在的根基之上把认知活动、话语实践、审美活动统一起来了"，并最终得出结论："人的现实存在只能是实践，在实践的整体之中，物质生产、话语实践、精神生产是内在地统一的，组成了以物质生产为核心、以话语实践为中介、精神生产为显象的交互作用的立体网络系统，而其最具有显象的敞亮的光辉的，则是审美活动及其价值显现——美。"④可见，新实践美学虽然始终坚持"实践"的本体性，但实践本体论的马克思主义语言观和"话语实践"概念的提出，无疑有力地补充和发展了实践美学，丰富了"实践"

① 李泽厚：《世纪新梦》，安徽文艺出版社，1998年，第125页。
② 张玉能：《新实践美学论》，人民出版社，2007年，第26页。
③ 《马克思恩格斯全集》第3卷，人民出版社，1960年，第525页。
④ 张玉能：《新实践美学论》，人民出版社，2007年，第28页。

的整体内核,提升了"语言"在审美活动、实践美学乃至美学学科中的存在论地位和价值,是"新实践美学的语言论维度"的拓展和彰显。[①]

随后,在《美学的实践转向与语言学转向》(2012) 一文中, 张玉能更进一步指出,"语言学转向"是马克思主义哲学美学由"现代实践转向"到"后现代实践转向"的重要标志之一, 是实践转向的内在必然逻辑, 它由现实的实践转向话语生产, 话语生产就是符号化生产。话语生产不仅是从物质生产到精神生产的中介, 而且是艺术生产的主要方式, 也是人的主要存在方式, 它直接影响人的生存和发展。[②]从"实践转向"到"语言学转向", 从"话语实践"到"话语生产""符号化生产", 从"生产方式"到"存在方式", 张玉能在马克思主义实践哲学内部揭示出语言学转向的特殊价值, 并紧扣"生产"理论揭示出话语生产在人类的生产体系、存在方式以及审美教育中的重要作用。如果说李泽厚是以物质生产实践来指代"实践", 朱光潜是以凸显艺术生产的方式赋予"实践"以物质实践与精神实践的美学内涵, 那么, 张玉能则是以强调话语生产的方式赋予"实践"以物质实践、符号实践与精神 (艺术) 实践的美学内涵, 由此可略见其新实践美学的"新"意所在。

但是, 在王峰看来, 上述"实践美学的语言论转向"或"新实践美学的语言论维度"看似合理实则矛盾, 一是它并没有改变语言在实践论美学中的工具性地位和功能, 语言依然是从属于 (物质) 实践的第二性存在; 二是因为它将"实践"人为地分割为物质实践和精神实践, 并在二者之间强行插入"语言", 又将艺术实践置入精神实践之中, 导致艺术实践与物质实践在实践本体论意义上的不一致。物质的优先性可以确认, 语言的优先性却无法确认, 这和实践美学割裂实践与语言、把语言放在"实践"之中, 并将其当作表达生活或世界及其实践的中介没有本质不同, 因而这种语言观依然是传统的工具论的语言观。

在《语言论实践美学探析》一文中, 通过对实践论美学和新实践美学

---

① 张玉能:《新实践美学的语言论维度》,《天津社会科学》, 2008年第5期。
② 张玉能:《美学的实践转向与语言学转向》,《学习与探索》, 2012年第7期。

（王峰称之为"前语言论实践美学"）的语言论批判和比较，王峰提出了"语言论实践美学"的基本框架：其一，语言从工具变为本体。一切都在语言之中，语言即世界，因此，语言具有本体论意义上的优先性，在物质实践和精神实践之前，语言是美学的一个基础平台。其二，实践从意义生产者变为语言功能。实践与语言不可区分，二者是一体的，没有间隔的。在概念系统中，语言是实践的语言，实践是语言的功能，没有脱离实践的语言，也没有脱离语言的实践。同时，他将维特根斯坦的"语言游戏"改造为"语言实践"，强调语言的践行作用，认为文学是一种最基本的具体的语言实践，语言论实践美学以文学作为实践区域。其三，生活从实际意指变为概念性存在。语言与生活紧密结合，二者是一而二、二而一的自明关系，语言就在生活之中，生活就在语言之中。[①]不难看出，语言论实践美学的核心主张在于，变工具的语言为本体的语言，变从下（生活）向上（精神）看为从上（语言）向下（生活）看，唯有如此，才能真正扭转"前语言论实践美学"割裂语言与实践、高扬实践（生活）而压抑语言的弊病。

随后，他又在《语言论对实践美学的结构性改造》中对实践论美学转向语言论必然要经过的结构性改造进行了深入解析，尤其是用语言现象学方法对具有优先地位的"文学"进行了语言论实践美学的重新认定。在他看来，语言"是一个特殊的词汇，它只是人的所有语言活动的一个头衔，并不是一种抽象本体，也不具有抽象本质，它的所有特性或属性，都是在一个个或大或小的语言游戏中展现出来的，而每一个带有语境的展现都具有不同的规则，我们的任务是细察其规则，而不是制造一个个本性，只有这样，才能保持住正确道路"[②]。这显然是一种反本体、反本质的语言实践论，以语言活动的实践性取代语言符号的抽象性。从语言现象学角度来说，文学不是生活的反映，也不是语言的一个子集，而是首先呈现出来的语言活动或语言游戏，是语言实践的一个语境，它呈现出语言实践的独特形态和样貌，并建造

---

① 王峰：《语言论实践美学探析》，《南京社会科学》，2014年第3期。
② 王峰：《语言论对实践美学的结构性改造》，《西北大学学报（哲学社会科学版）》，2016年第4期。

了人的世界，可以说语言实践与文学是共生的关系。此外他再次重审"生活作为概念和语言的对象"的特殊意义，认为："生活"是语言的一个特殊词语，语言为其赋名并创造语境；生活不是自明的存在，而是需要在语言批判中得到澄清；生活实践与语言实践是一而二二而一的关系，语言引导和塑造生活实践，其自身也在生活实践中得以塑造成型。

由上不难看出，将实践论美学与语言学有机结合的语言论实践美学，对海德格尔的语言存在论进行了诸多借鉴吸收和巧妙改造：一是以"语言"作为"存在"，将"基础存在论"改造为"基础语言论"，确立语言的本体地位以及相应的语言现象学方法，以语言去说、去思存在，因为"没有人，就没有存在。存在即人"，"存在是人的语言，没有语言，就无法去说存在，去思存在"①；二是以"文学"取代"诗歌"，确立文学在语言实践中的优先性，某种程度上是把"语言的本质是诗"改造为"语言实践的本质是文学"，祛除语言的神秘性，而强调语言的人文性和实践性；三是将海德格尔与维特根斯坦进行融合，赋予被抛入的人在其中沉沦、操劳、谋划的"生活"以语言性，把生活作为概念和语言引导塑造的对象，或许可以仿照苏格拉底的话来说，"未经语言反思的生活是不存在的"。

最后，值得注意的是，语言论实践美学的提出及其理论指向，不仅是为了改造实践美学，也是为了继续推进中国当代美学和文论的语言论转向：就前者来说，这种改造已完成了基础框架和结构部分，但目前还只是缺少"血肉"和"灵魂"的躯干；就后者而言，语言论实践美学开拓出实践美学的语言维度，也将新实践美学的语言论由工具论引向本体论（存在论），从这个意义上说，语言论实践美学其实就是语言存在论实践美学，这既提升了"语言"在实践美学和美学学科中的地位，又有意识地将存在论与实践论相融合，因而是对实践美学、新实践美学的综合与突破。当然，因为其"未完成性"和根深蒂固的工具论语言传统，中国当代美学和文论依然处在"通往语

---

① 王峰：《语言论对实践美学的结构性改造》，《西北大学学报（哲学社会科学版）》，2016年第4期。

言的途中"，但可以肯定的是，"我们被语言带领着进入存在，同样存在也依于语言而呈现出来"，"语言论转向"的推进和话语建构本身已经带领我们进入语言，并成为不可不深思的存在了。

结语

从引入西方语言论美学到建构中国语言论美学，从人类学语言本体论、修辞论美学到新实践美学的语言维度，再到语言论实践美学，近四十年的探索历程，展现出新时期中国美学"语言论转向"的步履不停。王一川通过梳理和总结西方20世纪语言论美学传统，尤其是海德格尔的存在论语言观，打开了通往西方美学的现代通道，并把"语言论转向"的哲学意识和美学问题输送给新时期的中国，激发了中国当代美学在认识论美学和体验美学之外寻求新的可能，并在三者的综合融通中走向文化修辞美学，在1990年代实践美学衰微和被质疑之际开辟出新的转型之路。而新实践美学倡导者张玉能，接续语言论美学的思路，吸收海德格尔的语言存在论，融入马克思主义实践哲学之中，提出美学的语言论转向，以"话语实践"丰富"实践"内涵，表现出把语言论与实践论相融合的意愿，但又始终无法摆脱重实践轻语言的先天性不足。为了彻底改造和超越实践美学与新实践美学的工具论语言观，王峰援西入中，借用海德格尔的语言存在论与维特根斯坦的语言哲学，在存在论基础上把实践美学与语言论捏合在一起，构建了"语言（存在）论实践美学"的框架与结构，紧扣语言、实践、生活、文学等关键概念进行重置，赋予语言以本体性的基础地位，并借用语言现象学方法重释和重塑了实践、生活、文学的语言内涵，尽管目前依然很不完善，但毕竟为实践美学、语言论美学以及存在论美学的创新发展提供了新的思路与交叉融合的可能。

相较于20世纪西方语言论美学的丰富性与体系化，中国语言论美学虽然不再是"空地"，但其构建依然任重而道远。在笔者看来，有两项工作或许势在必行：一是深入发掘中国古典语言哲学和美学传统，并进行现代阐释和创造性转化，正如当下文学阐释学的建构必须回到语言，回到中国语境，中国语言论美学也必须回到中国语境，回到"名"学传统；二是重新审视和批判吸收西方语言论美学传统，尤其是批判吸收20世纪以来的分析哲学、现象学哲学、阐释学等语言哲学和美学思想。如此兵分两路，再合二为一，中国语言论美学或许有望真正形成。

第四章 新时期中国存在论美学的多元理论形态（下）

第五节 实践存在论美学

"实践存在论美学"的生成，不是凭空的假想，也并非一蹴而就，而是在特定的历史文化语境中，接续当代马克思主义美学中国化的发展，顺应中国实践美学的演变及其自身美学思想进路的必然结果，这是首先必须言明和肯定的。毋庸置疑，朱立元始终是一位坚定的马克思主义美学的拥趸者和创新者，正如其师蒋孔阳先生所评价的，"他对马克思主义文艺学和美学思想体系，一贯坚持，不断学习；但又并不墨守成规，而是善于联系实际，不断进行新的探讨，从而不断得出新意"①。实践存在论美学的理论建构，离不开海德格尔基础存在论思想的启发，更离不开对马克思实践观的存在论维度的发现和阐发，如果说与实践观一体的存在论是马克思哲学的根基所在，那么，马克思的实践存在论则是实践存在论美学的根基所在。

一 海德格尔基础存在论与马克思实践存在论

早在20世纪80年代的"手稿热"时期，朱立元就比较系统地学习和研究了《巴黎手稿》和马克思其他早期著作以及马克思1857年前后的经济学手稿、《〈政治经济学批判〉导言》《资本论》等著作，并联系美学问题进行

---

① 蒋孔阳:《〈历史与美学之谜的求解〉序》，见朱立元:《历史与美学之谜的求解——论马克思〈1844年经济学哲学手稿〉与美学问题》，上海人民出版社，2014年，第3页。

思考, 写出了十几万字的小册子《人·异化·美》。①1986年, 他出版了两部处女作《黑格尔美学论稿》和《黑格尔戏剧美学思想初探》,"遵循和运用马克思主义的唯物史观, 自觉克服长期以来'左'的思想的束缚和影响, 努力发掘黑格尔美学大厦中极为丰富、闪光的宝藏, 同时注意揭示其中的两面性和内在矛盾"②,为中国接受和传播黑格尔美学思想做出了重要贡献。1988年,朱立元在一篇探讨现实主义哲学基础的文章中就首次使用了"实践存在论"的说法,但并未深入论证。③1990年代之后,朱立元通过重新研读马克思主义经典著作以及蒋孔阳先生的著作, 尤其是通过研究西方现当代哲学、美学特别现象学、存在论,认识不断发展深化,对实践美学、后实践美学的认识发生了重要转变:一是对李泽厚的主流派实践美学由全面辩护转变为反思其局限;二是对后实践美学由完全批判转变为接受其同样的西方思想资源影响,但力图避免其"食洋不化"等问题。在这三种中西思想资源中,马克思实践观及其所包含的存在论思想被作为核心和哲学基础,始终贯穿于"实践存在论美学"的总结性著作——《美学》(2001)、《走向实践存在论美学》(2008)尤其是《马克思与现代美学革命——兼论实践存在论美学的哲学基础》(2016)——之中。

实践存在论美学的理论建构, 关键在于厘清"存在论"的哲学基础以及存在论与实践论的关系问题。按其所言,实践存在论美学"虽然受过海德格尔存在论的某些启发,但真正使我们获得和转移到存在论根基,并非海德格尔的,而是马克思的存在论"④。海德格尔的重要启发在于他所提出的"此

---

① 这本小册子集中探索了私有制下的异化劳动条件下艺术和审美何以能继续发展的问题, 当时未能出版。1990年代初, 朱立元联系当时国内外美学界关于《巴黎手稿》的争论, 就《巴黎手稿》与美学研究问题又写了七八万字, 宏观考察和评价了《巴黎手稿》及其美学意义, 并辨析和阐释了《巴黎手稿》首创的艺术生产理论。新旧两部分最后结集为《历史与美学之谜的求解——论马克思〈1844年经济学哲学手稿〉与美学问题》, 由上海市马克思主义学术著作出版基金会资助出版(学林出版社, 1992年)和再版(上海人民出版社, 2014年)。

② 朱立元:《〈黑格尔美学引论〉自序》, 天津教育出版社, 2013年, 第2页。

③ 参见朱立元:《关于现实主义问题的哲学反思》,《理解与对话》, 华中师范大学出版社, 2000年, 第127页。

④ 朱立元:《马克思与现代美学革命——兼论实践存在论美学的哲学基础》, 上海交通大学出版社, 2016年, 第30页。

在 (Dasein) 在世" 即人 "在世界中存在" 命题, 按陈嘉映的解释: "人生在世指的是人同世界浑然一体的情状。在世就是繁忙着同形形色色的存在者打交道。人消融到一团繁忙之中, 寓于他们繁忙的存在者, 随所遇而安身, 安身于'外'就是住在自己的家。人并不再他所繁忙的事情之外生存, 人就是他所从事的事业。"① 也就是说, 人与世界是浑然一体的, 不可分离的, 这是他针对笛卡尔 "我思故我在" 的主客二分认识论的批评, 意在回到人与世界最本原的存在。海德格尔的这一命题及其存在论意义, 无疑为朱立元思考如何超越主客二分的认识论思维、如何发展实践美学提供了重要启示。

海德格尔的存在论美学让朱立元很快意识到, "人在世界中存在" 的思想并非海德格尔的首创发明, 现代存在论思想并非为海氏所独有, 关于美学的存在论根基, 马克思比海德格尔留下了更早且更深刻的思想表达, 为现代存在论奠定了基础。一方面, 马克思早在《巴黎手稿》中就两次提到 ontologisch ("存在论")、两次使用 Dasein ("此在"), 不仅有力地证明了 Dasein 并非海德格尔最初使用, 更证明了马克思哲学存在论维度是客观存在的, 不容否定的; 也正是在《〈黑格尔法哲学批判〉导言》中马克思明确提出: "人不是抽象的蛰居于世界之外的存在物。人就是人的世界, 就是国家, 社会。"② 这比海德格尔早了八十多年。马克思的 "人就是人的世界" 命题看起来与海德格尔的 "此在在世界中存在" 很相似, 但事实上前者显然比后者高明, 这是因为: 在马克思看来, 人的存在和世界的存在都不是自在、自明的, 劳动实践是人和世界存在的前提, 而且人与世界在实践中统一的在世范式是一个不断创造的、生成的过程, 这是马克思实践观的存在论维度的核心内涵。朱立元在《试论马克思实践观的存在论内涵》《略谈马克思实践观的存在论维度及其美学意义》《略论马克思主义实践观的存在论维度》等一系列论文中, 通过深入辨析明确指出: 实践是人生在世的最基本的存在方式, 马克思 "把实践论与存在论有机结合起来, 使实践论是立足于存在论

---

① 陈嘉映:《海德格尔哲学概论》, 生活·读书·新知三联书店, 1995年, 第406页。
② 《马克思恩格斯选集》第1卷, 人民出版社, 2012年, 第1页。

根基上,存在论具有实践的品格"①。由此可见,马克思的存在论是实践论与存在论合为一体的,把实践确认为人的现实的、具体的、历史的生存活动和基本存在方式,既超越了主客二分的认识论传统,又比海德格尔的现象学存在论更具有唯物论和历史性内涵,换言之,海德格尔的基础存在论始终没有达到马克思的实践存在论的高度,海德格尔自己在《哲学的终结与思的任务》中也承认:"综观整个哲学史,柏拉图的思想以有所变化的形态始终起着决定性的作用。形而上学就是柏拉图主义。尼采把他的哲学标示为颠倒了的柏拉图主义。随着这一已经由卡尔·马克思完成了的对形而上学的颠倒,哲学达到了最极端的可能性。"②从这个意义上来说,海德格尔提出颠倒形而上学的"基础存在论"是与马克思的"实践存在论"影响分不开的。

当然,也毋庸置疑,"包括海德格尔在内的西方现当代哲学家、美学家之于存在、美学、艺术等等的思考是我们建构和发展马克思主义哲学、美学不能也无可回避的理论资源"③。针对某些学者质疑和指责实践存在论美学"把马克思海德格尔化"、使马克思主义"被淹没在存在主义的汪洋之中"以及"试图把马克思的'实践论'与海德格尔的'存在论'融合在一起"等④,朱立元坚决予以反驳:实践存在论美学不是用海德格尔的存在论"改造"马克思的实践观,而是用马克思的与实践观结合为一体的存在论去批判地扬弃海德格尔"此在在世"的基础存在论。存在论(ontology)是贯穿西方哲学的基本问题,马克思比海德格尔更早地进入这一论域,确立"实践"作为"一切存在物的存在(和不存在)"的根据,这一"实践存在论"引发了革

① 朱立元:《略谈马克思实践观的存在论维度及其美学意义》,《马克思主义美学研究》,2008年第1辑。
② [德]马丁·海德格尔:《海德格尔选集》,孙周兴选编,上海三联书店,1996年,第1244页。
③ 朱立元:《马克思与现代美学革命——兼论实践存在论美学的哲学基础》,上海交通大学出版社,2016年,第60页。
④ 参见章辉:《告别实践美学》,《学术月刊》,2005年第3期;董学文:《"实践存在论"美学、文艺学本体观辨析》,《上海大学学报》,2009年第3期;《"实践存在论"美学何以可能》,《北京联合大学学报》,2009年第2期;《超越"二元对立"与"存在论"思维模式》,《杭州师范大学学报》,2009年第3期;《"实践存在论美学"的缺陷在哪?》,《内蒙古师范大学学报》,2009年第4期;王元骧:《"实践存在论美学"不是"后实践美学"》,《辽宁大学学报(哲学社会科学版)》,2012年第3期;等等。

命性的变革。实践存在论美学只是实事求是、有理有据地恢复了马克思实践观中包含的存在论维度，揭示出马克思的存在论思想是以实践论为基础、通过实践来实现的。一言以蔽之，实践存在论美学的哲学基础是马克思的实践存在论，而非海德格尔的存在论，马克思把实践论与存在论有机结合的基本思路，是实践存在论美学的主要依据。

二　实践唯物主义、存在论与实践论合二为一与动态生成观

综合来看，"实践存在论美学"的独特创新主要表现在以下三个方面：

其一，坚持马克思实践的唯物主义，确立现代存在论的哲学根基和人本主义内涵。针对某些批评者有意切断马克思"实践"概念与从亚里士多德到康德（德国古典哲学）的整个西方哲学对"实践"概念的理解之间在语义上的血脉联系，朱立元坚持在西方思想史的背景下考察马克思"实践"概念的完整内涵，深入解析了亚里士多德、康德、黑格尔以至马克思等人的实践概念，尤其是通过对马克思主义美学史上第一个重要文献——《巴黎手稿》进行文本细读，充分说明实践是马克思唯物史观的核心范畴之一，与整个西方思想史上"实践"概念的基本含义及其演变有着不可分割的联系，指明马克思的实践观是"吸收和改造了从亚里士多德到康德、黑格尔的实践观点的基础上形成的，并以此作为建构自己的实践唯物主义即唯物史观的思想资源和理论起点的"。[①]继而，针对批评者在某种程度上遮蔽和贬低马克思实践唯物主义的哲学变革的革命性意义，朱立元再三强调应从存在论根基处重新认识和解读马克思哲学变革的性质和意义，认为马克思以"实践"为核心建构的唯物史观掀起了一场影响深远的哲学革命，创建了实践的唯物主义即历史唯物主义，"实践的唯物主义是对绝对唯心主义和直观唯物主义的双重扬弃和超越"，"为美学确立了现代存在论的哲学根基"，"为现代美

[①]　朱立元：《马克思与现代美学革命——兼论实践存在论美学的哲学基础》，上海交通大学出版社，2016年，第13页。

学确立了人本主义的基本尺度"①。不难看出，朱立元对马克思的实践概念、"实践的唯物主义"内涵以及实践唯物主义的存在论维度等做了层层深入、鞭辟入里的阐发，不仅仅是为了全面、准确地理解马克思理论的精髓要义，更是为了借此来回应中国自身的美学问题和社会问题（比如金钱和商品拜物教对心灵的腐蚀，日益严重的环境污染和生态破坏等）。实践存在论美学坚持马克思实践的唯物主义，将美学研究的中心定位为现实"人"，使美学的研究视角、开拓思路、理论展开回归到实践中的"人"本身，既有利于颠覆传统美学的形而上学二元对立的僵化思维，突破自然中心主义或人类中心主义的狭隘视野，更有利于推动当代中国美学话语体系和理论范式的重建，建构人与自然和谐共生的现代生态美学，因而是合乎历史规律的也是合乎人本主义诉求的——在这一点上，得到了曾繁仁生态存在论美学的同声相应。

其二，坚持实践论与存在论合二为一，确立"一个对象"审美活动。在辨析"本体论"（ontology，存在论）范畴的五种误释的基础上，朱立元着重通过分析海德格尔的本体论（存在论）表明"把现代生存论或存在主义哲学硬行与本体论分割开来，排除在本体论视野之外，乃是一个极大的错误"②。由此，他肯定海德格尔生存论哲学所引领的这一现代本体论（存在论）思路的正确，在此启发下，回过头来重新发现和揭示出由于种种原因被遮蔽的马克思实践观的存在论维度，最终主张"从存在论（本体论）的角度把实践的内涵理解为人最基本的存在方式，理解为广义的人生实践，从而实现实践论与存在论的有机结合"③，于是，存在论与实践论合二为一，原本以"实践"为本体的实践论美学就变成了以"实践—存在"为本体的实践存在论美学，它虽然仍以实践论作为哲学基础，但其哲学根基已从认识论转移到了存在论

① 朱立元：《马克思与现代美学革命——兼论实践存在论美学的哲学基础》，上海交通大学出版社，2016年，第169—187页。

② 朱立元：《当代文学、美学研究中对"本体论"的误释》，《文学评论》，1996年第6期。

③ 参见朱立元：《我为何走向实践存在论美学》，《文艺争鸣》，2008年第11期。

上，当然，这个"存在论"并非海德格尔的基础存在论，而是马克思的实践存在论。不难看出：实践存在论美学既不同于只强调存在的"存在论美学"，也不同于只强调实践的"实践论美学"，而是使实践立足于存在论根基上，强调：在存在论意义上，实践是人的基本存在方式；在实践论意义上，存在中具有基本的实践品格。由实践论与存在论的合二为一出发，"审美活动"（审美关系的现实展开）也就具有了实践和存在的双重意义。按其所言，"审美活动是人超越于动物、最能体现人的本质特征的基本存在方式之一和基本的人生实践活动之一"[1]，"审美活动是在对象之中的活动，是主、客合一的活动"[2]。由此，审美活动取代美和美的本质而成为实践存在论美学研究的主要对象和逻辑起点。坚持实践论与存在论合二为一，明确"一个对象"审美活动，使实践存在论美学超越了主客二分的认识论思维框架和实践论美学对"实践"概念的狭隘理解，一定程度上修正和拓展了"实践本体"一元论美学。[3]

其三，以动态生成观取代现成论，坚持"关系在先"原则。在朱立元看来，现成论是认识论思维方式的又一显著特征，它使得"美"被预设为一个现成的、固定不变的客观对象来加以认识，由此追问"美（的本质）是什么"等问题，这是实践论美学始终无法摆脱的痼疾。美的首要问题应是美的存在问题即"美存在吗""美如何存在"等存在论问题，只有以生成论取代现成论，才能解决这些美学基本问题。朱立元认为："动态生成观是实践的唯物主义存在论必然的、革命性的逻辑推演，它取消了现成的主客体存在的自明性，同时跳出了二元对立的思维方式，使哲学理论不再停留于主体与客体、感性与理性、思维与存在、物质与精神等简单、僵硬的非此即彼的二分

---

① 朱立元：《走向后实践美学》，苏州大学出版社，2008年，第295页。

② 朱立元：《美学》，高等教育出版社，2001年，第59页。

③ 需要注意的是，朱立元并非主张"两个本体"（实践与存在），而是强调实践本体的存在论维度，或者说应当从存在论意义上来理解实践本体；他不赞成李泽厚的"两个本体"（工具本体与心理本体）论，后者之"本体"是意在解构西哲形而上学"本体"概念的"根本""最后实在"之意，而这正是前者所批评的误释之一。朱立元对李泽厚"两个本体"论的学理批评可参见朱立元：《试析李泽厚实践美学的"两个本体"论》，《哲学研究》，2010年第2期。

法的问题模式之中,与辩证法具有精神上的一致性。"①换言之,马克思实践的唯物主义存在论中包含着深刻的"动态生成"的辩证观念和思维方法,按照"动态生成"观,既没有现成存在的、永恒不变的主体,也没有现成存在的、永恒不变的客体,所谓的主体与客体都是在实践活动中现实地生成的,并继续处在变化的过程中。按照这种双向生成的实践的唯物主义的动态生成观,朱立元主张,美永远是一种"现在进行时",审美关系、审美活动以及美都是生生不息的过程,将随人类和人类文明的存在和发展而永远生成下去:这是历史与逻辑的双重证明。之所以将"审美关系"放在首位,这体现了"关系在先"的原则。"在时间上,审美关系的建构与审美主客体的生成是同时、同步的,没有先后之分;但是,从逻辑上讲,则是审美关系在先,审美主客体在后,审美关系是审美主客体的确定者,审美关系之前和之外,无所谓审美主体和审美客体。这就是'关系在先'原则。"也就是说,审美主客体以及美都在具体的审美关系中生成,没有审美关系及其现实展开的审美活动,就没有审美主客体,也就没有美,美只能在现实的审美关系和活动中生成。以生成论取代现成论,坚持"关系在先"原则,使实践存在论美学很好地继承和发扬了蒋孔阳的创造生成论、审美关系论思想②,又在一定程度上回应了"后实践美学"在批评"实践美学"时所提出的"实践美学并未彻底克服主客二分的二元解构""美首先是自我主体的创造物"等观点。

三 "实践存在论美学"与"实践批判的存在论美学"

值得一提的是,在实践论美学学派内部,用"存在"标识自己美学观念的,除了朱立元的"实践存在论美学",还有刘纲纪的"实践批判的存在论美学"。

---

① 朱立元:《马克思与现代美学革命——兼论实践存在论美学的哲学基础》,上海交通大学出版社,2016年,第179页。

② 参见朱立元、朱志荣:《建构一种通向未来的创新美学——论蒋孔阳美学思想的杰出贡献》,《复旦学报(社会科学版)》,2024年第1期。

刘纲纪是马克思主义哲学和实践美学的坚定的拥趸者，早在1950年代"美学大讨论"中他就与李泽厚一起研究和论证马克思主义实践观[1]，又较早在新时期初提出马克思主义哲学本体论是一种"实践本体论"。这里的"本体"即本原，指人类的物质生产活动，这和李泽厚也是一致的，这一立场始终贯穿在二人合著的《中国美学史》中。通过对马克思主义实践观的重新阐释，他把"实践"当作活动和关系的范畴，而非抽象的、实体性的物质，从而把"实践"从认识论提高到本体论的高度，并指出马克思主义哲学本体论既是自然本体论也是社会本体论，归根结底是人的本体论，由此实现了对"物质本体论"的超越，对主客二分思维模式的突破，朱立元认为："这不但对马克思主义实践美学具有重大的推进作用，而且对整个中国当代美学的建设和发展有着重要的意义。"[2]

21世纪以来，在与西方马克思主义美学的比较和对话中，尤其是通过西方现代美学的发展史，刘纲纪认识到"一切美学问题的解决最终都不可能脱离对人的存在问题的思考"，因此在《马克思主义美学研究与阐释的三种基本形态》(2001) 中，他用"存在论"一词取代了"本体论"一词，将马克思主义美学重新命名为"实践批判的存在论美学"。按其所言，之所以有这样的改变，主要是出于三点考虑：一是为了避免"本体论"一词容易引起一种神秘的感觉和无谓的争论；二是为了说明马克思所说的"存在"主要是指以物质的自然界为前提，作为自然界一部分的人的"社会存在"；三是"存在论"这个词在美学上可以更清楚、明确地把审美与艺术问题和人的存在问题联系起来。[3]很显然，以"存在论"来命名实践美学，与西方现代存在论哲学美学尤其是海德格尔密切相关。

在上述重命名之前，刘纲纪便以海德格尔的《艺术作品的本源》与阿多

---

[1] 参见刘纲纪、李世涛:《我参与的当代美学讨论——刘纲纪先生访谈录》,《文艺理论研究》, 2009年第4期。

[2] 朱立元、章文颖:《实践美学的重要推进——略论刘纲纪先生的实践本体论美学》,《文艺理论研究》, 2013年第1期。

[3] 刘纲纪:《美学与哲学》, 武汉大学出版社, 2006年, 第473页。

诺的《美学理论》相比较，来批评西方马克思主义美学对根本性的哲学问题缺乏系统、深入、严整的逻辑论证，赞赏前者尽管是非马克思主义，却"对其所主张的美学思想作了系统严整的逻辑论证"，借此批评后者虽然被视为马克思主义，却是零散的不成体系的。海德格尔的意义还远非如此。在刘纲纪看来，海德格尔是一位"纯思辨的哲学家"，其著作中有不少"诗化"的成分，他的美学思想"是有重要的意义和影响的"，对被称为"现代主义"的西方艺术产生了巨大深刻的影响，"实际上成了现代派文艺的最重要的哲学、美学基础"，原因在于"这种思想抨击理性，从非理性的观点出发来观察研究人，这就把对人作为个体感性存在这个方面的观察研究推上了显著、最重要的位置，反复申言、强调人的存在具有不能由理性规定的偶然性、一次性、独特性、不可重复性，以及对人的存在的非理性体验，等等"[1]。正是在"人的个体感性存在"这一点上，刘纲纪找到了海德格尔与马克思的相通之处。

刘纲纪指出，马克思在《论犹太人问题》中已指出"人的个体感性存在和类存在的矛盾"的解决问题；并紧扣马克思在《关于费尔巴哈的提纲》中的"实践批判"这个重要概念，指出马克思所赞同的是费尔巴哈对黑格尔的批判，即"感性"而非"抽象思维"是人的本质，进而认为"感性"作为人的本质是人的"实践"即"人的感性活动"。因此他提出，马克思所讲的"实践"就是人类在社会生活一切领域中使人的感性的本质得以生成和实现的活动，也就是人的感性的本质的自我实现、自我创造的活动。[2]这是对人的感性存在、对实践的感性内涵的刻意凸显，正因为这一点，所以他强调自己所提出的"社会实践本体论"不同于卢卡奇的"社会存在本体论"，也不同于李泽厚的"人类学本体论"。从这样的"实践"出发对现实社会的批判即"实践批判"，这是马克思主义哲学的根本性特征，实践与批判直接相连、不可分离，正如马克思主义哲学既要"解释世界"，也要能动地"改造世界"，既要"批判的武器"，也要"武器的批判"，可以说，马克思主义哲学的实践

① 刘纲纪：《美学与哲学》，武汉大学出版社，2006年，第157、411页。
② 刘纲纪：《美学与哲学》，武汉大学出版社，2006年，第472页。

批判"是在理论批判的指导下的实践批判, 是始终与理论批判结合并不断向理论批判升华的实践批判"①。从这个意义上来说,"实践批判的存在论美学"是一种立足于实践本体、关注人的感性存在和实践批判的存在论美学。

比较"实践存在论美学"和"实践批判的存在论美学"来看, 朱立元和刘纲纪都经历了放弃"本体论"、启用"存在论"的转变, 都坚持马克思主义的实践哲学和实践本体, 也都批判吸收了西方现代存在论哲学尤其是海德格尔存在论哲学美学思想, 看重实践所蕴含的人的感性存在的维度, 但二者显然在对"实践"内涵的理解上存在差异, 刘纲纪更强调实践唯物主义的批判本性, 把马克思主义哲学视为一种实践批判哲学, 而朱立元则更强调实践唯物主义的存在论根基, 把马克思主义哲学视为一种实践存在论哲学。

总之,"实践本体论美学"和"实践批判的存在论美学"的这种改变和调整, 既是对马克思主义美学的深化, 更是对实践美学的深化或分化。正如有学者所指出的,"无论是李泽厚后期确立'情本体'的努力, 还是蒋孔阳对美的创造性的强调, 或是刘纲纪对马克思主义美学的重新定位与整体探索, 都反映出实践美学走向深化与分化的趋势"②。而无论是实践存在论美学, 还是实践批判的存在论美学, 在实践美学的发展脉络中他们是殊途同归的, 他们都善于通过批判吸收和有机融合西方现当代哲学和美学尤其是海德格尔存在论思想, 不断调整和完善自己的学说, 使其更加系统化、体系化, 从而使实践论美学在与主要依托西方存在论思想的后实践美学旗鼓相当③, 并没有迅速败下阵来, 反而获得了进一步的深化和分化, 逐渐走向成熟和完善。

---

① 郭湛:《马克思主义哲学的实践批判理论》,《哲学研究》, 2006年第7期。

② 徐碧辉:《论刘纲纪的"实践批判的存在论美学"》,《学术研究》, 2018年第1期。

③ 倡导后实践美学、主张存在论美学的张弘对此认为,"实践论美学的先天不足, 就在它始终是把唯物史观某个一般概念当成'第一原理', 再据以探讨美和艺术审美的, 并不真正面向美本身。它对海德格尔的接受和阐释, 也是从继续维护这个'第一原理'的权威性出发的。这种本本主义的理论立场, 决定了它即使有什么自由诠释或'新的意蕴', 也永远只可能是假象。"参见张弘:《西方存在美学问题研究》, 黑龙江人民出版社, 2005年, 第280页。

结语

总之,"实践存在论美学"始终坚持马克思主义的基本立场,由海德格尔的存在论出发反观马克思的实践论,用马克思主义的实践论改造海德格尔的存在论,既揭示出马克思实践观的存在论维度及其美学意义,又批判吸收了海德格尔基础存在论的合理因素,创造性地将马克思主义的实践存在论、蒋孔阳的实践生成论与海德格尔的基础存在论等思想熔为一炉,以实践论融合存在论,以生成论取代现成论,为超越思维与存在、主体与客体等二元对立的认识论美学思维模式,为继承和发展实践美学,开拓了新的道路,使实践美学谱系结构呈现出多元共存、多声部合唱的良好面貌,同时使中国当代美学尤其是存在论美学呈现出与时俱进、不断创新的蓬勃态势。

尽管朱立元多次在文章和讲演中一再声明,实践存在论美学是一种"集体创作",还不完善,还需要进一步深化,但不容否认,实践存在论美学已成为新世纪中国美学多元化发展格局中尤其是中国存在论美学中的一种新理论形态,既是对1990年代以来实践美学和后实践美学的重要总结,也是针对中国美学实际问题而对当代马克思主义美学进行的创新创造:这是朱立元对新时期中国美学建设尤其是对中国马克思主义美学和存在论美学发展的重要贡献。

第六节　生态存在论美学

相较于试图在理论上超越或发展实践美学的"后实践美学"和"新实践美学","生态美学"的提出无疑更具有鲜明的时代性和现实性。新时期开始的工业革命使中断已久的现代化建设逐步走上正轨,在推动经济发展、创造巨大财富、提升人民生活水平的同时,也不可避免地带来了环境污染、生态危机等诸多问题,由此,生态美学在环境污染较为严重的20世纪90年代应时而生。总体来看,以2001年10月在陕西举办的"全国首届生态美学学术研讨会"为界,新时期生态美学研究先后经历了从引进西方环境美学等著作到反思与自主建构中国生态美学两个阶段,出现了陈望衡、李庆本、徐恒醇、鲁枢元、曾繁仁、程相占、王晓华、彭峰、赵奎英等一大批生态美学研究者,形成了像"山东大学生态文明与生态美学研究中心"这样的生态美学研究重镇。

其中,曾繁仁通过借鉴和发掘马克思主义唯物实践存在论哲学和海德格尔生态存在论哲学理论,整合利奥波德、卡逊、赫伯恩、伯林特、卡尔松、瑟帕玛、阿伦奈斯、罗尔斯顿等生态理论成果,将其与中国古代生态生命论哲学思想熔为一炉,从《生态存在论美学论稿》(2009)、《生态美学导论》(2010),到《中西对话中的生态美学》(2012)、《生态美学基本问题研究》(2015),再到《生生美学》(2020),从2002年提出"生态存在论审美观"[①]到"生态存在论美学",再到以此为基础创建的具有中国形态与中国元素的"生生美学",一步步建构起自己的生态美学理论体系。如果说生态美学是生态文明时代的必然产物,那么,生态存在论美学则是"当代存在论在当代生态文明的社会中进行美学探索与研究的必由之路与必然结果"[②]。在大力倡导生态文明建设和生态环境保护的中国语境和世界潮流中,生态存在论美学始终坚持生态存在论哲学立场和生态现象学方法,超越人类中心主义,坚持生态整体主义原则,构筑生态人文主义,将生态美学的时代性与本土性相统一,将中西生态美学的理论与方法相融合,创造性地建构起具有鲜明阐释力和民族性的生态美学话语——"生生美学",在国内外产生了重大影响,因而成为中国生态美学的代表形态,也成为世界生态美学理论创新的中国形态。

一 存在论根基、海德格尔生态哲学与生态现象学

首要的问题是,生态美学为何要以存在论为根基?从现实层面来说,生态美学关涉到人类的生存问题,但生存问题常常被视为存在者的问题,"引

---

① 曾繁仁:《生态美学:后现代语境下崭新的生态存在论美学观》,《陕西师范大学学报》,2002年第3期。
② 曾繁仁:《生态美学基本问题研究》,人民出版社,2015年,第114页。

起环境问题的短暂经济利益的追求、农药和化肥的生产使用,乃至环境的大规模改造、资源的无度采伐与获取等等,都是属于现象界的、在场的'存在者';而我们恰恰就是要超越这些现象界的、在场的'存在者',进入不在场的'存在'的层面,营造美好的精神家园,获得高层次的情感慰藉和精神升华。这就是一种审美的超越和升华,也正是生态美学的本意和精髓"[①]。只有超越在场的、现象界的"存在者"视域,进入不在场的、本体的"存在"视域,才能够真正探究人类生存的本真,抵达审美的精神家园,这可谓生态美学的超越性和旨归所在。从学理层面来说,生态美学不能从观念或概念出发,而要从生态事实本身出发,不是为了建立一个封闭的、抽象的逻辑体系,而是为了追问开放的、具象的存在。为此,我们必须要超越主客二分的认识论,必须要超越传统存在论而走向当代存在论,这应当成为建立生态美学的首要原则,可以说,"生态美学是存在论根基处开出的有根之花,而不是认识论框架中搭建的无本之木"[②]。以存在论作为生态美学的根基,意味着对人的尊重,对现实的、感性的人类生活世界、此在世界或生存世界的肯定,也只有在存在论意义上,我们才能确定人与自然是相互依存、共生同在的关系,才能理解生态美是一种不同于自然美、社会美或艺术美的存在论意义上的美。由此,存在论维度可谓生态美学研究的基础、关键和创新所在,生态美学就是当代的存在论美学,即"在人与自然和合共生的生态视野中探讨与追问美的存在及其存在的意义"[③],故曾繁仁称之为"生态存在论美学"。

要建设存在论的生态美学,必然要以存在论生态哲学为理论基础,以生态现象学为方法,而这都离不开对海德格尔存在论哲学的生态意蕴及其生态现象学方法的借鉴与吸纳。换言之,生态存在论美学要以人的生存作为优先研究的对象,要研究人的审美生存问题,而海德格尔作为当代西方最重要的生态哲学家与生态美学家,其生态存在论作为生态美学理论的系统表

---

① 曾繁仁:《生态存在论美学论稿》序,《曾繁仁学术文集(第四卷)》,人民出版社,2021年。
② 曾繁仁:《生态美学基本问题研究》,人民出版社,2015年,第113页。
③ 曾繁仁:《生态美学基本问题研究》,人民出版社,2015年,第118页。

达，恰好为重新审视人的生存、人与自然的关系提供了重要的生态存在论理据和现象学方法论支撑。比如在《存在与时间》中，海德格尔提出了"人在世界之中"的在世模式，在曾繁仁看来，这"就是人与包含自然生态的环境构成一个血肉交融的生态整体。这就是一种具有哲学色彩的当代存在论的生态整体观"①。这种生态整体观解构了工业革命时代人与世界、人与自然二分对立的传统模式。在"此在与世界"关系的在世模式中，海德格尔还特别强调了此在的优先性，此在就是"在世界之中存在"，这是人的本质，这种优先性不是存在者或存在的优先，而是存在论分析中的"暂先"。当然，主张"基础存在论"的早期海德格尔仍然以其"天空与大地的争执"遗存了某些"人类中心主义"的痕迹。而后期海德格尔则通过汲取东方智慧，提出"天地神人四方游戏"说和"人诗意地栖居"说这两个有关人与自然和谐共生的生态思想观念，曾繁仁对此更是进行了深入解读和充分借鉴，使其成为生态存在论美学理论的重要组成部分。

"天地神人四方游戏说"是海德格尔1959年在《荷尔德林的大地与天空》的演讲中明确提出的，"于是就有四种声音在鸣响：天空、大地、人、神。在这四种声音中，命运把整个无限的关系聚集起来。"很显然，海德格尔是希望人与自然建立某种紧密交融的"整体性"与"亲密性"。② 曾繁仁对此深有体会：其一，他认为，这是西方传统存在主义美学与当代存在主义美学的分界线，因为海德格尔"将审美的存在界定为'无限的关系而成为这个整体自身'。这意味着西方存在主义美学观开始克服传统存在论'人类中心主义'和崇尚'自我'的弊端，力主'关系中的存在''整体的存在'，从而走向当代形态，并显现其反映当代人类要求的普适性特点"③。其二，他认为，这是将生态观念纳入其存在论美学之中，突破了其前期此在与世界的二分

① 曾繁仁：《生态美学基本问题研究》，人民出版社，2015年，第24页。
② ［德］马丁·海德格尔：《荷尔德林诗的阐释》，孙周兴译，商务印书馆，2000年，第210页。
③ 曾繁仁：《当代存在论美学的提出及其发展》，《曾繁仁学术文集（第四卷）》，人民出版社，2021年，第486页。

思维, 是当代生态存在论审美观的典范表述之一, 其意义在于"这种存在论哲学既破除了传统哲学将人与自然、主观与客观、身体与精神二分对立, 也将人文性、审美性与生态性统一起来"①; 同时指出:"'天地神人四方游戏'是更加彻底的生态世界观, 是一种可以与东方'天人合一'相对话与交融的生态世界观, 是中西交流对话的产物。"② 之所以说这是"中西对话交流的产物", 是因为中西诸多哲学家业已证明, 这一生态思想与《老子》第二十五章"故道大, 天大, 地大, 人亦大。域中有四大, 而人居其一焉"一脉相承。通过借鉴中国道家生态智慧, 海德格尔后期实现了生态转向, 提出了自己的生态存在论哲学观与美学观; 而通过借鉴吸收海德格尔的生态存在论哲学观与美学观, 中国学者提出了自己的当代存在论生态观与美学观, 由此可以说, 生态存在论美学是中西哲学美学互鉴与对话融合的典型例证。

而在如何理解"人诗意地栖居"这一海氏后期经典命题的问题上, 曾繁仁也另辟蹊径, 坚持以整体性的思维、从生存论的角度, 对"诗意地栖居"所蕴含的生存论基础进行了细致解读, 并以此来接通"家园意识", 为现代人的审美存在和城市建设提供愿景。在他看来, 在海德格尔前后期思想之间画上人为的界限, 区分和对立"海德格尔 I"和"海德格尔 II", 都是错误的, 因为前后期尽管存在转变, 但海德格尔思想本身是一个无法分割的整体, 前期的生存论 (基础存在论) 并没有被海德格尔弃之不用, 而是"被海德格尔以一种更本真的方式——自行隐逸——汇入了后期的存在之思中, 隐而不显, 成为不在场的在场。只有这样, 我们才能领会后期海德格尔转向艺术、语言之思的真正意图, 才能理解海德格尔存在之思的道路为什么没有像黑格尔那样以纯无的'存在'概念开始而走上了客观唯心主义的抽象演绎之路, 也才能更为本真地解释海德格尔后期为什么会关注更为现实的技术问

---

① 张清俐:《透过生态美学寻求"诗意地栖居"——曾繁仁教授的学术人生》,《中国社会科学报》, 2018年9月3日第8版。
② 曾繁仁:《生态美学基本问题研究》, 人民出版社, 2015年, 第41页。

题"①。生存论是存在论的基础，是通往存在论的路向，二者是相互建构的、相互缘构生成的关系。正是从这种生存论角度出发，曾繁仁揭示出"人诗意地栖居"的四重意蕴：一是"人"之为"人"的生存论根基；二是诗作为此在的生存论言说；三是栖居作为有死者的存在方式；四是大地之为大地的生存论意蕴。这一揭示和解读深刻阐明了海德格尔存在论哲学的生存论根基，并以此奠定了生态存在论美学的生存论根基，并为"无家可归"的现代人确立了"家园意识"。

"家园意识"是海德格尔在1943年纪念荷尔德林逝世100周年时提出的，"'家园'意指这样一个空间，它赋予人一个处所，人唯在其中才能有'在家'之感，因而才能在其命运的本己要素中存在"②。"在家"可谓"诗意地栖居"之原型，因为"所谓'诗意的栖居'就是人在此时此刻的'审美地存在'，就是一种回到作为灵魂本源之家园的身体与精神的轻松与归依之感"③。这种精神轻松与归依之感就是人与自然生态关系和谐的"在家"之感，本己的存在之感。如果说海德格尔提出"诗意地栖居"针对的是1950年代唯科技主义泛滥造成对人性压抑的现实的话，那么，曾繁仁在生态存在论美学的建构中重新召唤海德格尔之"诗意地栖居"以及"家园意识""在家"，针对的则是新时期以来尤其是21世纪以来唯科技主义至上的当下现实，由此他提出在城市建设中，务必要摆脱"技术的统治"，把城市建设成为有利于每个人回归自然、充满亲情、个性活力、文化丰富的精神家园和栖息之所。由此可见，生态存在论美学本质上是一种关系之美、"在家"之美、"栖居"之美，充满着对生存之人和现实世界的无限关怀。

海德格尔对于生态存在论美学的意义还在于，他是生态现象学的最早实践者，所谓生态现象学就是将现象学方法运用于生态哲学与生态美学领域。套用他的话——"存在论只有作为现象学才是可能的"——来说，生态

① 曾繁仁：《生态美学基本问题研究》，人民出版社，2015年，第128—129页。
② [德]马丁·海德格尔：《荷尔德林诗的阐释》，孙周兴译，商务印书馆，2000年，第15页。
③ 曾繁仁：《生态存在论美学论稿》，《曾繁仁学术文集（第四卷）》，人民出版社，2021年，第168页。

存在论只有作为生态现象学才是可能的，生态现象学方法必然导向生态存在论审美观。正如生态现象学经历了从胡塞尔到海德格尔再到梅洛-庞蒂逐步深入的过程，生态存在论美学也走过了从开启到成熟再到走向"身体—生命美学"的发展道路。曾繁仁认为，海德格尔的生态现象学是一种"成熟形态的生态现象学"，因为它在四个方面有所建构：一，建立人与自然须臾难离的"此在与世界"在世模式；二，创建"天地神人"四方游戏的生态世界观；三，批判现代技术"促逼"与"座架"地破坏自然本质，呼唤救渡生态危机的"诗意栖居"；四，生态语言学的创立。[①]前三个方面上述已有所表述，关于"生态语言学"在曾繁仁之前言之者甚少。他指出，尽管"生态语言学"概念直到1972年才由美国学者韩礼德（M. A. K. Halliday）提出，但海德格尔早在1930年代就已创立了生态语言学，海氏通过区分"框架语言"和"天然语言"，提出：框架语言以"逻辑"和"语法"对"天然语言"进行霸占式解释，使语言由存在之家变成"对存在者进行统治的工具"，这是技术统治下人的本质的丧失导致的语言本质的丧失。语言是反映存在的"道说"（Sagen），语言的本质就是"存在之家"即人与自然共同的生存之家，人是"看家人"，人要通过语言保护好存在者（自然）。以上阐释充分说明海德格尔确实是西方现代"具有生态观的形而上学理论家"，其存在论生态观更加成熟，因此，以海德格尔为代表的生态现象学成为曾繁仁生态存在论美学的基本方法。

正如有学者所言，"在西方，人们试图以海德格尔改造马克思，而存在论美学要想在中国获得深入发展，我们也不妨以马克思改造海德格尔，实现存在哲学和实践哲学的结合，并在新的前提下重新理解存在的含义"[②]。生态存在论美学虽然以存在论为哲学基础，借鉴的西方资源主要是18世纪以来的生态美学、海德格尔的生态存在论美学以及20世纪兴起的环境美学与生态美学，但始终坚持以马克思主义作为理论指导，尤其对马克思、恩格斯的

---

① 参见曾繁仁：《生态美学基本问题研究》，人民出版社，2015年，第39—43页。
② 赵奎英：《"存在本体"与"生态视野"》，《贵州师范大学学报（社会科学版）》，2004年第1期。

唯物实践存在论的生态理论进行了深入阐发。在曾繁仁看来,马克思恩格斯唯物实践存在论的世界观、生态观的核心,就是创立具有浓郁生态审美意识的唯物实践观。马克思恩格斯在批判唯心主义和旧唯物主义的基础上,创立了以突破形而上学为特点的新的世界观,即一种唯物实践存在论的世界观,它以个人的自由解放和美好生活为出发点,以整个无产阶级和人类的解放和美好生存为其理想和目标,以社会实践为最终的途径,包括社会革命和生存实践。只有在马克思主义实践存在论与社会实践的基础上,才能实现人和自然的统一。马克思的唯物实践存在论强调社会实践与社会革命,强调个人的存在以及社会大众和人民的存在,因而与强调个人存在的西方存在主义的存在论有着本质差别。同时,马克思唯物实践观不仅包含明显的生态意识,而且也包含着明显的生态审美意识,马克思在《巴黎手稿》中所言的"按照美的规律来建造",就是按照自然的规律与人的规律和谐统一、自然主义与人道主义相结合来建造世界。马克思在《巴黎手稿》中还从社会学角度对人与自然的关系进行了深层沉思,并与社会政治制度密切联系,"明确提出了扬弃异化、扬弃资本主义私有制、建设共产主义社会、重建人与自然和谐协调关系的美好理想"①。总之,马克思主义唯物实践存在论的生态理论,为中国的生态存在论美学提供了重要的理论指导和思想资源,后者在一定程度上实现了马克思实践存在论哲学与海德格尔生存存在论哲学的互补和融合。

二 自然美、生态整体主义与生态人文主义

在曾繁仁看来,"中国当代的'实践美学'继承德国古典美学,成为我国当代美学领域人类中心主义的突出代表。这种美学观以'自然的人化'与'工具本体'作为核心美学观念,力主人在审美中对于自然的'控制',从而成为过分张扬人类改造自然的力量、一味贬低自然地位的典型的人类中心主义的美学理论形态"②。如何理解自然美以及人与自然的关系,如何超越

---

① 曾繁仁:《生态美学导论》,《曾繁仁学术文集(第五卷)》,人民出版社,2021年,第134页。
② 曾繁仁:《生态美学基本问题研究》,人民出版社,2015年,第26页。

"人类中心主义"，成为生态存在论美学研究的关键问题，由此，生态存在论美学重审"自然美"问题，提出生态整体主义和生态人文主义的构想，从而实现了对人类中心主义与生态中心主义、西方"自然全美"环境美学与中国主体性实践论美学的多重批判与超越。

　　"自然美问题，在美学史上是一个引人关注的问题"[①]，也是一个难以回答的难题，更是生态美学必须回答的核心命题。后实践美学因为主要从"个体感性自由"出发，探究个体感性的生命活动和个体超越性的生存活动，所以"自然问题并没有进入到后实践美学的视野，这与其追求超越现实的理想境界是一致的，因为自然毕竟是人类得以生存的现实物质基础，自然既不超越，也不是理想，因而没有进入后实践美学的研究领域也在情理之中"[②]。实践美学的代表李泽厚曾以"自然的人化"即"人类征服自然的历史尺度"[③]来回答自然美问题，认为只有当"自然"成为"人类学的自然"的时候它才成为美，这种"自然"不仅指可被人类劳动实践所直接征服的对象（如大地园林、水库港湾），也指那些非劳动所直接征服的对象（如高山大海、日光月色），因为它们"与人类社会生活实践发生了良好有益的关系（即这些现实事物也是肯定着人们实践的）"；而自然的"向人生成"的状况和程度也就是人类改造自然的状况和程度决定了自然是"美"还是"丑"。曾繁仁认为，这种认识论、主体性的"自然的人化"是难以成立的，一是因为"自然的人化"显然并不都是美的，二是因为这一理论不仅误读了马克思的哲学观与美学观，而且片面接受了康德的"合规律性与合目的性的统一"理论，以形式符合人的需要为标准，所以是人类中心主义的。同样，"自然全美"[④]的主张也是难以成立、不可接受的，因为存在着让人不美的自然，比如罂粟花、地震、海啸等。言而总之，过分的无节制的"自然的人化"是典型

---

① 叶朗：《美在意象》，北京大学出版社，2009年，第178页。
② 胡友峰：《从实践美学到生态美学——新时期美学中自然观与自由观的演变历程》，《西北师大学报（社会科学版）》，2009年第3期。
③ 李泽厚：《美学四讲》，生活·读书·新知三联书店，2004年，第75页。
④ ［加拿大］艾伦·卡尔松：《环境美学》，杨平译，四川人民出版社，2006年，第109页。

的人类中心主义,正在和必将导致人类生存家园的破坏和失去,而"自然全美"则是典型的生态中心主义,必然导致人类无法正常生存,二者都是应当反对的。

由此,曾繁仁指出:"自然之美有别于认识论的'自然的人化'之美,也有别于生态中心论的'自然全美',而是生态存在论的'诗意的栖居'与'家园之美'。"①"在家""诗意地栖居",正是人与自然"美好生存"的体现,是生态观、人文观与审美观的统一,也正是生态存在论美学的主旨所在。"'诗意栖居'的'家园之美'作为美学范畴提出应该讲是一种革命,它不仅超越了认识之美与形式之美,而且超越了传统的主体性的凭借科技的理想栖居之美,这是一种生态存在之美。"②从这个意义上来说,生态存在论美学不仅是对传统认识论美学和形式论美学的超越,也是对主体性和唯科技论的超越,生态现象学的运思经验也超越了主客二分、非此即彼的思维窠臼,突出了人的"生存"内涵和人与自然的存在论关系,这正是生态存在论美学的"革命"意义所在。

无论是西方的环境美学,还是中国的生态美学,归根结底关注的都是人与自然的关系问题。在生态存在论美学的视角下,自然美显然不是实体之美,也不是主客二分的客观"典型之美"或主观"精神之美",而是生态系统中的关系之美。这种"关系"不是主客二分的对象性关系,是人与自然融为一体、和谐共存的关系,二者不存在孰高孰低,因此,自然美也不是依附于人的、低于艺术美的低级之美,而是一种高级之美,因为自然审美的特殊性在于它所面对的是活生生的、三维立体的自然世界,因此不是传统的凭借视听静观的无功利之美,而是以人的所有感官介入的"参与美学"(aesthetics engagement)。这种对自然美和人与自然关系问题的重审和存在论解读,颠覆了长期以来对自然美的轻视、忽视以及误解,赋予自然美以存在论的价值与意义,更重要的是,确立人与自然"在家的诗意地栖居"的终极归宿,这

---

① 曾繁仁:《生态美学基本问题研究》,人民出版社,2015年,第95页。
② 曾繁仁:《生态美学基本问题研究》,人民出版社,2015年,第98页。

是生态存在论美学核心命题所在。

由此出发，曾繁仁回到中国立场和中国问题，一方面，指出生态存在论美学的自然之美与中国古代"天人相和""天地之大德曰生"的中和论与生命论美学相契合；另一方面，对作为"美学四派"之一的"客观派"美学进行了重新审视，高度肯定了蔡仪对自然美的关注和强调。总之，高度重视自然生态，重新认识"自然美"，无疑有利于改变德国古典美学以来轻视乃至完全漠视自然生态的作为"艺术哲学"的美学，以及新时期以来深受德国古典美学影响、主张"自然的人化"的实践美学，将自然美在美学中的地位提高到应有的高度，从而在很大程度上改变了美学学科的面貌。

一般人包括实践美学的诸多倡导者都认为，实践美学是以马克思主义哲学和美学为基础的，但曾繁仁以李泽厚的《批判哲学的批判》为例，一针见血地指出："实践论美学所师承的并不是马克思主义哲学和美学，而是德国古典美学，特别是康德美学。"[1]这也就意味着实践论美学在哲学立场上师承了康德哲学的理性主义认识论哲学立场，其"人为自然立法""自然向人生成"等观点都是人类中心主义的。尽管李泽厚只是实践论美学学派的代表之一，但这种"康德的幽灵"和"人类中心主义"的色彩在其他各家实践论美学中无疑或明或暗存在着。对此，生态存在论美学提出生态整体主义和生态人文主义的主张。

生态整体主义原则是生态美学观最重要的理论原则，这是对人类中心主义的突破与超越。自文艺复兴到启蒙运动，人类中心主义伴随理性主义而兴盛至今，其核心要义在于相信"人类是一切的出发点和归宿"[2]，是世界的中心所在。而生态整体主义则强调"去中心"的"生态平等"，即"主张在整个生态系统中包括人类在内的万物都自有其价值而处于平等地位"，其最主要的表现形态就是当代深层生态学。[3]所谓"深层生态学"，即由挪

---

① 曾繁仁：《曾繁仁学术文集（第六卷）》，人民出版社，2021年，第73页。
② ［德］沃尔夫冈·韦尔施：《如何超越人类中心主义》，《民族艺术研究》，2004年第5期。
③ 曾繁仁：《曾繁仁学术文集（第四卷）》，人民出版社，2021年，第120页。

威著名哲学家阿伦奈斯提出的"深生态学"，是一种以生态整体主义为其理论支点的生态哲学，它"将整个生物圈乃至宇宙看成一个生态系统，认为生态系统中的一切事物都是相互联系、相互作用的，人类只是这个系统中的一部分，其生存与其他部分的存在密切相连。生态系统的完整性决定着人类的生活质量，而生态危机是现代社会的生存危机和文化危机，其根源在于我们现有社会的机制、人的价值观念，因而必须对人的价值观念与社会机制进行根本改造"①。不难看出，生态整体主义原则也好，深生态学哲学也好，都以一种系统论的结构主义思维强调"众生平等"和"生态平等"，人与自然共同构成一个相互联系、相互作用、普遍共生的"价值共同体"和"命运共同体"。必须要指出的是，提倡生态整体主义，不是"以物为本"或"放弃人权"，而恰恰是要维护人类自身的权利和地位，"生态平等"不是反人类，而是反人类中心主义，不是人与万物的绝对平等，而是人与万物的相对平等。因此可以说，生态整体主义不是为了满足人类的短期利益主义，而是为人类规划长远发展的未来图景，为生态文明新时代的可持续发展提供了理论支撑和观念引导。

以生态整体主义为重要内涵，曾繁仁进而提出了生态人文主义的主张。所谓生态人文主义就是对人类中心主义和生态中心主义的批判与调和，对人文主义与自然主义的兼容与并包，对人类发展和自然环保的兼顾与双赢，是生态存在论美学的哲学根基所在。如上所述，海德格尔的生态存在论哲学和美学以现象学为武器，对人类中心主义的价值观与世界观进行了有力批判，本身就是一种生态人文主义。如果说人类中心主义是一种认识论的哲学观，那么生态人文主义则是一种存在论的哲学观；如果说人类中心主义的美学观是一种没有时间感的静观美学，那么生态人文主义的美学观则是一种在时间中存在的动态的人的现世的美学；如果说人类中心主义的美学观是一种没有空间感的纯思辨的抽象美学，那么生态人文主义的美学观

① 曾繁仁：《生态美学基本问题研究》，人民出版社，2015年，第6页。

则是一种人立于大地之上、生活于世界之中的人生美学和空间美学。生态人文主义的意义在于,兼容人类的利益与自然的利益,满足人类的需要和自然的需要,从根本上扭转人类中心主义和生态主义的价值观与世界观,实现人与自然的共生共荣,实现人类发展与环境保护的双赢,这对于不顾及自然生态、盲目追求经济发展的人类中心主义发展模式而言无疑具有重要的纠偏意义和指导意义。

归根结底,生态存在论美学意在超越人类中心主义,坚持生态整体主义,倡导生态人文主义,使自然美重新焕发生机。自然的生态地位的上升,人类的"中心"地位的消解,并不意味着人类失去了人性的尊严或生存发展陷入困境,恰恰相反,人类作为存在之真理的守护者,只有在对自然万物的看护与照料中,才能赢得更多生存的自由和人性的尊严,也只有在人与自然的和谐共生中,才能获得人之为人的本质,才能走上一条本真本己的生存之路。人类只有走在这条诗意化、审美化的"人生之路"上,才有可能最终抵达海德格尔所期许的"诗意地栖居"。

三 中国资源、东方式存在论哲学与生生美学

毋庸置疑,以生态存在论美学为代表的生态美学是新时期中国美学研究的重要收获,中国学者使用"生态美学"而不用西方盛行的"环境美学"的提法,就说明了我们要建设的是基于中国立场、合乎中国实际、阐扬中国智慧的生态美学。西方的环境美学滥觞于20世纪60年代,兴起于70、80年代,所针对的正是占主导的分析美学对自然美的轻视和遗忘[1],在伯林特、卡尔松、瑟帕玛等著名环境美学家看来,"只有当自然被观看和阐释时,它对于我们来说才是有意义的","自然之外无他物",甚至提出"自然全美"的观

---

[1] 西方环境美学奠基人之一卡尔松认为,环境美学起源于赫伯恩1966年发表的一篇批判"艺术中心论"的文章《当代美学及对自然美的遗忘》。参见[加拿大]艾伦·卡尔松:《自然与景观》,陈李波译,湖南科学技术出版社,2006年,第6页。

点。①这些观点充分肯定了被忽视的"自然"在美学中的应有地位,颠覆了反映"人类中心论"的"艺术中心论"美学传统,为美学研究开辟了新路径。当然,这种环境美学又过分抬高了自然的地位,不知不觉走向了"生态中心主义"。如果说西方环境美学、环境哲学以及文学生态批评等生态文化形态都是一种后生性文化,是接受东方文化外引的结果,包含着明显的东方元素的话②,那么,中国的生态文化则是一种"族群原生性文化",拥有悠久深邃的生态哲学与美学思想以及生态审美智慧传统。回过头去看,中国学者之所以提出"生态美学",既是受到西方环境美学等的影响,更是基于"现实的需要""学科建设的需要"和"全球化语境下弘扬中国传统文化的需要"③,归根结底,是中国的需要。中国古代生态文化所孕育的丰富的生态哲学智慧和生态审美智慧,集中体现在儒释道三家的经典要义和艺术观念之中,为满足中国的需要和生态(存在论)美学的建设提供了不可或缺的"中国资源"。正是基于这样的中国立场和中国资源,在生态存在论美学理论形态的构建过程中,曾繁仁所思考的问题逐渐由生态存在论哲学基础、思想资源、生态现象学方法、基本美学范畴等,转向"如何将生态美学的时代性与本土性相统一,创造出具有足够阐释力与民族性的生态美学话语"。由此,生态存在论美学的建构进入到对"中国资源"尤其是"天人合一"东方式存在论哲学的发掘阐释和对具有中国形态与中国元素的"生生美学"的创构进程中。

中国传统文化中虽然没有像西方那样的现代形态的生态美学,但有着十分丰富的生态审美智慧和存在论哲学思维,这是构成生态存在论美学的重要的民族传统文化资源。在曾繁仁看来,中国古代的"天人合一"哲学观就是一种古典形态的东方式存在论哲学,它与西方现代存在论哲学共同构成中国生态美学的哲学两足。对于以孔子为代表的儒家学说而言,"天人

---

① 参见〔芬兰〕约·瑟帕玛:《环境之美》,武小西、张宜译,湖南科学技术出版社,2006年,第1页。
② 曾繁仁:《生态美学基本问题研究》,人民出版社,2015年,第83页。
③ 曾繁仁:《生态美学导论》,《曾繁仁学术文集(第五卷)》,人民出版社,2021年,第1—4页。

合一"的核心内涵在于"位育中和"，也就是说，只有达到中和，天地才能各在其位，万物才能自在生长，实现一种人与自然万物和谐共存共生的生态平衡状态——这是儒家的生态存在论智慧；对于以老庄为代表的道家学说而言，"天人合一"的核心内涵在于"诞育万物""万物齐一"。老子言"道为天下母"，庄子言"道为万物之本根"，都表明"道"是人与自然万物诞育生成的总根源，是最根本的存在。"道"不是物质或精神实体，不属于认识论，而属于存在论。"人法地，地法天，天法道，道法自然。"（《老子·第二十五章》）这说明道的本性在于"自然"，即"自然而然"——无须外力，无形无言，恍惚无为，同时也说明人只是域中四大之一，确定了人与万物平等的地位。因为道无所不在，体现于万物之中，因而"以道观之，物无贵贱"（《庄子·秋水》），人与自然万物各有其"内在的价值"，没有高低贵贱之分，在道的存在论意义上都是并生的、平等的。无论儒家还是道家，"天人合一"都共同表明了一种东方式或中国式的生态存在论哲学智慧，即不是将人与自然分割开来、对立起来，而是使二者在"道"的本源意义上相同一，在"中和"的意义上相共生，呈现出对万物平等、自然而然的生态平衡状态的审美追求。

对"天人合一"存在论哲学和生态审美智慧的初步揭示，还远不足以回答"中国传统文化中到底有没有生态美学""有什么样的生态美学"等问题。为此，曾繁仁又于2020年完成了《生生美学》，"把中国传统文化中生态美学资源概括为'生生美学'，并且运用生态存在论美学的方法从文化、哲学、美学和艺术审美几个层面对'生生美学'的产生、内涵、范畴及其在中国传统文艺形态上的呈现进行了比较系统、全面的分析、论述"[1]。可以说，"生生美学"是中国传统形态的生态存在论美学，也是与现代生态美学和环境美学息息相通的生命美学，是对中国传统生态美学智慧的创造性转化和创新性发展。

---

[1] 曾繁仁：《曾繁仁学术文集（第十卷）》"本卷编辑说明"，人民出版社，2021年。

"生生美学"的提出,首先得益于儒家原始哲学《周易》的概念建基,同时也离不开方东美"生生之德"的哲学启示。"天地之大德曰生""日新之谓盛德,生生之谓易"(《周易·系辞上》),这是对阴阳之道的揭示,"一阴一阳之谓道","生生"就是以阴阳之道为其标志的以新革旧、新陈代谢,生生不已。方东美由此而提出"生生之德","生生"是其立足于中国哲学精神、融贯中西而着重强调的一个哲学美学概念,是对中国传统美学和整体性思考和对中国文化本体的把握,因此,曾繁仁将方东美的美学思想命名为"生生美学"而非惯常所言的"生命美学"。① 也正是基于此,生生美学认为,"生生"之学是中国传统文化观念的本体所在,"'生生'之学作为《周易》之第一要义,既是儒家思想的核心,同时渗透于儒释道各种文化理念之中。儒家之'爱生',道家之'养生',以及佛家之'护生'等,都是'生生'之学的体现"②。同时,生生美学还指出,"生生"之模式与海德格尔"此在与世界"之模式具有理论相似性,因为"生生"即"生命的创生",这是一个过程而非实体,而"海德格尔以'此在与世界'的存在论之结构代替传统认识论理性哲学的'主体与客体'之结构,'此在'即是人的生命活动,是人的生命过程对于存在者背后之存在的逐步把握,由遮蔽到澄明,也是一种过程,而美就是真理逐步展开的过程"③。从这个意义上来说,生生美学是植根于中国传统文化土壤而又兼容沟通中西的现代美学,它不是实体性的认识论美学,而是价值论美学或者说存在论美学。

　　"生生美学"的构建,在方法论上还受到比较文学领域跨文化研究的启发,跨文化研究的"类型说"成为"生生美学"研究的重要方法。曾经一度流行的"线型说",以经济发展水平对人类文化进行优劣划分,确立的是西方文化优先、中国文化落后的论调,胡适即持此论;而梁漱溟、钱穆则主张"类型说",即以生活方式作为文化区分的合理坐标,把人类文化分为游牧

---

① 曾繁仁、庄媛:《论方东美的"生生美学"思想》,《山东大学学报(哲学社会科学版)》,2021年第4期。
② 曾繁仁:《曾繁仁学术文集(第十卷)》"自序",人民出版社,2021年。
③ 曾繁仁:《曾繁仁学术文集(第十卷)》,人民出版社,2021年,第41页。

文化、农耕文化和商业文化三种类型，由此确立了多元文化共存并进的平等格局，也就是说，中西文化是不同类型的文化，不存在优劣高低，而是共生互补。基于这样的跨文化研究立场与方法，"生生美学"一方面指出"生生"之美植根于中华民族特定的地理、经济、社会与文化土壤中，是中国人的精神家园和情感故乡；另一方面，又特别阐明中国古代"生生美学"与西方现代生态环境美学之间存在着诸多会通之处，比如"'天人合一'与生态存在论审美观的会通，'中和之美'与'诗意地栖居'的会通，'域中有四大，人为其一'与'四方游戏'的会通，怀乡之诗、安吉之象与'家园意识'的会通，择地而居与'场所意识'的会通，比兴、比德、造化、气韵等古代诗学智慧与生态诗学之会通，等等"①。总之，中国传统的"生生美学"与西方现代生态环境美学之间相互对话，彼此会通，共同成为中国生态存在论美学继承、吸收、借鉴与改造的重要思想资源。

此外，还需要指出的是，"生生美学"并非曾繁仁一个人在倡导，程相占最早提出"生生美学"的构想并也一直在努力建构。②程相占试图以"生生"来统摄和回应哲学本体论、核心价值观、文明理念和审美理想等四个根本问题，其根本意图在于对中国传统价值观念进行现代转化，使其成为具有当代"普世伦理"（the universal ethetics）价值的中国美学，由此他在十年后提出生生美学的"工作性定义"："生生美学就是以中国传统生生思想作为哲学本体论、价值定向和文明理念，以'天地大美'作为最高审美理想的美学观念，它是从美学角度对当代生态运动和普世伦理运动的回应。"③ 以上这些为曾繁仁的"生生美学"建构奠定了坚实的基础，同时也表明了"生生美学"不是某个人的独创发明，而是当代中国美学家们有意融合中国传统文化哲学和西方现代存在论哲学的共同追求。

---

① 曾繁仁：《曾繁仁学术文集（第五卷）》，人民出版社，2021年，第4—5页。
② 在2001年10月17日陕西师范大学举办的"美学视野中的人与环境——首届全国生态美学学术研讨会"上，程相占提交了《生生之谓美》的万字论文，开始了其"生生美学"的建构之路。
③ 程相占：《生生美学的十年进程》，《鄱阳湖学刊》，2012年第6期。

"生生美学"的构建,有其鲜明的中国性,它不是对中国古典美学的简单重述,而是始终立足于中国立场和当代问题,对中国传统哲学美学的价值伦理内涵和生态存在论内涵进行深入发掘和探究,尤其选择从生态存在论审美观的视角,对中国古代某些代表性的艺术门类和经典作品进行全新的审美解读,总结出标志性的中国艺术范畴和艺术呈现规律,从而让我们对中国传统美学和传统艺术有了全新的认识。一方面,以书法、国画、戏曲、园林、古琴、年画为例,分别提炼出相应的艺术范畴,并在生生美学的视野下对这些范畴和命题进行重新理解和现代阐释;另一方面,对音乐、《诗经》、书法、国画、戏剧、园林、汉画像、敦煌壁画等中国传统艺术门类中所蕴含的"生生美学"精神进行梳理和概括,甚至具体解析了文言小说《聊斋志异》和现代名著《护生画集》对"生生美学"精神的书写与传承。比如,他指出"诗言志"是《诗经》的核心,诗人所言之"情志"是一种"大乐与天地同和"之"情志",这是对"中和"之美的追求,包含着生态内涵的古代存在论美学精神,是我国特有的古典形态的美学与艺术精神,迥异于西方古代的美学与艺术精神,是一种极为宏观的"天人合一"的美学精神。[①]这些聚焦具体艺术门类和艺术文本的批评实践,使"生生美学"不再作为一种主观构造的纯理论而存在,而是具化为一个个活生生的艺术呈现,理论与实践达到一种融通自洽,这种自觉意识在多元理论形态的中国存在论美学的构建中是颇为难得的。从某种意义上来说,"生生美学"的探索就是对中国美学本身的探索,"生生美学"的精神就是中华美学精神,尽管它也遭到了诸如"生命美学"倡导者的反对[②],但无疑进一步完善和丰富了中国生态存在论美学,对推进当代中国美学话语体系建设具有重要

---

① 曾繁仁:《曾繁仁学术文集(第十卷)》,人民出版社,2021年,第110页。

② 生命美学倡导者潘知常认为,"我们的远古先贤开创的是'生命美学'而不是'生生美学'。生态的前提是生命,生命的前提则是'仁',所谓'万物一体之仁'。这才是完整的中国美学,也才是真正的中国美学。换言之,生命美学从来没有忽视'生生之美'的问题。只是,在生命美学看来,'生生之美'毕竟要靠人来实现。"参见潘知常:《我审美故我在:生命美学论纲》,中国社会科学出版社,2023年,第733页。

启示意义。

结语

生态存在论美学的提出、发展和完善,始终立足于中国现实,与新时期中国"可持续发展""环境友好型社会建设"以及"生态文明建设"的时代进程高度一致。从工业文明转向生态文明的经济转型,从人类中心主义转向生态人文主义的文化转型,要求美学也必须由主体性美学转向生态存在论美学,从而为推进新时代生态文明建设和"美丽中国"建设提供了有力的理论引导和智力支持,这是其现实价值与历史意义所在。

对于新时期中国美学的理论发展和话语体系建设而言,生态存在论美学坚持以马克思主义实践观为指导,综合吸收当代各种美学见解尤其是西方现代存在论哲学美学,批判吸收了海德格尔的生态存在论哲学和美学,重新阐释了"天地神人四方游戏说""人诗意地栖居说""家园意识""在家"等概念和命题;同时批判吸收了卡逊的生态批判精神、奈斯的"深层生态学"、罗尔斯顿的"荒野哲学"以及生态批评思想,提出生态整体主义原则和生态人文主义构想,重建自然美在美学学科中的地位和意义,重建人与自然的和谐共生关系,不仅突破了传统认识论的理论观念、人类中心主义的基本原则和主客二分的思维模式,实现了由认识论到存在论的转向,更推动了后—实践美学时代的美学发展,丰富了中国存在论美学的理论形态,为后现代语境下人类的未来命运提供了一种生态存在论的美学蓝图和中国方案。

对于世界生态美学理论发展而言,中国美学家们在中西文明互鉴与平等对话中建构起中国生态存在论美学,并通过对生态文明视野中的中国传统生态美学思想进行创造性转化和创新性发展,在欧陆现象学生态美学和英美分析哲学之环境美学之外,自觉自主地构建起一种兼容中西又相对独立的中国式存在论生态美学——"生生美学",为世界生态美学的理论创新贡献了一种中国智慧和中国范式。

第七节 生 活 美 学

众所周知, 鲍姆嘉登最先使研究感性知识的科学——"美学"成为一门独立的学科, 然而悖谬的是, 鲍姆嘉登"始终是从理性出发来研究属于感性领域的美学, 试图在理性的基础上论证美学这门学科的必要性和客观性, 尝试确定美学与逻辑学之间的界限, 同时捍卫前者的尊严"①。由此, 被纳入哲学分支的西方美学理论整体上呈现出一种形而上学化、抽象化、理性化的特征, 并形成了以艺术为中心的"艺术哲学"传统。而中国美学学科迟至20世纪50、60年代"美学大讨论"时期才按照西方美学的框架、范畴和方法建立起来, 因而也继承了这一特征和传统, 像大讨论中形成的"美学四派"(蔡仪、高尔泰、朱光潜、李泽厚) 主要研究的是美、审美以及艺术的一些纯粹理论问题, 基本不涉及生活、身体、服饰、饮食、建筑、休闲、环境等与人民大众的日常生活密切相关的美学问题, 因而只是一种纯粹思辨的"哲学美学"。

哲学美学只追求美学的基础性、逻辑性、体系性的形而上学思想建构, 而不考虑美学的实践性、现实性、社会性等超感性内容, 难免陷入"哲学的贫困"之中, 自然难以得到人民大众的承认和欢迎。当然, 一方面, 我们既不能轻易否定美学的哲学品格, 因为这是美学作为"学术"之"学"所必须坚持的立场; 另一方面, 我们也不能同意美学仅仅成为毫无实际功用的纯粹理论, 无视日常生活的现实召唤, 不顾人民大众的精神需要, 因为专门之学的存在价值在于有效地介入社会发展、服务于大众、有益于人生, 这是"学术"之"术"所要求的价值。因此, 美学作为一种科学性、开放性的理论形态, 不能回避美学、艺术的生活论转向, 必须回应和回答人们日常生存中的美学问题, 必须满足大众对审美活动的需要和对美好生活的向往与追求。在此语境下, 美学在当代中国迎来了"生活 (论) 转向", 一步步从抽象理论

---

① 朱立元主编:《西方美学思想史 (中)》, 上海人民出版社, 2009年, 第681页。

和哲学殿堂走向人民大众、介入日常生活,生活美学应运而生并蓬勃发展。

一 "门类美学"与"生活美学"

当代中国"生活美学"的前身可以追溯到新时期初的"门类美学"。当时社会上出现了各种各样的关于生活(衣食住行)的美学著作,诸如服饰美学、商品美学、环境美学、行为美学等等,尽管当时美学界对这种"泛美学"倾向也有一些微词,但不容否认,这种生活化、通俗化和多元化的美学新形态,充分体现出新时期之初人民大众对生活、自由与感性的审美追求,表明了以感性表达和生活性特质为内核的大众审美文化正式产生,当然,一定程度上也表现出美学走出"象牙塔"介入社会生活、服务人民大众的可能路径。由于当时还没有"生活美学"的命名,所以它们一般被归属为"门类美学""应用美学"或"实用美学"。1989年,蒋孔阳在为"门类美学探索丛书"所写的序言中提出,门类美学的产生是当代美学为了突破传统美学的束缚,积极应对市场经济条件下人民社会生活的新变化和学科交叉渗透的需要而产生的,是对社会生活中不同方面的审美关系和美的研究,主要包括生活美学、家具美学、环境美学、服装美学等等。可见,此时的生活美学还只是"门类美学"中的一个分支而已。蒋孔阳最后指出,"美学要发挥作用,就得走向现实生活的各个方面去,参与和解决各门艺术、各种学科以及生活各个方面所存在的美学问题"[1],对后起的"生活美学"等门类美学持充分肯定和赞赏的态度,认为其前途广阔,这基本上代表了当时美学界对"生活美学"的普遍看法。

当然,生活美学等"门类美学"的产生不仅与美学学科自身的发展有关,更与20世纪70年代末的"形象思维"讨论、80年代的"美学热"和"文化热"的兴起密切相关,与人们对"人性""感性""现实生活""主体"等概念的重新认识和理解有关。

---

[1] 蒋孔阳:《蒋孔阳全集(第4卷)》,上海人民出版社,2014年,第144—145页。

形象思维的讨论可谓"美学热"的先声，直接推动了学界对"人性""感性"等问题的深入研究。比如，朱光潜充分肯定马克思所强调的"人的肉体和精神两方面的本质力量"便是人性，指出形象思维就是"把从感性认识所得来的各种映像加以整理和安排，来达到一定的目的"，充分肯定"人性""感性"等冲破文艺创作和美学中的一些禁区的重要作用；并在《从现实生活出发还是从抽象概念出发？》一文中严厉批评玩弄抽象概念的美学研究，郑重提出"现实生活经验和文艺修养是研究美学所必备的基本条件"[①]；此外，他还校改了马克思的《费尔巴哈论纲》的译文，将"主观"改译为"主体"，这对后来的美学和文学理论都产生了巨大影响。

　　形象思维的讨论拉开了"美学热"的序幕，而"美学热"是中国改革开放最早的学科亮点，它使得萌芽于"美学大讨论"时期的实践美学逐渐成为主流美学流派，上升为新时期马克思主义美学的代表理论和主导话语。实践美学以马克思主义实践观点为哲学基础，《巴黎手稿》是其主要的思想来源，在美学热中，学界对《巴黎手稿》的研究更加深入，从而掀起了一股"手稿热"，李泽厚、朱光潜、刘纲纪、周来祥、蒋孔阳等实践美学学派的代表人物纷纷对《巴黎手稿》作出不同的解读，并据此提出自己的实践美学观。如果说"美学大讨论"时期李泽厚等人关注的是《巴黎手稿》中所提出的"自然的人化"观点，那么，美学热时期"人的本质力量的对象化""劳动创造美""美的规律"等则成为关注和推演的核心命题；更重要的是，他们从中发掘出马克思实践观点中所蕴含的感性内涵，及其对审美主体的意义与存在论价值。比如李泽厚，立足于马克思历史唯物主义实践哲学，继而"由马克思回到康德"，从康德哲学中发掘出"主体性"的理论价值贡献于马克思主义哲学，建立起作为主体的人（人类和个体）为探究对象的主体性实践哲学和美学，以文化心理结构解释"人性"，以"个体主体性""个体实践""个体自由"等丰富和完善了"主体性"的意涵，提出审美的本质就在于在心

---

① 参见朱光潜：《谈美书简》，江苏文艺出版社，2011年，第66、12页。

理、个体和感性中实现了历史与心理、社会与个人、理性与感性的统一, 而"积淀"使得历史化为心理、社会化为个体、理性化为感性。积淀了人类理性的个体感性就是"新感性", 由此重建个体的心理 (情感) 本体, 实现"人的自然化", 最终提出"情感本体论", 以对抗工具本体对人性的异化以及理性对感性的规约。

总之, 在前述西方存在主义哲学和新时期中国人道主义思潮的影响下, 通过重新发掘和阐释马克思经典著作中的理论内涵, 有力地召唤出"人性""感性""个体性""主体性"等审美范畴的现代意涵和现实意义, 从理论上引领和促进了文化的启蒙和大众审美文化的生成, 从情感上满足了人们反思人性、回归感性、追求个性、建构主体性的心理需求, 从而形成了1980年代美学与改革开放初期社会生活之间交往互动的良好局面, 为"生活美学"的诞生准备了良好的文化土壤和社会心理。

二 "日常生活审美化"与"生活美学"

自20世纪90年代以来, 中国学者就相继提出"审美文化""日常生活审美化""生活美学"等"家族相似"的关键词, 它们虽内涵各异, 但却共同指向了人民大众和日常生活。尤其是围绕"日常生活审美化", 学界更是展开了激烈的争论, 尽管一些问题后来并未得到彻底解决, 也并未达成最后共识, 但不可否认, 中国学界借迈克·费瑟斯通在其代表作《消费文化与后现代主义》中提出的"日常生活审美化"这一命题所进行的阐释和论争, 使得美学理论与现实生活之间的密切关系问题在中国自己的文化语境中更加鲜明地凸显出来, 也促使中国当代美学研究面向日益生活化的审美文化现实而不得不寻求美学话语的再次转型, 这为美学的"生活论转向"和"生活美学"的全面兴起扫清了障碍, 创造了条件。

首先, 1990年代兴起的"当代审美文化研究"为"日常生活审美化"的讨论预备了本土理论话语资源。当代审美文化所关注的中心问题在于, "怎样从当代艺术/审美实践、大众日常生活, 考察当代历史/文化和当代人生存实践的具体精神内容，从而把'审美'从单纯心理经验领域引入更广阔复杂的文化精神、价值建构过程，以及如何在当代文化的多样性和大众生活的具体审美动机中，发现当代人所必须面对的生存意义问题"①。当代审美文化研究为大众更好地把握当代审美文化现象、理解日常审美生活和探寻人类文化心理有着巨大的助益。

其次，21世纪初，周宪和陶东风最早将"日常生活审美化"命题介绍到中国。周宪从解读文化视觉转向的角度认为，一种新的视觉文化已经在消费社会时代崛起，其显著特征就是，我们的日常生活越来越趋向美化，视觉愉悦和快感体验成为我们日常生活的重要因素。②陶东风则从反思文艺学学科的角度指出，今天的审美活动已超出所谓纯艺术/文学范围，渗透到大众日常生活中，文艺学必须正视审美泛化的事实，紧密关注日常生活中新出现的文化/艺术活动方式，及时调整和拓宽自己的对象和方法。③所谓"调整和拓宽"按他后来更明晰的看法就是，"当代的消费社会及其文化与艺术活动的新变化、生活的审美化与审美的生活化等已经迫切地要求我们修正、扩展关于'审美''文学''艺术'的观念，大胆地把街心花园、城市广场、购物中心、商品交易会、美容美发中心、健身中心、流行歌曲、广告、时装等新兴的场所与现象（它们常常是日常生活与审美活动交叉的地方）吸纳到自己的研究中"④。这些阐释及其所衍生的文艺学学科边界问题，一时间引起了诸多争议。⑤

① 王德胜：《当代处境中的美学问题》，中国社会科学出版社，2007年，第22页。
② 周宪：《日常生活的"美学化"——文化视觉转向的一种解读》，《哲学研究》，2001年第10期。
③ 陶东风：《日常生活审美化与文化研究的兴起——兼论文艺学的学科反思》，《浙江社会科学》，2002年第1期。
④ 陶东风：《日常生活的审美化与文艺学的学科反思》，《天津社会科学》，2004年第4期。
⑤ 参见王德胜：《视像与快感——我们时代日常生活的美学现实》，《文艺争鸣》，2003年第6期；朱国华：《中国人也在诗意地栖居吗？——略论日常生活审美化的语境条件》，《文艺争鸣》，2003年第6期；鲁枢元：《评所谓"新的美学原则"的崛起——"审美日常生活化"的价值取向析疑》，《文艺争鸣》，2004年第3期；赵勇：《谁的"日常生活审美化"？怎样做"文化研究"？》，《河北学刊》，2004年第9期；毛崇杰：《知识论与价值论上的"日常生活审美化"——也评"新的美学原则"》，《文学评论》，2005年第5期；等等。

争议主要聚焦于三个问题：一，"日常生活审美化"是不是当下中国的本土命题；二，研究者应采取怎样的价值取向；三，"日常生活审美化"是审美的泛化还是异化。比如批评者童庆炳在《"日常生活审美化"与文艺学》一文中基于对人民大众的同情立场直言不讳地批评道，"今天的所谓'日常生活的审美化'，绝不是中国今日多数人的幸福和快乐。他们提出的新的美学也不过部分城里人的美学，绝非人民大众的美学，或者用我的老师在20世纪50年代美学大讨论中的话来说，这不过是'食利者的美学'"[①]。在童庆炳看来，分歧的原因在于如何定位我们所处的时代，阐释者认为当今（21世纪初）中国已进入消费主义时代，而他则认为还远远没有进入消费主义时代，因为占绝大多数的农民、城市打工者、下层收入者还在为温饱而奋斗。鲁枢元认为"日常生活审美化"的倡导者是把"审美的日常生活化"当作一种崛起的"新的美学原则"，这种价值取向是可疑的；赵勇提出"更应该关注'日常生活的贫困化'"，朱国华提出日常生活审美化"还不是一个普遍性命题"等等，皆是立足于中国现实语境和时代特征的批判之语。很显然，带有"普罗"情怀的马克思主义美学学者更倾向于把美学理解为审美无功利的带有精神超越的美学，把"日常生活"限定为"普罗大众"的日常生活，而非食利"小众"阶层的日常生活，文艺学、美学研究应当以前者为研究对象，其"批判者"的身份显而易见。在"日常生活审美化"的阐释者（如陶东风）或辩护者（如王德胜）看来，这种"人民大众的美学"或许是"保守的""过时的"，但恰恰表明了马克思主义美学所应当坚守的人学立场和现实品格，提醒研究者必须对"日常生活""审美"等基本概念进行追问，正确回答"谁的日常生活审美化""审美泛化还是异化"之类的问题；更重要的是，批判者隐在的意思是，中国当代美学应当研究从本土的美学实践和现实生活土壤中自然生长的本土命题，在思考"美学和生活"的关系问题时不可忽视时代因素的影响，这似乎可以用来解释十年后"生活美学"为什么会全

---

① 童庆炳：《"日常生活审美化"与文艺学》，《中华读书报》，2005年1月26日。

面兴起和被广泛接受。

有意味的是，"日常生活审美化"的倡导者是在对文艺学学科进行反思时提出这一命题的，意在把流行歌曲、网络游戏等各种泛审美化样式纳入文学研究的范围，从而扩大文艺学的研究边界和对象，通过转向文化研究并借用其理论和方法而推动文学研究进一步发展。不得不说，这种学科危机意识和变革意愿是好的，但问题在于：不加选择的任意的"越界""扩容"，必然导致文学边界的丧失，导致文学自律性原则的失效，从而导致文艺学学科独立性的取消，"文学研究"最终变成除了文学而无所不包的"文化研究"，这恐怕也是"日常生活审美化"的倡导者、辩护者们所不愿看到的吧！尽管历史一再证明，文学的边界一直是不确定的、移动的，尽管当代文艺学研究确实也应该关注日常生活中新的审美现象，比如大众通俗文学，但这并不意味着要以牺牲"自律性"为代价，如果把各种广告、流行歌曲等各种泛文化现象不加选择地统统纳入文学研究的范围，设若如此，其最可能出现的结果将不是文学的"扩容"，而是文学的"终结"，不是文学理论的繁荣，而是文学理论的"文学性"的消失。从这个意义上来说，"我们不反对文学的扩容，但不赞成把杂七杂八非文学的文化现象胡乱地扩容进来，而主张把真正属于大众需要和欣赏的通俗文学'扩'进文学的版图，进而扩大文艺学研究的范围。这也许是克服当代文艺学危机的一个有效思路"[1]。

而在辩护者王德胜看来，"日常生活审美化"问题的提出原本是出自一种当下文化现象考察和学术自省，而这种现象是一种与当下文化现实、当代文化价值变异状况直接关联的现象，因此他认为，我们不能回避"日常生活审美化"这一新现象、新问题，更不能因噎废食，而必须正视技术对我们的生活尤其是审美活动的改变，必须正视人的感性存在以及消费性的感性满足对于人类审美和当代美学的重要意义。由此他提出："正视当代文化本身的存在事实，在警惕来自市场、资本、文化工业等的控制和操纵的同时，同

---

① 朱立元、张诚：《作为话题的"日常生活审美化"及其论争——文学的边界就是文艺学的边界》，《学术月刊》，2005年第2期。

样警惕理性权力对于人的感性生存的窒息，关注人的感性生存权利及其价值实现，理解人的感性欲望的伦理正当性，看到人的感性生存的实现之于日常生活审美发展的促进。"①这种警惕理性和理解感性的辩证态度是相对合理的。

综合来看，我们既要正视已经变化了的本土文化现实和人审美实践，也要警惕堕入他者的理论陷阱和"食利者"的美学自娱；既要反抗理性霸权，也要尊重感性权利，即尊重来自人自身内在的感性欲望与需要、生活的正当享受的权利，但同时也要反对单纯的感官享乐、无理性的欲望追求，避免成为马尔库塞所言的"单向度的人"。而在批判西方二元对立思维的同时，我们也必须警惕自己不要陷入将感性与理性截然对立的窠臼，而要建立"亦此亦彼"的思维，从这个意义上来说，李泽厚所言的"建立新感性"或许是必要的，因为一个积淀了理性的感性人，才可能是一个人性健全的自由快乐的人，才可能在张扬"日常生活审美化"的同时，也并不"放弃精神的守望"，而这恰恰又回到了马克思主义的"人的全面发展"的人学立场和海德格尔存在论的"此在之在"基础之上。

最后，需要注意的是，"日常生活审美化"与"生活美学"都是立足于大众的日常生活本身的审美，都是对追求理性化、逻辑化、体系化而远离大众生活的理论美学或传统美学的反拨或矫正，但二者之间在审美主体、审美活动的出发点等方面也存在着诸多差异。无论如何，围绕"日常生活审美化"所展开的一系列争论对当代中国日常生活和美学的发展产生了重要影响。其一，围绕"日常生活审美化"展开的激烈论争表明，传统美学研究中被忽视、被轻视的当下日常生活，正在成为当代美学不得不直面的对象乃至关注中心，同时证明了美学走向日常生活、走近人民大众的现实性、必要性和紧迫性。其二，"日常生活审美化"是当代中国美学试图摆脱理论失语的窘境而直接介入现实、寻求话语转型的积极选择，论争的持久与深入也表明

---

① 王德胜：《为"新的美学原则"辩护——答鲁枢元教授》，《文艺争鸣》，2004年第9期。

了评估消费文化语境下人的日常生活、重建当代生活价值体系的可能。其三,"日常生活审美化"的引介及其所引发的巨大反响,不仅仅表明了"日常生活"作为一个长期被忽视和压抑的存在物正式浮出地表,也启示了美学界必须正视"日常生活美学"的存在事实,并针对正在崛起这一"新的美学原则"给予正面回答,进而思考"如何过一种感性生活而不陷入感官欲望的深渊""如何引导和塑造大众的美好生活",以及"如何建设本体论的生活美学"等重要理论问题与实践问题。

三 "美好生活"与本体论"生活美学"

随着中国经济水平和综合国力的不断提升,"美好生活"逐渐成为关涉美学与生活的最为重要的一个高频词、关键词和主题词,这既是国家意志的集中体现,也是马克思主义美学尤其是生活美学研究的重要内容。对于美学理论工作者而言,"美好生活"的提出不是突然的,它既是人民群众享受改革开放带来的红利而自然而然产生的向往与追求,也与近40年来中国生活门类美学的兴起、当代大众文化和审美文化的发展繁荣、日常生活审美化的讨论以及"生活美学"的倡导和全面兴起密切相关。

毋庸置疑,"生活美学"(performing live aesthetics or living aesthetics)如今正在成为全球美学发展的新路标之一。纵观新时期以来尤其是21世纪以来"生活美学"的中国历程,我们基本可以判断:"生活美学"是中外哲学美学思潮相互影响而交汇形成的当代美学新形态:一方面,西方现当代哲学美学思维范式在"后分析哲学"时期确实发生了重要的"存在论转向",即向"生活本身"回归,越来越趋向于关注人们此在的"生活方式",胡塞尔、维特根斯坦、杜威、海德格尔、韦尔施、舒斯特曼等为生活美学提供了十分丰富的哲学资源。另一方面,中国当代美学界为了建构本土美学话语体系,打破20世纪80年代以来形成的实践美学的思路和理论框架,同时为了应对"人民对美好生活的向往",和满足大众对古代"生活美学"的美好想象,在西方"生活美学"研究成果的滋养和启示下,重新召唤和发掘出中国古典哲学美学的儒家生活美学思想,既是作为一种有力印证,也是作为一种对话资源。^①可以说,生活美学的理论生成是中西哲学美学话语里应外合的必然产物,其丰富性与复杂性以及矛盾性正与此有关。

显而易见,新时期以来国内对"生活美学"内涵的阐释还存在着诸多差异,对其理论的建构更是人言人殊。比如,在刘悦笛看来,当代中国美学从"实践美学"到"生活美学"是一种摆脱此前实践美学、新实践美学和后实践美学模式的本体论转向^②,由此,他提出构建一种"本体论的生活美学",这种本体论的生活美学既是一种不同于文化研究和文化社会学的话语建构,也不同于为大众生活审美化的"合法性"做论证的"日常生活美学",而是一种哲学话语建构,它将"日常生活美学"含纳其中。中西哲学美学思想成为刘悦笛建构"生活本体论美学"的思想资源:"中"指的是原始儒道两家的思想,儒家美学在一定意义上就是以"情"为本的生活美学;"西"指的是胡塞尔的"生活世界"理论以及维特根斯坦、杜威和海德格尔的回归生活的思想。对海德格尔存在论生活观的吸收是其本体论生活美学理论建构的重要组成部分:一方面,他指出,海德格尔在《存在与时间》之前就已提出"实际的生活经验"(die faktische Lebenserfahrung),在《存在与时间》中则以"此在"将"人的实际的生活经验"固定下来,所谓"此在"就是在现实世界中生活的生存本身,正如海德格尔所言,"此在在本质上就是存在在世界之中",而且"日常此在最切近的世界就是周围世界"。他借海德格尔的"本真存在"与"非本真存在"的区别表明,日常生活与"他人"的共同存在,只是一种沉沦的存在,是非本真的存在;而艺术的存在,才是一种本真的存在状态。^③另一方面,他借用海德格尔的"上手(Zuhanden)状态"和"在手(Vorhanden)状态"的差异,来阐释两种生活情状"日常生

---

① 参见陈雪虎:《生活美学:三种传统及其当代汇通》,《艺术评论》,2010年第10期;刘悦笛:《儒道生活美学——中国古典美学的原色与底色》,《文艺争鸣》,2010年第7期。
② 刘悦笛:《从"实践美学"到"生活美学"——当代中国美学本体论的转向》,《哲学动态》,2013年第1期。
③ 刘悦笛:《"生活美学"建构的中西源泉》,《学术月刊》,2009年第5期。

活"与"非日常生活"的不同,日常生活是一种"无意为之"的"自在"生活,非日常生活则是一种"有意为之"的"自觉"生活,前者是"合世界性"的,后者则使前者"异世界化",美的活动就是介于二者之间的一种特殊类型的生活。①刘悦笛认为这种活生生的生活美学的建构,才是本体论意义上的建构。

不难看出,在本文的语境中,所谓"本体论"(ontology)的生活美学实质上也就是"存在论"(ontology)的生活美学。刘悦笛之所以沿用"本体论"这个前—海德格尔的概念,是因为他明确意识到,"在中国本土,生活美学的建构,一方面要面对早已浸渍了实用理性传统的'实践美学',既要摆脱实践美学的基本范式,又适度地认定生活的社会性根源就在于实践;另一方面,生活美学又绝不同于'后实践美学'或者'生命美学',它力求从高蹈的所谓超越的'存在'或者'生存'回归到现实的'生活'"②。也就是说,他要建构的本体论生活美学,是一种既不同于欧美存在论的"日常生活美学"又不同于"后实践美学"的介于"日常性"与"非日常性"之间的美学新构。③

这种"本体论的生活美学",不可避免地遭到了质疑。比如,在笔者参加的2017年10月15日复旦大学中文系举办的"'生活美学'学术研讨会"上,"新实践美学"的倡导者张玉能认为,刘悦笛所谓的"生活美学"依然停留于生活现象层面的考察,还只是"关于生活的美学",而并非本体论的生活美学。在他看来,生活美学一定不能脱离实践和艺术。"生活美学"的本体应当建立在马克思的"实践"基础之上,包含物质活动、精神活动和话语活动的自由自觉的实践是生活的本质所在。同时,他强调生活美学不能离开艺术,美学不能没有艺术,生活更不能没有艺术,离开艺术的生活只是散乱的流变体,建基在此流变体之上的生活美学,要么变成生活指南一般的形

---

① 刘悦笛:《"生活美学"的兴起与康德美学的黄昏》,《文艺争鸣》,2010年第3期。
② 刘悦笛:《"生活美学"建构的中西源泉》,《学术月刊》,2009年第5期。
③ 参见刘悦笛:《生活美学:现代性批判与重构审美精神》,安徽教育出版社,2005年。

而下之"器"，要么变成无所不能的形而上之"道"。张宝贵同样表示质疑，他认为，当下中国生活美学大多只是将西方后现代的生活美学话语移植到中国的土壤之上，而尚未形成自己的理论话语和理论型构。在他看来，建构生活美学的本体论是必要的，但这里的"本体"指的是生活对所有人而言的根本性、普遍性，"本体论的生活美学"强调的是根本性的生活即审美生活。①

相较于刘悦笛的"哲学话语建构"，张宝贵构想"本体论的生活美学"的出发点则是中国的审美现实，杜威和李泽厚（除了马克思）是其两个重要理论来源。在他看来，"由于未能真正筑基于中国自己的审美现实之内，众多盛行于中国的生活美学理论实际上并未走出自己批评的自律美学，让审美或是生活的点缀，或是给生活提供某种乌托邦的田园牧歌，沦为某种装饰美学或牧歌美学"②。毋庸讳言，目前这种"装饰美学或牧歌美学"式的"生活美学"正充斥着我们的日常生活。他认为，要建立生活美学本体论，就是要将生活当作不可分解的一个整体，将李泽厚的"活着"（生存）当作第一事实，将杜威的科学理性作为"如何活"（生存意义）的考量中心。张宝贵明确说明自己是在海德格尔的"存在"意义上使用"本体"一词，强调生活对所有人而言的根本性、普遍性，所谓"本体论的生活美学"就是根本性的生活即审美生活。而"真正的审美生活应该是在艰辛的生存中收获生存的喜乐，而非在逃离中寻找美的避难所"，也就是说，"为生活而艺术"和"为艺术而艺术"不是对立的，生活和审美是不可分离的，生存和生存价值是不可分离的，正如工具理性和价值理性是不可分离的。对比来看，杜威更强调工具理性对价值理性的决定作用，李泽厚则用"历史主义与伦理主义的二律背反"来概括工具理性与价值理性的复杂关系，既强调工具理性在现阶段的意义和价值，又试图用"情本体"的审美情感来消解工具理性之毒，用

---

① 任继泽、叶晓琳：《让审美面向更广阔的生活——"生活美学"学术研讨会综述》，《上海文化》，2017年第12期。

② 张宝贵：《本体论的生活美学——杜威与李泽厚思想比照》，《文艺争鸣》，2017年第5期。

"度"来抑制非理性的狂热，但二人都共同强调"情"是生活审美超越性的关键要素，杜威认为情是"基础特质"，李泽厚认为情是"内感觉"。这种对"功利与超脱的现实辩证"是我们建构本体论生活美学的前提条件，即在功利生活中超越功利，追求功利生活与超功利审美生活的统一，这正是本体论生活美学主张的真义所在。

上述无法达成共识的声音和建设性的独立看法都充分表明，"生活美学"的探讨在今日之中国有着非常重要的理论价值和现实意义，然而也正如"美好生活"的现实愿景需要人们不懈奋斗才可能实现，本体论（存在论）生活美学的理论蓝图同样需要学者们持之以恒地探索才可能完成。按照马克思所言，"人们的存在就是他们的现实生活过程"，而"社会生活在本质上是实践的"，可以说，实践是人最基本的在世方式。[①] 如果本体论的生活美学成为可能，那么，这一"本体"究竟是建立在"生活"之上，还是建立在"实践"之上？生活与实践究竟是怎样的关系？又如何立足于中国的本土国情、大众的现实审美现象、艺术实践和美学精神基础之上，建构起既满足人民对美好生活的向往又合乎美学理论的形而上学诉求、既具有中国特色又能够为世界所接受的"本体论生活美学"？这些问题还需要更进一步地加以辨析和思考。

结语

历史和实践已经证明，美学走进生活、走近人民确已成为不可阻挡的时代潮流，而"生活美学"也正在开辟一条美学介入生活、直面存在的广阔道路。"生活美学"的倡导和研究既契合了当下人民大众向往"美好生活"的现实需要，也顺应了东西方美学和艺术向日常生活回归的学术趋势，具有重要的现实价值和理论意义。事实上，人民大众原本就有自己的审美观念和审美标准，美学尤其是"生活美学"的理论普及与实践开展，无疑有利于拉

---

① 转引自朱立元：《马克思语现代美学革命——兼论实践存在论美学的哲学基础》，上海交通大学出版社，2016年，第48—49页。

近美学与社会生活的距离，有利于拉近美学与人民大众的距离，如此一来，大众获得美学引领，国民素养得以提升，美学获得生活滋养，理论观念落地生根，各得其所，相得益彰。尽管"生活美学"目前还不完善，诸多问题也还悬而未决，但可以肯定的是，本体论（存在论）的生活美学是一种以生活为本体、力图统一工具理性与价值理性、功利与超功利、生活与审美的存在论美学，是一种中国化、时代化、大众化的马克思主义美学，可以而且必然为大众追求"美好生活"提供思想保障和智力支持。

第八节　身　体　美　学

身体美学的兴起，显然离不开1980年代个体生存意识的觉醒和1990年代消费文化语境中日常生活审美化思潮的流行[1]，也离不开新时期美学论争中的"身体空场"[2]。作为最源初的物性的感性存在，"身体"从"意识""精神""心灵""道德""政治"，包括"实践"等诸多重压之下缓缓抬起头来，被赋予某种解放的甚至革命的想象与力量。当然，推波助澜的是美国新实用主义者舒斯特曼，他在《身体美学：一个学科提议》中正式提出身体美学（somaesthetics）概念和学科设想，"身体美学可以暂时定义为：对一个人的身体——作为感觉-审美场所和创造性的自我塑形——经验和作用的批判性和改善性的研究。因此，它也致力于构成身体关怀或对身体的改善的知识、谈论、实践以及身体上的训练"[3]。对西方的亚历山大技法、费尔登克拉斯方法和亚洲的瑜伽、禅定、太极拳等自我身体的实践性和创造性的

---

① 参见毛崇杰：《后现代美学转向——日常生活审美化与身体美学》，《杭州师范学院学报》，2004年第6期；程世波：《"日常生活审美化批判"中的身体视角及其难题》，《求索》，2004年第12期；李春红：《"身体"的突围及其困境——新时期审美文化主题研究》，《天津社会科学》，2005年第6期；代迅：《压抑与反抗：身体美学及其进展》，《西南师范大学学报》，2006年第5期；金丹元：《后现代消费语境下当代身体文化的审美观照与理性超越》，《中州学刊》，2006年第5期；等等。

② 陈士部：《论晚近美学论争中的"身体空场"》，《河北学刊》，2013年第6期。

③ Richard Shusterman, *Pragmatist Aesthetics: Living Beauty, Rethinking Art*, New York & London: Roman & Littlefield Publishers, 2000, p.267.

强调,对"以身体为中心"的学科的提议,随着《实用主义美学——生活之美,艺术之思》(2002)的译介,瞬间激活了新时期中国美学理论和学科建设的兴奋点,"身体美学"开始在中国被广泛讨论和建构。①

当然,也正如有学者所指出的,中国的"身体美学"存在着对舒斯特曼"身体美学"的误读,"中国的身体美学直击意识美学的核心,而舒斯特曼的身体美学只是批判其狭隘的艺术取向和封闭的理论立场,中国身体美学的意图是消解意识美学赢得中国传统美学的话语权力,而舒斯特曼的身体美学是要发挥传统意识美学的现实效力"②。这种看起来似乎"张冠李戴"的理论建构,在笔者看来,恰恰是中国学者"别有用心"的合理误读,其实重要的不是舒斯特曼的身体美学究竟为何和何为,也不是由此重构西方身体美学史或中国身体美学史,而是以此作为"一个很好的契机"③,即从舒斯特曼和"身体美学"出发,建构合乎现代美学未来方向的"身体美学"或中国式的"身体美学"。

一 主体论身体美学

众所周知,从古希腊开始,在灵魂与身体的二元对立关系中,灵魂作为神圣事物、作为肉身的生命之源,便占据着绝对的主体和统治地位,"当灵魂与身体都处于同一地方时,天性让他们一个做服从的奴仆,另一个进行统治"④。身体服从于灵魂的统治,只有摆脱身体的桎梏,才能"抵达真实的存在"。这种"尊灵魂贬身体"的传统赋予灵魂以纯粹的、永恒的主体性,而将身体置入欲望的、短暂的、需要被拯救的客观对象。直到古罗马哲学家卢克莱修的长诗《物性论》在文艺复兴时期重新被发现,作为身体而存在的人类

---

① 参见胡强:《近年来身体美学研究述论》,《阴山学刊》,2007年第6期。

② 刘连杰:《"身体美学"在中国的误读与混用》,《暨南学报(哲学社会科学版)》,2012年第11期。

③ 《实用主义美学——生活之美,艺术之思》的译者彭锋认为,把舒斯特曼的身体美学直接引入中国,"这对于中国美学加入当代西方美学的讨论无疑是一个很好的契机"。参见彭锋:《身体美学的理论进展》,《中州学刊》,2005年第3期。

④ [古希腊]柏拉图:《柏拉图全集》(第一卷),王晓朝译,人民出版社,2002年,第83页。

才被重新定义，身体不再是灵魂的载体，相反，如蒙田所言，"灵魂像脚一样，是身体的一部分"①。不是身体从属于灵魂，精神悖离于肉体，而是灵魂归属于身体，精神归附于肉体，这是对长期被遮蔽、被贬抑、被否定的感性的、物质性的"身体"的发现，也是对人的存在之身体优先性的肯定，身心关系的天平开始向"肉身"倾斜。15世纪末，世俗社会和异教逐渐兴起，永生不灭的灵魂被质疑，天然健康的身体被赞颂，身体冲出灵魂的"牢笼"而真正走上复兴之路。而随着解剖学、神经学、认知科学等医学科学的发展，以及在启蒙运动的推动下，重视身体、关爱身体逐渐成为主流思想。到了尼采那里，身体成为强力意志的拥有者，是比古老的"灵魂"更值得信任的存在。②身体成为"大理智"，僭越灵魂而成为第一存在，对此丹托更是直截了当地说"我不是在使用我的身体。我是我的身体"③。"我"就是我的"身体"，既是一种具身性（enbodied）存在，也是一种具心性（enminded）存在，可谓"身心一体"。在主张"身体自然主义"的实用主义哲学家杜威看来，所谓"心灵"不是外在于身体，而是就属于"身体组织"，是作为自我组织体系的身体的活动，而非某种具有特权地位的器官。④

毋庸讳言，作为杜威实用主义思想的继承者和创新者，舒斯特曼虽然接续上述"重视身体"的美学传统，首次提出了"身体美学"概念，但还是相对比较保守和暧昧的，因为他将身体美学"建立在具身化的实用主义传统之上"，"倡导通过培育身体意识技能来增进对精神生命之理解"⑤，这使得他只是想"通过整合身体与精神的训练而提出一个实用主义地统一身体与精神的美学学科"⑥，即"将身体视为感性审美鉴赏（感觉）及创造性自我塑造

---

① ［美］葛林布莱：《大转向：物性论与一段扭转文明的历史》，黄煜文译，台北猫头鹰出版社，2014年，第265页。

② Cf. Fredrich Nietasche, *Will to Power*, New York: Vintage Books, 1967, p.271.

③ Arthur Danto, *The Body/body Problem*, Berkeley: University of California Press, 1999, p.67.

④ 参见 ［美］杜威：《艺术即经验》，高建平译，商务印书馆，2010年，第264页。

⑤ ［美］舒斯特曼：《情感与行动：实用主义之道》，高砚平译，商务印书馆，2018年，第47页。

⑥ ［美］舒斯特曼：《实用主义美学——生活之美，艺术之思》，彭锋译，商务印书馆，2002年，第7、47页。

核心的一门学科"①。总之，舒斯特曼过于强调身体的被动性品格，而缺少对身体的主体性的完全肯定。正是由此出发，王晓华力图倡导一种主体论的身体美学。

王晓华认为，"我是身体，身体乃审美的主体，此即主体论身体美学的第一原理"②。身体的存在是人的第一存在，而且是永远的此在，身体是审美的主体，而不是审美的客体。"身体美学诞生的关键是将身体理解为主体并正确地领受身体的主体性。身体主体性与精神主体性不同，不局限于内在性中，而存在于身体与世界的能动交道中，人作为身体已经在世界之中（being-in-the-world），与其他事物打交道，组建起以自己为中心的世界。"③很显然，这里借用了海德格尔"此在在世界之中"的存在论观点，着意凸显此在的身体性和身体的在世性。所谓"此在"（Dasein）首先是身体的存在，身体是组建世界的主体，世界就是以自我身体为中心组建的世界，而自我身体与世界、与其他事物打交道即身体主体的在世状态。在他看来，身体—主体组建世界的活动就是审美的起点，"身体—主体总是会组建属于自己的世界，而他对世界的原始评估、感受、体验、判断都隶属于他组建世界的生存实践"④。人生在世的生存特性被海德格尔界定为"在之中"（In-Sein），在他看来，海德格尔对人的基本特征的这个定义正是对身体—主体的在世方式的恰当表达，因为它表明：身体总已经处于众多实在者中间；身体总是栖居在物质世界里，各种力量的影响最终都会回到身体；身体的存在本来就是世界性的，只要身体存在，他/她就必须世界化。⑤在《身体诗学》中，王晓华同样指出，只有回归身体—主体，才是诗学的未来道路，"身体不是一堆惰性的物质，一团行尸走肉，而是一个能动的过程、一位自我塑造的主体。

① ［美］舒斯特曼：《通过身体来思考：身体美学文集》，北京大学出版社，2020年，第28—29页。
② 王晓华：《身体美学导论》，中国社会科学出版社，2016年，第57页。
③ 王晓华：《身体美学导论》，中国社会科学出版社，2016年，第127页。
④ 王晓华：《身体美学导论》，中国社会科学出版社，2016年，第99页。
⑤ 王晓华：《身体美学导论》，中国社会科学出版社，2016年，第100页。

身体组建世界，并生活于其中。人就是劳作的身体"①。可见，"在世界之中"的身体，不仅是组建世界的主体，也是生活的主体、劳作的主体、实践的主体。"身体是主体，此乃我们的基本逻辑前提：是身体在筹划、担当、展开生活的整个过程；没有身体，就没有生活；生活是身体的生活；所有思想、信仰、实践都源于身体、属于身体、回到身体"；与此同时，"组建世界的主体就是我们通常所说的实践者。身体才能实践。实践中的身体总是有所筹划地面对自己的处境在场"②。很显然，王晓华并不排斥"生活""实践"范畴，在早期甚至还说："身体美学就是实践美学。实践着的身体是美的起源，身体美学与实践美学是对同一种美学的不同命名。"③也就是说，实践是身体的实践，生活是身体的生活，身体是人生活和实践的基础存在，身体比生活、实践更本源、更本真，"身体美学"比"生活美学"和"实践美学"更彻底、更合乎作为"感性学"的美学。

身体实践与艺术又有怎样的关系呢？如果说演绎身体—主体的活动网络是艺术活动的基本目的，那么，追求艺术的审美价值则是身体—主体的归宿所在。追求艺术的审美价值，就是超越直接的功利性实践，追求自由的"诗意的可能性"，即建构乌托邦是身体—主体追求诗意的一种方式。"诗意"为何？王晓华借用海德格尔所反复阐释的荷尔德林的诗歌表明："人（身体—主体）只能栖居于大地之上，依靠不断的劳作维系生活，但生存的诗意在于：他可以仰望天空，用更高的存在度量自己。从这个角度看，他的想法与鲍姆嘉滕（即鲍姆嘉登——引者注）殊途同归。"④鲍姆嘉登在《美学》中早已表明，艺术家通过"虚构一个可能的世界（譬如乌托邦），追求诗意的真实"，艺术世界正是艺术家虚构的一个"我们这个世界之外的最好的世界"⑤。由此，尽管人的身体—主体不得不驻足于大地，却仍然可以"诗意

---

① 王晓华：《身体诗学》，人民出版社，2018年，第95页。
② 王晓华：《身体美学导论》，中国社会科学出版社，2016年，第49页。
③ 王晓华：《西方生命美学局限研究》，黑龙江人民出版社，2005年，第23页。
④ 王晓华：《身体美学导论》，中国社会科学出版社，2016年，第254。
⑤ ［德］鲍姆嘉滕：《美学》，简明、王晓旭译，文化艺术出版社，1987年，第104、113页。

地栖居于大地之上"，因为"诗意地栖居就是艺术化地生存：通过艺术（包括审美化的日常生活），人以象征性的方式追求整个属己世界的完善"①。可见，身体—主体美学以海德格尔的"诗意地栖居"为属于大地的身体指明了诗意生存的可能性，那就是通过艺术的象征性或日常生活的审美化，实现生存的艺术化，实现身体—主体世界的完善。这里显然是以朱光潜、宗白华等中国现代美学家所主张的"人生的艺术化"接通了海德格尔的"诗意地栖居"，为有限的、不自由的身体提供了无限的、自由的可能。

尽管学者阿霍曾经批评海德格尔对身体的忽略②，尽管王晓华的"雄心"在于"完成尼采、马克思、梅洛-庞蒂、米歇尔·亨利等人未竟之业"，但海德格尔还是被作为建构主体性身体美学不可或缺的理据。当然，我们也不得不说：主体论身体美学虽然强调了"身心一体"，一定程度上纠正了舒斯特曼身体美学对身体的被动性的过分强调，凸显和强化了身体的主体性，并且援引海德格尔的"此在在世界之中"和"诗意地栖居"等存在论学说，表明了身体组建世界的主体性内涵和艺术化生存的诗意可能，但归根结底，它并未摆脱主客二元对立的思维，在克服客体性身体美学的同时又不免陷入"主体性"的窠臼之中，因而还不是真正"以身体为本体"的美学。

二 "从身体出发"的身体美学

"从身体出发"是彭富春所倡导的身体美学的基本立场。在彭富春看来，身体美学不是一般的"关于身体的美学"，因为关于身体的美学有可能是对身体进行非身体化理解的心灵美学或意识美学。因此他认为："严格意义的身体美学不只是关于身体的美学，也是从身体出发的美学。当思想从

---

① 王晓华：《身体美学导论》，中国社会科学出版社，2016年，第254页。

② Kevin A. Aho, *Heidegger's Neglect of the Body*, New York: Suny Press, 2009, p.33. 中国学者则指出，"海德格尔并非不追问身体现象，只是他是在存在维度中追问的。如果我们循此方向拓展我们对身体概念的使用，那么所有海德格尔关于知觉的思考，关于人与大地的关系的沉思，对'理性动物'的定义都是一种关于身体的谈论。"参见王珏：《大地式的存在——海德格尔哲学中的身体问题初探》，《世界哲学》，2009年第5期。

身体出发的时候，它所思考的就不是非身体，而是身体自身。它是作为一个现实给予的身体而呈现的。""从身体出发"意味着直面身体自身的身体性，即肉体性、独立性、欲望性、个体性、偶然性等，从这个意义上来说，"从身体出发的美学正是对于身体的身体性的美学思考。它试图在审美领域里凸显由身体性所规定的个体性存在的意义，也就是人的不可替代和不可重复的唯一性，以及由此出发所建立的相关身体性的共生关系"①。这里对"身体性"的强调，显然蕴含着对现代存在论美学思想中"身体"存在观念的吸收。

正如张晶所指出的，西方哲学的理性主义传统对主体的阐释是精神性的，这导致了美学对身体的忽略②，彭富春在《身体与身体美学》中也明确提出，作为感性学的美学，始终被置于理性哲学的框架内并被理性所规定，无论是德国唯心主义美学，还是近代美学，都是没有身体和身体性的理性主义美学。只有在现代存在论哲学的框架内，身体的意义和身体性的存在论内涵才得到重新理解与阐释，身体美学才摆脱理性（意识）美学的压抑，这可谓现代美学的"身体转向"，其表现在于：

> 不再是理性而是存在或生命规定人的身体。在存在和理性的关系上，存在是更本源和更基础的，因此不是理性决定存在，而是存在决定理性。同时理性和思想的关系也发生了根本性的变化。理性不能等同于思想，甚至也不是思想的原则，而是思想的一个部分，并且要置身于思想的经验之中。这个规定了理性的存在在不同的思想那里得到了不同的表达。如马克思的存在是"物质生产实践"，尼采的存在是作为生命的保持和上升的"创造力意志"，海德格尔的存在则是"天地人神"的四元世界。在这种种关于存在的规定中，身体都获得了新的内涵。马克思的身体是吃喝性行为，它推进了物质生产和人自身的再生产；尼采的身体是生命力的同义语，并且在与灵魂的关系中颠覆了柏拉图主

---

① 彭富春：《身体美学的基本问题》，《中州学刊》，2005年第3期。
② 张晶：《"身体"的凸显：美学转向的哲学缘起》，《北方论丛》，2005年第5期。

义和基督教思想的传统，而成为哲学的中心和思想的原则；海德格尔的身体是在天地人神的世界中形成的，因此它相关于人居住在此大地上的存在方式。这里我们看到一方面存在赋予身体非常重要的意义，另一方面身体也给予存在独特的形态。存在不再只是抽象的、一般的概念，而是具有肉身性，富有生命力的冲动。①

这段话对于理解现代存在论意义上的身体和身体性是非常重要的：一是存在决定理性，规定人的身体，因为存在更本源、更基础，由此身体自身的存在成为美学研究的基础和本源；二是身体在不同的存在论思想中有其不同的表达，马克思的实践存在论、尼采的生命意志存在论和海德格尔的天地神人存在论，分别赋予"身体"以别样的身体内涵即身体性。尤其值得注意的是，彭富春在这里还特别强调了存在与身体之间的辩证关系，存在赋予身体以重要意义，没有存在的身体无异于没有生命的尸体；身体给予存在以独特形态，没有身体的存在，不过是抽象的一般概念，身体使存在获得肉身性和生命力，即存在获得具身化。也正是从这种"具身性"出发才能"让身体成为身体自身"和"从身体出发来理解身体"，包括理解身体的"世界性"，"作为感性活动的身体，身体始终是指向身体之外的。这也就是说身体存在于它的世界之中。身体不仅有一个世界，如它周边的世界，各种人与物等，而且就是这个世界。这意味着世界不是外在于身体，对于身体可有可无，而是身体最直接的显现形态。正是在世界中，身体与物打交道，形成了人与自然的关系；与他人的身体打交道，形成了人与社会的关系；与神打交道，形成了人与精神的关系"②。可见，这种具身性在存在论意义上显然具有"世界性"的内涵，身体是"在世界之中"的存在，世界因身体而得以直接显现，身体与世界的同一关系建构了人的生存世界。

不容否认，彭富春借用现代存在论哲学思想（包括海德格尔）使身体成

① 彭富春：《身体与身体美学》，《哲学研究》，2004年第4期。
② 彭富春：《身体与身体美学》，《哲学研究》，2004年第4期。

为存在的身体, 使存在成为具身化的存在, 对身体美学的中国建构无疑具有重要的贡献和启示意义。当然, 也毋庸讳言, 与王晓华相似, "从身体出发"的身体美学依然存在把身体视为客体的主客二元思维残留, 对"身体性"的理解和把握也充满理性论和本质论的色彩, 如何"让身体自身成为自身显示出来", 如何以"身体"为中心建构艺术论和审美活动论, 依然语焉不详, 悬而未决。

从这个意义上来说, 程相占的"三分法"身体美学似乎正好可以作为上述"从身体出发"的身体美学和主体论身体美学的一种补充或参照。舒斯特曼在《身体意识与身体美学》中曾明确以"分析的身体美学""实用的身体美学"和"实践的身体美学"作为身体美学的三个基本分支①, 而该书的中文版译者程相占则认为身体美学应该坚持另外一种"三分法": 一、身体作为审美对象; 二、身体作为审美主体; 三、身体化的审美主体与身体化的审美活动。其一, 身体美学最表层的含义在于以身体作为审美对象 (aesthetic object), 主要研究身体在什么意义上成为审美对象、历代身体审美对象包含的审美意识及其历史文化内涵, 以及当代身体审美现象批判。舒斯特曼也正是在这一意义上批判那些厌食者和沉迷抽脂术的追求者, 主张通过提升身体知觉和身体训练拓展和改善身体经验, 从而获得更生动、更强化的愉悦, 这显然有利于引导大众养成正确的审美观和审美趣味。其二, 不同于王晓华对舒斯特曼的判断, 程相占认为, 以身体作为审美主体是身体美学的核心要点和理论基点所在, 这也是舒斯特曼所关注的。舒斯特曼的意义在于否定了笛卡尔视身体为"非思维的事物"(non-thinking thing) 的身体观, 而强调身体 (Soma) 是"活生生的、感受的、感觉的、有意图的身体, 而不是毫无生命和感觉的物理的身体", 从而使西方美学实现了从"心灵美学"向"身体美学"的转向, 但是他并未阐明作为审美主体的"身体"的内涵所在, 对此程相占予以补充: 身体美学的核心就是从理

---

① [美] 舒斯特曼:《身体意识与身体美学》, 程相占译, 商务印书馆, 2011年。

论上描述和揭示四种身体感觉（嗅觉、味觉、触觉和肌肉运动知觉），以及作为整体的身体如何体会意味、如何感受意义即"身体审美感受力"（bodily sensibility）。其三，笛卡尔"身心二元"论既分裂了身心，也忽视了"审美的身体化"（aesthetic embodiment），审美主体不是心灵的主体，而是"身体化的主体"（embodied subject）；与此相应，审美活动也不是纯粹的心灵活动，而是身体化的，传统美学理论关键词如"审美主体""审美体验"之前都应该加上一个修饰语"身体化的"[①]，这是舒斯特曼未曾论及的身体美学的重要层面。

总之，程相占的"三分法"身体美学对舒斯特曼的"三分法"身体美学提出了批评和补充，从审美对象、审美主体和审美活动三个层面初步确定了身体美学的基本研究内容，克服主体—客体的二元对立思维，辩证地看待身体的对象性和主体性内涵，尤其从身体主体性角度补充了值得大力拓展的"身体审美感受力"和"身体化审美活动"等问题域，一定程度上纠正和补充了舒斯特曼的实用主义身体美学和王晓华的主体论身体美学。无独有偶，新实践美学倡导者张玉能也曾提出一种"三分法"，即身体在身体美学的范畴内应该有三个层次：物质身体（肉体存在）、符号身体（身体符号）和整体身体的人，由此，人对身体的审美关系有相应的三个层面：人体的美和审美、身体符号的美和审美、整体人的美和审美。[②]这两种"三分法"一定程度上秉承了其新实践美学的思路，提出了"符号身体（身体符号）"的新角度，但归根结底还是没有摆脱将身体客体化的弊病，依然是"从身体出发"的美学。这些人言人殊的"身体美学"为建构中国身体美学提供了可能路径，但也使"身体"概念变得愈加含混多义，身体美学也由此显得根基不稳。

三 身体存在论美学

针对上述中国身体美学的各家观点，刘连杰、简圣宇、方英敏等学者先

---

① 程相占：《论身体美学的三个层面》，《文艺理论研究》，2011年第6期。
② 张弓、张玉能：《新实践美学的身体美学建构》，《美与时代（下）》，2019年第4期。

后都曾提出吸收海德格尔存在论美学思想、建构身体存在论美学的共同主张,可谓建构身体美学的"第三条路"。在简圣宇看来,身体美学"应当从海德格尔存在主义美学理论当中借鉴和汲取思想资源,因为我的肉身有限,但由'身心一体'的此在在世完全可以开拓出超越此岸的更高、更远的彼岸审美空间"①。而方英敏则更看重尼采的身体存在论哲学与海德格尔的"存在论"之间的贯通性,在他看来,"海德格尔的存在论若落实到关于人的理解和规定上,其实是建基在尼采宣布的'人是身体'的人学逻辑之中"②。主张"身在同一"的尼采确立了一种不同于笛卡尔心灵本体论的身体存在论,并通向和启示了海德格尔的存在论。心灵本体论是心灵美学的哲学基础,身体存在论是身体美学的哲学基础,二者都是作为根本性而非派生性的,都是对"存在"问题的解答,尽管思路不同。要克服和走出传统心灵美学的窠臼和桎梏,必然走向以身体存在论为哲学基础的身体美学。

那么,建构"身体存在论美学"意义何在,又如何建构呢?在《身体美学应是身体存在论美学》一文中,刘连杰首先对包括舒斯特曼、王晓华等在内的几种中西身体美学理论进行了批判考察,明确指出:身体美学不应该是以身体为审美客体的美学,也不应该是以身体为审美主体的美学,在逻辑上它必然要求成为身体存在论美学,即身心同一、主客同一的美学,这在西方已经得到了身体存在论哲学的支持,同时也可以得到中国天人合一哲学的印证。无论是客体论身体美学,还是主体论身体美学,都必将走向"以身体为本体"的身体存在论美学,只有如此,才能真正对身体进行审美关怀、提高身体美的地位、把身体作为审美的主体,才能真正对主客二元对立的意识美学进行彻底颠覆,对美学研究中的认识论倾向进行最后清算。

问题是,身体何以成为本体?胡塞尔最先发现了身体的本体论意义,但又因为强调先验自我而没有足够重视身体;海德格尔则以"在世界之中"

---

① 简圣宇:《问题意识、空间转型与中国身体美学的建构——从学者张玉能、张弓与王晓华的商榷谈起》,《上海文化》,2020年第10期。

② 方英敏、杨笑媛:《论身体美学的学科定位》,《贵州社会科学》,2023年第2期。

否定了人与世界之间的主客关系，以生存活动描述世间存在者与此在的照面方式，由此用"上手之物"和"在手之物"来说明世间存在者的呈现方式，"'手'中介了世间里的存在者与此在之间的存在论关系"，而这"岂不已设定了此在是有手的，因而此在也有一肉身，亦即此在是一肉身存在？"①尽管前期海德格尔囿于主体性立场而未能正面处理身体问题，但他最终都无法避免此在与身体的关系问题，为了解决这一难题，他后来不得不在存在论层面将身体与此在相等同，"我们并不像我们在口袋里带着一把小刀那样'拥有'一个身体。身体也不是一个物体，一个仅仅伴随着我们的物体，我们马上可以——明确地或者不明确地——把它确定为同样现成的东西。我们并非'拥有'（haben）一个身体，而毋宁说，我们身体性地'存在'（Sind）"②。也就是说，我们的身体并非是外在于我们的一个物体，因此我们无法"拥有"身体，而只能以身体的方式存在。对此，刘连杰阐发道："此在就是身心一体的存在，这种身心一体的存在必然会在世界中开辟出一种本源的空间，而一切进入这一本源空间的世间存在者和其他此在也必将获得新的与此在的关系，这样，身体就必然要进一步深化成本体论的身体，而这正是梅洛-庞蒂的思路。"③可见，海德格尔对"此在"的"身心一体"的存在论规定，已然赋予了"身体"以本体论的意义。这些西方身体存在论哲学，重新定义人（此在）的生存状态和规定"身体"的存在意义，无疑为身体存在论美学的建构提供了十分重要且必要的理据基础。

克服客体论身体美学和主体论身体美学的片面，立足于西方存在论身体哲学，建构"身体存在论美学"，对于中西现代美学研究和话语体系建设无疑具有重要的理论意义。诚如刘连杰所言，"身体存在论美学突破了二元对立的认识论框架，从根本上转换了传统意识美学的研究理路，试图重新

---

① 刘国英：《肉身、空间性与基础存在论：海德格尔〈存在与时间〉中肉身主体的地位问题及其引起的困难》，《中国现象学与哲学评论》第四辑，上海译文出版社，2001年，第55页。

② ［德］马丁·海德格尔：《尼采》，孙周兴译，商务印书馆，2003年，第108页。

③ 刘连杰：《身体美学应是身体存在论美学》，《烟台大学学报（哲学社会科学版）》，2013年第4期。

建构美学理论体系并重新阐释美学基本问题。它重新审视西方自鲍姆嘉通（即鲍姆嘉登——引者注）以来的美学学科传统甚至自古希腊以来的所有美学思想资源，深入挖掘中国传统美学的当代意义，并在此基础上超越西方传统美学，不仅有利于建构中国现代美学，而且也能够以其原创性为世界美学做出中国的贡献"[①]。如上所述，舒斯特曼对西方传统意识美学的态度是暧昧的，他倡导的是一种温和的"改善主义(meliorism)"，身体(Soma)不是本体，而是精神渗透的身体，身体美学不是对传统意识美学的否定，而只是以其为前提在身体实践维度进行拓展：这是舒斯特曼身体美学的特点所在，亦是其限度所在。从这个意义上来说，身体存在论美学不是对传统意识美学的改善或改良，而是彻底否定，否定身与心、主体与客体的二元对立，以存在论取代认识论，重建以身体为本体的新的美学理论体系。

身体存在论美学如何否定传统意识美学，又如何建构自身呢？刘连杰从审美态度论、审美趣味论、审美感官论、艺术类型论和审美体验论等五个方面给出了初步回答。在传统意识美学的脉络中，审美态度以康德的"审美静观论"和布洛的"审美距离说"为代表，强调审美主体对审美客体(对象)的静观凝视，是主体的心理态度和心理距离；审美趣味是以康德所谓的"天才"和"形式"作为趣味标准；审美感官是以视觉、听觉作为主导，由此而形成了以视听艺术为主导的艺术类型；审美体验是主观审美心理与客观审美属性的耦合。不难看出，意识美学最大的问题在于深陷于二元对立思维，即人与世界的对立，人的身体与意识、生理与心理的对立，并以主体意识(心理)为审美本源，从而导致了"唯心主义"的审美倾向。而从存在论的角度来看，尤其从海德格尔的"人生在世"来看，人与世界是一体的，此在与其他存在者是共在于世的。当然，海德格尔更为关注的是人存在于世的情绪状态(如"畏""烦"等)，虽并未言明人究竟如何存在于世的，但已然暗示了身体是人生在世的中介所在，从这个意义上来说，"人生在世"首先

---

① 刘连杰：《身体美学应是身体存在论美学》，《烟台大学学报（哲学社会科学版）》，2013年第4期。

必然是"人身在世",这也就意味着,"人通过自己的身体不仅使自身成为身体而且也进一步成为世界,人通过身体把自然勾连在自身之中,并由此向外膨胀而使自然成为身体的延伸,自然不再是人索取的对象,而是人栖居的家园"[①]。由"人身在世"出发,我们就能自然而然地理解"人与天地参""天人合一"的中国智慧,也就能理解美国环境美学家伯林特所倡导的"参与美学"。因此,审美就不再是"静观"或"心理距离",而是身体的参与,不是"天才"或"形式"的趣味,而是与活生生的身体和生活血肉相连的审美趣味;身体的参与,不仅仅是视觉、听觉的参与,同时也是味觉、嗅觉、触觉的参与,五官一体,彼此通感,没有等级之分,都是审美感官,都在审美中借身体而与世界相融为一,因而,味觉艺术、嗅觉艺术、触觉艺术与视觉艺术、听觉艺术同为艺术类型,没有主次之别;并且在具体的艺术欣赏过程中,比如欣赏绘画、聆听音乐,不是某一个感官的单独参与,而往往是所有感官的共同参与,归根结底,是作为整体的身体的完全参与,由此获得的审美体验"只能是有身体的人融入到与身体同质的自然中所获得的独特生存体验",是"天人合一的瞬间体验"。总之,身体存在论美学立足于"人身在世"的在世结构,消解人的"意识"乃至"人类"的中心地位,将"审美距离""审美静观"变为"审美参与",将意识与身体、世界交融为一,确立身心一体的人和与人同质的自然"在世界之中"的共在共振,最终达到天人合一的境界。

结语

无论是舒斯特曼倡导的身体美学,还是中国学者建构的身体美学,显然都是为了"回到身体",都强调"人身在世"的特殊意义,都要把最感性的"身体"从意识、精神、情感或体验等理性的压抑或遮蔽中解放或还原出来,尤其是对于新时期中国美学而言,身体美学力求在长期占据主导的实践美

---

① 刘连杰:《身体美学应是身体存在论美学》,《烟台大学学报(哲学社会科学版)》,2013年第4期。

学基础之上重新审视和回答何谓美、审美和艺术等根本问题,从而开辟美学研究的崭新道路。

作为新时期中国身体美学理论建构的三种路径,王晓华的"主体论"身体美学,彭富春、程相占、张玉能等"从身体出发的"的身体美学,以及刘连杰、简圣宇、方英敏等"存在论"身体美学,在舒斯特曼的实用主义身体美学之外开拓出具有中国特色的身体美学。相较而言,身体存在论美学无疑表现出更加彻底、更加坚决的"去客体性""去主体性""去意识性"等追求,从认识论转向存在论,从"人生在世"转向"人身在世",从身心对立转向身心一体,以现象学为方法,追问身体存在在美、审美和艺术中的本真意义,虽然还很不完善,但显然更合乎人类认知自我身体与世界关系的历史来路与未来趋势,合乎现代美学的前进方向。当然,在身体已经成为消费品的"身体消费"时代,实用论、客体论和主体论的身体美学依然占据着一定的优势地位,"身体存在论美学"还只是少数人的一种美学理想,也还停留在最基础的草创阶段,如何融汇中西方身体美学等思想资源来建构存在论的身体美学理论体系,依然任重而道远。

第三、四章小结

新时期中国美学的"存在论转向",使多元理论形态的存在论美学不断生成,不仅实现了对实践论美学的突破和发展,更实现了对中国现代美学话语体系的自主建构。与"多声部合唱"的实践论美学相似,存在论美学的理论形态建构也是百家争鸣、百花齐放,既存在着共通性,也存在着差异性:就共通性来说,它们都自觉接受了马克思或海德格尔的存在论哲学思想的某些影响,都将存在论思想有机地融入各自的思想资源结构和理论话语框架中,都在现代存在论基础上确立本源性的美学"本体",都试图突破根深蒂固的主客二元对立思维,都直接或间接地以"实践美学"为反思和超越的对象,都意在建设与传统美学不同的、与世界美学同步的"中国现代美学";

等等。就差异性来说，立论基础的不同、"本体"的差异和理论完善程度不一等是显而易见的，每种理论形态都有意识地借用合乎自身理论建构的存在论观点，又都按照各自立场进行理解和阐发，比如对海德格尔的"在世界之中"，生态存在论美学立足于生态，由此阐发出人与世界相与为一的生态整体观；身体美学立足于身体，由此阐发出此在的身体性和身体的在世性；对海德格尔的"天地神人四方游戏说"，超越美学揭示其审美的、超越的主体间性所在，生态存在论美学揭示其与东方"天人合一"相对话与交融的生态世界观所在；如此等等。正是这样的差异性，形成了理论形态的独特性和多元性，造就了新时期存在论美学的多样性和丰富性。

值得注意的是，各种理论形态之间既有争论、对立，又形成了一定的对话、互补关系。前者如生命美学与生活美学、生态美学、身体美学之间，生命美学倡导者认为：以生活为本体的本体论美学即生活本体论美学在理论上并不成立，美学研究的对象不可能是生活本身，而只能是"人与生活之间的审美关系"，审美与生活之间存在着鲜明差异；身体美学应该是生命美学的一个组成部分，是生命在审美而不是身体在审美，舒斯特曼的身体美学（狭义）"不到位"，王晓华的身体美学（广义）"越位"；生态美学只是关涉美学的自然之维，没有针对审美活动、美、美感等美学基本问题重新发言，没有关联到人与自然、人与社会、人与自我的所有美学问题去做出深刻阐释。[①]

后者如实践存在论美学与生态存在论美学之间，生态美学为实践存在论美学提供了一个重要的研究维度，研究人对自然所构成的生存环境的审美关系，生态环境是实践的外部前提和自然基础，而实践存在论美学所追求的是一种天人和谐的生态文明下个体的全面自由发展[②]，二者相互对话，又在马克思主义实践存在论哲学基础上达成一致；再比如，生态美学与生命

[①] 参见潘知常：《走向生命美学——后美学时代的美学建构》中"生活问题的美学困局""身体问题的美学困局""生态问题的美学困局"，第583—649页。

[②] 张弓：《道一风同——试比较实践存在论美学与生态美学》，《济南大学学报（社会科学版）》，2019年第6期。

美学、身体美学，生态美学探索生命与生命、身体与身体的和谐共在与诗意栖居的可能，生命美学和身体美学寻求"万物一体"和"身心一体"的生态人文主义，三者紧密相关，存在着互补融合的潜能，如王晓华已开始了"身体本体论生态美学"的建构。①

最后必须要说明的是，上述存在论美学的各种理论形态既是独立的，又是开放的，既是新时期中国美学"存在论转向"过程中孕育而生的必然产物，又是兼容并包、自由生长、不拘一格的独特创造，对马克思、海德格尔存在论哲学的吸收有着或主或次、或多或少、或深或浅的区别，比如"超越美学""存在论美学""实践存在论美学""生态存在论美学"的理论建构显然以马克思、海德格尔存在论哲学为根基，具有鲜明的存在论美学特征，而"生命美学""语言论美学""生活美学""身体美学"的理论建构则是对马克思、海德格尔存在论哲学的吸收借鉴，存在论思想成为其立论的重要组成部分。无论如何，这些理论形态是对"存在之真理"的不同角度的探索和接近，而且依然在发展变化之中。如果我们放弃本质主义的形而上学"本体"想象，那么可以说，并不存在绝对的确定唯一的"存在"或"真理"。正如"后实践美学""新实践美学"是对"实践美学"神话的打破，存在论美学无疑是对实践论美学神话的打破，新时期中国美学或者说中国当代美学正是在这样的不断突破、不断创新、不断融合中走向繁荣、走向发展、走向世界的。

---

① 参见朱鹏杰：《从身体意识到生态美学——论身体本体论生态美学的建构轨迹与理论拓展》，《兰州文理学院学报（社会科学版）》，2023年第1期。

第五章　存在论转向的当代意义与若干问题

新时期中国美学迄今已经走过四十余年的历程，大体形成了前后两个阶段：前阶段以实践论美学为发端，接续20世纪50、60年代"美学大讨论"的理论遗产和相关话题，有意摆脱意识形态的干扰，突破认识论的局囿，构筑起以马克思主义实践哲学为基础的中国实践论美学。与之同步，西方存在主义哲学在中国悄然传播并广泛接受，以海德格尔为代表的存在论哲学逐渐成为后学或超越或发展实践美学的主要思想资源，使实践论转向存在论成为可能，一定程度上孕育生成了多元理论形态的中国存在论美学，而实践论美学也在与存在论美学的对话和论争中获得进一步拓展与完善，二者互动共进，砥砺共存，构成后阶段的基本风貌。立足当代，存在论转向及其孕生的多元理论形态的存在论美学，对当代美学学科的发展、中国美学的建构乃至世界美学的繁荣，无疑都具有重要意义。当然，这其中也潜藏着有待于未来解决的若干问题。

第一节　关系重建、多元共存与中西会通

"存在论转向"激发了中国当代美学家求新求变、与世界接轨的使命感和创造力，既推动了实践美学进一步完善和发展，丰富了马克思主义美学的存在论内涵，又超越了实践论模式而重构起一系列中国化的美学理论，避免陷入"本质主义""人类中心主义"的窠臼，使新时期中国美学理论从一元走向多元，从传统走向现代，从"低谷"走向"高峰"，因而具有重要的当代意义。

其一，就美学学科的发展来说，存在论转向使哲学和美学一定程度上走出了理性的牢笼，走向了感性的日常生活，走出了认识论的"主客二分"，

走向了存在论的"天人合一",对新时期中国美学的思想观念和思维方式产生了深刻影响,为重建人与世界的新型"关系美学"提供了新的思路、新的愿景。

就西方而言,很显然,存在论转向是顺应西方思想史和哲学进程的必然,是康德时代理性精神占据最高主宰地位之后"物极必反"的必然,也是从现代转向后现代的必然。海德格尔曾说:"唯当我们已经体会到,千百年来被人们颂扬不绝的理性乃是思想最冥顽的敌人,这时候思想才能启程。"[①]从浪漫派到后现代,都可以说是对启蒙以来的理性统治(主客二分、普遍必然、客观规律、本质追求、形上构思……)的解放,是以反理性主义"解毒"理性主义,以后现代主义"解毒"现代主义,尼采、弗洛伊德、海德格尔等人的反理性主义正是20世纪后现代主义中的代表和顶峰,其"解毒"之方就是"回到事物本身""回到生活本身",这也是康德之后的共同走向。"继Kant、Hegel之后,各种不同的思潮、学派都在走向现实的、具体的人的生活。Karl Marx是一支,它走向感性的物质生产。John Dewey是一支,它走向感性具体的日常经验。Freud走向性欲和无意识。Nietzsche、Heidegger是一支,它或以富于生物性生命的超人,或以存在的当下把握,走向感性的人生。"[②]尽管柏拉图的"理念世界"并未完全隐退,尽管理性的秩序和思维逻辑依然主导着现代性(包括审美现代性)的历史进程,尤其是工具理性依然控制着人类的日常生活,但告别"神的召唤"、回归"人的生活"已然成为哲学和美学的大势所趋。由此,胡塞尔晚年所倡导的"生活世界",马克思所提出的"人就人的世界",海德格尔所强调的"非本真"的"沉沦的"现实日常生活,得到前所未有的重视。

就中国而言,如前所述,在新时期中国特点的历史文化语境中,被理性压抑许久的感性生命和存在意义以"美学热"的形式获得解放。"美学热不仅是理论的自我生长,而且是被压抑的感性生命解放的勃发形式。当思

① [德] 马丁·海德格尔:《海德格尔选集》,孙周兴选编,上海三联书店,1996年,第819页。
② 李泽厚:《历史本体论 己卯五说(增订本)》,生活·读书·新知三联书店,2008年,第18页。

想解放以美学热的方式表征出来时, 美学实际上成为当代新生命意识存在的浪漫诗意化的表达——对人自身感性存在意义的空前珍视和浪漫化想象。……美学成为了思想解放、价值重估、意义伸展的别名, 甚至成为全民心灵狂欢的当代'仪式'。"[1] 人们越来越切身地感受到: 理性不是 (也不应当是) 生活的主宰, 而只是生活的工具, 生活不是理性或反理性, 而是非理性或合理性, 一如李泽厚所言, "一切既定的程序、结构、逻辑以及语言、思维都是从这个'合理性'的活生生的经验生活中涌现和产生出来的。理性只是作为生活的'工具'即第二性的存在, 才享有其价值和意义, 将它置于生活之上, 便是本末颠倒, 头足倒置"[2]。存在论转向的美学意义也正在于此, 把头足倒置的柏拉图的理念世界、黑格尔的绝对精神、康德的先验理性以及胡塞尔的纯粹意识等颠倒过来, 回到活生生的"生活世界", 把个体的生命意识、存在意义、人生价值等解放出来, 重新确立感性生活的第一性。形而上的"存在"以形而下的存在方式得以显现, 或实践, 或生存, 或生活, 或语言, 或生态, 或身体, 虽然话语各异, 却都是构成"感性的人生"的必要组成部分, 彼此关联, 互相成就, 从这个意义上说, 存在论美学是真正的"感性学"(aesthetics)。

正如童庆炳在谈及西方存在论哲学时所言, "尽管各派存在论有很大不同, 但存在论以人为中心, 关切人自身, 则是共同之点。存在论抵制现象与本质、个别与一般、具体与抽象等二元对立的思路, 认为东方尤其是中国古代文化的'天人合一''主客消融''物我两忘''物我同一''物我互赠''情景交融'等更符合人生存的要求。在掌握世界的路径上面, 与认识论只相信事实、逻辑、判断、推理、证明、分析、综合等不同, 存在论更相信人的感受、体会、直觉、体验、感兴、想象、领悟、意会, 等等"[3]。在多元理论形态的存在论美学中, 人是生存存在者、实践存在者、生态存在者、生活存在者、身体存在者、语言存在者, 归根结底, 是感性的人、个体的人, 而非孤立的人、与世

---

① 王岳川:《中国九十年代话语转型的深层问题》,《文学评论》, 1999年第3期。
② 李泽厚:《历史本体论 己卯五说 (增订本)》, 生活·读书·新知三联书店, 2008年, 第39页。
③ 童庆炳:《语文教学的哲学思考》,《语文建设》, 2003年第8期。

隔绝的人，是活"在世界之中"的"此在"，"是活在一个'与他人共存'的'世界'里，这可能就是Heidegger说to be with others, with in-the-World，这也不是自己（个体的人）所选择和决定的"①。个体的人被抛入这个世界，自我与他者都作为存在者而共在共存于这个世界之中，即马克思所谓的"社会存在"或维特根斯坦所谓的"日常生活"（everyday life）或海德格尔所谓的"日常状态"（everyday ness）中，而实践、生活、生存、语言、生态、身体等正是"此在"的在世方式，亦是与他人"共在"的在世方式，即人与万物一体，不是主客二元对立的关系，而是基于实践、生活、生存、语言、生态、身体等而形成的浑然一体的"天人合一"关系。

从思想观念和思维方式来说，存在论美学是一种与主客二分关系的认识论美学截然不同的新型"关系美学"，这种"关系美学"显然超越了长期以来占据主导的"唯我独尊"的意识美学或心灵美学，包括强调人类主体性、历史积淀的实践论美学，重建了人与世界的关系，尤其是重新定义了"人"在世界之中的身份地位、存在价值以及存在意义。比如生态存在论美学，超越"主体性""自然的人化"以及"人类中心主义"，坚持生态整体主义，倡导生态人文主义，追求人与自然和谐共生的诗意"栖居"之美、"家园"之美。由此，这种"关系美学"也重新赋予审美活动、审美体验以新的存在论内涵，比如，在超越美学看来，审美是自由的生存方式和超越的生存体验方式；在实践存在论美学看来，"审美活动是人超越于动物、最能体现人的本质特征的基本存在方式之一和基本的人生实践活动之一"；在身体存在论美学看来，审美体验"只能是有身体的人融入到与身体同质的自然中所获得的独特生存体验"，是"天人合一的瞬间体验"；如此等等。由此可见，存在论美学解构了理性主义的认识论美学传统，在"感性世界"的大地上重新建构起合乎人类当下生存和未来发展的"以生活为本"的"人生美学"。人的生活不是抽象的干巴巴的符号，而是扎根于大地的郁郁葱葱的大

---

① 李泽厚：《实用理性与乐感文化》，生活·读书·新知三联书店，2008年，第241页。

树,生活之树长青,亦即美学之树长青!

其二,就当代中国美学的发展而言,实践论转向打破了认识论美学的主导,开启了中国现代美学的创新之路;而存在论转向则从内外两个维度打破了实践论美学的独尊地位,实现了对实践论美学的超越和发展,形成了多元理论形态的存在论美学。实践论美学和存在论美学接力接续、共存共荣,极大地丰富和推进了新时期中国美学和马克思主义美学的繁荣,促进了美学话语的多元化发展。

正如我们不能割裂新时期文学与1950—1970年代文学之间的内在关联,我们也无法割裂新时期美学与20世纪50、60年代"美学大讨论"之间的内在关联。或许说"没有美学大讨论,何来美学热?"有点过于绝对,但不容否认,尽管二者之间横亘着近二十年的裂隙,但显然前者为后者预先准备了一以贯之的美学话题,无论是"形象思维"的讨论,还是"手稿热"的兴起,新时期美学都顺理成章地承继了"美学大讨论"的历史遗产,并实现了创造性继承和创新性发展,当然其中也埋伏着美学转型的草蛇灰线。从这个意义上说,新时期美学的"实践论转向"可谓"存在论转向"的预演。

如前所述,实践论转向接续20世纪50、60年代"美学大讨论"的理论遗产,以实践论取代认识论,逐步摆脱了苏联实践论哲学美学的影响,建构起具有中国特色的实践论美学学派,真正开启了新时期中国美学的自主创新之路,取得了丰硕而优秀的成果,初步建立起现代美学形态的"中国学派"。当然,也因为"美学大讨论"和实践哲学的先在影响,实践论美学尽管占据主导,形成了"多声部合唱"的局面,但依然存在着一些难以回避的局限和难以解决的问题,比如,对"实践"概念的理解人言人殊,从人的本质来探求美的本质,以哲学取代美学,没有完全摆脱主客二元对立的认识论思维模式,过分强调人的主体性,存在"人类中心主义"倾向,等等。这为新一代美学家的挑战和革新提供了可能,正是为了解决实践论美学的这些问题,发展和超越实践论美学,也是为了实现新时期现代化建设征程上美学的现代转型,建设"中国现代美学",马克思、海德格尔的存在论哲学成为他们竞相利用的思想资源和哲学基础, 在与实践论美学的论争与对话中, 实现了多元理论形态的存在论美学的建构。

复数的实践论美学和复数的存在论美学, 共同构成了新时期中国美学的辽阔版图, 它们不是前仆后继、你死我亡的关系, 而是既论争对话又接力接续的关系, 形成了你追我赶、共存共荣的良好生态格局。建基于马克思主义实践哲学的实践论美学, 是20世纪马克思主义哲学滋养孕育的成果, 虽然一定程度上打破了苏联传来的"马克思列宁主义美学"的支配, 但美学, 无论是美的哲学、审美心理学还是艺术社会学, 始终是马克思主义一元论主导的美学。存在论转向和存在论美学的建构, 不仅使马克思主义实践哲学的存在论面向得以发掘和显示, 使马克思主义美学获得再发展, 更使得实践一元论的美学格局被打破, 多元化的美学成为事实。"多元化标志着某种统一的完整的体系或系统的永远消失和不再建立, 包括哲学, 也不过是提供一种视角或观念, 不会再是包罗万有、解释一切的完整体系。哲学、美学不应也不会定于一尊, 从而, 可以也应该有从各种不同的角度、层次、途径、方法出发和行进的美学, 有各种不同的美学。这不仅是理论的不同, 而且也是类型、形态的不同。"① 自黑格尔之后, 建立完整体系的哲学已不再可能或没有意义, 定于一尊的哲学、美学必然被不同理论形态的哲学、美学所取代, 即没有任何统一的或单一的美学, 美学成为一个不断衍生、相互牵制的"开放的家族"。

正是在这种"多元化"的意义上, 存在论哲学为行进中的中国美学提供了一种新的思维方式和思想观念, 衍生出从不同角度、层次、途径、方法出发的不同理论形态的美学。尽管这些理论形态在存在论上具有某种"家族相似性", 但又各具特色, 各有侧重: 有的哲学多一些, 比如超越美学、存在论美学、实践存在论美学等; 有的艺术理论多一些, 比如生态存在论美学、生活美学、语言实践论美学等; 有的审美心理学多一些, 比如生命美学、身体美学等。多元化的追求还意味着接近真理的可能, 因为"真理是一个由许

---

① 李泽厚:《华夏美学·美学四讲(增订本)》, 生活·读书·新知三联书店, ·2008年, 第241页。

多方面构成的整体。因而，可以从不同的角度、不同的途径、不同的问题、不同的要求去接近它；接近的层次、侧面可以不同，所追求达到的目标可以不同"①。如果说哲学主要是去探求人生的真理或人生的诗意，那么这些多元化的存在论美学无疑为我们铺设了通往人生真理和诗意的美学大道，风景各异，却又殊途同归。可以说，推进美学的多元化，建设多元共存的美学，正在或已经成为当代中国美学话语体系建构的必由之路。

其三，就世界美学的发展而言，存在论转向不仅促进了马克思、海德格尔等存在论思想在中国的传播与接受，更激活了中国传统的哲学美学思想，并使二者在新时期中国的现实语境中相互碰撞、彼此交融，生成了中国存在论美学的多元理论形态。正如海德格尔存在论思想中既蕴含着古代西方思想的余音，又回荡着老庄等古代东方思想的共鸣，存在论美学作为古今熔铸、中西融合的"中国现代美学"，成为中西文明互鉴的又一典型案例，为世界美学提供了一份富有启示意义的"中国方案"。

如前所述，新时期中国美学的存在论转向使西方哲学存在论转向的思想种子在中国大地上真正扎下根来，并开枝散叶，这是中国与世界的又一次相遇，具有特殊的历史意义。众所周知，20世纪中国美学，经历了一个从"美学在中国"到"中国美学"的过程，也就是说，现代形态的美学，是在20世纪之初引进的，中国学者在引进的过程中，逐渐吸收古代的思想文化资源，面向当时的中国社会、政治，以及艺术的实际，形成了现代形态的中国美学。②从梁启超、王国维、蔡元培等，到朱光潜、宗白华、蔡仪、高尔泰、李泽厚等，再到蒋孔阳、周来祥、朱立元、杨春时、曾繁仁等，从叔本华、康德美学到马克思、列宁美学，再到德国古典美学、马克思主义美学和存在主义美学，百年中国美学的建构，从未离开过对西方美学思想的译介与引进，也从未放弃过对中国古代美学思想资源的吸收与转化，由此，在中西文明互鉴、古今

① 李泽厚：《华夏美学·美学四讲（增订本）》，生活·读书·新知三联书店，2008年，第241页。
② 参见高建平：《书写既是现代的，又是中国的美学史——〈20世纪中国美学史〉总序》，《20世纪中国美学史》（第一卷），江苏凤凰教育出版社，2024年，第4页。

思想融合中逐渐形成了"中国现代美学"。正是在这样的中西融汇的历史谱系中，西方哲学的存在论转向与中国美学的存在论转向在新时期的中国得以相遇，开花结果，马克思的实践存在论和海德格尔的现象学存在论作为世界哲学美学的最新成果，直接参与到中国现代美学的话语生成之中，也顺势激活了中国古代美学思想的现代转化。

比如生态存在论美学的建构，立足于新时期中国日益严重的生态危机和日益强化的生态文明建设，一方面，批判吸收西方18世纪以来的生态美学资源，比如维柯的原始诗性思维思想、桑塔耶纳的自然主义美学思想、杜威的"活的生物"生态审美思想、车尔尼雪夫斯基的生活-自然美学思想，以及20世纪以来卡尔松、瑟帕玛、罗尔斯顿、伯林特的环境美学思想，乃至"生态神学"的生态美学资源等，尤其是马克思、恩格斯的唯物实践存在论生态理论，和海德格尔的"在世界之中""诗意地栖居""天地神人四方游戏"等存在论生态审美观念；另一方面，在西方生态美学的存在论哲学和现象学方法的启示下，深入发掘古代中国的生态存在论美学资源，如儒家、道家、佛学以及传统绘画艺术中的生态审美智慧，进而把中国传统形态的生态存在论美学阐发为"生生美学"，以此作为东方式的存在论美学，探究其与西方海德格尔存在论美学、现代生态环境美学之间的诸多会通之处。在这样的中西会通、古今融合的基础上，提出了生态整体主义、生态人文主义等"反人类中心主义"的中国生态存在论美学主张，以区别于带有明显"人类中心主义"（如瑟帕玛的"如画风景论"）或"生态中心主义"（如卡尔松"自然全美论"）倾向的西方环境美学，从而为世界生态美学和世界美学的建设贡献了中国智慧。

第二节　本体执念、局部真理与理论空转

毋庸讳言，存在论转向和存在论美学对新时期中国美学乃至当代世界美学的发展都具有重要的学术价值和现实意义，但因为存在论哲学自身、理论形态本身以及建构路径等方面的原因，中国存在论美学依然存在着若干

问题,概括起来,主要有如下几点:

其一,就"存在论"哲学自身而言,存在论转向以及存在论美学依然没有完全摆脱对"本体"的形而上学执念。海德格尔在区分"存在"与"存在者"、"本真的存在"与"非本真的存在"的同时,也一定程度上造成了现象与本体的割裂和分离,"存在"依然沦为了神秘的传统形而上学追求的"最终实在"的"本体"。

按前所述,海德格尔像康德一样,试图去掉形而上学,却又构建了自己的形而上学,他批判传统形而上学本体论将存在问题遗忘了两千多年,自诩"在《存在与时间》里,追问存在意义的问题第一次在哲学史上被特别作为问题提出来并得到发展"[①]。为了追问存在意义,他区分了存在与存在者,这一"存在论区分"成为其否定传统本体论(即存在者-本体论)、构建自己现代本体论(即存在-本体论)的重要前提。问题是,"海德格尔批判了胡塞尔的意识现象学,试图建立存在论现象学。但他仍然没有把存在理解为我与世界的共在,而是理解为'是',这是一个没有意义的假概念,是形而上学的残余。他只是在生存论上考察此在在世,由经验自我的死亡意识和畏的体验来获取存在的意义,但这仍然是现实生存的意义,而非本真存在的意义"[②]。

正是基于海德格尔这样的"存在论区分"和本体论的形而上学执念,多元理论形态的中国存在论美学往往都有一种"本体情结",要么坚持以"存在"为本体,如超越美学、存在论美学,要么试图确立"存在之显现"如"实践""生活""生命""身体""语言"等为本体,并在现象与本质、非本真性与本真性的对立关系中进行把握。比如超越美学,严格区分存在与生存,认为生存是有限的、相对的、现实的,而存在则是无限的、绝对的、超现实的,存在使生存成为可能并规定着生存,生存指向存在并向存在超越和回归,现实生存是不自由的,而存在的本真性的实现才是自由,存在与生存的关系就是本真性与非本真性的关系。这种"生存"与"存在"的对立二分法显然与传统

---

① [德]马丁·海德格尔:《形而上学导论》,熊伟、王庆节译,商务印书馆,1996年,第89页。

② 杨春时:《作为第一哲学的美学——存在、现象与审美》,人民出版社,2015年,第514—515页。

本体论思维一脉相承,并未将现代存在论贯彻到底,似乎在生存和存在之间隔着天然的鸿沟,似乎先验地现存着一个绝对的、永恒的"存在",只要超越有限的必然的生存就可以抵达无限的自由的存在。

事实上,从柏拉图到黑格尔,无不怀抱着这样的形而上学本体论执念。同样,海德格尔的"本体论革命"(张闳语)或"本体论的现代复兴"(朱立元语),虽然解构了传统的存在者本体论,却因此又堕入存在本体论,陷入暧昧的两难:一方面,形而上学要研究"存在",却从来不能脱离某种特定的存在者来思考存在,研究者只能通过显现的存在者去接近存在者的存在(类似于老子所谓"知其白守其黑"),因此前期海德格尔的基础存在论虽然重提存在问题,但依然不得不对特殊存在者即存在在此的"此在"进行存在论分析回到生存论讨论"一般存在意义问题";另一方面,因为"存在"是最普遍的、不可定义的、自明的"最晦暗的概念"[1],所以后期海德格尔对被遮蔽的"存在之真理"的考察,最后只能寄托于神秘的"语言""诗""思",甚至放弃"存在"概念,将其打上"×",而代之以"本有","作为发送真理的天命,存在始终被遮蔽着"[2],只能用"存在—神—逻辑学"(Onto-theo-logie)来意指形而上学。从这个意义上说,海德格尔并未反掉形而上学,而"只是做出了一些反叛的姿态"[3],甚至"存在"这个概念本身就成为一种形而上学遮蔽,正如1967年海德格尔自己在《路标》"前言"所意识到的,"'存在'(Sein)这个词语一度作为有待思的东西已经揭露了审美,这个词语有朝一日也许作为被思的东西将掩蔽什么"[4]。这种两难或悖谬,正是海德格尔的局

---

① [德]马丁·海德格尔:《存在与时间》,陈嘉映、王庆节译,生活·读书·新知三联书店,2006年,第4—5页。

② [德]马丁·海德格尔:《路标》,孙周兴译,商务印书馆,2000年,第403页。

③ 正如邓晓芒对海德格尔《关于人道主义的书信》所做的批判性评析,"他对什么是'形而上学'的规定始终是不清晰的,并且他自己也不能不用形而上学的语言来进行描述。结果是,海德格尔一口气反了四个东西:人道主义、主体性、神学、形而上学。但仔细分析起来,他哪一个都没有真正反掉,而只是做出了一些反叛的姿态。"参见邓晓芒:《海德格尔〈关于人道主义的书信〉的批判性评析》,《德国哲学》2020年卷,社会科学文献出版,2021年。

④ [德]马丁·海德格尔:《路标》"前言",孙周兴译,商务印书馆,2000年,第1页。

限所在,抑或是西方存在论哲学乃至形而上学的局限所在。

在我们看来,存在与存在者是无法分开的,本真的存在与非本真的存在也是无法割裂的,"存在"总是存在者的存在,不可能离开存在者而存在,也不可能存在于存在者之外的世界,本真的存在与非本真的存在是一体不可分的。正如李泽厚所言,"being与being不可分,离开诸beings,也就无being可言,从而它不可能是超验的、另一个世界的。而being却又总是being in the world, being with others(活在世上,与他人同在),因之,所谓存在者的'本真的'存在与其'非本真的'存在总常在一起,难以分割"①。换言之,我们可以重视存在与存在者、本真的存在与非本真的存在的不同,但不能强调二者的分割,正如中国儒学所讲求的"不即不离",即现象与本体、形而上与形而下之间既不等同又不分离,二者契合无间,并不存在像西方"理念""上帝""绝对精神""存在"那样的"最终实在"的"本体",换言之,中国的"存在""不是那具带神秘、难以捉摸知晓的'是'(存在),而只是与自然、宇宙相关联的人类总体的生活进程本身"②。

从这个意义上来说,我们要彻底摆脱形而上学的执念,打破存在论哲学的"本体"幻象,不妨从中国传统哲学智慧中寻求启示。"在中国的哲学传统中,人们经由形而上的途径进入的得道的境界,是在个人的体验中,在这个意义上说,形而上学并不脱离'经验'。但是,它显然又不等同于日常经验,而是日常经验的升华。"③也就是说,中国的形而上学之路不是从具体走向抽象,从存在者走向存在,而是相反,是在日常经验中谋求升华,在形而下的感性生活中体验形而上之"道"。"道"并不在彼岸世界,道在百姓日用之中,道不远人,道成肉身,这种对"道"的真切的心理体验以及生成的诸多情感,即具有某种本体性。正是在这个"心理本体"的意义上,李泽厚肯定和承续了海德格尔并做了必要的修正和发展,"'烦''畏'确乎不只是经验

① 李泽厚:《历史本体论 己卯五说(增订本)》,生活·读书·新知三联书店,2008年,第19页。
② 李泽厚:《历史本体论 己卯五说(增订本)》,生活·读书·新知三联书店,2008年,第39页。
③ 俞宣孟:《本体论研究》,上海人民出版社,2005年,第105页。

的心理，不只是自觉的意识，它就是那非常实在的现代人当下感性生存的状态本身。所以它具有'本体'性质。此人生'情'况即是本体。'心理成本体'，我认为这是 Heidegger 哲学的主要贡献"①。在中国传统哲学、人类学历史本体论和存在论哲学的对照互补中，我们或许可以寻到摆脱形而上学"本体"幻象的可能，那就是：存在与存在者、本体与现象之间不存在鸿沟，也无所谓超越，共在于"同一个世界"即"此在之在"的感性生活世界之中，在感性生活和生存经验中、在生命的身体和身体的生命中、在物质实践、精神实践以及语言实践中，体验"人生在世"的存在状态和审美情感，就是对"存在"本体的领会，就是存在真理和存在意义之所在。

其二，就所建构的存在论美学理论来看，因为本体执念和超越实践美学的目的，所以存在论美学的各种理论形态尽管完成度各异，但都难免有真理在握的自信，因而与实践论美学之间以及彼此之间缺少互相补充与彼此完善。事实上，真理往往与谬误同在，洞见常常与盲视共存，只有加强对话与兼容，理解生活存在的"整体的人"和建立整体主义的存在论美学，才可能避免"盲人摸象"式的片面和孤立。

如上所述，多元化使接近真理成为可能，但多元化并非真理本身，更何况这种"多元化"还是在存在论的形而上学本体论视域下的有限多元化。实践论转向突破了认识论的主客二分思维模式，但并不意味着认识论就毫无价值，事实上，美、美感和艺术的研究始终不能也无法离开认识论；同样，"天人合一"的存在论转向突破了认识论、实践论的诸多局限，但并不意味着认识论、实践论就"寿终正寝"、毫无价值。正如张世英所主张的"中西结合"，中国近代哲学向西方召唤主客二分和主体性的"西化"倾向同西方现当代哲学的人与自然交融思想的"东化"倾向相结合，超越主客二分以达到天人合一，使主客二分与天人合一相结合。王船山结合认识论与美学思想所作的尝试为我们今天如何结合二者的问题提供了启发。②不管是过去还

---

① 李泽厚：《历史本体论 己卯五说（增订本）》，生活·读书·新知三联书店，2008年，第91页。
② 张世英：《天人之际——中西哲学的困惑与选择》，人民出版社，1995年，第292—313页。

是现在，马克思主义实践论依然充满着生命力，无论是超越美学，还是实践存在论美学，抑或语言实践论美学，都立足于实践而又"超越"实践，而其他理论形态也都或直接或间接地以实践论美学为批判对象，这正说明了存在论美学恰恰是从实践论美学的土壤中生长起来的，因而不能完全否定或排斥实践论美学，而要从实践论美学中继续汲取新的滋养，寻求新的融合。

更紧要的问题在于，总体来看，存在论美学的多元理论形态之间还缺少应有的互动和融合，没有从整体性维度来理解"存在"之此在，也就未能建立整体主义的存在论美学。比如，对于存在论美学的所有理论形态来说，"人在世界之中"是借用最多的最核心的命题，但对于人（此在）究竟如何在世界之中存在，每种理论形态又各执一端，用海德格尔的话来说，就是"存在者的整体"（das Seiende im Ganzen）被遗忘了。主体间性超越美学抓住"生存"与"主体间性"，生命美学抓住"生命"，存在论美学抓住"存在"，语言论美学抓住"语言"，实践存在论美学抓住存在论维度的"实践"，生态存在论美学抓住人与自然和谐共存的"生态"，生活美学抓住"生活"，身体美学抓住"身体"，犹如"盲人摸象"，都自以为真理在握，其实都是对整体之局部的把握和放大，是局部的真理，或者说是真理的局部。

人不同于一般动物，不仅是一种生命存在，更是一种生活存在，"人作为生活存在是整体性的存在，是自然存在和社会存在的统一，是当下性（人作为具体的存在者）与形而上学性（人作为存在者的存在的无蔽状态）的统一，是自然性与社会性、物质性与精神性、感性与理性、必然与自由等诸多二元对立的统一。海氏看到人的生命存在的自然性、语言性，却忽视了人的生命存在的社会性、实践性。美学的本体不是海氏的'此在'，而是立足于马克思主义哲学的人的生活存在"①。也就是说，如果我们真正要以生活存在作为本体，就要将美学从生命、情感、实践、语言、身体等等单一的人性特质，拉回到根源性的整体性的人的实践与交往的生活世界，"生活世界意味着我们

---

① 张公善：《海德格尔对当代美学本体的启示》，《北京航空航天大学（社会科学版）》，2004年第2期。

在其中作为历史存在物生存着的整体"①, 可见, 存在于生活世界之中的人, 是历史的人, 是实践并交往着的人, 更是"整体的人"。

从生活存在的"整体的人"出发, 我们可以说, 存在论意义上的"在世之人", 是身体、生命、语言、实践、生态、生活等"存在之显现"有机统一的"整体的人", 是不可割裂的"丰富的统一体", 是"单一的杂多", 即: 身体是生命的、语言的、实践的、生活的和生态的身体; 生命是依赖于身体的、语言的、实践的、生态的、生活的生命; 语言是存在于身体、生命、实践、生态和生活中的语言; 生态是所有身体、生命、语言、实践共在共生、生生不已的生态; 生活是身体、生命、语言、实践、生态等无所不包、无所不在的生活。这种整体性存在是人之为人的"全部本质", 体现了"人与存在的契合(Entsprechen)", 它不是现成的, 而是生成的 (becoming)。如前所述, 生态存在论美学与实践存在论美学之间、身体美学与生态美学之间, 已在理论上互有借鉴、彼此关联, 但也依然有限, 生命美学对其他美学的批判和排斥, 语言论美学、生活美学、超越美学、实践存在论美学等之间的隔膜依然存在。从这个意义上来说, 李泽厚所言的"多层次、多侧面、多角度、多途径、多目标、多问题、多要求、多方法, 互相补充, 互相完善"②, 蒋孔阳所言的"不是我占有真理, 而是真理占有我", 都值得存在论美学倡导者们深思, 思考如何建构整体主义的存在论美学。

其三, 就存在论美学理论形态的建构路径来看, 存在论美学依然和认识论美学、实践论美学走在同一条道路上, 即始终在哲学框架中、在认识论与本体论之间思考和解决美学问题, 偏重于抽象的哲学美学的理论建构与逻辑演绎, 而相对缺乏对具体的当代艺术创作、社会生活和审美教育的有效介入和阐释, 从而导致哲学对美学的遮蔽, 理论与实践的分离, 以及美学与艺术、社会及美育的脱节。

众所周知, 20世纪中国美学的建构总体上十分重视美学的理论特征, 而

---

① [德] 伽达默尔:《真理与方法》, 洪汉鼎译, 上海译文出版社, 1999年, 第319页。
② 李泽厚:《走我自己的路》, 生活·读书·新知三联书店, 1986年, 第235页。

相对轻视美学的实践特征，往往把"美学"仅仅视为一种知识的美学，而非实践的美学，比如"美学大讨论"时期主要讨论的是美学的哲学基础即"美的本质"问题、"美在主观还是客观"等问题；即使是以"实践"为名的"实践论美学"，讨论的也还是诸如"自然的人化""人的自然化""工具本体""心理本体""积淀""自由""和谐""创造"等纯粹哲学美学理论问题，几乎不涉及具体的艺术创作实践、社会生活实践等。这种追求自然是一种典型的学院派追求，偏重"解释世界"，而非"改造世界"，其利在于扎实推进了哲学美学的基础原理学说的发展，其弊在于从理论到理论，与艺术实践、审美实践等分离，陷入"理论的空转"或"哲学的贫困"。正因此，有学者在实践美学与后实践美学争论不休之际，特意"提醒那些仍然沉湎于与实践毫无关系的所谓高雅的理论争论中的美学家们，摆脱美学困境的最重要的方式，不是争论实践美学，而是进行美学实践"[①]。换言之，当我们通过批判借鉴现代西方美学理论（包括存在论美学）来改造或超越实践论美学的时候，我们不应当仅仅只是吸收其知识本身，而更应该关注到西方美学最新的"实践转向"，即关注其审美的实践化和实践的审美化，比如沃尔特斯托夫和卡若尔将艺术定义为一种社会和文化的实践，德国美学家韦尔施描述了全面的审美化进程，"审美化已然成为一种全球化的首要策略"[②]。这些都充分表明，"美学或者审美策略，已经渗透到了社会生活的各个层面。美学不再是极少数知识分子的研究领域，而是普通大众普遍采取的一种生活策略"[③]。换言之，走向"美学实践"是应对日新月异的艺术变革和美学变化的必然。

　　由此，对于走向感性生活、重建人与世界关系的存在论美学而言，似乎更应当关注美学的实践化，成为实践化的美学。然而，从整体来看，在存在

---

① 彭锋：《从实践美学到美学实践》，《学术月刊》，2002年第4期。

② 参见Noel Carroll, *Art, Practice and Narrative*, Mon sit 71(1988), pp.140–156; N. Wolterstorff, *Philosophy of Art after Analysis and Romanticism*, Analytic Aesthetics; Wolfgang Welsch: Undoing Aesthetics, Translated by Andrew Inkpin, London: SAGE Publications, 1997. 或沃尔夫冈·韦尔施：《超越美学的美学》，高建平等编译，河南大学出版社，2019年，第41页。

③ 彭锋：《从实践美学到美学实践》，《学术月刊》，2002年第4期。

论美学的多元理论形态中,绝大多数还是停留在基础理论的建构层面,比如超越美学、生命美学、存在论美学、语言论美学、实践存在论美学、身体美学等,缺少对艺术美、艺术作品的审美阐释,缺少对当下人们日常生活 (城市生活与乡村生活、物质生活与精神生活) 的深度介入、阐释与引领。相对较为完善的是生态存在论美学,既有基础原理和导论,也有对中国古典艺术的生态存在论阐释,此外还有对中外文学作品的生态美学解读,更重要的是,由生态存在论美学推进到生态存在论美育,强调美育就是关注人生存在的一种"人生美学"或"存在论美学","这就使美育从美学的一个并不重要的分支走到了美学学科的前沿,超越纯理论的思考而成为最重要的课题"[1];其次是生活美学,因为与"生活"天然的密切关系,所以正在和部分地实现了向历史和现实的双向拓展,即一方面发掘中国古代日常生活中的或艺术中的生活美学思想,另一方面注重对当下日常生活审美化的阐释与引领,满足人们对美好生活的向往。

事实上,舒斯特曼"观念具身化"的身体美学已经为我们提供了启示,值得存在论美学学习和借鉴。在他看来,所谓"观念具身化"(embodiment) 就是把理论与实践结合起来,让人的观念化身于人的生活实践当中,并促成生活的改造。[2]基于这样的理念,他在观念和身体反应之间搭建起桥梁,倡导作为生活艺术的哲学以及实用主义的身体美学,"作为一门兼具理论性和实践性的改良性学科,身体美学的目的不仅仅是纠正我们抽象、理论方面的身体知识,而且还要提高我们生活中的身体体验及行为质量;努力增进我们各种活动的判断力、效能和美,并改善我们的活动环境"[3]。因此,身体美学成为一种兼具理论性和实践性的跨学科研究。而中国化的"身体美学",无论是主体性的身体美学,还是存在论的身体美学,都有

---

① 曾繁仁:《关于美育问题的问答》,曾繁仁:《美学之思》,山东大学出版社,2003年,第562页。

② Rochard Shusterman, *Thinking Through the Body: Essays in Somaesthetics*, Cambridge, New York: Cambridge University Press, 2012, p.3.

③ [美] 舒斯特曼:《通过身体来思考:身体美学文集》,北京大学出版社,2020年,第29页。

意识地祛除了"实践性"即身体意识的技能训练和修身塑造，而只留下纯粹的理论性研究，这种本土化的改造一定程度上造成了哲学对美学的僭越，认识论、本体论对价值论的遮蔽，是对身体美学的解构。

因此，我们有必要重新反思美学与哲学、艺术学的关系，认识论、本体论与价值论的关系，中国哲学美学精神与西方哲学美学精神的关系等问题。一方面，中国哲学美学精神不同于西方哲学美学精神，按照"观念具身化"的思路，中国传统的哲学、美学和艺术，也都可谓具身化的生活哲学、生活美学和生活艺术，都是关乎人的生存的存在论哲学、存在论美学和存在论艺术——如前所述，生存与存在是体用合一的，认识论、本体论是与价值论相统一的。另一方面，已有学者针对当代中国美学所形成的高度抽象的"超越"传统、美学研究与艺术研究相分离等问题，基于韦尔施的"超越美学的美学"而提出"美学的超越与回归"，这种"超越"不是"超越美学"或"生命美学"等所追求的某种精神性的超越（transcendent），而是"超出（beyond）美学之外"，即对美学本身的超越，它不是以达到更具精神性来超越，而是超越人们对美学的既有理解，也就是走出传统的美学，建立一种容纳各种有功利的美、非自律的艺术的"杂美学"。[①]

这两方面充分提醒我们：在"美学作为第一哲学"的今天和未来，美学要避免成为过分哲学化、理论化、思辨性的美学，我们可以综合西方实用主义哲学美学和中国传统哲学美学的智慧，建立一种体用合一、紧密关联当下艺术实践与感性生活的"杂美学"，在认识论、存在论（本体论）与价值论相统一的维度上，整体主义地理解和探究"实践""生态""生活""身体""语言"等内涵与关联，及其在艺术创作、艺术欣赏、审美教育和生活改造中的具身化体现，由此或许可以在世界美学格局中真正建构起一种"超越美学的美学"，一种既是现代的又是中国的"存在论美学"。

---

① 高建平：《美学的超越与回归（代前言）》，见阿莱西艾尔雅维茨、高建平主编：《美学的复兴》，张云鹏、胡菊兰等译，河南大学出版社，2020年。

本 章 小 结

　　新时期中国美学的"存在论转向"孕育了多元理论形态的中国存在论美学,其当代意义在于:突破了认识论美学和实践论美学并未突破的主客二元对立的认识论思维,突破了"人类中心主义"和主体性哲学的束缚,重建人与世界之间的关系,重新定义"人"的世界身份和存在意义;突破了实践论美学的独尊地位,建立起中国当代美学多元共存、同步发展的良好格局;突破了长期占据主导地位的马克思主义实践论哲学的局限,使以海德格尔为代表的西方存在主义和存在论哲学进入中国当代美学话语体系的建构之中,不仅促进了西方存在论美学的中国化,更激活了中国古代美学的现代转化,从而使中国存在论美学成为当代世界美学中的"中国声音",成为中西文明互鉴的又一典型个案。

　　当然,新时期中国美学的"存在论转向"也并不彻底,还存在着诸多问题,比如:存在论美学还没有彻底摆脱形而上学的本体论执念,没有认识到存在与存在者、本体与现象之间是"不即不离""道成肉身"的关系;因为"盲人摸象"式的理论思维和独立建构,存在论美学还没有从整体性的角度来理解"存在"之此在应是"整体的人",而各理论形态之间因为缺少互动和融合,因此尚未建起整体主义的存在论美学;又因为一直延续着认识论美学、实践论美学所坚持的在认识论和本体论之间思考美学问题的哲学老路,因此缺少对当代艺术实践、社会生活和审美教育的关切与介入,陷入抽象的逻辑演绎和高蹈的理论空转。要真正解决上述问题,就必须坚决放下本体论执念、各自为政的狭隘立场和脱离实践的悬空姿态,必须从感性的生活世界和整体的人出发,去领会存在真理和存在意义,在彼此理论话语之间的互鉴融合中,在与当下艺术实践和社会生活的互动交往中,建立整体的、实践的、"具身化"的存在论美学。

结语：建构既现代又中国的 "存在论美学"

　　19世纪末20世纪初，"美学"（aesthetics）概念假道日本译入中国，由此开启了现代中国美学的建构之路。而在这条漫长而曲折的路上，始终伴随着对西方美学经典著作的译介和接受，从20世纪前期和中期对康德、席勒、黑格尔等德国古典美学著作的翻译，到新时期对尼采、萨特、海德格尔等存在主义现代美学著作的翻译，再到新时代对艾尔雅维茨、韦尔施、卡特、斯佩克特等当代美学著作的翻译，可以说，"从西方美学经典的学习，到结合中国情况对西方美学的有选择的接受，到强调中国主体性，在中国美学的自身发展过程中保持与同时代西方美学的对话关系，中国人在对西方美学的接受中经历了三大步。这是20世纪中国美学发展的一个重要的侧面"[①]。从全盘学习到选择接受再到主体对话，通过这"三步曲"我们可以看出：现代中国美学的参天大树，一直扎根在中西对话与融合、接受与创造的肥沃土壤中，存在论美学正是这棵大树上结出的又一硕果，既是现代的又是中国的。

　　说是"现代的"，至少有两个方面的意思：一是指存在论美学的哲学基础是现代的"存在论"，有别于传统的"本体论"。传统本体论和现代存在论分别是对"ontology"这门哲学分支学科的前后两种不同历史阶段和理论形态的表述，二者都是形而上学本体论，之间的区别正是传统哲学与现代哲学的区别：前者是以"实体"为思想硬核的本体论，这个"实体"是永恒的、绝对的、普遍的、真实的超感性实体，从柏拉图的"理念"到黑格尔的"绝对精神"皆是如此；后者是以"此在"为思想硬核的本体论，追问存在之显现和存在之真理，此在之在是具体的、现实的、实践的、个体的感性实存，

---

①　高建平：《书写既是现代的，又是中国的美学史——〈20世纪中国美学史〉总序》，《20世纪中国美学史》（第一卷），江苏凤凰教育出版社，2024年，第9页。

292　新时期中国美学的存在论转向与理论形态建构

从马克思的实践存在论到海德格尔的基础存在论便是如此。从传统本体论到现代存在论,即西方哲学进程中的"存在论转向",这意味着:从超越现实世界的"实在"到回归生活世界的"实存",从认识论的主客二元对立到马克思实践存在论、海德格尔基础存在论的"共在",从本质主义到存在主义,其意义在于破除"本体论"(本质论),破除现象与本体之二分,将哲学之思还原为"存在",同时破除主客二分的认识论思维模式,以"人就是人的世界""人在世界之中"破除人与世界之间的对立,以实践—存在或此在—存在弥合主与客、人与世界之间的割裂,从而为人类提供合乎现代性、合乎未来的生存法则和哲学方案。

二是指存在论美学追求"去主体性"的美、审美和艺术的现代性。实践论美学以现代性的核心——"主体性"为哲学基础,因而不免有人类中心主义色彩,在此论域中,美要么是"人的本质的对象化"或"自由的形式",要么是"和谐"或"创造",美的本质、根源来自实践即"自然的人化",美感就是"内在的自然的人化",艺术就是"一个真实性的人类心理—情感本体的历史的建造"[①];诸如此类。而存在论美学则以"现象学存在论"为哲学基础,具有"去主体性""去人类中心主义"的倾向,在此论域中,"美乃是整个无限关系连同中心的无蔽状态的纯粹闪现",审美就是自由的生存方式和超越的生存体验方式,是"天人合一的瞬间体验",是对"天地神人"共在的"诗意栖居"的"家园之美"的领悟;艺术是"真理进入存在的突出方式","就是要祛除遮蔽与遗忘,重新打开通向黑夜星座之路"。与其说这是一种解构主义的后现代美学,不如说是一种建构主义的现代美学,即重新建构一种去主体性的现代性,正如海德格尔对现代技术—工业文明的批判,对价值和信仰危机的担忧,也正是为了重建一个本真存在的现代世界。

说是"中国的",也有两个方面的意思:一是指存在论美学是在新时期中国的特定历史文化语境中形成的,实现了西方存在主义美学的中国化。

---

① 李泽厚:《华夏美学·美学四讲(增订本)》,生活·读书·新知三联书店,2008年,第359页。

从尼采到萨特、海德格尔，从旧民国到新时期，西方存在主义哲学美学以一种水滴石穿的精神，参与到现代中国美学尤其是新时期中国美学的建构之中。"新时期"之新，在于时代之新、思想之新、话语之新，它既是对"十七年"和"文革"时代的斗争哲学与革命文化的批判，更是对"五四"新文化运动的思想解放、启蒙话语的接续。以"形象思维"再讨论召唤感性、人性与文学性的出场，以人性论取代阶级论，以异化论批驳反人性论，以"手稿热"推动"美学热"，从而形成了文学、哲学与美学的"人道主义"话语共振。趁着"人道主义"的东风，存在主义哲学以"人道主义"哲学的面貌在中国学界与百姓生活中得以广泛传播与接受，作为存在主义的人道主义者和马克思主义者的萨特，和作为"诗人哲学家"与"现代性批判者"的海德格尔，成为西方存在主义美学中国化的两种典型形象，呈现出1980年代与1990年代的话语接力与思想转型。与此同时，马克思主义的实践论美学接续"美学大讨论"的理论遗产与美学话题，成为新时期中国美学的主导话语，也成为存在论转向的内生动力；而作为外引资源的《存在主义哲学》《存在主义美学》等欧美存在主义和日本存在主义哲学美学的译入，使超越实践论美学、转向存在论美学成为可能。可以说，新时期中国美学的存在论转向，是中西碰撞、里应外合的必然，是接受与批判并存、误读与创造共生的过程。

二是指存在论美学立足中国问题，力求中西融合，形成了中国式的多元理论形态。作为后发现代性国家，新时期的中国在政治、经济、文化等现代化建设过程中，同样面临着西方曾经遭遇的一系列现代性危机，人究竟如何在世界之中存在，究竟如何处理生存、生活、生态、身体、语言等问题，成为现代化进程中无可回避的"中国问题"。与哲学上的"存在论转向"相应，西方20世纪此起彼伏的"语言论转向""生态转向""生活转向""身体转向"等，都可谓对"存在"和存在之显现（"此在"）的追问与探索，受此双重影响，中国现代美学走出了一条中国式的建构之路：一方面，批判吸收上述西方存在论哲学和语言美学、生态美学、生活美学、身体美学等思想资源；

另一方面，在此启示下，深入挖掘中国传统形态的存在论哲学美学智慧（如"天人合一""生生""万物一体"等）和相应的关涉语言、生活、生态、身体等美学话语，并进行创造性的转化；再将两个方面进行互补融合和理论重组，最终形成了以超越美学、生命美学、存在论美学、语言论美学、实践存在论美学、生态存在论美学、生活美学、身体美学等多元理论形态为代表的中国存在论美学，提出了"主体间性超越""情本境界论""返回鸿冥""文化修辞论""语言论实践美学""生态整体主义""生态人文主义""生生美学""实践存在论""本体论生活美学""身体存在论"等诸多新说，不仅实现了对实践论美学的超越与发展，促进了新时期中国美学的繁荣，更为中西文明互鉴和世界美学发展提供了一份独特的"中国方案"。

显而易见，在全球化语境中，作为非西方美学的中国存在论美学，已经与西方美学之间建立了密切的联系与互动，在艺术美学之外，无论是生态美学、生活美学还是身体美学，中西美学都呈现并驾齐驱、齐头并进的态势，既有着共同的研究旨趣和追求，又有着各自独特的建构路径和主张，已经并将继续为世界美学提供新的方向，创造新的成果，让我们拭目以待……

参考文献

A

[斯洛文尼亚] 阿莱西·艾尔雅维茨、高建平主编:《美学的复兴》,张云鹏、胡菊兰等译,河南大学出版社2020年版。

[加] 艾伦·卡尔松:《环境美学》,杨平译,四川人民出版社2006年版。

[法] 奥古斯特·孔德:《论实证精神》,黄建华译,译林出版社2011年版。

B

[德] 鲍姆嘉滕:《美学》,简明、王旭晓译,文化艺术出版社1987年版。

[法] 贝尔纳·亨利·列维:《萨特的世纪——哲学研究》,闫素伟译,商务印书馆2005年版。

C

陈嘉映:《海德格尔哲学概论》,生活·读书·新知三联书店1995年版。

陈嘉映:《海德格尔哲学概论》,商务印书馆2023年版。

洪子诚等著,程光炜编:《重返八十年代》,北京大学出版社2009年版。

程相占:《文心三角文艺美学——中国古代文心论的现代转化》,山东大学出版社2002年版。

D

[美] 杜威:《艺术即经验》,高建平译,商务印书馆2010年版。

杜小真:《一个绝望者的希望——萨特引论》,上海人民出版社1988年版。

F

范明生:《晚期希腊哲学和基督教神学——东西方文化的汇合》,上海人民出版社1993年版。

G

甘阳主编:《八十年代文化意识》,上海人民出版社2006年版。

高建平等:《当代中国文学批判观念史》,中国社会科学出版社2019年版。

高建平主编:《20世纪中国美学史》,江苏凤凰教育出版社2024年版。

高宣扬:《存在主义》,上海交通大学出版社2016年版。

［美］葛林布莱:《大转向:物性论与一段扭转文明的历史》,黄煜文译,台北猫头鹰出版社2014年版。

H

贺桂梅:《"新启蒙"知识档案:80年代中国文化研究》,北京大学出版社2010年版。

［德］黑格尔:《逻辑学》上卷,杨一之译,商务印书馆1966年版。

［德］黑格尔:《哲学史讲演录》第一卷,贺麟、王太庆译,商务印书馆1959年版。

［德］黑格尔:《哲学讲演录》第四卷,贺麟、王太庆译,商务印书馆1978年版。

［德］黑格尔:《美学》第1卷,朱光潜译,商务印书馆2010年版。

洪谦主编:《逻辑经验主义》上卷,商务印书馆1982年版。

洪子诚:《中国当代文学史(修订版)》,北京大学出版社2007年版。

［德］胡塞尔:《欧洲科学的危机与超越论的现象学》,王炳文译,商务印书馆2001年版。

黄颂杰、吴晓明等:《萨特其人及其"人学"》,复旦大学出版社1986年版。

J

［德］伽达默尔:《真理与方法——哲学诠释学的基本特征》,洪汉鼎译,上海译文出版社1999年版。

蒋孔阳:《蒋孔阳全集》,上海人民出版社2014年版。

［日］今道友信:《美学的现代课题》,郭悦越译,中国社会科学院哲学研究所美学研究室编,中国社会科学出版社1980年版。

［日］今道友信:《关于美》,鲍显阳、王永丽译,黑龙江人民出版社,1983年版。

［日］今道友信:《存在主义美学》,崔相录、王生平译,辽宁人民出版社1987年版。

［日］今道友信:《美的相位与艺术》,周浙平、王永丽译,中国文联出版社1988年版。

［日］今道友信:《美学的方法》,李心峰等译,文化艺术出版社1990年版。

［日］今道友信:《东西方哲学美学比较》,李心峰等译,中国人民大学出版社1991年版。

［日］今道友信:《美学的将来》,樊锦鑫等译,广西教育出版社1997年版。

［德］君特·费格尔:《马丁·海德格尔:自由的现象学》,陈辉译,福建教育出版社2023年版。

K

［德］卡尔·马克思、［德］弗里德里希·恩格斯:《马克思恩格斯文集》,人民出版社,2009年。

［德］卡尔·马克思、［德］弗里德里希·恩格斯:《马克思恩格斯选集》,人民出版社2012年版。

［德］卡尔·马克思、［德］弗里德里希·恩格斯:《马克思恩格斯全集》第1卷、第3卷、第30卷,人民出版社1995、2002、2016年版。

［德］卡尔·马克思、［德］弗里德里希·恩格斯:《马克思恩格斯全集》,第3卷,人民出版社,1960年。

［美］考夫曼:《存在主义》,陈鼓应、孟祥森、刘崎等译,商务印书馆,1987年。

［意］克罗齐:《美学的历史》,王天清译,商务印书馆2015年版。

L

李心峰:《日本四大美学家》,中国文联出版社2021年版。

李修建、刘悦笛:《当代中国美学学术史》,中国社会科学出版社2013年版。

李泽厚:《美学》(第3期),上海文艺出版社1980年版。

李泽厚:《美学论集》,上海文艺出版社1981年版。

李泽厚:《走我自己的路》,生活·读书·新知三联书店1986年版。

李泽厚:《中国现代思想史论》,安徽文艺出版社1994年版。

李泽厚:《启蒙与救亡的双重奏:李泽厚十年集(三卷)》,安徽文艺出版社1994年版。

李泽厚:《世纪新梦》,安徽文艺出版社1998年版。

李泽厚:《探寻语碎》,上海文艺出版社2000年版。

李泽厚:《美的历程》,天津社会科学院出版社2001年版。

李泽厚:《批判哲学的批判:康德述评》,生活·读书·新知三联书店2007年版。

李泽厚:《华夏美学·美学四讲(增订本)》,生活·读书·新知三联书店2008年版。

李泽厚:《历史本体论　己卯五说》,生活·读书·新知三联书店2008年版。

李泽厚:《实用理性与乐感精神》,生活·读书·新知三联书店2008年版。

李泽厚:《从美感两重性到情本体——李泽厚美学文录》,山东文艺出版社2019年版。

［美］理查德·波尔特:《海德格尔导论》,陈直译,上海文艺出版社2024

年版。

[美] 理查德·舒斯特曼:《实用主义美学——生活之美, 艺术之思》, 彭锋译, 商务印书馆2002年版。

[美] 理查德·舒斯特曼:《身体意识与身体美学》, 程相占译, 商务印书馆2011年版。

[美] 理查德·舒斯特曼:《情感与行动: 实用主义之道》, 高砚平译, 商务印书馆2018年版。

[美] 理查德·舒斯特曼:《通过身体来思考》, 张宝贵译, 北京大学出版社2020年版。

[苏联] 列宁:《唯物主义和经验批判主义》, 中共中央马克思恩格斯列宁斯大林著作编译局译, 人民出版社1998年版。

刘纲纪:《美学与哲学》, 武汉大学出版社2006年版。

刘小枫:《诗化哲学》, 山东文艺出版社1986年版。

刘小枫:《海德格尔与中国》, 华东师范大学出版社2017年版。

刘旭光:《"存在"之链上的美学——形而上美学的演进史》, 中国社会科学出版社2018年版。

刘悦笛:《生活美学: 现代性批判与重构审美精神》, 安徽教育出版社2005年版。

刘悦笛、李修建:《当代中国美学研究 (1949—2009)》, 中国社会科学出版社2012年版。

柳鸣九:《萨特研究》, 中国社会科学出版社1981年版。

[德] 路德维希·费尔巴哈:《费尔巴哈哲学著作选集》上卷, 荣震华、李金山译, 商务印书馆1984年版。

[美] 罗兰·斯特龙伯格:《西方现代思想史》, 刘北成、赵国新译, 中央编译出版社, 2005年。

[美] L. J.宾克莱:《理想的冲突——西方社会中变化着的价值观念》, 马元德等译, 商务印书馆1983年版。

M

〔德〕马丁·海德格尔:《诗·语言·思》,文化艺术出版社1991年版。

〔德〕马丁·海德格尔:《海德格尔选集》,孙周兴选编,上海三联书店1996年版。

〔德〕马丁·海德格尔:《面向思的事情》,陈小文、孙周兴译,商务印书馆1996年版。

〔德〕马丁·海德格尔:《形而上学导论》,熊伟、王庆节译,商务印书馆,1996年版。

〔德〕马丁·海德格尔:《路标》,孙周兴译,商务印书馆2000年版。

〔德〕马丁·海德格尔:《荷尔德林诗的阐释》,孙周兴译,商务印书馆2000年版。

〔德〕马丁·海德格尔:《尼采》,孙周兴译,商务印书馆2003年版。

〔德〕马丁·海德格尔:《林中路》,孙周兴译,上海译文出版社2004年版。

〔德〕马丁·海德格尔:《演讲与论文集》,孙周兴译,生活·读书·新知三联书店2005年版。

〔德〕马丁·海德格尔:《存在与时间》,陈嘉映、王庆节译,生活·读书·新知三联书店2006年版。

〔德〕马丁·海德格尔:《哲学论稿(从本有而来)》,孙周兴译,商务印书馆2012年版。

〔德〕马丁·海德格尔:《在通向语言的途中》,孙周兴译,商务印书馆2020年版。

〔美〕马克·波斯特:《战后法国的存在主义马克思主义》,张金鹏、陈硕译,南京大学出版社2015年版。

〔英〕迈克尔·坦纳:《尼采》,于洋译,译林出版社2013年版。

〔英〕迈克尔·英伍德:《海德格尔》,刘华文译,译林出版社2013年版。

毛泽东:《毛泽东选集(第3卷)》,人民出版社1991年版。

［法］梅洛-庞蒂:《知觉现象学》,姜志辉译,商务印书馆2001年版。

N

［德］尼采:《查拉斯图拉如是说》,尹溟译,文化艺术出版社1987年版。

［德］尼采:《权力意志——重生一切价值的尝试》,张念东、凌素心译,商务印书馆1991年版。

［德］尼采:《哲学与真理》,田立年译,上海社会科学出版社1993年版。

P

［英］帕特里克·加迪纳著:《克尔凯郭尔》,刘玉红译,译林出版社2013年版。

潘知常:《众妙之门——中国美感心态的深层结构》,黄河文艺出版社1989年版。

潘知常:《中西比较美学论稿》,百花洲文艺出版社2000年版。

潘知常:《走向生命美学:后美学时代的美学建构》,中国社会科学出版社2021年版。

潘知常:《美学导论》,江苏凤凰文艺出版社2023年版。

潘知常:《生命美学》,江苏凤凰文艺出版社2023年版。

潘知常:《我审美故我在——生命美学论纲》,中国社会科学出版社2023年版。

潘知常主编:《百年中国美学名著导读》,百花洲文艺出版社2023年版。

［俄］普列汉诺夫:《普列汉诺夫美学论文集Ⅱ》,曹葆华译,人民出版社1983年版。

R

［法］让-吕克·马里翁:《还原与给予——胡塞尔、海德格尔与现象学研究》,方向红译,上海译文出版社2009年版。

人民出版社编辑部:《人是马克思主义的出发点——人性、人道主义问题论集》,人民出版社1981年版。

人民出版社编辑部:《关于人道主义和异化问题论文集》,人民出版社1984年版。

汝信、王德胜主编《美学的历史——20世纪中国美学学术进程》,安徽教育出版社2000年版。

S

〔法〕萨特:《存在与虚无》,陈宣良等译,杜小真校,生活·读书·新知三联书店1987年版。

〔法〕萨特:《辩证理性批判》,安徽文艺出版社1998年版。

〔法〕萨特:《存在主义是一种人道主义》,周煦良、汤永宽译,上海译文出版社2012年版。

孙周兴:《说不可说之神秘——海德格尔后期思想研究》,上海三联书店1994年版。

孙周兴:《语言存在论——海德格尔后期思想研究》,商务印书馆2011年版。

T

〔美〕梯利:《西方哲学史》,葛力译,商务印书馆1975年版。

W

〔德〕瓦尔特·比默尔等编:《海德格尔与雅斯贝尔斯往复书简(1920—1963年)》,上海人民出版社2012年版。

王嘉军:《存在、异在与他者:列维纳斯与法国当代文论》,上海社会科学出版社2019年版。

万俊人:《萨特伦理思想研究》,北京大学出版社1988年版。

王德胜:《当代处境中的美学问题》,中国社会科学出版社2007年版。

王柯平主编:《跨世纪的论辩:实践美学的反思与展望》,安徽教育出版社2006年版。

王若水:《为人道主义辩护》,生活·读书·新知三联书店1986年版。

王晓华:《西方生命美学局限研究》,黑龙江人民出版社2005年版。

王晓华:《身体美学导论》,中国社会科学出版社2016年版。

王晓华:《身体诗学》,人民出版社2018年版。

王一川:《语言乌托邦——20世纪西方语言论美学探究》,云南人民出版社1994年版。

王一川:《修辞论美学》,东北师大出版社1997年版。

X

[德] 谢林:《近代哲学史》,先刚译,北京大学出版社2016年版。

[英] 休谟:《人类理解研究》,关文运译,商务印书馆1957年版。

[英] 休谟:《人性论》,关文运译,商务印书馆1980年。

徐崇温主编:《存在主义哲学》,中国社会科学出版社1986年版。

Y

[古希腊] 亚里士多德:《形而上学》,商务印书馆1997年版。

杨春时:《生存与超越》,广西师范大学出版社1998年版。

杨春时:《作为第一哲学的美学——存在、现象与审美》,人民出版社2015年。

杨存昌:《中国美学三十年》,济南出版社2010年版。

杨国荣:《存在之维——后形而上学时代的形上学》,人民出版社2005年版。

叶朗:《美在意象》,北京大学出版社2009年版。

叶朗:《美学原理》,北京大学出版社2009年版。

叶秀山:《前苏格拉底哲学研究》,生活·读书·新知三联书店1982年版。

叶秀山:《美的哲学——叶秀山美学文选》,山东文艺出版社2019年版。

叶秀山:《思史诗——现象学与存在哲学研究》,人民出版社1988年版。

叶祝弟编:《一个人的四十年——共和国学人回忆录》,生活·读书·新知三联书店2019年版。

俞宣孟:《本体论研究》,上海人民出版社2005年版。

[芬]约瑟·帕玛:《环境之美》,武小西、张宜译,湖南科学技术出版社2006年版。

Z

曾繁仁:《美学之思》,山东大学出版社2003年版。

曾繁仁:《生态存在论美学论稿》,吉林人民出版社2009年版。

曾繁仁:《生态美学基本问题研究》,人民出版社2015年版。

曾繁仁:《生态美学——曾繁仁美学文选》,山东文艺出版社2020年版。

曾繁仁:《曾繁仁学术文集》,人民出版社2021年版。

查建英:《八十年代访谈》,生活·读书·新知三联书店2006年版。

张法:《西方当代美学的全球化面相》,中国人民大学出版社2017年版。

张弘:《西方存在美学问题研究》,黑龙江人民出版社2005年版。

张弘:《存在美学的构筑》,人民出版社2010年版。

张汝伦:《现代西方哲学十五讲》,北京大学出版社2003年版。

张汝伦:《〈存在与时间〉释义》,学林出版社2012年版。

张世英:《天人之际——中西哲学的困惑与选择》,人民出版社1995年版。

张世英:《进入澄明之境——哲学新方向》,商务印书馆,1999年版。

张祥龙:《海德格尔思想与中国天道——终极视域的开启与交融》,生活·读书·新知三联书店1996年版。

张祥龙:《海德格尔传》,河北人民出版社1998年版。

张玉能:《新实践美学论》,人民出版社2007年版。

赵敦华:《基督教哲学1500年》,人民出版社1994年版。

赵敦华:《现代西方哲学新编》,北京大学出版社2000年版。

中国社会科学院哲学研究所、《国内哲学动态》编辑部编:《人性\人道主义问题讨论集》,人民出版社1983年版。

周国平主编:《诗人哲学家》,上海人民出版社1987年版。

周扬:《哲学社会科学工作者的战斗任务》,人民出版社1963年版。

祝东力:《精神之旅——新时期以来的美学与知识分子》,中国广播电视出版社1998年版。

朱光潜:《朱光潜文集》,安徽教育出版社1989年版。

朱光潜:《柏拉图文艺对话集》,安徽教育出版社2007年版。

朱光潜:《谈美书简》,江苏文艺出版社2011年版。

朱光潜:《西方美学史》,商务印书馆2011年版。

朱立元:《理解与对话》,华中师范大学出版社2000年版。

朱立元:《美学》,高等教育出版社2001年版。

朱立元:《走向后实践美学》,苏州大学出版社2008年版。

朱立元主编:《西方美学思想史》,上海人民出版社2009年版。

朱立元:《黑格尔美学引论》,天津教育出版社2013年版。

朱立元:《马克思与现代美学革命——兼论实践存在论美学的哲学基础》,上海交通大学出版社2016年版。

朱耀平:《海德格尔与现象学的存在论转向》,苏州大学出版社2015年版。

宗白华:《美学与意境》,人民出版社2009年版。

英文文献索引

A

Arthur Danto, *The Body/body Problem*, Berkeley: University

of California Press, 1999.

C

Fredrich Nietasche, *Will to Power*, New York: Vintage Books, 1967.

Emmanuel Levinas, *Time and the Other*, trans. Richard A. Cohen, Pittsburgh: Duquesne University Press, 1987.

H

H-G. Gadamer, *Philosophical Hermeneutics*, tr. and ed. by Daivd Linge, Berkeley: University of California Press, 1976.

I

Immanuel Kant, *Critique of Pure Reason*, tr. by F.Max Miiller, Anchor Books, New York, 1966.

K

Karl Jaspers, *Philosophy (vol.2)*, Chicago: the University of Chicago Press, 1970.

Karl Jaspers. *Reason and Existenz*, Marquette: Marquette University Press, 1997.

Karl Lwith. *Nature, History, and Existentialism and other Essays in the Philosophy of History*. Illinois. North western University Press, 1966.

Karl Jaspers, *The Perennial Scope Of Philosophy*, London: Routledge & Kegan Paul Limited.1950.

Kevin A. Aho, *Heidegger's Neglect of the Body*, New York: Suny Press, 2009.

M

M.Heidegger, *The Basic Problems of Phenomenology*, tr. by A. Hofstadter, Indiana University Press, 1988.

N

Noel Carroll: Art, *Practice and Narrative*, Monsit 71(1988).

N. Wolterstorff, *Philosophy of Art after Analysis and Romanticism*, Analytic Aesthetics; Wolfgang Welsch: Undoing Aesthetics, Translated by Andrew Inkpin, London: SAGE Publications, 1997.

R

Richard Shusterman, *Pragmatist Aesthetics: Living Beauty, Rethinking Art*, New York & London: Roman & Littlefield Publishers, 2000.

Rochard Shusterman, *Thinking Through the Body: Essays in Somaesthetics*, Cambridge, New York: Cambridge University Press, 2012.

V

Vgl. Otto F. Bollnow, *Dilthey*, (Stuttgart, 1955.)

W

W. C. F. Williams, *What is existence*, Oxford: Clarendon Press, 1981.

William J. Richardson, *Heidegger, Though Phenomenology to*

Thought, The Hague: Nijhof, 1963.

Z

Zhu Liyuan and Gene Blocker, *Contemporary Chinese Aesthetics*, Peter Lang US, 1995.

参考论文

B

巴人：《论人情》，《新港》（天津），1957年第1期。

包妍、程革：《经典文献对本土话语的拯救——1980年代"手稿热"探源》，《东北师大学报（哲学社会科学版）》，2014年第2期。

C

陈士部：《论晚近美学论争中的"身体空场"》，《河北学刊》，2013年第6期。

陈雪虎：《生活美学：三种传统及其当代汇通》，《艺术评论》，2010年第10期。

程世波：《"日常生活审美化批判"中的身体视角及其难题》，《求索》，2004年第12期。

程相占：《论身体美学的三个层面》，《文艺理论研究》，2011年第6期。

程相占：《生生美学的十年进程》，《鄱阳湖学刊》，2012年第6期。

D

代迅：《压抑与反抗：身体美学及其进展》，《西南师范大学学报》，2006年第5期。

戴劲：《论马克思的存在概念》，《哲学动态》，2011年第8期。

董学文、陈诚:《"实践存在论"美学.文艺学本体观辨析——以"实践"与"存在论"关系为中心》,《上海大学学报》,2009年第3期。

董学文:《"实践存在论"美学、文艺学本体观辨析》,《上海大学学报》,2009年第3期。

董学文:《"实践存在论"美学何以可能》,《北京联合大学学报》,2009年第2期。

董学文:《"实践存在论美学"的缺陷在哪?》,《内蒙古师范大学学报》,2009年第4期。

董学文:《超越"二元对立"与"存在论"思维模式》,《杭州师范大学学报》,2009年第3期。

F

方天培:《评存在主义思潮对我国教育的危害》,《杭州师范学院学报》,1990年第2期。

方英敏、杨笑媛:《论身体美学的学科定位》,《贵州社会科学》,2023年第2期。

G

高尔泰:《论异化概念》,《新启蒙》,1989年第3辑。

高建平:《关于"本体论"的本体性说明——兼与朱立元先生商榷》,《文学评论》,1998年第1期。

高建平:《美是主观的还是客观的?》,《文史知识》,2015年第3期。

高湘泽:《〈辩证理性批判〉中的自由与必然观评述》,《中州学刊》,1987年第1期。

高湘泽:《萨特"批判的辩证法"对否定之否定规律的理解和运用》,《中州学刊》,1988年第1期。

高湘泽:《萨特〈辩证理性批判〉中的辩证法理论》,《湘潭大学学报（社会科学版)》,1985年第3期。

郭立田:《海德格尔存在主义体系剖析》,《求是学刊》,1985年第6期。

郭湛:《马克思主义哲学的实践批判理论》,《哲学研究》,2006年第7期。

过午:《海德格尔的〈在与时间〉》,《国内哲学动态》,1982年第5期。

H

韩庆祥、王勤:《从文艺复兴"人的发现"到现代"人文精神的反思"——近现代西方人的问题研究的清理与总结》,《北京大学学报(哲学社会科学版)》,1999年第6期。

韩秋红、史巍:《现代西方哲学转向与哲学观的变革——以西方哲学发展的内在逻辑为视角》,《社会科学战线》,2007年第2期。

何焕枝:《海德格尔死亡观述评》,《华东师范大学学报(社会科学版)》,1985年第2期。

何西来:《人的重新发现——论新时期的文学潮流》,《红岩》,1980年第3期。

何中华:《"美"的诠释:从知识论到存在论》,《烟台大学学报(哲学社会科学版)》,2008年第1期。

何中华:《论马克思的本体论重建及其意义》,《天津社会科学》,2011年,第6期。

何中华:《实践唯物主义的奠基之作——再读马克思〈关于费尔巴哈的提纲〉》,《东岳论丛》,2006年第3期。

贺来:《马克思哲学与"存在论"范式的转换》,《中国社会科学》,2002年第5期。

胡强:《近年来身体美学研究述论》,《阴山学刊(社会科学版)》,2007年第6期。

胡友峰:《从实践美学到生态美学——新时期美学中自然观与自由观的

演变历程》,《西北师大学报（社会科学版）》,2009年第3期。

黄平:《"新时期文学"起源考释》,《文学评论》,2016年第1期。

黄裕生:《自适于家园之外——评〈叶秀山文集〉》,《中国图书商报》,2000年7月4日。

霍松林:《试论形象思维》,《新建设》,1956年5月号。

I

［瑞士］Iso Kern. 倪梁康:《现象学在中国》,《江海学刊》,2000年第5期。

J

计永佑:《两种对立的人性观——与朱光潜同志商榷》,《文艺研究》,1980年第3期。

简圣宇:《问题意识. 空间转型与中国身体美学的建构——从学者张玉能、张弓与王晓华的商榷谈起》,《上海文化》,2020年第10期。

江飞:《"创造美学"与"美学创造"——蒋孔阳"创造论"实践美学思想综论》,《中国美学研究》,2016年总第7辑。

江飞:《西方现代语言学文学批评方法论在中国》,《美学与艺术评论》,2020年第1辑总第20辑。

蒋贵珍:《存在主义对我国青年的影响》,《中国共青团》,1988年第3期。

蒋守谦:《史料考释中的非史料学"考释"——黄平〈"新时期文学"起源考释〉读后》,《文学评论》,2016年第6期。

金丹元:《后现代消费语境下当代身体文化的审美观照与理性超越》,《中州学刊》,2006年第5期。

靳希平:《令人困惑的海德格尔热》,《华侨大学学报》,2000年第4期。

靳希平:《海德格尔对胡塞尔现象学还原方法的批判》,《北京大学学报（哲学社会科学版）》,1986年第1期。

K

［德］K.洛维特:《克尔凯郭尔与尼采》,李理译,《哲学译丛》,2001年第
1期。

L

黎克明:《马克思主义哲学要研究异化理论》,《广州日报》,1986年12
月18日。

李彬:《海德格尔的"生命"概念及其演变——兼论狄尔泰对早期海德
格尔的影响》,《理论界》,2021年第12期。

李春红:《"身体"的突围及其困境——新时期审美文化主题研究》,《天
津社会科学》,2005年第6期。

李强:《海德格尔研究在中国》,《世界哲学》,2009年第4期。

李圣传:《"实践美学"的苏联缘起与本土变异——李泽厚"客观社会
说"与苏联"社会派"美学的比较阅读》,《四川大学学报 (哲学社会科学
版) 》,2016年第2期。

李文阁:《实践其实是指人的现实生活——实践唯物主义研究之反思》,
《哲学动态》,2000年第11期。

刘成纪:《从实践、生命走向生态——新时期中国美学的理论走向》,《陕
西师范大学学报 (哲学社会科学版) 》,2001年第2期。

刘成纪:《生命美学的超越之路》,《学术月刊》,2000年第11期。

刘大涛:《建国前萨特在中国的译介述评》,《遵义师范学院学报》,2010
年第3期。

刘纲纪、李世涛:《我参与的当代美学讨论——刘纲纪先生访谈录》,《文
艺理论研究》,2009年第4期。

刘纲纪:《马克思主义实践观与当代美学问题》,《光明日报》,1998年
10月23日。

刘国英:《肉身、空间性与基础存在论: 海德格尔〈存在与时间〉中肉身主体的地位问题及其引起的困难》,《中国现象学与哲学评论》第四辑, 上海译文出版社, 2001年。

刘立群:《"本体论"译名辨正》,《哲学研究》, 1992年第12期。

刘连杰:《"身体美学"在中国的误读与混用》,《暨南学报 (社会科学版) 》, 2012年第11期。

刘连杰:《身体美学应是身体存在论美学》,《烟台大学学报 (哲学社会科学版) 》, 2013年第4期。

刘伟冬:《绝对者何以作为实存者? ——从后期谢林对黑格尔哲学的批判来看》,《社会科学战线》, 2022年第3期。

刘益:《从十年期刊文献数据看海德格尔对中国学术界的影响》,《西华师范大学学报 (哲学社会科学版) 》, 2008年第4期。

刘悦笛:《"生活美学"的兴起与康德美学的黄昏》,《文艺争鸣》, 2010年第3期。

刘悦笛:《"生活美学"建构的中西源泉》,《学术月刊》, 2009年第5期。

刘悦笛:《从"实践美学"到"生活美学"——当代中国美学本体论的转向》,《哲学动态》, 2013年第1期。

刘悦笛:《存在主义东渐与中国生命论美学建构》,《山西大学学报 (哲学社会科学版) 》, 2005年第4期。

刘悦笛:《儒道生活美学——中国古典美学的原色与底色》,《文艺争鸣》, 2010年第7期。

刘悦笛:《实践哲学与美学来源的真正钥匙——新发现的李泽厚〈六十年代残稿〉初步研究》,《文艺争鸣》, 2017年第5期。

刘再复:《论文学的主体性》,《文学评论》, 1985年第6期。

柳鸣九、钱林森:《萨特在中国的精神之旅》,《文艺研究》, 2005年第11期。

柳鸣九:《现当代资产阶级文学评价的几个问题》,《外国文学研究》,

1979年第1期。

卢之超:《80年代那场关于人道主义和异化问题的讨论》,《当代中国史研究》,1999年第4期。

陆俊:《无尽的追求　不懈的探索——徐崇温的学术生涯和学术思想》,《高校理论战线》,2007年第9期。

陆梅林:《马克思主义与人道主义》,《文艺研究》,1981年第3期。

陆荣椿:《也谈文艺与人性论.人道主义问题——兼与朱光潜先生商榷》,《社会科学辑刊》,1980年第3期。

鲁枢元:《评所谓"新的美学原则"的崛起——"审美日常生活化"的价值取向析疑》,《文艺争鸣》,2004年第3期。

鲁雪莉:《限制与错位:"人道"精神的缺失与流变——关于现代中国人道主义文学思潮的反思》,《河北学刊》,2010年第5期。

罗克汀:《从胡塞尔到海德格尔现象学本体论的演变——现代西方哲学流派的产生、发展和演变规律研究之三》,《文史哲》,1985年第4期。

M

马泽民:《"人的哲学"剖析》,《学习与研究》,1982年第1期。

毛崇杰:《后现代美学转向——日常生活审美化与身体美学》,《杭州师范学院学报》,2004年第6期。

毛崇杰《知识论与价值论上的"日常生活审美化"——也评"新的美学原则"》,《文学评论》,2005年第5期。

P

潘知常:《〈巴黎手稿〉:生命美学的"真正诞生地和秘密"》,《中国政法大学学报》,2023年第3期。

潘知常:《美学的重构:以超越维度与终极关怀为视域》,《西北师大学报》,2016年第6期。

潘知常:《美学何处去》,《美与当代人》,1985年第1期。

潘知常:《实践美学的美学困局——就教于李泽厚先生》,《文艺争鸣》,2019年第3期。

彭锋:《从实践美学到美学实践》,《学术月刊》,2002年第4期。

彭锋:《身体美学的理论进展》,《中州学刊》,2005年第3期。

彭富春:《身体美学的基本问题》,《中州学刊》,2005年第3期。

Q

祁志祥:《杨春时的"超越美学"体系创构》,《社会科学》,2019年第2期。

钱谷融:《〈论"文学是人学"〉一文的自我批判提纲》,《文艺研究》,1980年第3期。

R

任继泽、叶晓琳:《让审美面向更广阔的生活——"生活美学"学术研讨会综述》,《上海文化》,2017年第12期。

汝信:《青年黑格尔关于劳动和异化的思想——关于异化问题的探索之一》,《哲学研究》,1978年第8期。

汝信:《人道主义就是修正主义吗——对人道主义的再认识》,《人民日报》,1980年8月15日。

S

宋继杰:《自由哲学的路标——叶秀山先生的学-思历程初探》,《哲学动态》,2019年第7期。

孙伯鍨、刘怀玉:《"存在论转向"与方法论革命——关于马克思主义哲学本体论研究中的几个问题》,《中国社会科学》,2002年第5期。

孙月才:《人道主义、异化问题与百家争鸣——重读胡乔木〈关于人道主义和异化问题〉》,《上海理论(内刊)》,1988年第3期。

T

唐合俭、边金魁:《中国社会科学》,1987年第4期。

陶东风:《日常生活的审美化与文艺学的学科反思》,《天津社会科学》,2004年第4期。

陶东风:《日常生活审美化与文化研究的兴起——兼论文艺学的学科反思》,《浙江社会科学》,2002年第1期。

陶东风:《重审文化研究中的"西方话语与中国问题"》,《文艺争鸣》,2023年第11期。

童庆炳:《"日常生活审美化"与文艺学》,《中华读书报》,2005年1月26日。

童庆炳:《语文教学的哲学思考》,《语文建设》,2003年第8期。

童庆炳:《朱光潜的"美学实践论"文艺思想》,《文艺争鸣》,2007年第5期。

[德] T.W.阿多诺:《克尔凯郭尔的生存概念》,《世界哲学》,2003年第6期。

W

王德胜:《为"新的美学原则"辩护——答鲁枢元教授》,《文艺争鸣》,2004年第9期。

王德胜:《视像与快感——我们时代日常生活的美学现实》,《文艺争鸣》,2003年第6期。

王笃志:《谈谈存在主义对青年人生价值观的误导》,《湘潭大学学报(社会科学版)》,1991年第1期。

王峰:《语言论对实践美学的结构性改造》,《西北大学学报(哲学社会科学版)》,2016年第4期。

王峰:《语言论实践美学探析》,《南京社会科学》,2014年第3期。

王怀义:《杨春时美学体系的内在矛盾》,《江南大学学报(人文社会科学版)》,2008年第5期。

王珏:《大地式的存在——海德格尔哲学中的身体问题初探》,《世界哲学》,2009年第5期。

王路:《奎因的本体论承诺》,《求是学刊》,2015年第5期。

王庆节:《存在的澄明与人类的解放——海德格尔与马克思的存在论思想之比较》,《天津市科学》,2004年第6期。

王双库:《存在主义的"自由选择"及其对大学生的影响》,《渤海学刊》,1993年第1期。

王一川:《"语言作为空地"》,《文学评论》,1988年第1期。

王一川:《走向修辞论美学——90年代中国美学的修辞论转向》,《天津社会科学》,1994年第3期。

王元骧:《"实践存在论美学"不是"后实践美学"》,《辽宁大学学报(哲学社会科学版)》,2012年第3期。

王岳川:《中国九十年代话语转型的深层问题》,《文学评论》,1999年第3期。

[德]沃尔夫冈·韦尔施:《如何超越人类中心主义》,《民族艺术研究》,2004年第5期。

吴晓明:《马克思的存在论革命与超感性世界神话学的破产》,《江苏社会科学》,2009年第6期。

吴晓明:《重估马克思哲学革命的性质与意义》,《复旦学报》,2004年第6期。

吴兴明:《海德格尔将我们引向何方——海德格尔"热"与国内美学后现代转向的思想进路》,《文艺研究》,2010年第5期。

吴增定:《尼采与"存在"问题——从海德格尔对尼采哲学的解读谈起》,《云南大学学报(社会科学版)》,2010年第4期。

X

邢贲思：《怎样识别人道主义》，《百科知识》，1980年第1期。

徐碧辉：《"艺术是一种生产劳动"：朱光潜后期美学观点的实践维度》，《社会科学辑刊》，2018年第3期。

徐碧辉：《论刘纲纪的"实践批判的存在论美学"》，《学术研究》，2018年第1期。

Y

阎孟伟：《怎样理解马克思的实践哲学革命——兼论马克思实践哲学的前提预设和现实批判》，《天津社会科学》，2023年第4期。

杨春时：《20世纪中国美学论争的历史经验》，《厦门大学学报》，2000年第1期。

杨春时：《关于〈美学〉的答辩——与张法对话》，《贵州社会科学》，2007年第9期。

杨春时：《论文艺的充分主体性和超越性》，《文学评论》，1986年第4期。

杨春时：《新实践美学不能走出实践美学的困境——答易中天先生》，《学术月刊》，2002年第1期。

杨春时：《应该建立什么样的"有人美学"？——与李泽厚先生商榷》，《东南学术》，2020年第1期。

杨春时：《走向"后实践美学"》，《学术月刊》，1994年第5期。

杨学功．李德顺：《马克思哲学与存在论问题》，《江海学刊》，2003年第1期。

叶朗、彭锋：《美在意象——叶朗教授访谈录》，《文艺研究》，2010年第4期。

易中天：《什么是新实践美学——兼与杨春时先生商讨》，《学术月刊》，2002年第10期。

俞建章:《论当代文学创作中的人道主义潮流——对三年文学创作的回顾与思考》,《文学评论》,1981年第1期。

俞吾金:《马克思哲学本体论思路历程》,《学术月刊》,1991年第11期。

俞宣孟:《海德格尔的基本本体论述评》,《复旦学报(社会科学版)》,1982年第5期。

Z

张宝贵:《本体论的生活美学——杜威与李泽厚思想比照》,《文艺争鸣》,2017年第5期。

张本:《关于西方当代马克思主义的研究对象——兼与徐崇温同志商榷》,《现代哲学》,1988年第2期。

张法:《东亚美学的特质》,《人文杂志》,2015年第6期。

张法:《后实践美学的美学体系——评杨春时的〈美学〉》,《贵州社会科学》,2007年第9期。

张弓:《道一风同——试比较实践存在论美学与生态美学》,《济南大学学报(社会科学版)》,2019年第6期。

张公善:《海德格尔对当代美学本体的启示》,《北京航空航天大学(社会科学版)》,2004年第2期。

张弘、蒋书丽:《求中外文心之汇通——张弘教授访谈》,《学术月刊》,2003年第11期。

张弘:《异化与超越——马尔库塞艺术功能论的一个侧面》,《外国文学评论》,1994年第1期。

张晶:《"身体"的凸显:美学转向的哲学缘起》,《北方论丛》,2005年第5期。

张凌云:《马克思创立的新哲学——实践唯物主义——马克思的发现片论之二》,《探索与争鸣》,2008年第4期。

张清俐:《透过生态美学寻求"诗意地栖居"——曾繁仁教授的学术人

生》,《中国社会科学报》,2018年9月3日第8版。

张汝伦:《〈存在与时间〉为什么没有完成》,《世界哲学》,2011年第4期。

张少委:《中国马克思主义实践美学的基本师承关系》,《美学与艺术评论》,2023年第1辑。

张世英:《"天人合一"与"主客二分"》,《哲学研究》,1991年第1期。

张祥龙:《在书道和文本际会终达到哲学的纯粹》,《哲学动态》,2017年第1期。

张一兵:《海德格尔思想发展的总体线索》,《南京社会科学》,2011年,第8期。

张一兵:《萨特和他的〈辩证理性批判〉》,《湖南社会科学》,2004年第6期。

张玉能:《美学的实践转向与语言学转向》,《学习与探索》,2012年第7期。

张弓、张玉能:《新实践美学的身体美学建构》,《美与时代(下)》,2019年第4期。

张玉能:《新实践美学的语言论维度》,《天津社会科学》,2008年第5期。

章辉:《告别实践美学》,《学术月刊》,2005年第3期;

章辉:《论审美自由》,《郑州大学学报(哲学社会科学版)》,2020年第6期。

赵奎英:《"存在本体"与"生态视野"》,《贵州师范大学学报(社会科学版)》,2004年第1期。

赵勇:《谁的"日常生活审美化"?怎样做"文化研究"?》,《河北学刊》,2004年第9期。

郑季翘:《文艺领域里必须坚持马克思主义的认识论——对形象思维的批判》,《红旗》,1966年第5期。

仲霞:《"美学是第一哲学"的中国论说》,《学术月刊》,2022年第7期。

曾繁仁:《生态美学:后现代语境下崭新的生态存在论美学观》,《陕西师范大学学报》,2002年第3期。

曾军:《不彻底的后实践美学体系建构——评杨春时的〈美学〉》,《中州学刊》,2007年第1期。

周宪:《日常生活的"美学化"——文化视觉转向的一种解读》,《哲学研究》,2001年第10期。

朱光潜:《关于人性.人道主义.人情味和共同美问题》,《文艺研究》,1979年第3期。

朱国华:《中国人也在诗意地栖居吗? ——略论日常生活审美化的语境条件》,《文艺争鸣》,2003年第6期。

朱立元、张诚:《作为话题的"日常生活审美化"及其论争——文学的边界就是文艺学的边界》,《学术月刊》,2005年第2期。

朱立元、章文颖:《实践美学的重要推进——略论刘纲纪先生的实践本体论美学》,《文艺理论研究》,2013年第1期。

朱立元、朱志荣:《建构一种通向未来的创新美学——论蒋孔阳美学思想的杰出贡献》,《复旦学报 (社会科学版) 》,2024年第1期。

朱立元:《当代文学、美学研究中对"本体论"的误释》,《文学评论》,1996年第6期。

朱立元:《略谈马克思实践观的存在论维度及其美学意义》,《马克思主义美学研究》,2008年第1辑。

朱立元:《全面准确地理解马克思主义的实践概念——与董学文、陈诚先生商榷之一》,《上海大学学报》,2009年第5期。

朱立元:《试析李泽厚实践美学的"两个本体"论》,《哲学研究》,2010年第2期。

朱立元:《我为何走向实践存在论美学》,《文艺争鸣》,2008年第11期。

朱鹏杰:《从身体意识到生态美学——论身体本体论生态美学的建构轨迹与理论拓展》,《兰州文理学院学报 (社会科学版) 》,2023年第1期。

后　记

　　总要为这本书写点什么，总要为这七年写点什么，总要为自己写点什么。在Deepseek席卷全球、"文科无用论"此起彼伏的时代，或许只有这样的文字才是有个性、有温度、有意义的罢。

　　2017年9月，经高建平老师推荐，我来到复旦大学跟随著名美学家、文艺理论家朱立元老师访学。早在北京师范大学读博时就常听博导童庆炳老师提起蒋孔阳先生及其弟子朱立元老师，让我多读两位老师的著作。在访学结束前，我曾写了一篇散文，名叫《燕园留念》，文中这样写道："光华楼里那些弘文励教的先生们，脚下有风，眼中有人，心中有光，正如我所跟随访学的导师——资深教授朱立元老师，虽年过七十，却精神矍铄，一边忙着各种研究课题和学术交流，一边孜孜不倦地带着我们阅读西方美学经典。因为种种原因，我不得不在上海和安庆之间来回奔波，常常向他请假，而他总是让我自由地安排自己的学习、研究，每次见面都询问我的生活和家里情况，想来便觉得非常感动，又感到十分愧疚"。在朱老师身上，我深切感受到一位大家、一位长者做人、做事、做学问的人文关怀和求真精神。后来，朱老师让我参加他主持的"双马工程"子项目"当代中国马克思主义美学研究"，使我对中国现代美学思想史以及"实践存在论美学"等有了更为深入的阅读和理解，在《上海文化》《美学与艺术评论》等刊物上发表了一些美学文章。以此为基础，2018年我终于成功申报了自己的第一个国家社科基金项目"新时期中国美学的存在论转向与理论形态建构研究"，这本书便是这个项目的最终结项成果。童老师、朱老师、高老师等前辈老师的人格风范和学问精神，乃至他们平易近人、深入浅出的学术语言风格，都是我敬仰和学习的最好榜样。在学术之路上，能得到他们的指导和提携，我深感荣幸并由衷感激，也更坚定了走自己的路并"朝抵抗力最大的路径走"（朱光潜语）的决心。

这果然是一条抵抗力最大的路！从2018年到2024年，天资愚钝的我艰难缓慢地蜗行在这条道路上。为了了解西方的"存在论转向"，不得不埋头扎进西方哲学的浩瀚海洋里，从柏拉图到黑格尔，从马克思到海德格尔，阅读那些晦涩难懂的哲学著作，尤其是《存在与时间》；为了搞清楚新时期中国学界接受存在主义哲学的历史和细节，又不得不沉潜到1980、90年代的思潮和论争之中，在散发着霉味的旧书里徘徊往复，揣摩辨析；更为了搞清楚中国存在论美学的理论形态，不得不通读各家各派的代表著作，梳理总结，小心批评。其中的焦虑和甘苦，是无法言说的。只记得疫情之后的那两年，仿佛又回到了读博时的作息，每天工作十几个小时，晚上11点疲惫地走出红楼的时候，办公室对门的保安已经熄灯睡觉了。静默无语的红楼，见证了这所大学曾经的辉煌历史，也见证了这本书的每一个字符，以及我一去不复返的七年时光。

当然，时光没有放过我，我也没有放过时光。在这七年里，多多少少还做了一些自觉有意义的事情，取得了一点聊以自慰的成绩。2019年，博士论文《文学性：雅各布森语言诗学研究》由人民出版社出版，荣获安徽省社科奖三等奖；2021年，《理想与诗意：江飞文学评论集》由黄山书社出版，荣获首届安徽文艺创作年度推优活动优秀作品；2023年，入选"江淮文化名家"领军人才；2024年，荣获"中国知网高被引学者TOP1%"；等等。对于偏安一隅的地方学者来说，这点成绩是微不足道却也是来之不易的，它支撑我度过人生的寒冬与生命的落寞，让我在一次次的失望与绝望中看到一丝希望，一点价值。

非常感谢朱老师一直关心我的生活和工作，在身体康复期仍不吝为拙著赐序，让这本书顿生光彩，无论褒奖还是勉励，都是我继续学术研究的动力；感谢高建平老师，引领我进入中国现代美学研究，让我参与其主持的"20世纪中国美学史"等多项国家重大课题，在与团队师友的交流中不断进步；感谢已供职23年的安庆师范大学，再次提供学术著作出版基金；最后，

还要感谢老同学、本书责编顾雷博士，这份情谊从大学一直绵延至今，让我感动，也让这本书回荡着青春的热情和中年的沉静。

记得好像是2018年5月，知晓自己中了这个国家社科基金项目，十分欣喜，连忙告诉母亲，那时候母亲正在合肥某医院做化疗。虽然她不知道这个国家项目于我有何意义，但她听后依然为我感到高兴，笑容浮现在她那枯瘦苍白的脸上，短暂而珍贵。三个月后，她离开了我们，享年61岁。一恍惚，又是七年过去了。这七年我所经历的不足以向外人道的各种心酸苦痛，天上的母亲一定也是看在眼里痛在心里的。感谢她赐我以生命，养护我，保佑我，给我以坚毅的性格和勇往直前的力量。

谨以此书献给我的母亲，以及像她那样爱我护我的人！

2025年2月14日于红楼美学中心

图书在版编目(CIP)数据

新时期中国美学的存在论转向与理论形态建构/江
飞著. --上海：复旦大学出版社,2025.6. -- ISBN
978-7-309-18013-8

Ⅰ. B83

中国国家版本馆 CIP 数据核字第 2025WM9456 号

新时期中国美学的存在论转向与理论形态建构
江 飞 著
责任编辑/顾 雷

复旦大学出版社有限公司出版发行
上海市国权路 579 号 邮编：200433
网址：fupnet@ fudanpress.com http://www.fudanpress.com
门市零售：86-21-65102580 团体订购：86-21-65104505
出版部电话：86-21-65642845
江阴市机关印刷服务有限公司

开本 787 毫米×1092 毫米 1/16 印张 21 字数 290 千字
2025 年 6 月第 1 版
2025 年 6 月第 1 版第 1 次印刷

ISBN 978-7-309-18013-8/B · 826
定价：98.00 元